세상은 이야기로
만들어졌다

세상은 이야기로 만들어졌다

신화 · 거짓말 · 유토피아

자미라 엘 우아실
프리데만 카릭
지음

김현정
옮김

원더박스

마틴 마틴을 위하여!

Für Martin Martin!

차례

일러두기

이 책은 2022년 독일에서 출간된 *Erzählende Affen Mythen, Lügen, Utopien.*
*Wie Geschichten unser Leben bestimmen*의 온전한 한글 번역입니다.

- 본문 중 괄호 또는 대시 사이의 설명은 모두 저자들의 것입니다. 다만, 옮기거나 편집하는
  과정에서 독자의 이해가 필요한 경우 때때로 몇몇 곳에 부연 설명이 들어갔으며 옮긴이 또
  는 편집자 표시를 해놓았습니다.
- 본문 중 책이나 영화의 제목은 국내에 출간되거나 개봉된 제목을 존중해 표기하였으나 원
  서의 제목과 현저히 달라 저자의 인용 의도를 해칠 가능성이 있는 것은 직역한 후 국내 출
  간 제목 또는 개봉 제목을 병기하였습니다.
- 국내에서 출간되지 않은 일부 도서의 경우 원래 출간되었던 국가에서의 제목이 있으나 '저
  자가 참고한 책'임을 감안하여 독일 출간 제목 그대로 실었으며 출처 역시 독일어판을 기준
  으로 사용했습니다.

1

익숙한 세계

프롤로그

내기와 관련된 어니스트 헤밍웨이Ernest Hemingway의 일화로 시작해 보자. 헤밍웨이는 몇몇 작가와 함께 식당에 앉아 자신이 여섯 단어로 이야기를 쓸 수 있다고 내기를 걸었다. 그는 각각에게서 10달러를 걸고 냅킨에 이렇게 적었다.

팝니다 : 아기 신발, 한 번도 안 신었습니다.

For sale : baby shoes, never worn.

우리의 삶은 미래에 대한 내기에 불과한 경우가 허다하다. 우리는 무엇이 가장 그럴듯하고 바람직한 미래인지 사람들과 이야기하기도 하고 자기 자신에게 말하기도 한다. 또 어떻게 하면 바람직한 미래가 가장 그럴듯한 미래가 되는지에 대해서도 이야기한다. 그런 다음 현재의 우리는 그에 따라 행동한다. 우리는 매일 아침 눈을 뜰 때(적어도 우리 대부분은) 누군가 혹은 무언가가 ─ 사람, 일, 운명 등 ─ 우리를 기다린다는 기대를 품기도 하며, 누워 있을 때 이를 떠올리기도 한다. 하지만 정확히 무슨 일이 일어날지는 알 수가 없다. 우리는 내기를 건다. 그리고 우리가 무언가를 할 때 그 일이 무의미해 보이지 않도록 스스로 이야기한다.

우리는 인지 능력의 대부분을 자기 이야기를 되도록 일관적으로 만드는 데 집중한다. 내일은 무슨 일이 일어날까, 오늘은 무엇이 중요했는가? 비 예보가 있으면 수백만 명의 사람들이 재킷이나 우산을 가져간다. 미래는 현재에 직접적인 영향을 미치지만, 이는 보통 물리학에서는 일어나지 않는다. 하지만 보이지 않는 힘이 때때로 작용하는 것 같다.

마찬가지로 물체가 행성에서 달까지 우주를 뚫고 나가는 현상도 모든 물리적 자연법칙에 어긋나는 것처럼 보인다. 하지만 사람들은 늘 이야기를 만들어왔다. 예전부터 달을 그저 하늘에 있는 얼룩이 아니라 그리움의 장소 혹은 여신으로 여겼기 때문에 그 이야기는 언젠가 실현되었다. 아니, 언젠가 실현되어야만 했다. 결국 인간은 달을 향해 날아갔다. 오직 이야기 때문에. 결코 사실이 될 것 같지 않았던 그런 이야기 때문에. 그 이야기는 분명 우리에게 무언가를 말해주고 의미한다. 그 이야기가 실현되기를 바라는 우리의 동경만 있다면 가능한 일이다. •

• 헤밍웨이의 여섯 단어 이야기에 관한 일화도 마찬가지다. 좋은 이야기다. 사실이라고 하기에는 너무 좋은 스토리다. 누가 봐도 이 스토리는 정말로 지어낸 것이다.

세상은 이야기로 만들어졌다

이처럼 이야기는 우리에게 하늘을 설명해주고 암흑에 대한 두려움을 없애주며 우리가 탄 배를 외딴 해안으로, 그리고 마침내 우주로 이끈다. 이야기는 우리가 어떻게 살지, 어떻게 사랑할지를 가르쳐준다. 우리는 이야기와 함께 성장하고 이야기와 함께 묘지에 묻힌다. 좋은 이야기만큼 우리 눈을 빛나게 만들고, 우리를 매료시켜 귀 기울이게 만드는 것은 없다. 좋은 이야기만큼 우리를 근본적으로 변화시키는 것은 없다. 하지만 이야기는 우리에게 두려움을 불어넣기도 하고 서로 선동하기도 하며 전쟁을 시작하게 만들고 나와 다른 것을 언제나 적으로 간주하게 만든다. 폭력과 발견으로 가득 찬 인류 역사는 나누어진 우리 이야기들의 총합이라고도 볼 수 있다. 어둠과 밝음, 이 두 가지 모두가 그 안에 확고한 자리를 잡고 있다.

디지털 기술을 통해 자유롭게 매체에 접근할 수 있는 오늘날과 같은 시대에 우리가 그 어느 때보다 더 많은 이야기를 한다는 것은 당연한 일이다. 여기에는 상상할 수 없을 정도로 많은 돈을 보유한 인상적인 라인업이 따라붙을 수 있다. 페이스북이든 인스타그램이든, 틱톡이든 트위터든, 할리우드든 발리우드Bollywood(인도 뭄바이 영화 산업을 할리우드에 빗대 지칭하는 말─옮긴이)든 놀리우드Nollywood(나이지리아 영화 산업을 할리우드에 빗대 지칭하는 말─옮긴이)든, 국제 도서 시장이든 국제 오디오북 시장이든 (규모는 조금 더 작지만) 국제 공연 시장이든 종종

혹은 헤밍웨이가 태어나기 훨씬 전부터 존재했던 여섯 단어와, 내기를 좋아하고 신화에 둘러싸인 작가의 자유로운 조합이라고 볼 수 있다.

간과되는 비디오 게임 시장(지금은 다른 시장보다 더 빛을 발한다)이든 말이다. 엄청난 수의 스토리텔링 산업이 양산하는 어마어마한 돈을 한번 상상해보라. 아니면 여러분이 오늘 얼마나 많은 이야기를 듣고 보고 말했는지 대략 짐작해보라. 단언컨대 상당히 많은 이야기가 있었을 것이다. 이야기는 영혼의 호흡과도 같다. 우리는 이야기 없이는 아무것도 할 수 없다.

모든 이야기에는 마치 러시아 인형 마트료시카(한 개의 인형 속에 작은 인형 몇 개가 겹겹이 들어간 목각 인형 — 옮긴이)처럼 더 작은 단위가 존재한다. 무수한 다른 이야기들을 싹틔울 수 있는 이야기의 핵심, 우리는 그것을 '내러티브Narrative'라고 부른다. 내러티브는 잠재의식의 메시지를 세상에 전달한다. 이를테면 우리가 뚜렷하게 인식하지는 못하지만 언제나 되풀이하여 이야기되는 표면적인 원인, 결과, 연결고리, 갈등을 말이다.

몇 가지 예를 들어볼까 한다. 최초의 내러티브는 수백만 번 이야기되었고 성공적인 할리우드 영화로도 만들어졌으며 무수한 비디오 게임과 정치 프로그램에도 등장한다. 그것은 바로 우리에게 너무 익숙한 '누구나 자기의 행복을 만들 수 있다'라는 내러티브다. 신자유주의적 개인주의가 담겨 있는 이 내러티브는 약속인 동시에 요구다. 누구나 자기 행복을 직접 움켜쥘 수 있다면 역으로 누구에게나 찾아오지 않는 행복, 나아가 불행에 대한 책임도 자신에게 있다. 열심히 그리고 충분히 행복을 이루지 않았기 때문이다. 어떤 구조 안에서 살아가느냐가 자기 행복에 결정적인 영향을 미친다는 점, 누구나 쓸모 있는 재주를 가지고 태어나지는 않는다는 점, 어떤 사람에게는 다른 사람보다 더 좋은 기회가 삶에 주어진다는 점 등 행복이나 불행을 결정짓는 이러한 모든 체계적인 요인들은 중요한 역할을 하지 않는다. 궁극적으로 우리 사고방식을 바로 이렇게 형성한 고대 그리스의 초기 개인주의로 거슬러 올라가 살펴봐야 한다.

좀 더 거슬러 올라가보자. "하나님이 그들에게 복을 주시며 그들에게 이르시되 생육하고 번성하여 땅에 충만하라, 땅을 정복하라, 바다의 고기와 공중의 새와 땅에 움직이는 모든 생물을 다스리라 하시니라."[1] 여러분은 아마도 이 문구의 출처를 알고 있을 것이다. 무수한 이야기, 치유의 메시지와 파괴의 메시지가 가득찬 기이한 책인 바로 성경이다. 성경은 인간의 우월성과 지구의 이용 가능성에 대한 내러티브 중 가장 오래되고 가장 위험한 책이다. 자원 착취, 쓰레기 투기, 중독, 산업적 동물 도살, 이른바 기후 위기라는 인류 최대의 실존 위기, 이 모든 것이 세상을 지배하려는 인간의 사명을 다루는 다양한 이야기에서 비롯되었다.

또한 자신이 속한 집단의 우월성과 다른 집단의 열등감, 모든 나쁜 것에 대한 책임을 다른 집단으로 돌리고 그들과의 싸움을 정당화하며 필요하다면 그들을 없애는 내용을 다루는 영원한 내러티브도 당연히 존재한다. 이는 성경보다 더 오래되었으며 어쩌면 인류만큼 오래된 내러티브다. 이 내러티브는 우리의 가장 천박한 본능과 인간의 가장 어두운 면을 정의로운 분노와 피할 수 없는 폭력에 대한 막강한 이야기로 탈바꿈시킨다. 또한 1001가지 형상을 가지고 있으며 반유대주의, 파시즘, 여성 혐오와 같은 형태로 나타난다. 그뿐만 아니라 다른 종교, 다른 피부색, 다른 문화에 대해 등을 돌린다. 그리고 어떤 법칙, 어떤 규약, 어떤 신념에도 쉽게 사라지거나 죽지 않는다. 그 이유는 무엇일까? 그러한 내러티브가 우리에게 혼란스러운 세계를 설명하고 있기 때문이다. 더 정확히 말하면 이 세상을 혹할 정도로 매우 단순하게 이야기하기 때문이다.

우리가 서로 주고받는 이러한 많은 이야기는 사실이 아닐뿐더러 그 구조 면에서도 파괴적이고 위험하다. 이야기의 작가인 우리는 오늘날 우리 이야기의 도식과 특성, 형태, 무엇보다 그 안에 내재한 메시지가 궁극적으로 우리 세상의 수많은 불행 때문이라고 생각한다. 문화 유전자처럼 이야기 역시 생존 투쟁에서 성공한 한 세대에서 다음 세대로 수 세기에 걸쳐 유전되었다. 엄밀히 말하면 오늘날 우리는 서구의 진보 사회에서 만 년 전 사람들이 하던 것과 다를 바 없는 이야기를 기계적으로 하고 있다.

우리는 지난 수십 년 동안 넷플릭스, 돌비 서라운드, 킨들과 포스트모더니즘의 탄생과 종말을 경험했지만(이러한 것들이 진정한 개선이라고 말할 수는 없다) 이야기의 기능과 영향력은 비슷한 정도로 유지되었다. 말하자면 대부분의 이야기는 우리에게 즐거움과 쾌활함, 감동을 선사하며 우리의 기분을 북돋아주는 기능을 수행해야 한다. 그런데 이야기의 세계관에 담긴 논리는 우리를 도덕적으로 훈육하고 — 특히 오늘날에는 — 책임을 때로는 개인에게 돌리기도 하고 때로는 특정 집단(여성, 유대인, 다른 사람들)에 범주화하여 지정함으로써 우리에게 종종 잠재적 영향을 준다. 또한 책임을 미래로 전가하고 우리의 삶을 지나치게 혹사하는 행위를 은폐하거나 합법화한다. 그리고 종종 서로 상충하는 우리의 욕구를 틀에 맞게 분류함으로써 세상을 단순화한다.

이러한 내러티브는 외적인 것뿐만 아니라 우리의 내면도 — 그것도 우리 대부분이 의식하는 것보다 훨씬 더 많은 것을 — 결정하기 때문에 매우 강력하다. 우리는 다른 사람의 이야기에서 무엇보다 먼저 하나의 정신을, 통일된 정체성의 개념을 끄집어낸다. 우리가 오늘날 '나'라고 부르는 거의 모든 것은 우리 자신만 나타내는 것이 아니라 다소 일관성 있는 스토리를 이루고 있는 타인을 합쳐서 말하는 것이기도 하다. 우리는 우리가 타인의 의식 무대 위 어딘가에 있다고 생각하는 사람이다. 더 정확하게 말하면 타인의 의식 무대에서 우리가 맡고 있는 역할이 우리이다. 존재가 의식을 따르고 의식이 바로 이러한 스토리로부터 특정한 인과관계를 향해 훈련되었다면 보다 정의로운 존재의 열쇠는 이 내러티브의 핵심에 존재한다. 우리가 자기 스토리텔링의 형식과 내용을 밝히고 변화시키면 세상을 밝히고 변화시키게 된다. 그리고 이것은 세상 안에 인간이 존재한다는 의미다.

사람이 사람을 죽인다고 뭐라 하는 사람도 있을 것이다. 사람을 두들겨 패고 총을 겨누는 것은 어느 이야기에서도 — 그런 이야기는 여전히 효과적일 것이다 — 막을 수 없다. 정의를 추구하는 사람은 이론을 내세우기보다는 정의를 추구해야 한다고 요구할 수 있다. 먼저 자기 자신이 그래야 한다고 요구하지만 이는 틀린 생각이다.

이 책에서 우리는 좋은 이야기만큼 강력한 것은 없다는 것을 보여주려고 한다. 우리는 이 세상이 부정의하고 서서히 몰락해가고 있다는 사실을 알고 있다. 그렇기 때문에 우리에게는 다른 이야기가 필요하다고 생각한다. 적어도 우리의 서사 프로그램을 파악하고, 우리를 하나로 묶어주는 정신적 요소를 바꿀 때 세상에 어떤 일이 일어나는지 시험해볼 가치가 있을 것이다. 우리는 이러한 노력을 세 가지 단계로 시도해보려고 한다.

첫째, 스토리텔링이라는 문화 기술이 왜 우리 인간에게 그토록 권능을 발휘하고 생존에 중요했는지, 이야기하는 원숭이인 우리가 오늘날 왜 그 무엇보다 이야기의 영향을 가장 많이 받는지를 추적하고자 한다. 또한 우리는 현대의 자아가 왜 궁극적으로 오로지 한 가지 이야기만 하는지, 그리고 오늘날 어떻게 그것을 잘 해낼 수 있을지를 살펴보고자 한다.

둘째, 우리 삶과 역사, 사회의 어떤 영역이 어떤 내러티브에 의해 어떤 방식으로 형성되는지, 그 결과 수십억 사람들이 그러한 내러티브로 얼마나 고통받는지를 보여주려고 한다. 이때 우리는 당연히 이른바 '서구' 이야기들을 가장 먼저 살펴보려고 한다. 그 이유는 서구 이야기가 한편으로는 우리 이야기이기 때문이기도 하지만, 다른 한편으로는 서구 사람들이 그러한 이야기의 도움으로 나머지 세계를 정치적으로 문화적으로 정복했기 때문이다. 그 결과 서구 이야기는 좋든 싫든 거의 모든 사람에게 작용한다. 또한 우리는 이러한 관점을 어떻게 확장할 수 있을지도 숙고해보려고 한다.

셋째, 어떤 내러티브가 참되고 더 건강하고 생산적이며 나아가 ㅡ

유토피아적 미래라는 의미에서 — 더 좋을 수 있는지 탐구하려고 한다. 사람들에게 정말로 유토피아가 필요한지, 어떻게 하면 우리가 도덕적으로 가장 잘 배울 수 있는지도 알아보려고 한다.

말하자면 무엇보다 우리는 이야기 뒤에 숨겨진 지렛대를 이해하고 변화시키려는 목적을 가지고 급진적으로radikal(어원적 의미에서 '근원을 파헤치는') 서사 문화비평을 하려는 것이다. 이와 함께 우리는 인류 역사 자체를 인간의 영웅 여정이라고 간주한다. 인간은 스스로 이야기한다는 점에서 지구상의 다른 모든 존재와 구분된다. 인간의 서사적 진화로 말미암아 우리는 역사의 가장 큰 도전, 즉 우리 삶의 토대가 점진적으로 파괴되는 현상과 마주하고 있다.

지금까지 나쁜 소식을 전했다면 이제는 좋은 소식을 전할 차례다. 그것은 바로 모든 영웅 여정에서처럼 이 문제의 해결책도 이미 우리 안에 있다는 것이다.* 모든 영웅 여정에서처럼 우리 안에 존재하는 해결책을 발견하기 위해 우리도 근본적으로 변해야 한다. 그리고 모든 영웅 여정에서처럼 우리가 모든 시련을 이겨내면 새로운, 이상적으로는 더 나은 세상이 우리를 기다린다. 그러한 세상에 대해서도 이 책에서 다룰 것이다.

• 인류가 어떻게 멸종에서 스스로 살아남을 수 있는지 알고 싶다면 12장을 보라. 아니면 중간중간 흥미로운 모든 내용을 읽어보고 싶다면 다음 페이지로 갈 추천한다. 이 책에는 상호작용적인 모험의 기능도 있다. 즉 여러분은 각주를 읽으면서 다른 지점으로 순간 이동하는 기회를 얻게 된다. 여러분 스스로 결정하길 바란다.

2

모험으로의 부름

구원자·악령·영웅

그들 모두를 변신시키는 여행

영화 〈반지의 제왕The Lord of the Rings〉에서 주인공 프로도가 압도적인 악의 힘과 이를 물리치기 위해 치러야 하는 온갖 희생 앞에서 포기하려고 하자 그의 절친한 친구 샘은 이렇게 말하며 용기를 북돋는다.

이건 마치 위대한 이야기 같아요. 정말로 중요한 이야기요. 암흑과 위험으로 가득 찬 그런 이야기요. 그리고 그 끝이 어떻게 될지 가끔은 전혀 알고 싶지 않은 그런 이야기 말이에요. 그런데 그런 이야기가 어떻게 행복한 결말을 맞을 수 있겠어요? 그토록 나쁜 일들이 일어났는데 이 세상이 어떻게 예전으로 돌아갈 수 있을까요? 하지만 결국 이 그림자도 스쳐 지나갈 거예요. 암흑마저도 걷히기 마련이죠. 새로운 날이 올 거니까요. 그리고 태양은 어느 때보다도 더욱 밝게 빛날 거예요. 우리가 기억하는 이야기는 바로 이런 이야기예요. 비록 그때는 너무 어려서 이해하지 못했지만요. 〔…〕 저는 이제 알 것 같아요. 이 이야기 속의 사람들은 뒤돌아설 기회가 끊임없이 있었지만 다만 그들은 그렇게 하지 않았던 거였어요. 그들은 자신이 가진 어떤 믿음 때문에 앞으로 계속 나아갔던 거예요!**1**

그러자 프로도가 묻는다. "우리는 무엇을 믿어야 하지?" 샘은 이렇게 대답한다. "이 세상에 어떤 선한 것이 존재한다는 믿음이요, 프로도 나리. 그리고 그 선함은 싸워서 지킬 가치가 있어요."**2**

씩씩한 호빗 프로도, 호기심 많은 소녀 이상한 나라의 앨리스, 자비로운 구원자 예수, 용감한 우주 비행사 엘렌 리플리(영화 〈에이리언〉의 주인공 — 옮긴이). 서로 다른 이 인물들이 지닌 공통점은 무엇일까? 그들은 모두 무언가를 위해 싸우고 있으며 불확실한 모험을 찾아 나선다. 그들은 갈등과 저항, 승리와 패배를 경험한다. 그리고 그들 모두는 하나의 목표에 도달한다. 그런데 그들을 진정 영웅으로 만드는 것은 무엇일까? 그들의 믿음이다. 그들의 믿음은 온갖 위험을 무릅쓸 만큼 매우 굳건하다. 대부분의 영웅은 자신의 믿음을 마음속 깊은 곳에서 먼저 발견하고 그 믿음을 위해 변화를 꾀한다. 그들이 이야기의 주인공Protagonist●이 되는 이유는 바로 궁극적으로 자기 자신을 발견하는 여행을 떠나기 때문이다. 프로도는 반지를 끼고 마침내 그것을 파괴할 용기를 찾는다. 앨리스는 천진난만한 환상 세계를 벗어날

만큼 성장하면서 공포와 마법을 상실한다. 예수는 모든 유혹을 물리치고 인간의 죄를 사하기 위해 자신을 희생하며 설교자에서 메시아가 된다. 결의를 굳게 다진 엘렌 리플리는 쫓기는 군인에서 괴물**을 퇴치하는 우주 비행사가 된다. 그들의 모험은 언제나 영웅적 자아로 이르는 험난한 길이다. 영웅의 여정, 그것은 성장인 동시에 하나의 역작이다.

이러한 기본적인 서사 구조를 발견한 사람으로 조지프 캠벨Joseph Campbell을 꼽을 수 있다. 물론 그가 이 개념을 고안해낸 것은 아니다. 미국의 신화학자 조지프 캠벨은 1945년에 출판된 자신의 대작『천의 얼굴을 가진 영웅The Hero With A Thousand Faces』***에서 수천 개에 이르는 전 세계의 신화와 전설, 이야기들을 분석했다. 이 과정에서 그는 하나의 패턴을 확인했고 이를 '단일신화Monomyth'라고 명명했다. 켈트와 아랍 신화, 인도와 그리스의 반신반인(半神半人), 그뿐만 아니라

- 고대 그리스어 prótos('최초')와 ágo('나는 행동한다, 움직인다, 이끌다')에서 유래.
- ** 1979년에 제작된 첫 〈에일리언〉 시리즈부터 시작되는 우주 비행사 엘렌 리플리의 여정이 매우 독특한 이유는 이 영화에서 여주인공 시고니 위버와 리들리 스콧 감독이 모든 장르 규칙을 깨고 SF 액션영화의 주인공으로 여성을 성공적으로 세웠기 때문이기도 하다. 흥미롭게도 〈에일리언〉의 오리지널 각본 시작 부분에는 모든 역할을 성별과 관계없이 맡을 수 있다고 명시되어 있지만 각본가는 시나리오를 쓸 때 남성 주인공을 염두에 뒀다고 인정했다. 하지만 스콧 감독은 시고니 위버가 오디션을 보러 오기 전까지 주인공 역할에 딱 맞는 배우를 찾지 못했다. 그녀는 사람들이 오랜 시간 찾아 헤맸던 영웅이었다.
- *** 『천의 얼굴을 가진 영웅』은 주인공이 여정을 통해 자신을 변화시키는 영웅의 핵심적 특성을 보다 자세히 다루고 있다.

문화적으로 독자적인 미국 원주민이나 토착민의 고대 이야기에서도 항상 같은 도식이 발견되는데 캠벨은 이를 서사 유전자Narrative Gene처럼 이해했다. 그 도식은 바로 육체적 모험인 외적 여정과 더불어 정신적 발견인 내적 변화다.•

캠벨은 이러한 서사 방식이 어떻게 곳곳에서 그토록 유사하게 전파될 수 있었는지 의문을 가졌다. 이와 관련하여 그는 지그문트 프로이트Sigmund Freud, 오토 랑크Otto Rank, 칼 구스타프 융Carl Gustav Jung의 정신 분석 이론, 즉 충동과 불안의 억압과 승화에 관한 이론을 소급하여 활용했다. 캠벨은 영웅 신화의 근원이 문화적으로 대체로 유사한 인간 심리에 있다고 보았기 때문에 영웅 신화가 모든 인간에게 보편적일 뿐만 아니라 동일하지는 않아도 유사한 패턴을 따른다고 생각했다. 어떤 의미에서 보면 우리가 살면서 겪는 정신적 성숙 과정의 원형으로서 영웅을 바라보는 것은 이러한 틀 때문이다. 영웅은 외계인••도 기계도 아

• 프랑스의 인류학자 클로드 레비-스트로스Claude Lévi-Strauss는 이러한 신화의 구성 요소를 연구하고 항상 새로운 이야기를 생성시키는 대립 쌍의 가장 작은 단위인 '신화소Mytheme'를 찾아냈다. 예를 들어 메시아 이야기에서는 유혹과 저항, 신성한 힘과 사악한 적대감이 서로 대립을 이룰 것이다. 또한 이러한 신화소는 영웅의 여정과 마찬가지로 수많은 문화와 그들의 이야기 전반에 걸쳐 서로 매우 유사하게 나타난다. 레비-스트로스는 신화를 결코 원시적 의미 구성으로 보지 않고 세계를 해석하는 정교한 기술로 간주한다.

•• 가끔은 멜막Melmac 행성에서 온 알프Alf(미국 코믹 드라마 〈외계인 알프〉의 주인공 — 옮긴이)처럼 외계인이 영웅일 때도 있다. 그러나 고전적 의미에서 볼 때 알프는 영웅이라고 볼 수 없다. 대부분의 코믹 장르에 등장하는 주인공은 발전하는 모습을 보여주지 않기 때문이다.

니니까 말이다. 영웅은 우리에게 우리 자신에 대해, 나아가 인간 그 자체에 관해 이야기해준다. 영웅은 우리가 되고 싶은 혹은 될 수도 있는 —심지어 우리가 알지 못하는 사이에 이미 되어 있는— 캐릭터다.

주인공은 우리를 대신하여 엄청난 모험과 대담한 감정을 경험하고 삶과 죽음을 위해 투쟁하며 최대의 행복과 불행을 경험한다. 그들은 괴물을 물리치고 보물을 찾고 사랑에 빠지고 자식을 구하고 부모를 배신하기도 한다. 또한 종종 온갖 위험을 무릅쓰지만 대부분 더 많은 것을 얻는다. 그런데 그들은 도대체 무엇을 위해 이러한 모험을 감수해야 할까? 분명 우리를 즐겁게 해주기 위해서다. 하지만 여기서 말하는 즐거움이란 보다 깊은 결속을 위한 매개체일 뿐이다.

신화학자 에바 투리Eva M. Thury와 마가렛 드비니Margaret K. Devinney는 다음과 같이 핵심을 요약했다. "우리는 모두 모험을 끝내기 위해 고군분투하는 영웅이다. 인간 존재로서 우리는 개인으로서 자신을 발전시키고 사회 안에서 자신의 자리를 찾기 위해 다수의 투쟁에 가담한다. 그 외에도 우리는 지혜를 동경한다. 즉 우리는 우주와 그 안에서 우리 역할의 의미를 이해하려고 한다."[3] 따라서 영웅의 임무는 많은 사람의 무의식적 갈망, 특히 방향 설정, 사물의 질서를 꿰뚫는 통찰력, 인식을 향한 갈망에 대한 은유다. 본보기, 개척자, 우리 요구 사항과 자기애의 옹호자로서 영웅은 소원과 욕구 성취에 대한 희망을 구현한다. 영웅은 여정 속에서 인간의 한계를 넘는 시련과 더불어 너무나도 인간적인 변화를 경험한다. 이러한 시련을 마다하지 않고 마침내 실패하지 않는다면 말이다. 이로써 영웅은 우리의 무의식으로 접근할 수 있는 ― 좀처럼 얻기 어려운 ― 통로를 제공한다. 우리는 영웅과 관계를 맺고 자신을 영웅과 동일시하고 결합하면서 우리 자신의 문제와 희망, 가치를 이해하려고 노력한다. 하지만 영웅과는 달리 우리는 통제 가능한 위기를 감수한다. 흥미진진한 이야기가 펼쳐지는 과정에서 환호를 지를 정도로 즐거운 자기 상실은 한정된 시간 안에서만 일어난다. 독문학자 프리츠 브라이트하우프트Fritz Breithaupt가 말했듯이 이야기의 등장인물에 대한 공감은 '감정적 리턴 티켓Emotionale Rückfahrkarte'[4]에 대한 공감이다. 거친 모험을 하는 동안 우리는 언제나 책을 덮어버리거나 텔레비전을 끌 수 있다는 사실을 스스로 알고 있기 때문이다. 그리고 모든 이야기에는 끝이 있다.

이때 영웅이 실존 인물인지 허구인지는 중요하지 않다. 여기에 (그리고 나중에) 열거된 대부분의 위대한 이야기가 실제로 일어났을까? 의문을 가질 수 있다.● 그 이야기들이 진정한 핵심이 담겨 있는 허구든 역사적 사건을 허구적으로 각색한 것이든 짧고 분명하게 이야기된 실제 전기든 우리 책에서는 전혀 중요하지 않다. 이러한 평가 중

● 무엇을 '진짜' 혹은 '사실'이라고 부를 수 있느냐는 문제는 특히 서사 영역에서 폭넓은 지평을 열어준다. 이와 관련된 모든 인식론적 문제는 여기서 다루지 않으려고 한다. 이야기가 '사실적'인 한 사실처럼 보일 수 있으므로 우리는 그 이야기가 충분히 사실이라고 생각한다. 작가 닐 게이먼Neil Gaiman은 자신의 저서 『코렐라인 Coreline』에서 체스터턴G.K.Chesterton의 수필집 『대단하지만 하찮은 것들Tremendous Trifles』 중 한 단락을 다음과 같이 바꾸어 표현했다. "동화는 사실 그 이상이다. 동화가 괴물이 존재한다고 말해주기 때문이 아니라 괴물을 물리칠 수 있다고 우리에게 말해주기 때문이다."(닐 게이먼: 『코렐라인』, 뷔르츠부르크, 아레나 출판사, 2003년, 3쪽.)

어느 것도 — 그것이 근거가 있더라도 — 우리 삶에 미치는 이야기의 기능과 영향력을 변화시키지 않았기 때문이다. 특히 우리가 이 책에서 다루는 것은 역사성이 아니라 상징성의 문제다. 캠벨이 말했듯이 "립 반 윙클Rip van Winkle, 카마르 알 자만Kamar ez-Zamán, 혹은 그리스도가 실존했는지는 우리의 주요 관심사가 아니다. 우리에게 중요한 것은 그들의 이야기다. 그리고 이 이야기는 세계 곳곳에 널리 퍼져 있고 여러 나라의 여러 사람에게 존재하기 때문에 이러한 보편적 주제를 담고 있는 이런저런 이야기가 역사적으로 실재했는지의 문제는 […] 그저 부차적인 관심사일 뿐이며 그 안에 담고 있는 상징적 메시지를 가리기만 한다."[5]

가상 인물이든 아니든 프로도는 영화 〈반지의 제왕〉에서 서사 장정을 펼치는 동안 우리의 또 다른 자아이며 우리를 대신하여 역경을 헤치며 칼을 휘두르는 친근한 존재이다. 우리는 그에게 우리 자신을 투사하며 그와 함께 도전과 고된 시련으로 가득찬 가상의 우주에 들어간다. 이로써 영웅은 또한 우리가 그의 현실을 바라보는 관점의 일부가 된다. 우리는 앨리스를 따라 이상한 나라로 들어간다. 이상한 나라는 우리에게처럼 앨리스에게도 새롭고 비현실적으로 느껴진다. 우리는 해리 포터의 안경을 통해 호그와트의 마법 세계를 들여다본다. 또한 영화 〈헝거 게임〉에서 캣니스 에버딘과 함께 캐피톨의 타락한 삶과 그 사회의 잔인한 조직을 경험한다. 말하자면 우리는 영웅의 손을 잡고 — 캠벨이 말했듯이 — 개인이 자신의 정체성에 대한 의미와 세계 속에서 자신의 자리를 발견하는 여행을 감행한다.

이러한 여행을 통해 우리는 ― 캠벨이 말한 ― 주인공이 영웅 여정을 펼치는 동안 거쳐야 하는 여러 단계를 주인공과 함께 경험하게된다. 캠벨의 단계란 일종의 서사적 시계를 말하는데, 캠벨은 이 시계 숫자판에 구조적으로 반복되는 주요 사건을 시간 순서대로* 배치했다.

캠벨은 영웅 여정의 17단계에 대해 말한다. 캠벨의 영웅 여정 단계는 다양한 방식으로 수용되었고 부분적으로 통합되거나 수정되기도 했다. 예를 들어 신화에서 남성 영웅에게 모성애적 도움을 베푸는 여신도 있고 남성 영웅과 낭만적인 만남을 갖는 여신도 있지만 수많은 현대 이야기에서는 이것이 그저 상징적으로만 해석되거나 현새 상황에 맞게 수정되어 나타난다. 프로도는 뛰어난 통찰력으로 미래를 말해주는 엘프 갈라드리엘(영화 〈반지의 제왕〉에 등장하는 요정 ― 옮긴이)을 만나는 반면, 영화 〈헝거 게임〉에는 이러한 만남이 빠져 있다. 하지만 다양한 형태의 영웅 여정에서 대체로 다음에 나열된 열두 단계가 일관적으로 나타난다. 영웅 여정의 다양한 측면을 보여주기 위해 우리는 다양한 저서[6]를 참조했다.

---

* 캠벨은 영웅이 맞서 싸워야 하는 저항을 표현하기 위해 각 단계를 시계 반대 방향으로 배열했다. 익숙한 현실이 시계 방향으로 진행되는 동안 영웅은 이러한 일상적 현실에 저항하고 사물의 질서를 거스르며 험난한 길을 택한다. 하지만 우리는 사람들의 독서 습관 때문에 각 단계를 왼쪽에서 오른쪽으로 배치하기로 했다.

세상은 이야기로 만들어졌다

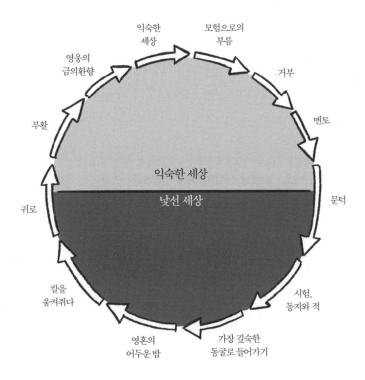

익숙한 세상
모험으로의 부름
영웅의 금의환향
거부
부활
멘토
익숙한 세상
낯선 세상
귀로
문턱
칼을 움켜쥐다
시험, 동지와 적
영혼의 어두운 밤
가장 깊숙한 동굴로 들어가기

1. **익숙한 세상** 모든 영웅의 여정은 익숙한 세상에서 시작된다. 『오 즈의 마법사』의 주인공 도로시는 회색빛 캔자스에, 영화 〈매트릭 스〉의 주인공 네오는 초록빛 사무실에 있다. 엘렌 리플리는 자신 의 우주선에서 눈을 뜨고 프로도는 아름다운 샤이어에서 그저 평 화롭게 살기를 원한다. 하지만 이곳에서 뭔가 심상치 않은 일이 벌어지거나 주인공에게 어떤 문제가 있다는 사실을 곧장 예감하

게 된다. 일부 주인공은 네오처럼 불길한 예감에 시달리는 부적응자이거나 아웃사이더다. 반면 또 다른 주인공은 프로도처럼 만족스러워 보인다. 이는 그들이 자신의 소명을 아직 억누르고 있기 때문이다. 하지만 거의 모든 영웅의 마음속에는 변화에 대한 갈망이 꿈틀대고 있다.

2. **똑, 똑, 네오. 일어날 시간이야. 모험으로의 부름** 친숙한 세계가 외부로부터 흔들리고 무언가가 주인공의 행동을 부추긴다. 〈스타워즈〉의 루크 스카이워커는 레아 공주에게 도와달라는 요청을 받는다. 〈마술피리〉에서 밤의 여왕은 다미노에게 강력한 힘을 지닌 자라스트로로부터 딸을 구해달라고 부탁한다(그리고 성공하면 딸과의 결혼을 허락하기로 약속한다). 해리 포터는 프리벳 가에 거주하다 호그와트에서 보낸 편지를 받는다. 영화 〈블랙 팬서〉에서 트찰라의 아버지가 죽자 와칸다에는 새로운 왕위 계승자가 필요해지고 세상은 새로운 블랙 팬서를 원한다. 앨리스는 흰토끼의 부름을 받는다. 네오 역시 흰토끼 문신을 한 여자를 따라간다. 시나리오 작성 지침에서는 이러한 순간을 '촉발 사건Inciting Incident'이라고 하며, 영웅이 여정을 시작하게 만드는 방아쇠 역할을 한다.

3. **거부** 잠깐만! 무언가 영웅을 가로막는다. 자신감 부족인가 아니면 두려움인가? 불만인가? 나태함인가? 아니면 길을 나서면 좋지 않은 일이 닥칠 거라는 예감 때문인가? 항상 그런 것은 아니지

만 때때로 영웅은 모험으로의 부름을 거부한다. 프로도는 '모두를 노예로 만드는' 반지를 절대로 갖고 싶지 않으며 그의 가장 친한 친구 샘은 그에게 이렇게 경고한다. "문밖으로 나가는 것은 위험한 일이에요. 거리로 나가서 발을 조심하지 않으면 발이 나리를 어디로 데려갈지 알 수 없어요."7 하나님의 아들이라는 나사렛 예수는 처음에는 메시아가 되려는 마음이 거의 없었다. 그런데 이런 모습이 몬티 파이선Monty Python의 〈라이프 오브 브라이언Life of Brian〉(1979)에서는 브라이언이 영웅 여정을 하는 과정에서 풍자적으로 과장되어 표현되었다.• 마찬가지로 나중에 붓다가 된 고타마 싯다르타는 왕의 아들로서 누리는 호화로운 삶과 온갖 예언에 불만과 괴로움을 느끼면서도 29세에 비로소 의미를 찾기 위해 고행길을 떠났다.•• 루크 스카이워커는 모험이 집에서 너무 멀리 떨어져 있는 곳에서 일어난다는 이유로 처음에는 모험으로의 부름을 거부한다. 삼촌과 숙모(곧 살해된다)를 보살펴야 했

• 브라이언 : "나는 메시아가 아니에요, 제발 내 말을 들어주세요! 나는 메시아가 아니에요. 알겠어요? 정말이라고요!" 추종자 중 한 명 : "진정한 메시아만이 자신의 신성을 부정하지요." 브라이언 : "뭐라고요!? 원! 도대체 내게 무슨 기회가 더 남아 있단 말인가? … 그래 좋아! 나는 메시아예요!" 수많은 추종자 : "그분이시다! 그가 메시아다!"

•• 일반적으로 예수와 붓다의 유사성 또는 일신론적인 메시아 형상들 사이에 존재하는 유사성은 너무 흔하게 나타난다. 그래서 그러한 이야기의 필요성을 느꼈던 유일한 종이 그들 모두를 고안해낸 것은 아닐까라는 생각이 들 수도 있다. 그런데 믿거나 말거나 붓다는 수많은 무녀에게 유혹을 받았다. 예수는 그런 고통을 받지는 않았다.

기 때문이다. 본명이 피터 파커인 스파이더맨도 거미에게 물려 약자를 지킬 수 있는 능력을 갖지만 궁지에 빠진 사람을 돕기보다는 돈을 벌기 위해 레슬링을 하기로 한다(그가 붙잡지 못한 강도가 나중에 삼촌 벤을 죽이는 참혹한 결과를 경험한다). 일반적으로 영웅이 자신의 책임감을 받아들이기로 하기까지 두 번째 시도가 필요하다. 즉 곤경이 한층 더 악화한다. 때로는 주변 환경이나 주인공을 둘러싸고 있는 두려움, 혹은 다른 이유가 그들을 가로막기도 한다. 이를테면 해리 포터의 버논 삼촌처럼 말이다. 하지만 영웅이 일단 여행길에 오르면 더 이상 되돌아갈 수 없다.

4. **영웅이 길을 나서고 멘토의 도움을 경험한다** 멘토는 오디세우스의 아들 텔레마코스를 돌봐주었던 친구의 이름이었다. 그 이후로 멘토는 원형적으로, 심리학적으로 더 높은 자아, 더 고귀한 우리 자신을 의미한다. 멘토는 종종 과거에 영웅이었지만 이제는 자신의 모험을 통해 얻은 변화의 경험을 다른 영웅에게 전달한다. 따라서 그들은 말 그대로 부모가(혹은 삼촌이) 아니지만 일종의 모성애적 혹은 부성애적 성향을 보인다. 영웅은 멘토로부터 경험과 조언, 기술, 정보, 훈련, 장비를 얻는다. 멘토는 덤블도어가 해리 포터에게 마술을 가르치는 것처럼 지식을 전수한다. 또한 록키 발보아가 어린 크리드를 육성하는 것처럼 앞으로 계속 나아가도록 동기를 부여한다. 오비완, 모피어스, 덤블도어, 트찰라의 여동생 슈리, 간달프, 〈가라데 키드〉의 스승 미야기, 록키의 권투 스

승. 이들 모두는 싸워서 얻고자 하는 온갖 가치와 지혜를 구현하기 때문에 영웅에게 결정적인 역할을 한다.

또한 멘토는 잭 스나이더Jack Snyder 감독이 그리는 〈맨 오브 스틸(슈퍼맨)〉에서처럼 누군가를 떠올리게 하는 역할을 맡기도 하며 과거에 경험했던, 하지만 접근하기 어려운 지식을 불러내는 역할도 한다(스포일러 경고 : 영화 〈파이트 클럽〉에서 화자와 그의 친구 타일러 더든 사이의 멘토 관계는 특히 모호하다. 말하자면 영웅이 자신의 멘토인 동시에 자신의 적수가 된다).●

5. **문턱**을 넘고 샤이어의 경계를 통과하고 빨간 알약을 삼킨다. 주인공은 자신의 익숙한 환경을 떠나고 토끼 굴을 타고 떨어져서 이상한 나라에 도착하거나 나쁜 외계인의 행성에 도착한다. 캣니스 에버딘은 기차를 타고 판엠의 수도인 잔혹한 캐피톨에 도착한다. 또한 해리 포터에게도 호그와트로 가는 기차는 돌이킬 수 없는 그의 여정을 상징한다. 오즈에 오신 것을 환영합니다. 이제는 되돌아갈 수 없어, 도로시.

● 현대의 소재는 이러한 고정된 역할을 가지고 유희한다. 이를테면 픽사 영화 〈소울Soul〉은 고인이 된 재즈 음악가이자 교사인 조와 그가 사후 세계에서 만난 영혼 22번이 어떻게 서로 멘토가 되는지를 모든 의미 차원에서 이야기하고 있다. 조의 영웅 여정이 끝날 무렵 그는 마지막으로 문턱을 넘는다. 즉 그는 자신이 영웅 혹은 멘토가 될지 최종적으로 결정하기 위해 말 그대로의 의미에서 문을 통과하고 은유적인 의미에서 한 세계에서 다른 세계로 넘어간다.

6. **시험·동지·적** 이제 서서히 본론으로 들어간다. 즉 영웅은 관문을 통과하면서 우정을 쌓고 동지를 발견하며 적이 누구인지 알게 된다. 마블 영화 속 어벤져스는 한 팀이 되고 뮬란은 고된 훈련을 통해 남자답게 싸우는 법을 배운다. 또한 실패를 견딤으로써 자기 의지력을 시험하게 된다. 우리는 훈련이 통제할 수 있는 조건에서 반복되는 실패라는 것을 배운다. 이제 영웅 여정을 조립할 시간이다! 처음에는 실패가 잇따를 수 있다. 하지만 상관없다. 영웅의 두드러진 점은 무엇보다도 뛰어난 결단력이다. 뼈가 더 강해지려면 부러져야 한다. 너를 죽이지 못하는 것이 너를 영웅으로 만든다. 제다이 마스터 요다는 루크에게 "하거나 안 하거나 둘 중 하나다. 해본다는 것은 없다."라고 말한다. 세베루스 스네이프는 해리 포터에게 "집중해, 포터!"라고 요구한다. 말하자면 "왁스를 바르고 왁스를 닦아내. 숨 쉬는 것을 잊지 말고! Wax on, wax off. Don't forget to breathe!"(영화 〈가라데 키드〉에서 스승 미야기가 말하는 대사 중 일부 ─ 옮긴이)와 같은 것이다.

7. **나쁜 놈들이 들이닥친다** 이제 영웅은 자신이 무엇을 배웠는지, 얼마나 단호한지, 얼마나 이기고 싶어 하는지를 보여주어야 한다. 그리고 악역들은 자신의 사악한 잠재성, 영웅과 나아가 전 세계를 파괴하려는 의지를 증명해 보인다. 이를테면 요원들은 모피어스와 트리니티, 네오를 공격한다. 볼드모트의 부하들은 해리와 헤르미온느, 론을 공격한다. 제국은 한 솔로, 레아, 루크를 공격한

세상은 이야기로 만들어졌다

다. 양측은 사활을 걸고 싸운다. 하지만 서사적 전투가 어떻게 끝나든 아직 결정된 것은 없다.

8. **영혼의 어두운 밤** 최저점. 상처가 나고 상실을 입으며 종종 멘토가 희생당하기도 한다. 모피어스는 요원들을 막고 선택받은 자네오를 구하기 위해 뒤에 남는다. 덤블도어는 스네이프에게 죽임을 당하며 오비완 역시 죽음을 맞이한다. 그리고 호빗족은 자신을 위해 희생한 회색의 간달프와 작별 인사를 해야 한다(후에 백색의 간달프로 부활한다). 영웅은 이와 같은 결정적인 순간에 크나큰 두려움이나 죽음과 직면한다. 그것도 온전히 홀로. 로맨틱 코미디 장르에도 이러한 최저점이 존재한다. 이 지점에서 처음의 관계가 이별로 끝을 맞이하며 상징적으로 죽는다. 말하자면 영웅은 인생 최고의 사랑을 잃으면서 모든 희망까지 상실한다. 그래서 이 최저점에서는 언제나 자신 안에 존재하는 악마와 마주하게 되는데, 이는 오직 엄청난 노력으로만 극복할 수 있다. 영웅은 자신의 억압된 두려움에 맞서야 한다. 루크는 포스의 어두운 면에 유혹될까 봐 두려워하며 상징적으로나 문자 그대로 지배적인 아버지를 제압해야 한다. 뮬란은 전투에서 이기지만 상처를 입고 여자임이 탄로나 내쫓기고 버려진다. 해리 포터는 무방비 상태로 숲 바닥에 누워 있고 곧 디멘터에게 빨려 들어간다. 프로도도 마찬가지로 무방비 상태로 동굴 바닥에 누워 있으며 곧 거미줄에 돌돌 묶인다. 록키도 누워 있다 … 한마디로 모든 것을 잃어버린 듯하다.

9. **칼을 움켜쥐다** 하지만 영웅은 가장 어두운 순간에 결단을 내리고 통찰력을 얻으며 마지막으로 정신을 차리고 기운을 낸다. 영웅은 두려움과 자신에 대한 의심, 때로는 죽음까지도 극복한다. 영웅은 다시 태어나거나 부활하여 새롭고 더 나은 자기 모습을 갖게 된다. 더 용감하고 더 강하고 더 단호해진다. 이제 주인공은 마침내 영웅이 된다. 네오는 모피어스를 구하기 위해 — 그러다가 죽을 수도 있다고 오라클이 말했지만 — 돌아온다. 예수와 해리 포터는 친구와 인류를 위해 자신을 희생한다. 뮬란은 이제 더 이상 화 준Hua Jun이라는 남자로 변장하지 않고 거짓말과 제약에서 벗어나 그녀 자신의 모습으로 싸운다. 완전히 무기력해진 해리는 '엑스펙토 패트로눔!'으로 불러낸 패트로누스를 저 멀리서 본다(시간적 역설 : 이 수호성인을 불러내는 것은 말하자면 미래의 자아다. 왜냐하면 그는 과거의 가장 암울했던 시점에서 자신이 이미 한 번 패트로누스를 불러낸 것을 직접 볼 수 있었기 때문이다). 영웅이 휘두르는 칼은 종종 도전을 극복할 수 있다는 깨달음을 상징한다. 또한 영웅은 죽음에 맞서서 보물을 얻는다. 이러한 보물은 진짜 보물 — 예를 들면 현자의 돌이나 데스 스타Death Star의 설계도 — 일 때도 있다. 하지만 그 보물이 깨달음, 사랑, 구조된 사람이 될 수도 있다. 또한 프로도와 샘의 우정일 수도 있다. 골룸이 이들의 우정을 파괴한 듯 보이지만 프로도의 상징적 부활 이후 그 어느 때보다 그들의 우정은 강해진다. 그리고 마침내 세상을 구한다.

10. **귀로** 영웅이 변했다. 영웅은 여정을 보내는 동안 쓰디쓴 상실을 겪었지만 자신과 세계에 대해 근본적인 것을 배웠고 여러 속임수가 드러났으며 과거의 자아 — 완전히 죽은 것은 아니지만 — 에서 벗어났다. 영웅은 보물, 성배, 깨달음을 안고 집으로 돌아가야 한다. 하지만 그렇게 빨리는 아니다. 집으로 돌아가기 직전 영웅에게 다시 모든 것을 요구하는 진짜 마지막 관문이 찾아온다. 이를테면 엘렌 리플리는 다시 한번 우뚝 선 에일리언을 막아야 하고, 네오는 매트릭스에서 탈출하는 과정에서 스미스 요원의 총에 맞는다.

11. **부활** 이제 네오는 자신이 선택받은 자임을 알고 있다. 그는 매트릭스의 성질을 이해했고 자신의 의지로 매트릭스에 영향을 줄 수 있다. 결정적인 관문을 거칠 때 시작된 변화가 이제 최종적으로 완료되고 외부의 모든 사람이 이를 확인한다. 해리 포터는 자신이 과거에 이미 '엑스펙토 패트로눔' 마법을 성공했다는 것을 자기 눈으로 직접 확인한 후 이제 자신이 이 마법을 자유롭게 구사한다는 것을 알고 있다. 루크는 자신이 포스의 어두운 면에 굴복하지 않을 것임을 알고 있기 때문에 포스를 사용하는 것에 더 이상 두려움을 느끼지 않는다. "포스를 사용해, 루크!" 결정적인 순간 어디선가 그의 멘토 오비완의 신비로운 목소리가 들린다. 그리고 데스 스타가 폭발한다.

캠벨은 여정의 이 지점을 '두 세계의 주인'이라고 표현했다. 즉 변화된 영웅은 더 이상 상황에 적응하여 반응하지 않고 자신을 직접 상황에 맞춘다. 때로는 이러한 부활이 구조적으로 최저점 직후에 나타나기도 하며 귀로를 그리는 단락이 매우 짧기도 하다. 말하자면 부활은 무너지는 사원에서 항상 탈출해야 하는 것이 아니라 단순히 깨어나는 모습으로 나타날 수도 있다. 앨리스와 도로시가 눈을 뜨고 갑자기 다시 집에 돌아와 있을 때 그들은 상징적 관점에서 말 그대로 부활한다.

12. **영웅이 집으로 돌아오다** 이때 영웅은 자신이 변한 것처럼 세상을 변화시키는 힘을 가진 보물을 들고 있다. 어벤져스는 다시 평화롭고 안전해진 뉴욕의 잔해 속에서 샤와르마Shawarma를 먹는다. 도로시는 다시 캔자스로 돌아오고 캔자스를 사랑한다. 뮬란은 적장의 검과 황제의 목걸이를 들고 금의환향하며, 이 두 가지 물건은 그녀가 중국 전체를 구하고 가족의 명예를 회복했다는 증거다. 캠벨은 영웅의 이 마지막 단계를 '삶의 자유'라고 부른다.

악당·멘토·동지

제임스 본드에게 닥터 노Dr. No가 없었다면 어땠을까? 클라리스 스탈링 요원에게 한니발 렉터가 없었다면 어땠을까? 반 헬싱에게 드라큘라가 없었다면, 모차르트의 〈마술피리〉에 등장하는 커플 타미노와 파파게노에게 끔찍하고도 아름다운 밤의 여왕이 없었다면 어땠을까? 영웅은 가장 중요한 인물이지만 혼자서는 아무것도 되지 못한다. 좋은 스토리에는 또 다른 필수 요소가 필요하며 영웅 다음으로 중요한 요소는 적수antagonist다. 이를테면 영화 〈지옥의 묵시록Apocalypse Now〉에서는 커츠 대령, 백설공주에게는 사악한 마녀, 루크 스카이워커에게는 다스 베이더, 배트맨에게는 조커가 그러하다.

이러한 예를 보면 특히 강력한 적수가 스토리를 거의 장악한다는 사실을 알 수 있다. 주인공은 중심인물들을 부각하기보다 오히려 적대 관계에 있는 상대의 독창성과 신비로움을 강조하는 역할을 한다. '악역이 성공할수록 작품도 성공한다'는 영화감독 알프레드 히치콕Alfred Hitchcock의 말처럼 말이다.[8] 하지만 일반적으로 그 반대다. 즉 적수는 혼자서는 생명력이 거의 없으며 주인공에게 그저 부정적인 존재일 뿐이다. 적수는 주인공을 보완하고 때로는 심지어 이 사실을 인지하고 있다. 조커가 배트맨에게 말한다. "난 널 죽이고 싶지 않아. 너 없이 내가 무엇을 할 수 있겠어? […] 너는 나를 완전하게 해!" 조커는 계속한다. "나는 괴물이 아니야. 단지 시대를 앞서갈 뿐이지."[9] 여기에는 오싹한 양가감정을 넘어 이야기에서 지니고 있는 적수의 기능이 담겨 있다. 즉 적수는 우리 모두에게 — 주인공에게도 — 내재된 특정한 문제적 특성이나 이기심, 기형적 특성을 구현한다. 프로도는 막강한 힘을 대변하는 반지에 대한 욕망을 직접 경험한다. 예수는 악마의 유혹을 몸소 받는다. 배트맨은 잔인한 살인자가 되지 않으려고 내면의 악마와 끊임없이 싸운다. 때때로 이러한 적수가 주인공에게 결여된 바로 그 자질을 가지고 있으면 더욱 생산적이기도 하다. 특히 만화계의 양대 산맥인 마블과 DC 코믹스가 성공을 거머쥔 이유는 독창적인 적수 덕분이기도 하다. 다채로우면서도 심오한 적수 캐릭터는 항상 놀라움을 제공하고 강력한 대사를 하기에 제격이다. 그렇기 때문에 예측하기 쉬운 주인공보다 팬들로부터 더 높은 칭송을 받는 경우가 많다.

영화 〈블랙 팬서〉에서 라이언 쿠글러 감독과 작가 로버트 콜은 아버지의 죽음 이후 와칸다의 왕이 되어 블랙 팬서 의상을 입게 된 트찰라와 매우 복합적으로 대립하는 적수인 킬몽거를 만들었다. 트찰라는 아버지의 보호주의 전통을 이어 나가고 와칸다 백성과 귀중한 자원과 발명품을 보호하기 위해 와칸다 왕국을 세상으로부터 숨기려고 한다. 킬몽거 역시 왕위를 요구하는데 그는 와칸다의 첨단 기술과 풍부한 자원을 사용하여 전 세계 흑인을 억압에서 해방하고자 세계무대로 나가고 싶어 한다. 자기 백성을 보호하려는 트찰라의 노력은 고귀하며 갓 왕위에 오른 그의 관점에서는 충분히 이해할 수 있다. 하지만 그는 와칸다의 기술이 잘못된 사람의 손으로 들어갈 수 있다고 우려한다. 동시에 쇄국이 비윤리적이고 이기적이라고 생각하는 킬몽거도 옳다. 왜냐하면 자원과 기술이 가득한 산에 앉아 세상의 형제자매들이 고통받는 것을 알면서도 그대로 보고만 있는 셈이기 때문이다. 트찰라의 영웅 여정에는 적의 입장과의 화해가 담겨 있다. 그는 킬몽거가 옳다는 것을 깨닫고 그를 물리친 후 킬몽거가 원하는 대로 숨겨진 왕국을 세상에 공개하기로 한다. 영웅 트찰라의 강점은 그의 전투력이나 실력에 있는 것이 아니라 잘못을 바로잡아주는 상대를 받아들이는 마음가짐에 있다. 바로 이를 통해 그는 왕국과 세상이 필요로 하는 블랙 팬서가 된다. 적응력이 있고 현명하며 권력으로 부패하지 않고 전통에 현혹되지 않는 영웅.

말하자면 적수는 언제나 영웅을 저지하고 이를 통해 줄거리를 진행하기 위해서만 존재하는 악당일 필요는 없다. 적수의 목적은 충분히 이해할 수 있지만, 그가 사용하는 수단에 윤리 의식이 결여되어 있고 반성과 변화 능력이 부족하다는 점이 그를 악당으로 만든다.•
그렇기 때문에 적수는 더 많은 자질을 얻거나 약점을 없애는 방향으로 나아가는 주인공의 여정에 결정적인 장애물이 된다. 동시에 적수

• 마블 유니버스에서 찾을 수 있는 또 다른 예는 손가락을 튕겨 우주의 절반을 죽이고 싶어 하는 은하계 악당이자 어벤져스의 적수 타노스다. 영화 〈어벤져스 : 인피니티 워〉에서 각본가 크리스토퍼 마커스와 스티븐 맥필리는 놀라운 것을 달성했다. 즉 처음에는 대량학살자를 자처하는 타노스가 악당처럼 보이지만 형식적으로 보면 정확히 그 반대다. 타노스는 모든 행성을 구하기 위해 '인피니티 스톤'을 찾으러 떠난다. 이 스톤은 모든 생명체의 절반을 순식간에 없앨 수 있는 힘을 그에게 부여한다. 그는 고전적인 영웅 여정에 존재하는 온갖 시련을 겪은 후 마침내 이 목표를 달성한다. 무엇보다 그는 평생 유일하게 사랑했던 수양딸 가모라를 희생시켜야 했고, 어벤져스의 기습으로 최면에 걸릴 뻔하지만 다시 상징적으로 부활한다. 이렇게 그는 목표 직전에 거의 죽을 뻔한다. 이기적인 어벤져스는 타노스가 스톤을 손에 넣지 못하도록 계속 저지하며 본질적으로 타노스의 실제 적대자다. 영화의 마지막 장면을 보면 주인공 타노스는 자신이 세상을 구한 영웅이라는 생각에 행복한 미소를 지으며 고향의 전원 풍경을 바라보고 있다. 엔딩 크레디트가 올라가기 전에 들리는 사운드트랙의 마지막 화음은 장조. 즉 해피엔딩의 음악이다. 이러한 그의 이야기는 뒤에서 더 중요하게 다룰 것이다.

는 시스템과 동떨어진 바람직하지 않은 삶, 주인공이 맞서 싸워야 하는 — 그리고 실제로 주인공이 그렇게 생각하는 — 그릇된 길을 의미한다.

마지막 예로 나이트 샤말란 감독의 영화 〈언브레이커블〉(2000)에서 주인공 데이비드 던(브루스 윌리스)은 심각한 열차 사고에서 유일한 생존자가 된 후 자신이 불멸의 존재임을 알게 된다. 그때부터 그는 자신의 남다른 특성을 사람들을 구하는 데 이용한다. 그의 적수는 일라이자 프라이스다. 일라이자 프라이스는 뼈가 쉽게 부러지는 골형성 부전증을 앓고 있는 화랑의 오너이자 만화 애호가로 새뮤얼 잭슨이 연기한다. 이 영화는 슈퍼히어로 이야기의 해체로 읽힐 수 있다. 즉 만화광인 프라이스는 자신의 존재에 의미를 부여하기 위해 자신을 주인공의 적대자로 인식하고서 주인공을 창조한다. 프라이스의 비밀은 여기에 있다. 즉 그는 열차 사고를 포함하여 우연을 가장한 수많은 끔찍한 사고를 일으키는데, 이는 오로지 자신과 반대되는 대척자로서 결코 상처를 입지 않는 사람을 발견하기 위해서였다. 프라이스는 악당의 진부한 독백에서 주인공 던에게 처음부터 자신의 계획을 밝히지만 당시 던은 프라이스가 꾸민 이야기에서 자신의 의지와 상관없이 영웅이 될 것이라는 사실을 알지 못한다.

나는 모든 형태의 만화를 상세히 연구했다. 나는 내 인생의
3분의 1을 병상에서 지내면서 책 읽는 것 말고는 할 수 있는
것이 없었다. 만화는 고대 방식으로 우리에게 역사를 전달해

주는 마지막 유물이다. 이집트인은 벽에 그림을 그렸다. 전 세계의 많은 나라들은 오늘날까지도 그림 형식으로 지식을 전파한다. 나는 만화가 누군가 어디에서 느끼고 경험한 역사의 한 형태라고 생각한다. [⋯] 그러던 어느 날 나는 열차 사고 뉴스를 보았다. 생존자는 단 한 명이고 그는 기적적으로 아무런 상처도 입지 않았다. 나는 골형성 부전증이라는 병을 앓고 있다. 이 병은 유전적 장애다. 내 몸은 특정 단백질을 제대로 생성하지 못하기 때문에 내 뼈는 밀도가 아주 낮고 쉽게 부러질 수 있다. 나는 지금까지 살면서 54번의 골절을 겪었고 이 정도면 아주 경미한 편이다. [⋯] 언젠가 문득 이런 생각이 떠올랐다. 세상에 나와 같은 누군가가 존재하고 내가 스펙트럼의 한쪽 끝에 있다면 나와 정반대인 누군가가 다른 끝에 존재하지 않을까? 우리와는 달리 결코 아프지도 않고 상처를 입지도 않는 누군가? 그런데 그는 절대로 이 사실을 모를 것이다. 자신이 이 이야기의 주인공이라는 것을. 자신의 사명이 전 인류를 지키는 것임을.

적대자는 순전히 영웅의 존재를 통해 맞수가 되어 영웅과 대치한다. 이렇게 적대적인 적수의 눈에는 영웅이 더욱 영웅답게 보인다.

신데렐라와 구약성경의 연결고리

영웅 여정과 중요한 구성 요소는 계속해서 새로 서술되지만 그 핵심과 구조는 놀라울 정도로 변함이 없다. 무엇보다 (성공적인) 이야기에 매우 구조주의적으로 접근하는 방식을 따르는 현대 시나리오 작가들은 궁극적으로 캠벨의 단일신화로 소급되는 몇몇 도식에 정통해 있다. 예를 들어 '구성'(즉 고정된 도식에 따라 스토리를 구축하는 것)의 교과서로 알려진 블레이크 스나이더Blake Snyder의 『고양이를 구하라! 당신에게 꼭 필요한 시나리오 작법을 알려주는 마지막 책Save the Cat! The Last Book on Screenwriting You'll Ever Need』(국내 출간 제목 『흥행하는 영화 시나리오의 8가지 법칙』)은 영웅 여정과 스나이더가 여러 단계에서 언급한 비트Beat의 일반적 타당성을 강조한다. 스나이더에 따르면 잊히거나 잘못 배치된 플롯 포인트Plot Point는 영화 전체를 쓸모없게 만들 수 있다. 그의 책 제목은 이야기의 제1막에서 여주인공이 고양이(혹은 사람이나 다른 무언가)를 구하는, 말하자면 도덕적으로 모범적이거나 최소한 기본적인 공감을 불러일으키는 순간을 표현한다. 다음에 이어질 이야기와 직접적으로 관련이 없는 이러한 플롯은 서사적 측면에서 볼 때 단 하나의 목적을 가지고 있다. 즉 우리가 영웅을 그 자체로 즉시 인식하고 좋아함으로써 영웅을 따라 기꺼이 미지의 세계로 들어가게 하기 위함이다.

시나리오 작가 크리스토퍼 보글러Christopher Vogler 역시 1980년대에 영웅 여정에 관한 캠벨의 고찰을 일곱 장의 메모 형식으로 자기 동료들과 나아가 할리우드 대중문화에 전파했다. 물론 조지 루카스, 프란시스 포드 코폴라, 스티븐 스필버그와 같은 다른 시나리오 작가들도 이미 캠벨의 저서에서 영감을 받았지만, 보글러의 메모(그는 나중에 이 메모를 『작가의 여정 : 작가를 위한 신화적 구조The Writer's Journey : Mythic Structure for Writers』(국내 출간 제목 『신화, 영웅 그리고 시나리오 쓰기』)라는 긴 버전의 책으로 출판했고, 이 책은 시나리오 작법의 필독서가 되었다)를 통해 영웅 여정은 즐거움과 재미를 보장하는 틀로서 점점 더 유명해지고 인기를 얻었다.•

소위 고전적인 교육을 받은 사람들은 아리스토텔레스가 말한 그리스 드라마의 구조와 영웅 여정의 구조가 유사하다는 사실을 이미 알아차렸을 것이다. 맞다. 아리스토텔레스가 말한 다섯 가지 구성 요소 — 발단, 상승, 정점, 하강, 결말 — 는 캠벨의 영웅 여정에서 쉽게 찾을 수 있다. 궁극적으로 이와 같은 전개는 항상 반복적으로 설명되고 새로운 이름이 붙었다. 말하자면 명칭이 변해도 그 기능은 똑같이 유지된다.

1막, 2막, 3막

정, 반, 합

사랑, 약혼, 결혼

• 보글러의 메모는 마침내 월트 디즈니 픽처스의 수장 제프리 카첸버그에게까지 전해졌고 그는 곧바로 보글러를 〈라이온 킹〉의 스토리 컨설턴트로 고용했다. 이것이야말로 고전적인 영웅 여정이다.

이 세 가지는 언제나 다음과 같이 단순화시킬 수 있다.

무언가가 없다. 찾는다. 승리한다.

결핍, 싸움, 승리

이러한 서사 도식은 어디에나 편재하기 때문에 경험적으로 측정하고 연구할 수 있다. 여러분은 동화 『신데렐라』를 기억하는가? 착하고 부지런한 어린 소녀가 아버지가 돌아가신 후 계모와 이복 자매로부터 하녀 취급을 받지만 자비로운 마법사의 도움을 받아 왕자의 무도회에 변장을 하고 몰래 나타난다. 신데렐라는 들키지 않으려고 제시간에 무도회에서 빠져나오다가 유리 구두를 잃어버린다. 이 구두 덕분에 왕자는 왕국 전체를 수색하여 아름다운 미지의 여인을 다시 찾는다.

미국의 작가 커트 보니것Kurt Vonnegut은 신데렐라와 같은 사랑받는 이야기의 기승전결을 그래프로 설명했다. X축은 이야기의 시간적 순서를, Y축은 불행에서 행복까지의 스펙트럼에 걸쳐 있는 주인공의 경험을 나타낸다. 그에게 가장 흥미로운 곡선은 신데렐라 동화였다. 보니것은 신데렐라의 행복 곡선을 계단 형태의 상승으로 표현했다. 이러한 상승 곡선은 착한 요정이 찾아오는 지점까지 이어지다가 무도회에서 절정을 이룬다. 그러다가 자정이 되어 신데렐라가 성을 빠져나갈 때 갑자기 불행으로 하강한다. 하지만 곧 곡선은 유리 구두와 '그 후로 계속 행복하게…'라는 해피엔드와 함께 다시 행복으로 가파르게 상승한다.[10]

처음에 보니것은 고전적인 동화가 이러한 곡선을 보여주는 것이 통상적이라고 생각했다. 하지만 그는 다른 이야기, 즉 창조 신화에서도 똑같이 같은 형태의 곡선이 나타난다는 사실을 깨달았다. 신데렐라가 성에서 열린 무도회에서 최대한 빨리 빠져나와야 하는 시간은 아담과 이브가 에덴동산에서 쫓겨나는 시간과 상응한다. 또한 신데렐라의 호박은 말하자면 선악과다. 보니것은 이러한 사실에 놀라워했다. "나는 행복으로의 상승이 초기 기독교에서 표현되는 것처럼 구원에 대한 기대와 결과적으로 일치한다는 사실을 보았다. 이 이야기들은 동일했다."[11]

보니것의 연구는 2016년 버몬트 대학교University of Vermont와 애들레이드 대학교University of Adelaide의 정보통신 공학자와 수학자 연구진에 의해 계속 진행되었는데, 이번에는 모든 이야기를 범주화할 수 있는 인공지능이 사용되었다.[12] 연구진이 만 개 이상의 특수한 신호 단어를 사용하여 평균적으로 행복한 내용을 담고 있는 단락을 측정할 수 있는 소프트웨어를 실행시키자 컴퓨터는 스스로 곡선을 식별할 수 있었다. 사전 설문 조사를 통해 '행복하다'의 범주로 분류된 단어에는 예를 들면 기쁨, 웃음, 행복, 사랑, 행복하다, 뛰어나다 등이 속했다. 한편 덜 행복한 단어에는 무엇보다 죽음, 테러리스트, 살인, 자살, 폭력, 테러, 암, 살해되다, 죽이다, 죽다 등이 포함되었다.● 그래

<hr />

● hednometer.org에서 이 단어들은 영어권 트위터에서 행복 지수를 밝혀내는 데 사용된다. 이에 따르면 2020년 3월 코비드-19 발병, 조지 플로이드 살해 사건 이후

맨인홀 Man in Hole 구조

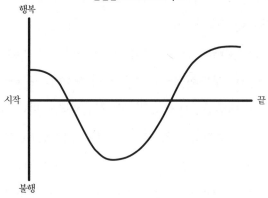

보이 미츠 걸 Boy meets Girl 구조

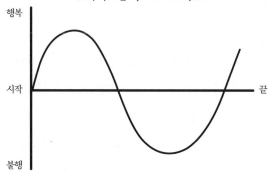

신데렐라 구조

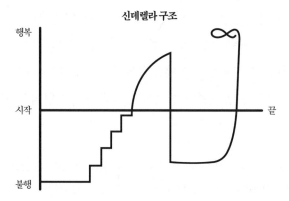

세상은 이야기로 만들어졌다

서 연구진은 이야기에 나타나는 행복을 체계적으로 탐색하기 시작했다. 영웅은 행복해지기 위해 어떤 길을 가며 어떤 심연을 건너야 할까? 수천 개의 영어 작품을 대상으로 무작위로 표본을 추출하여 다음과 같은 여섯 가지 전형적 서사 형식을 추론할 수 있었다.

1. **'누더기에서 재물로Rags to Riches'('가난뱅이에서 백만장자로'를 뜻함)** 주인공이 감정적 최저점에서 시작하여 커다란 해피엔딩을 향해 나아간다. 『벨아미Bel-Ami』(1885) 또는 『올리버 트위스트Oliver Twist』(1837)와 같이 사회적 상승을 다룬 많은 고전이 이 곡선을 따른다. 하지만 상승이 무조건 신분이나 계급에 제한된 것이 아니라 순전히 은유적이거나 감정적일 수도 있다. 앞에서 언급한 행복 단어들을 사용한 의미론적 평가에 따르면 『이상한 나라의 앨리스』(1865)가 전형적으로 이러한 형식을 따른다. 앨리스는 말 그대로 토끼 굴 바닥에서 시작하며 자신의 의식을 통해 위로 올라가 마침내 깨어난다. 마찬가지로 러디어드 키플링의 『정글북The Jungle Book』(1894)과 〈사랑의 블랙홀〉*(1993년) 또는 〈쇼생크 탈

경찰의 잔혹성에 반대하는 시위대 체포, 2021년 1월 워싱턴 국회의사당 습격은 2020/21년의 감정적 최저 지점이었다. 반면 크리스마스는 소셜 미디어에서 전적으로 행복한 순간으로 나타난다.

● 영화 〈사랑의 블랙홀〉과 루프Loop 플롯을 따르는 이야기에서 주인공은 똑같은 상황이 계속 반복되는 타임 루프에 갇힌다. 이러한 형식 때문에 이야기는 타격을 받아도 구조적으로 계단 형태로 상승하는 곡선을 따른다. 한편으로는 루프가 새로 반복될 때마다 지식이 축적되고, 다른 한편으로는 아무런 위험이나 손실 없이 실

출〉(1994)과 같은 영화도 지속적인 발전과 성장에 관한 이야기다.

2. **'재물에서 누더기로 Riches to Rags'** 여기서는 모든 것이 반대로 일어난다. 다시 말해 우리는 이야기가 지속해서 하강하는 모습을 보게 된다. 이를 보여주는 작품으로는 『보바리 부인 Madame Bovary』(1857), 『로미오와 줄리엣 Romeo and Juliet』(1595), 『도리언 그레이의 초상 The picture of Dorian Gray』(1890), 『리어왕 King Lear』(1606), 『지킬 박사와 하이드 Strange Case of Dr. Jekyll and Mr. Hyde』(1886), 『동물 농장 Animal Farm』(1945) 또는 『변신 Die Verwandlung』(1915)이 유명하다. 영화로는 라스 폰 트리에의 〈이둠 속의 댄서〉(2000) 또는 알프레드 히치콕의 〈사이코〉(1960) 등이 있다.

3. **맨인홀 Man in Hole** 누군가 서사적으로 구덩이에 빠진다. 그리고 우리는 그가 다시 구덩이에서 빠져나오는(혹은 빠져나오지 못하는) 모

수를 범할 수 있다. 죽음조차도 바닥이나 타격이 되지 않는다. 즉 주인공이 죽으면 그냥 처음부터 다시 시작하면 된다. 그렇기 때문에 곡선은 비디오 게임의 서사 논리를 더 따른다. 이는 예를 들어 〈엣지 오브 투모로우〉와 〈소스 코드〉와 같은 공상 과학 영화에서 특히 잘 나타난다. 루프 형식의 영화는 계단 형식으로 상승하지만 최종적인 결말을 거부할 수도 있다. 이를테면 2021년 오스카상 후보에 오른 트라본 프리 감독의 단편 영화 〈낯설고 먼〉처럼 말이다. 이 영화에서 흑인 주인공은 매일 같은 백인 경찰관에게 살해당한다. 그의 영웅 여정이 그리는 계단 형식의 곡선은 무한한 펜로즈 계단(리오넬 펜로즈와 그의 아들 로저 펜로즈가 고안한 3차원에서는 불가능하고 2차원에서는 가능한 계단— 옮긴이)의 형식으로 아프리카계 미국인에게 가해지는 경찰 폭력의 불가피성에 대한 비유를 표현한다.

습을 지켜본다. 논리적으로 대부분의 탈출 스토리는 이렇게 구성되어 있으며(이 경우 구덩이는 감옥이다) 수많은 범죄물도 마찬가지다(여기서 구덩이는 어떤 것의 부재를 의미한다. 이를테면 소중한 물건, 납치된 사람, 살해당한 사람). 〈대부〉(1972)나 〈디파티드〉(2006), 〈오즈의 마법사〉(1939), 〈호빗〉(1937년), 〈니모를 찾아서〉(2003) 등이 대표적인 예다.

4. **이카로스Icarus** 이 원형은 '피라미드 도식' 또는 독일 극작가 구스타프 프라이타크Gustav Freytag의 이름을 따서 '프라이타크의 피라미드'라고도 불린다. 이 피라미드는 '맨인홀'과 정반대다. 즉 주인공이 먼저 위로 상승한 다음 가혹하게 추락한다. 이러한 스토리는 이론적으로 좋은 결말로 끝날 수도 있겠지만 마지막에 주인공은 처음에서처럼 감정적으로 바닥 지점에 있다. 예를 들면 『위대한 개츠비The Great Gatsby』(1925)나 『맥베스Macbeth』(1606)를 생각해볼 수 있다.

5. **앞에서 언급한 신데렐라** 이 유형의 인물은 처음에는 상승하다가 이야기가 한창 본격적으로 진행되는 지점에서 하강하고 그 이후 다시 상승하기 위해 우뚝 일어선다. 이러한 형식은 고전적인 영웅 여정에 가장 가깝다. 이를테면 우리가 잘 알고 있는 루크 스카이워커나 예수, 프로도 또는 붓다의 이야기가 그러하다. 다른 예로는 셰익스피어의 희곡 『베니스의 상인The Merchant of Venice』

(1605)이나 로버트 루이스 스티븐슨의 모험소설 『보물섬 Treasure Island』(1883)을 들 수 있다.

6. **오이디푸스** 오이디푸스는 신데렐라의 줄거리 구성과 반대다. 다시 말해 등장인물이 처음에 강한 타격을 경험하고 중간에 상승하지만 결국 비극적인 결말을 맞는다. 오이디푸스는 아버지 라이오스 왕을 죽이고 어머니 이오카스테와 결혼할 것이라는·델포이 신탁의 예언 때문에 이러한 운명을 두려워하는 아버지로부터 버림받는다. 어른이 된 오이디푸스는 아버지인 줄 모르고 아버지를 죽인다. 여기까지 이야기는 오직 내리막길뿐이었지만 이제부터 오이디푸스의 운명은 호의적으로 보인다. 즉 테베에서 그는 스핑크스를 몰아내는 데 성공하고 그 보상으로 크레온 왕의 누이와 결혼을 한다. 그런데 신부는 이오카스테, 즉 오이디푸스의 어머니다. 둘은 자신들이 혈연관계임을 모른다. 오이디푸스가 마침내 진실을 알게 되자 그는 수치심에 자기 눈을 찌르고 떠돌이 신세가 된다. 『프랑켄슈타인 Frankenstein』(1818), 『모비딕 Moby Dick』(1851), 『롤리타 Lolita』(1955), 페드로 알모도바르의 영화 〈내 어머니의 모든 것〉(1999)이 이러한 불운한 곡선을 따른다.

이제 여러분은 버몬트 대학교와 애들레이드 대학교의 연구진이 오로지 문학 작품만을 표본으로 사용했음을 알아차렸을 것이다(영화 예들은 우리가 추가했다). 그러나 2018년 버밍엄 대학교 University of Birmingham

의 행동경제학 및 데이터과학과의 가나 포그레브나Ganna Pogrebna 교수가 이끄는 영국 연구진은 같은 방식을 6천 편의 영화[13] 속에 담긴 감정 곡선에 적용했다. 그런데 여기에서도 이 여섯 가지 구조적 원형이 발견되었다. 그뿐만 아니라 포그레브나 교수는 어떤 서사 패턴이 다른 것에 비해 더 성공적인지에도 관심을 가졌다. 그 결과는 다음과 같았다. '맨인홀'의 줄거리 구성이 영화관 매표소에서 수익성이 가장 높은 형식이었고 신데렐라 스토리가 그 뒤를 이었다. 그러나 수익성이 인기를 의미하는 것은 아니다. 이는 관객 수와 수상 경력을 함께 고려해보면 분명하게 드러난다. 마찬가지로 신데렐라 스토리가 주목을 받고 상업적 성공으로 이어지긴 하지만 관객에게 언제나 만족스러운 경험을 제공하는 것은 아니다.

심지어 신데렐라 스토리는 영화 포털 아이엠디비IMDb(Internet Movie Database) 투표에서도 최악의 점수를 보였다. 평균적으로 '가난뱅이에서 백만장자로'의 스토리가 최고 평점을 받았다. 그리고 정확히 이 형식을 따르는 전기 영화가 재정적으로 가장 수익성이 높다.•

그런데 이야기꾼들은 왜 항상 인공지능이 쉽게 인식하고 예측하고 그래픽으로 표시할 수 있는 이러한 구조를 반복하는 것일까? 답은 간단하다. 그것이 우리가 모두 공감하는 극작 구조이기 때문이다. 우

• 덧붙여서 말하자면 '백만장자에서 가난뱅이로'의 스토리 구성을 따르는, 즉 행복하게 시작해서 슬프게 끝나는 희극은 특히 성공적이지 못하다. 여러분이 시나리오 작업을 계획하고 있다면 이제는 이 사실을 명심해야 할 것이다.

리가 문제적 현실이나 행복한 현실, 도전, 운명의 타격, 승리의 순간을 대하는 방식은 보편적이다. 특히 우리 인간은 수천 년에 걸쳐 고전적인 신데렐라 영웅 여정이 변화를 이야기하는 가장 효과적인 방식임을 직감적으로 알게 되었다. 말하자면 고결한 인물이 새로운 세계에 발을 들이고 멘토의 도움을 받으며 첫 성공을 경험하면서 성장한다. 그러다가 적수를 만나 가혹한 시련을 겪게 되고 다시 일어서기 위해 싸우고 마침내 행복을 찾는다.

이러한 신데렐라 패턴을 비롯해 함께 기술한 다른 다섯 가지 패턴이 이처럼 효과적인 이유는 흥미진진하고 도전적이며 복합적인 이야기 틀을 우리 스스로 기대하기 때문이다. 우리가 서사적으로 들어가는 어두운 숲은 바뀔 수 있다. 하지만 숲을 통과하는 길은 변하지 않는다.

마스터플롯Masterplot : 뼈대가 되는 스토리

몇 가지 극적 구조에 대해 속성으로 알게 된 여러분은 이제 이것이 여러분과 무슨 관계가 있는지 분명 궁금할 것이다. 여러분이 제2의 댄 브라운이 될 계획이 아니라면 여기서 여러분이 얻는 것은 무엇일까? 그리고 현재의 내러티브는 어떠한가? 도널드 트럼프와 앙겔라 메르켈은 언제 나오는가?

조금만 더 기다려 주기 바란다. 우리는 여기서 먼저 서사 구조의 편재성에 대한 경각심을 일깨우고 싶다. 왜냐하면 영화와 문학뿐만 아니라 정보를 전달하는 모든 형식에서 서사 구조를 찾을 수 있기 때문이다. 즉 허구이든 사실이든, 뉴스, 교육, 광고를 비롯하여 정보가 교환되는 모든 곳에서 서사 구조가 발견된다. 이것이 바로 우리가 소위 '마스터플롯'을 살펴보고자 하는 이유다. 어떤 전문가에게 묻는지에 따라서 스토리에 반복적으로 등장하는 마스터플롯은 두 개부터 예순아홉 개까지 구분할 수 있다.[14] 커트 보니것이 제시한 원형이 감정적 전개 구조를 제공하는 반면, 마스터플롯은 주인공을 부추기는 에너지, 거대한 갈등이나 소망을 기술한다. 원형과 플롯의 다양성을 구체적으로 설명하기 위해 두 편의 영화를 통해 첫 번째 마스터플롯 —경쟁—을 살펴보겠다.

경쟁

이 마스터플롯은 일반적으로 경쟁을 이야기하는 데 사용된다. 보편적으로 주인공과 적수는 같은 목표를 가진 경쟁 관계에 있으며, 예를 들면 상이나 사랑을 쟁취하기 위해 싸움을 벌인다. 주인공의 라이벌은 대부분 영웅 여정을 거치지만, 스토리 자체는 다양한 원형을 사용하여 진행될 수 있다. 이와 관련하여 우리는 자동차 경주라는 같은 경쟁을 다룬 두 편의 영화를 살펴보고자 한다.

다니엘 브륄이 니키 라우다 역을, 크리스 햄스워스가 제임스 헌트 역을 맡은 론 하워드 감독의 영화 〈러시 : 더 라이벌Rush〉(2013)은 고전적인 경쟁 플롯을 따른다. 두 사람 모두 포뮬러 원 카레이서로 승리를 위해 고군분투한다. 뛰어난 재능을 지닌 두 카레이서 간의 경쟁은 구조적으로 신데렐라와 일치한다. 즉 라우다는 처음에 상승하다가 이야기 중반에 치명적인 사고를 당해 하강을 경험하고 영웅 여정의 최저점에서 심각한 화상을 입으며 그 이후 다시 꾸준히 상승하여 마침내 자신의 영원한 라이벌과의 경쟁에서 승리를 거머쥔다.

크리스찬 베일이 영국의 카레이서이자 자동차 정비공인 켄 마일스 역을, 맷 데이먼이 1959년 르망 24시 대회의 우승자 역을 맡은 제임스 맨골드 감독의 〈포드 V 페라리Le Mans 66〉(2019)는 페라리와 포드 레이싱 팀 간의 역사적인 경쟁을 다룬 영화다. 마일스는 이야기 구조상 처음에 하강을 경험한 다음 경주에 성공하면서 상승하다가 결국 다시 하락한다. 따라서 감정 곡선은 오이디푸스 곡선의 원형과 일치한다.

우리는 특히 저널리즘이나 정치처럼 사실에 기반한 정보를 전달하는 분야에서 마스터플롯을 반복적으로 접한다. 그 이유는 이러한 분야에서 마스터플롯이 아주 효과적으로 작동하기 때문이다. 플롯이 우리의 일상생활에 얼마나 미묘하게 영향을 미치는지 이해하기 위해 가장 중요한 마스터플롯 열 개를 오로지 실화를 사례로 들어 살펴보려고 한다.

다시 '경쟁' 마스터플롯으로 돌아가 보자. 추측건대 요가나 에어로빅 강습이 아닌 모든 스포츠 중계는 '경쟁' 마스터플롯을 기반으로 할 것이다. 어느 팀이 이기고 누가 질까? 누가 상승하고 누가 하락할까? 테니스 코트에서 라이벌 관계인 비에른 보리Björn Borg와 존 매켄로John McEnroe, 스테판 에드베리Stefan Edberg와 보리스 베커Boris Becker, 라파엘 나달Rafael Nadal과 로저 페데러Roger Federer의 이야기가 정말로 흥미로웠기 때문에 모든 세대가 테니스를 치고 싶어 했다. 또한 광고에서도 종종 이러한 마스터플롯을 찾을 수 있다. 설거지 세제 광고에 등장하는 도시인 빌라리바Villariba와 빌라바초Villabacho를 기억하는가? 둘 중 어느 도시가 엄청나게 큰 파에야 팬을 더 빨리 세척할 수 있을까? 당연히 좋은 브랜드를 선택하고 이를 설거지라는 전쟁에서 칼처럼 사용하는 지혜로운 영웅들이 있는 도시다.

또한 경쟁은 당연히 모든 형태의 선거 운동에서 보이는 표준 서사이기도 하다. 이러한 경쟁 구조는 거의 매일 업데이트되는 (현안) 여론조사에 힘입어 선거 운동을 넘어 모든 정치에 점점 더 크게 작용하고 있다. 이러한 현실은 당연히 비판받고 있지만 이것이 매우 효과적인 서사라는 사실을 부정할 수는 없다. 누가 더 좋은 수치를 갖고 있는가? 누가 더 나은 인터뷰를 제공하는가? 누가 더 대중이 좋아하는 결정을 내렸는가? 이처럼 정치 저널리즘을 가동하는 많은 포맷은 경쟁 서사로 구성되어 있다.

구원

2018년 12명의 태국 소년이 물이 찬 동굴에 갇히고 그들의 구조가 전 세계 언론의 큰 주목을 받았을 때 구원의 마스터플롯은 좋은 효력을 발휘했다. 수백만 명의 사람들이 소년들을 응원했다. 언론의 집중적인 보도는 그들 모두가 생존할 수 있다는 희망을 품게 했다. 반면 같은 해 예멘 내전 중 굶주림으로 사망한 5세 미만의 어린이 85,000명에 대해서는 훨씬 적게 보도되었다. 이례적 사건이 지속적인 위기 상황에 비해 뉴스 가치[*]가 높다는 명백한 요인 외에도 예멘 어린이의 운명이 서사적 측면에서 너무 추상적이었다는 것이 결정적인 이유였다. 말하자면 예멘 어린이들을 주인공으로 연출할 수 있을 만큼 상징적인 개별적 사건이 없었고 위기 상황이 너무 애매모호했다. 예멘 어린이 이야기로는 태국 소년들을 동굴에서 구출하는 것과 같은 해피엔딩을 기대하면서 확실한 저널리즘 연출을 전개하기가 불가능했다.

탐색

이 영웅 여정은 특수한 물건이나 영웅에게 간절히 필요한 무언가를 찾는 것이다. 예를 들어 독일 에르테엘RTL 방송의 연애 리얼리티 쇼 〈미혼남Der Bachelor〉, 〈미혼녀Die Bachelorette〉, 〈프린스 차밍Prince Charming〉, 〈프린세스 차밍Princess Charming〉을 예로 들어보자. 한 미혼 인물이 몇몇 에피소드에 걸쳐 위대하고 진정한 사랑을 찾는다. 이 과

• 뉴스 가치 이론은 어떤 사건이 미디어 환경에서 언론보도에 적절하다고 간주되기 위해 충족해야 하는 특정 가치를 설명한다. 예를 들면 '지리적 근접성', '유명 인사', '피해' 등이다. 더 가깝고 더 유명하고 논쟁이 더 큰 사건일수록 보도 가치가 더 크다고 느껴진다.

정에서 그는 로맨틱한 싱글 집단 안에서 데이트와 모험, 통상적인 감정적 도전을 경험한다. 섬세한 맥락과 주인공의 성공 여부가 불확실한 가운데 긴장감이 점점 상승한다. 누가 과연 마지막 장미 혹은 넥타이를 차지하게 될까?

변신

리모델링 프로그램이든 DIY 프로그램이든 성형수술에 대한 다큐멘터리 보도든 〈더 스완The Swan〉, 〈더 비기스트 루저The Biggest Looser〉, 〈비포&애프터 — 당신의 위대한 순간Vorher Nachher — Dein großer Moment〉과 같은 비포&애프터 쇼든, 이러한 프로그램의 정점이자 영웅 여정의 결말은 체중 감량이나 고통 감수에 대한 보상으로 새롭게 변신한 사람을 보여주는 것이다.

　이때 변화 자체가 완전히 파격적일 필요는 없다. 예를 들어 과거의 〈더 미니 플레이백 쇼The Mini Playback Show〉나 요즘 방송되는 프로지벤ProSieben 방송의 〈더 마스키드 싱어The Masked Singer〉 또는 RTL의 〈더 빅 퍼포먼스The Big Performance〉와 같은 변장 쇼 역시 이러한 서사 구조로 이루어져 있다. 이 모든 포맷은 사람이나 사물, 혹은 장소의 변신을 보장한다.

　이 마스터플롯은 소셜 미디어에서도 매우 탁월하게 작동한다(이와 관련된 자세한 내용은 5장 참조). 황색 언론도 이 마스터플롯을 선호한다. 하지만 변화를 부정적으로 평가하고 왜곡시키며, '어떻게 그런 일이 일어날 수 있을까!'라는 질문을 던지고 이를 규명한다. 이를테면 '사라 & 피에트로 롬바르디 : 충격적인 몸무게 ─ 도와주세요, 그들이 점점 뚱뚱해져요. 오케이! 그 원인이 무엇인지 알고 있다Sarah & Pietro Lombardi: Kilo shock ─ Hilfe, sie werden immer dicker! OK! weiß, was dahintersteckt'**15**, '사라 롬바르디 ─ 다이어트 드라마, 몸무게와 벌이는 사라의 싸움!Sarah Lombardi-Diätdrama, Sarahs kampf gegen Kilos'**16**, '사라 롬바르디 ─ 그녀는 새 남자친구를 위해 굶고 있는가?Sarah Lombardi-hungert sie für ihren neuen Freund?'**17**, '헬레네 피셔: 근육질 몸! ─ 여전히 아름다운가?Helene Fischer: Muskelwahn-ist das noch schön?'**18**와 같은 기사를 예로 들 수 있다.

이러한 플롯은 이카로스 원형으로서 황색 신문에서 가장 효과적으로 작동한다. 말하자면 어떤 사람이 얼마나 '컨디션이 좋고', '매력적이고', '건강하게' 보이는지를 먼저 부각하여 쓴 다음 신문이 확정해놓은 이러한 이상에서 벗어나면 그 즉시 그를 추락시킨다. 그런 다음 다시 원래 모습을 인정하면서 받아들이는 변화에 대해 보고한다. 예를 들면 출산 직후의 여성 연예인처럼 말이다.

복수

미국 텔레비전에서 가장 성공적인 텔레비전 포맷 중 하나는 클로이 카다시안Khloé Kardashian이 진행하는 〈리벤지 바디Revenge Body〉다. 참가자들은 식단 관리, 운동, 외모 가꾸기 등 카다시안이 제안하는 프로그램에 따라 외모를 관리한 후 프로그램 말미에 전 배우자나 전 애인, 또는 과거에 자신을 무시하거나 기를 죽였던 다른 사람들 앞에 말 그대로 변신한 모습으로 서게 된다. 이 사람들은 대부분 자신의 잘못된 행동을 인정하고 사과하며 후회하고 주인공의 변신을 축하해준다. 카타르시스가 느껴지는 해피엔딩이다.

약자

추측건대 캐스팅쇼는 약자의 마법을 가장 잘 이해하고 있다. 무명의 고등학교 졸업생에서 세계적인 팝 스타로 곧바로 캐스팅된 레나 마이어-란트루트Lena Meyer-Landrut를 생각해보라. 또한 영국의 수잔 보일Susan Boyle — 인습적인 미의 기준 저편에 있는 영국 여성 — 은 오디션 프로그램 〈브리튼스 갓 탤런트Britain's Got Talent〉에서 뮤지컬 레미제라블의 '아이 드림드 어 드림I Dreamed A Dream'을 불러서 세계적으로 유명해졌다. 축구든 유로비전 송 콘테스트Eurovision Song Contest 든 정치 선거운동이든 우리는 어떤 형태이든 사회적 상승을 다루는 이야기를 좋아한다. 특히 아웃사이더가 한순간에 출세하는 이야기에 더욱 열광한다.

러브 스토리

러브 스토리는 왕가 스토리를 다루는 보도든 월드 스타 커플의 경우든 특히 가십성 언론의 실화로 자주 등장한다. 관계의 출발과 발전은 장기적인 줄거리를 가능하게 하고 행복과 불행에 대해 이런저런 추측을 하게 만든다. 이를테면 공주 왕자• 커플 셀레나 고메즈Selena Gomez와 저스틴 비버Justin Bieber, 그들은 여전히 열애 중인가? 첫 아이는 언제 볼 수 있을까? 결혼은 언제 할까? 수많은 리얼리티 쇼 또한 전혀 유명하지 않은 일반인 참가자들을 대상으로 — 틀에 박히고 오락적인 — 이러한 질문으로 몇 주에 걸쳐 형식적으로 표준화된 러브 스토리를 연출하는 데 성공한다. 예를 들면 예전에 방영했던 〈꿈의 결혼식Traumhochzeit〉이나 〈사랑만이 중요해Nur die Liebe zählt〉, 또는 요즘 방영되는 〈러브 아일랜드Love Island〉나 〈미혼녀Die Bachelorette〉 등이 있다.

추적 또는 사냥

탐사보도는 종종 추격전과 같은 서사 구조를 보인다. 보도 기사는 정보를 추적하는 기자의 영웅 여정이라고 볼 수 있다. '슈피겔 티비

• "두 명의 왕족 아이들이 있었다. 둘은 서로 너무 사랑했다. 그들은 함께할 수 없었다. 물이 너무 깊었다."라는 슬픈 노래의 시작 부분이 바로 생각나는가? 흥미롭게도 이 노래의 근간이 되는 서사는 반종교적이다. 즉 '못된 수녀'가 촛불을 끄고 소년을 죽임으로써 사랑 노래는 권력에 대항한 낭만적인 이야기가 된다. 그렇다면 독일의 로미오와 줄리엣 이야기인가? 셰익스피어에 대한 보다 자세한 내용은 6장, 사랑 이야기에 대한 보다 자세한 내용은 9장 참조.

Spiegel TV'와 같은 프로그램에서는 때때로 기자와 그들이 인터뷰하는 주인공 사이에 실제 물리적 추격전이 발생하기도 한다. 경찰 업무 또한 특히 가해자가 도주 중인 경우 추격전처럼 뉴스에 보도될 수 있다.

성년 Coming-of-Age

성년 스토리는 언제나 성년으로 성장하는 것을 보여주는 서사다. 즉 순수함이나 부끄러움, 어린 시절의 두려움을 상실하면서 어른으로 성장하는 과정을 보여준다. 스포츠 보도에는 뛰어난 스포츠 기량으로 대중의 각광을 받는 젊은 인재에 관한 이야기가 늘 존재한다. 이를테면 보리스 베커Boris Becker, 슈테피 그라프Steffi Graf 또는 프란치스카 반 알름직Franziska van Almsick을 생각해보라. 보도는 그들의 선수 기량과 정서적 성숙 과정을 다루며, 적어도 성적이 좋을 때는 대부분 친근하고 호의적인 성장 스토리를 우리에게 들려준다. 또한 아역 스타의 경우도 이와 비슷하다. 그들이 틴에이저에서 성인 예술가로 변화하는 과정을 매의 눈으로 관찰하면서 이야기하고 끊임없이 스캔들이나 일탈을 찾으려 한다. 어린 시절 디즈니 클럽을 시작으로 얼굴을 알린 브리트니 스피어스는 순수함을 표방하는 로리타의 순진함으로 미국 작은 마을의 소녀 이미지를 키웠고, 그 후 '나는 소녀가 아니야, 하지만 아직 다 큰 여자도 아니야I am not a Girl, not yet a Woman'이나 '나는 당신을 위한 노예야I am a slave for you'와 같은 노래로 성인으로 인정받고자 했다. 니켈로디언Nickelodeon 어린이 채널의 여러 시리즈에서 사랑받은 틴에이저 스타 아리아나 그란데는 이제 '위험한 여자Dangerous Woman'(아리아나 그란데의 앨범 이름이자 노래 — 옮긴이)가 되었고 밤새도록 69라는 숫자에서 아주 흥미진진한 내러티브를 끌어내는 모습을 노래한다. 수많은 언론에서 브리트니 스피어스의 성장을 비극적인 스토리로 이야기하고 그녀가 잃어버린 순수함을 미국 사회에 대한 배신으로 비난했던 반면 아리아나 그란데는 큰 서사적 갈등 없이 소녀에서 여성으로 도약했다. 실제로 스피어스와는 달리 그란데는 소셜 미디어를 사용하여 자신의 성애화Sexualization와 성숙 과정을 스스로 제어할 수 있는 능력이 있었다.

이 마스터플롯의 왜곡된 형태는 젊은 여성들이 모델 계약을 얻기 위해 포즈를 취하며 서로 경쟁하는 캐스팅쇼 〈저머니스 넥스트 탑모델Germany's Next Topmodel〉에서도 보인다. 이러한 여주인공 스토리에 고정적으로 나타나는 구성요소는 대부분 어린 나이의 후보자에게 수치스럽게 느껴지는 누드 촬영이나 속옷 촬영, 또는 의례적으로 보디페인팅을 하거나 낯선 남자들이 몸을 만지는 것을 허용해야 하는 사진 촬영 같은 '도전'이다. 어린 여성들의 이러한 도전 스토리는 성인이 되어가는 모습으로 그려지며, 대부분 소녀에서 여성으로의 변신이 뚜렷하게 보이도록 포괄적인 스타일 변신이 수반된다. 무엇보다 '인제 그만 좀 징징대!'와 같은 말로 미숙한 후보자를 훈련하는 지배적인 대모 격 인물인 하이디 클룸을 통해 모든 작업이 모델산업 경제성의 상징적 비결이 된다. 여기서 흥미로운 것은 한편으로는 후보자 옆에서 엄마이자 멘토로서 조언하고 다른 한편으로는 후보자와 모델

계약 사이에 위치하는 적대자로서 연출되는 하이디 클룸의 역할이다. 런웨이의 끝에 마지막 관문인 그녀가 기다리고 있다.

〈저머니스 넥스트 탑모델〉에서는 스토리를 전달하기 위해 몇몇 포맷이 한 가지 마스터플롯을 제시할 수도 있고 여러 가지 마스터플롯이 혼합되어 있음을 쉽게 확인할 수 있다. 이를테면 성장 스토리 플롯과 더불어 앞에서 언급한 경쟁(후보자들의 연출에 사용된다), 약자(한 참가자가 집단 괴롭힘의 피해자가 되는 경우), 포괄적인 변화 과정을 보여주는 참가자들의 변신이 함께 나타난다. 다양한 사람들이 다양한 스토리를 본다. 말하자면 젊은 시청자에게는 동일화나 투영이라는 이유에서 성인이 되어가는 과정이 중요하고, 나이 든 시청자는 이러한 포맷을 역설적으로 보면서 경쟁 상황을 더욱 재미있게 즐긴다. 또한 이성애적 성향의 남성은 에로틱한 남성적 시선Male Gaze•으로 바라본다. 이러한 혼합 형식이 성공하는 것은 바로 다음과 같은 이유 때문일 것이다. 즉 혼합 형식은 마치 서사 만화경처럼 여러 플롯을 제공하고 시청자가 적어도 그중 하나의 플롯에서 자기 모습을 재발견할 수 있도록 작동하기 때문이다. 이렇게 우리는 무엇보다 우리 마음에 와닿는 스토리를 본다.

• 제작물에서 여성으로 읽히는 인물에 대한 이성애적 남성의 시각을 말한다. 예를 들어 여성이 어떤 장면에서 몸을 돌려 사라질 때 카메라가 여성의 엉덩이를 향하거나 여성이 차에서 내릴 때 카메라가 다리를 따라 움직이는 것, 이것이 남성적 시선이다.

자기희생

흥미롭게도 자기희생 스토리는 요즘에도 여전히 광고에서 흔하게 찾을 수 있다. 가족을 위해 어떤 일도 마다하지 않는 어머니를 생각해보라. 예를 들면 엄청난 양의 빨래 더미에 오르고 그 보상으로 기적의 세제를 받는다. 저널리즘에서 이 마스터플롯은 완화된 형태로 나타난다. 이를테면 '영웅적' 직업을 보도하거나 보건이나 서비스 제도 관련 주인공을 묘사할 때 그렇다. 예를 들면 공영방송의 다큐멘터리나 민영방송의 리얼리티 프로그램 포맷에서 지칠 줄 모르는 의사나 쉬지 않고 일하는 구급대원이 그려진다. 서사 에너지로서 영웅적 자기희생은 결국 주인공에 대한 공감으로 이어진다. 이러한 방식으로 진정한 일상의 영웅이 이야기된다.

'포스트 영웅 시대'의 영웅

그런데 이 모든 것은 무엇을 위해서일까? 오늘날에도 영웅이 필요할까? 베를린의 정치학자 헤어프리트 뮝클러Herfried Münkler가 말한 것처럼 우리는 이미 '포스트 영웅 시대'[19]에 살고 있지 않은가? '영웅다운' 행동이 필요한 위기가 다가오지 않는 평화로운 사회에 왜 영웅처럼 구시대적인 것이 필요할까? 아니면 무한할 만큼 다양한 생활 방식과 함께 사회적으로 분열된 후기 현대사회를 살고 있는 우리가 변화에 대해 이야기하는 공통된 서사에 더욱 의존하고 있는 것일까?

사회학자 울리히 브뢰클링Ulrich Bröckling은 자신의 저서『포스트 영웅적 영웅. 시대상Postheroische Helden. Ein Zeitbild』에서 군사 영웅에서 민간 영웅으로의 변천 과정을 기술한다. 그는 무엇보다 남자는 영웅으로서 '비범한 일을 해내고 강력한 적과 맞서 싸우는 용감하면서도 비극적인 인물'[20]로 답습되고 있다고 말한다. 여기까지는 캠벨 이후로 잘 알려진 내용이다. 그러나 브뢰클링은 영웅 개념을 서사 구조적 의미에서가 아닌, 사회학적-정치적 의미에서 추적한다. 그리고 한 가지 모순을 인식한다. 즉 우리 사회가 포스트 영웅 사회인데도 우리는 매일 새로운 영웅을 소환한다는 것. 만화와 컴퓨터에서, 영화관에서, 그리고 — 브뢰클링이 말한 것처럼 — "경쟁 스포츠 또한 지속적인 영웅적 인물을 만들어낸다. 9/11 테러로 목숨을 잃은 소방관도, 기후활동가도, 내부 고발자도, 정치적 자유 투사도 마찬가지로 영웅으로 규정된다."[•21]

최근에 자주 보이는 캐스팅 쇼나 매우 진부한 광고가 여전히 하나의 마스터플롯에 따라 작동한다면 영웅은 기본적으로 그 어느 때보다도 더 편재한다. 그리고 이와 함께 그들을 영웅으로 만드는 갈등도 함께 존재한다. 다행스럽게도 우리는 전통적으로 영웅을 탄생시키는 전쟁을 더 이상 겪고 있지는 않다. 하지만 자유화된 우리 일상의 많은 부분이 해석 권한을 둘러싼 전쟁과 닮았다. 전투에서의 군사

• 이야기하기 어려운 위기의 영웅으로서 기후활동가의 양면적인 역할에 대한 내용은 10장에서 더 자세히 다루고 있다.

적 용기가 오늘날에는 시민의 용기, 비타협적 태도, 공감이 되었다. 하지만 동일화와 숭배 메커니즘은 똑같이 남아 있다. 브뢰클링에 따르면 오늘날의 영웅은 우리 약점의 전부는 아니더라도 일부를 묘사한다. 이를테면 "사랑의 아픔, 알코올 문제, 오만함, 급한 성미, 우울증을 비롯한 다른 모든 인간적인 결점"[22]을 말이다. 이와 동시에 오늘날의 영웅은 아이러니하게도 예외적이기도 한데, 그 이유는 우리가 모두 갈망하는 것을 이루어내기 때문이다. 즉 그들은 더 나은 상태를 향해 나아간다. 이처럼 브뢰클링에게 '포스트 영웅 시대'는 "영웅 지향의 종말이 아니라 문제적이고 반성적인 발전"[23]을 의미한다. 우리는 영웅의 숭배와 신격화를 일반화시킴으로써 영웅이 '망가졌다'고 생각한다. 가수 데이비드 보위가 자신의 노래 '히어로즈Heroes'에서 약속했듯이 궁극적으로 누구나 영웅이 될 수 있다. 단 하루라도 말이다. 아니면 앤디 워홀의 유명한 말처럼 "15분 동안의 유명세15 Minutes of Fame"를 탈 수 있다. 브뢰클링은 이렇게 밝힌다. "영웅 서사의 호소력은 줄어든 것 같지만 오락적 가치는 조금도 수그러들지 않은 듯하다."[24]

우리는 이미 오래전부터 이야기가 심심풀이나 즐거움, 또는 도덕과 교육의 매개체 이상이라는 사실을 알고 있다. '내러티브' 혹은 '이야기'라는 개념(이에 대해서는 다음 장에서 다시 한번 정의할 것이다)은 저널리즘의 유행 액세서리이며 저널리스트나 홍보 컨설턴트, 광고주를 비롯한 기타 '스토리텔러'—이들은 자신을 스스로 이렇게 표현하고 싶어 한다—가 왕성하게 사용하는 어휘다. 이러한 관점은 우리가 생각하는 것만큼 새롭지는 않다. 학계에서는 이미 1983년에 '내러티브적 전환Narrativist Turn'에 대한 논의가 있었는데, 이러한 '전환'은 출판물에 광범위하게 나타나거나 대중적으로 수용되지는 않았다. 언론학과 문학 연구생들은 지난 수십 년 동안 조지프 캠벨, 존 나일스John D. Niles, 폴 리쾨르Paul Ricœur, 리처드 맥케이Richard McKay(이 책의 이론적 토대를 제공하기도 한다)와 같은 고전을 읽는다. 그들이 전하는 메시지는 아직도 유효하다. 즉 인간은 몇 가지 중요한 이유로 서사를 만들어낸다. 그리고 이러한 이유를 계속해서 조명하고 가장 중요한 스토리의 메커니즘을 이해하고 싶어 한다. 사람들은 종종 그저 절반의 의식적 과정으로 공예나 예술, 스포츠를 하고 싶어 한다. 그런데 이러한 분석은 우리를 어디로 이끌까?

내러티브에 관한 또 다른 고전으로 텔레비전 프로듀서 존 요크 John Yorke의 『숲속으로 : 스토리는 어떻게 작동하며 우리는 왜 스토리를 이야기하는가Into the Woods: How Stories Work and Why We Tell Them』(국내 출간 제목 『영화·드라마의 숲속으로』)를 꼽을 수 있다. 그는 이 책에서 우리가 스토리텔링을 더 깊게 이해하면 우리의 모든 경험을 어떻게 포착하고 전달하는지를 알 수 있다고 주장한다. 독자 여러분, 그렇다면 이것이 우리에게 그리고 여러분에게 의미하는 것은 무엇일까? 어떤 스토리가 우리에게 어떤 영향을 미치며 그 이유는 무엇일까? 우리가 모두 위대한 서사에서 우리의 역할만을 찾고 있는 것은 아닐까?

3

거부

나는 어떻게 나만의 영웅이 되는가?

세상에서 가장 오래된 스토리

여러분의 스토리 결말, 즉 여러분은 죽게 되고 이 사실을 여러분도 알
고 있다는 것에서 시작해보려고 한다. 서사적으로 말하면 죽음은 스
포일러가 아니다. 바로 이것이 우리 인간을 지구상의 다른 모든 생명
체와 구분 짓는 것이다. 즉 우리는 — 우리가 알고 있는 한 — 자신의
유한함을 근본적으로 의식하고 있는 유일한 생명체다(다행히 우리는 이
사실을 자주 잊고 있다).* 우리가 스토리를 이야기하는 또 다른 이유는 죽

---

* 이는 동물이 자신이나 다른 생명체에게 임박한 죽음을 감지하지 못한다는 의미
가 아니다. 예를 들면 로드아일랜드 주의 유명한 테라피 캣Therapy Cat 오스카는
죽음이 임박한 환자의 침대에 누워서 50명이 넘는 요양원 환자의 죽음을 확실하
게 예고했다. 유력한 의학저널 〈뉴잉글랜드 저널 오브 메디슨New England Journal of
Medicine〉은 고양이 오스카의 이러한 예지력을 확인했지만 그것이 어떻게 작동하
는지는 밝혀내지 못했다. 또한 암컷 고릴라 코코가 보여주듯이 동물도 죽음 자체
를 인지할 수 있다. 코코는 죽음이 무엇인가라는 질문에 '편안함-동굴-안녕'이라

음의 두려움에 희망으로 맞서기 위해서다. 잊히지 않기를 바라는 희
망. 우리는 과거에서 현재로 스토리를 전달하면서 우리 자신과 우리
조상, 그리고 미래 세대를 위해 우리의 지식을 보존한다. 한스 블루멘
베르크Hans Blumenberg의 저서 『신화 작업Arbeit am Mythos』에 따르면
"스토리는 무언가를 몰아내기 위해 이야기된다. 그 무언가란 가장 무
해하지만 가장 중요한 경우에는 시간, 그 외의 중대한 경우에는 공포
를 말한다."[1] 동굴 벽화와 함께 구술이 정보를 전달하는 유일한 방식
이었던 시대에 이야기는 사라지지 않는 불멸의 것이었다. 또는 발터
벤야민Walter Benjamin이 더 문학적으로 표현한 것처럼, 이야기는 "소
진되지 않는다. 이야기는 자신의 힘을 모아서 간직하고 있으며 오랜
시간이 지난 뒤에도 다시 펼쳐질 수 있는 능력을 갖고 있다."[2]

모든 존재에게는 자기보존이라는 가장 강한 욕구가 존재한다. 우
리 인간 또한 죽지 않고 가능한 한 오래 살려고 노력한다. 하지만 자신
의 유한함을 알아야 죽음을 가급적 성공적으로 막기 위한 방법을 생
각할 수 있다. 인간은 가능한 한 좋은 삶, 길고 행복한 삶을 만들어가기
위해 모든 문제를 해결하고 도전과제를 극복할 때마다 자신의 유한성
을 바탕으로 결정을 내린다.● 이로써 우리는 성공적인 노력을 성찰하

는 몸짓으로 대답했다.

● 호스피스 완화의료 연구진들은 노인들이 죽기 직전에 무엇보다 한 가지를 원한다
는 사실을 발견했다. 그것은 바로 평범한 일상이다. 요양원 간호사들은 노인들의
마지막 소원이 가족과의 작별 인사를 제외하고 30분 동안 좋아하는 텔레비전 프
로그램을 보거나 좋아하는 음식을 먹는 것이라는 사실에 놀라워했다. 이처럼 삶

며 그로부터 배우고 그것을 이야기할 수 있는 유일한 존재가 된다.

우리 자신의 무상함을 아는 것은 또 다른 특수성을 부여한다. 즉 우리는 모든 것에는 끝이 있다는 사실을 예견할 수 있기 때문에 모든 것에는 시작이 있다는 사실도 알고 있다. 우리는 순서의 논리에 따라 생각한다. 그러나 이러한 논리는 직선적일 필요는 없으며 종종 단절과 잘못된 판단으로 가득 차 있다. 하지만 우리는 모두 연대기라는 개념을 이해하고 있다. 이를테면 우리는 아나킨 스카이워커가 나중에 다스 베이더가 되어 성인이 된 자기 아들과 싸우려면 먼저 루크의 아버지여야 한다는 것을 이해한다. 또한 한 상태에서 다른 상태가 되는 변화의 개념도 이해하고 성찰한다. 그리고 특정 상황의 전후와 그 사이의 시간성을 생각할 수 있다. 연대순으로 생각하는 능력은 뒤돌아보는 능력뿐만 아니라 예측하는 능력도 포괄한다. 그리고 이러한 능력으로 우리 마음에서 훨씬 더 중요한 것을 발견하게 된다.

고급 레스토랑에서 남자는 자신을 찾아온 손님들에게 이렇게 말한다. "누군가가 가라고 하니까 너희는 그 말에 따른 것뿐이지. 그게 만물의 이치지만 이 세상에 불변하는 진리는 단 하나밖에 없어." 이 말은 〈매트릭스〉 3부작 중 2편에 나오는 대사다. 네오, 트리니티, 모피어스는 고상한 메로빈지언과 그의 아내 페르세포네를 찾아간다. 메로빈지언은 매트릭스 내에서 자체 프로그램을 작동시킬 수 있는

의 마지막 순간에 평범한 일상을 원하는 것을 보면 그만큼 우리는 충분한 모험과 영웅적 행동을 하면서 사는 듯하다.

인공 지능이다. 네오는 매트릭스의 가장 깊은 곳까지 침투하기 위해 메로빈지언의 도움으로 키메이커를 찾고 싶어 한다. 메로빈지언은 네오의 부탁에 귀족적인 몸짓을 취하며 비웃고, 영웅 여정의 결정론을 이해하지 못하는 주인공의 무능력을 조롱하며 말한다. "유일한 진리는 단 하나, 인과율! 작용과 반작용. 원인과 결과."

멘토인 모피어스는 이를 반박한다. "모든 건 선택에서 시작돼."

메로빈지언은 프랑스 억양으로 말하며 모피어스의 말을 수정한다. "아니, 틀렸어. 선택이란 강자와 약자 사이에 만들어진 망상에 불과해." 그런 다음 그는 몇 테이블 떨어져 있는 관능적인 금발 여성이 반짝이는 초콜릿케이크 한 조각을 입으로 가져가려는 모습을 가리킨다.

"저기 저 여자를 봐. 정말 눈부시지 않나? 사람들을 사로잡으며 너무나 도도하고 당당해. 하지만… 봐, 내가 보낸 디저트야. 아주 특별한 디저트! 내가 직접 짠 거야. 처음엔 단순하지만, 프로그램의 모든 라인이 새로운 효과를 내. 시처럼 말이야."

우리는 메릴린 먼로를 떠올리게 하는 그녀의 모습과 메로빈지언이 케이크를 사용하여 해킹한 내부 프로그램 코드를 본다. 그녀의 호흡이 빨라지고 뺨이 붉어지며 눈동자가 팽창한다. 그녀에게 무슨 일이 일어나고 있다. 메로빈지언은 자세히 설명한다. "여자의 맥박이 빨라지지. 네오, 넌 볼 수 있지? 여자는 이유를 몰라. '왜지? 와인 때문일까? 왜 이러지? 이유가 뭘까?' 하지만 곧 이유는 중요하지 않고 느낌 자체에만 집중하게 돼." 여자는 점점 더 황홀감을 느끼고 가슴이 점점 더 빨리 오르락내리락 뛰기 시작한다. 우리는 메로빈지언이 보여주려고 했던 원인과 결과를 서서히 이해할 수 있다. 여자의 자궁에서 — 그녀의 관점에서는 이유도 없고 예기치 못하게 — 오르가즘이 생겨난다. "이게 우주의 본질이지. 우린 그걸 부정하려 하지만 그건 가식이고 거짓이야. 그 가식의 이면을 보면 우린 완전히…." 여자는 마지막으로 조용히 숨을 헐떡이고 — 관객에게만 보이는 — 프로그래밍된 정점이 그녀 몸 전체를 강타한다. "이성의 통제를 벗어나 있거든. 인과 관계, 우리는 영원히 그 노예일 뿐이야. 유일한 희망이자 평화는 '이유'를 이해하는 거지. 이유야말로 진정한 힘의 원천이야. 이유가 없으면 당신은 무력해."[3]

메로빈지언의 말이 맞다. 어떤 일이 왜 일어나는지를 먼저 이해해야 우리는 힘을 얻는다. 아니면 적어도 힘에 대한 환상을 얻는다. 운명의 타격은 결과가 되고 원인 탐구는 자기효능감(어떤 상황에서 적절한 행동을 할 수 있다는 기대와 신념 — 옮긴이)으로 이어진다. 미흡하거나 오류가 있는 설명이더라도 없는 것보다는 힘이 된다. 그렇기 때문에 인간은 사건의 원인을 이해하기 위해 끊임없이 인지적으로 노력한다. 학문적으로는 이를 '돌발 상황에 대한 대처Kontingenzbewältigung'라고 말하기도 하는데, 이는 실망할 위험을 줄이는 것이다.

야생 동물과는 달리 우리 인간은 갑작스러운 번개가 이유 없이 발생한다고 생각하지 않는다.* 우리는 '근원' 개념을 알기 때문에 번

• 까마귀나 원숭이 같은 일부 동물은 두 사건 사이의 인과 관계를 확실히 인식한다. 예를 들어 까마귀는 신호등이 빨간색일 때 신호등 앞 도로에 호두를 놓아두어 녹

개 역시 어떤 근원이 있다고 생각한다. 무언가 혹은 누군가가 이러한 기상 현상을 일으켰음이 틀림없다는 것을 이해함으로써 — 그저 번개가 인간의 형상을 한 신적 존재인 제우스가 천상에서 분노를 폭발한 것일지라도 — 우리는 해명에 중독된다. 이유에 대한 갈망이 너무 강한 나머지 논리적으로 확립할 수 없는 인과 관계가 엉뚱한 곳에 생겨난다. 그래서 우리는 종종 객관적으로 잘못되었거나 최소한 검증할 수 없는 진술에 집착하기도 한다.

제2차 세계대전 중 미군이 호주 북동쪽의 멜라네시아Melanesia 제도에 주둔군을 지원하기 위해 대량 화물을 떨어뜨리자 소위 '화물 숭배Cargo Cult'가 생겨났다. 원주민들은 신기한 능력과 설명할 수 없는 외모를 지닌 이방인을 신으로 해석했다. 전쟁이 끝난 후에도 하늘에서 화물을 계속 받고 싶었던 원주민들은 군인에게서 보았던 관행을 따라 했다. 이를테면 나무를 깎아서 헤드폰을 만들어서 착용하고 마치 관제탑에 앉아 있는 듯이 행동했다. 또한 활주로에 서서 관제사의 착륙 신호를 따라 하기도 하고, 심지어 항공 등화를 켜기도 했다.

이러한 화물 숭배의 추종자들은 미친 것도, 무지한 것도 아니었다. 그들은 자기 조상이 그러한 힘을 가질 수 있었던 유일한 영적 존재라고 생각했고, 이방인들이 조상과 특별한 접촉을 하여 그러한 재물을 쏟아붓는다고 생각했다. 그래서 이방인의 행동을 모방하여 같

색 신호등일 때 호두 껍데기가 지나가는 차에 깨지도록 할 수 있다. 그러나 까마귀는 원인이 무엇인지 의문을 제기하지 않으며 신호등을 신이라고 여기지도 않는다.

세상은 이야기로 만들어졌다

은 방식으로 조상들과 연결되기를 희망했다. 그들은 짚으로 실물 크기의 비행기 모형을 만들고 군용 활주로를 모방한 시설을 지었다.

'화물 숭배' 개념은 상관성을 인과성으로 미화시키는 믿음으로 자리 잡았다. 우리는 이러한 사고방식을 조롱할 필요가 없다. 왜냐하면 인간은 이렇게 자신에게 권능을 부여함으로써 사건의 노리개에서 자기 운명의 플레이어로 탈바꿈하기 때문이다. 인과적으로 생각하고 결과는 반드시 무언가로부터 말미암은 것, 즉 모든 것에는 근원이 있다는 것을 이해함으로써 우리는 이상적으로 그 근원에 유리한 방향으로 영향을 미치고 유익한 결과를 얻을 수 있다. 적어도 우리는 이런 시도 자체를 해볼 수 있다. 이러한 관점에서 보면 인간이 언제부터인가 신을 달래기 위해 제물을 바치기 시작한 것은 해방적인 행위이며, 당시의 관점으로 볼 때 매우 기발하고 능동적인 문제해결 방식이다. 무언가를 신에게 바치면 — 예를 들어 비를 내리도록 — 신을 더 잘 달랠 수 있다. 비가 내리지 않으면 다음 날 또 제물을 바친다. 이는 풍족한 수확물을 얻기 위해 결정적으로 중요한 날씨에 우리가 조금의 영향도 미칠 수 없다고 생각하거나 완전히 타율적인 세상에 살고 있다고 받아들이는 것보다 훨씬 낫다.

그러한 믿음은 오늘날 공식적으로 교육 수준이 높은 다른 나라의 거의 모든 원주민에게서도 찾아볼 수 있다. 호의적으로 표현하자면 우리 인간은 개방적이고 편견 없는 과학자처럼 행동한다. 아주 열악한 연구 가설조차 그 가설을 세운 사람에게 의외의 주권을 잠시나마 부여하기 때문이다. 그런 다음 언제든지 입증하거나 반박할 수 있다.

물론 이제 우리는 비를 내리게 하는 마법이 전부 잘못된 인과 관계에 근거했다는 사실을 알고 있다. 하지만 다른 경우에는 인과 관계에 대해 더 성공적이었다. 말하자면 우리가 공동체의 안전한 곳에 무언가를 심으면 시간이 흘러 우리가 먹을 수 있는 것이 자라나고 위험한 숲으로 갈 필요가 없게 된다. 또한 음식과 털옷을 주는 동물을 기르면 항상 음식과 털옷을 갖게 된다.

말하자면 원인과 결과에 대해 이해하면 우리 적응력에 가장 중요한 행동 원칙이 생겨난다. 즉 어떤 것이 그냥 그렇게 우리에게 닥치거나 이유 없이 발생하는 것이 아니라는 사실을 이해하면 우리에게 위협적인 상태를 지속적인 발전과 변화 — 오늘날에는 시행착오라고 말하기도 한다 — 를 통해 더 나은 상태로 만들 수 있다는 것도 알게 된다. 더 정확히 말하자면 내적, 외적 변화를 통해서다. 어쩌면 이렇게 말할 수도 있을 것이다. 영웅 여정을 통해서.

하지만 우리 인간은 절제를 모르기 때문에 삶에서 우리에게 일어나는 많은 일들이 이유도, 의미도 없다는 인식 뒤에 숨어 있는 '공백 공포Horror Vacui'에서 벗어나기 위해 모든 것, 모든 사람을 '인과 관계화'하는 경향이 있다. 그렇게 하면 우리는 놀라울 정도로 쉽게 만족을 느낄 수 있다. 설명이나 이야기의 타당성은 우리가 왜 그것을 믿는지에 대한 수많은 기준 중 하나일 뿐이다. 모든 종교와 그 창조 신화 및 메시아 신화, 거기에 나타나는 온갖 기적과 마법을 한번 생각해보라. 모든 것을 그럴듯하게 만드는 것보다 스펙터클하게 만드는 것이 더 중요하다. 갈라지는 바다, 날아가는 말, 유혹하는 무녀. 이러한 서사적 스펙터클은 그렇게 현실성이 있지는 않지만 좋은 스토리를 만들며, 없는 것보다는 낫다. 인간은 그저 절반만 작동되는 잘못된 설명을 견디기보다 참을 수 없는 존재의 우연성을 견디기가 더 어렵다.* 이야기와 설명이 없다면 이해할 수 없는 자연의 힘으로 가득한 우주 앞에서 겁에 질리고 무력해져서 차라리 신과 상상의 피조물에 대해 상상의 나래를 펼치게 될 것이다.

여러분이 37,000년 전 호주 초원 지대의 원주민이라고 잠시 상상해보라. 조상 때부터 사냥터였던 땅에 갑자기 화산대가 형성되고 곧 불과 용암을 내뿜기 시작한다. 불과 몇 달 만에 원주민의 고향은 그 모습이 완전히 바뀌고 수많은 동족이 목숨을 잃는다. 이제 여러분은 세상이 예측할 수 없고 가끔은 끔찍한 놀라움으로 가득 차 있고 이치에 맞지도 않으며 아무도 설명하지 못한다는 사실, 죽을 때까지 이런 일이 계속된다는 사실을 받아들이든지 아니면 이야기를 만들어내든지 둘 중 하나를 택해야 한다.

호주 남동부의 원주민 군디츠마라Gunditjmara 부족에게 전해 내려오는 전설이 있다. 이 전설에 따르면 아주 오래전 그들에 뒤이어 네 명의 거인이 그곳에 왔다. 세 명은 대륙의 다른 지역으로 계속 이동했

---

* 정말로 중요한 사회 문제에 관해서는 우리가 아무리 많이 숙고하고 관찰하고 이야기하더라도 결코 현실적으로 감당할 수 있는 인과 관계를 얻지 못한다. 사회라는 대규모 시스템은 '돌발적'이기 때문이다. 즉 어떤 상황이 발생할지 예측할 수 없으며 지켜볼 수밖에 없다. 예측이 맞을 경우 이는 다소 운에 따른 것이며, 이로부터 상황을 정확하게 반영하여 이야기를 엮어낼 수 있다.

지만 한 명은 그곳에 그대로 몸을 웅크리고 있었다. 그의 몸은 부즈 빔Budj Bim이라는 화산으로 변했고, 그의 이빨은 화산이 뿜어내는 용암이 되었다.

군디츠마라 부족이 현재의 호주 빅토리아 주에 얼마나 오래 살았는지는 분명하지 않다. 지금까지 이곳에 인간이 거주했다는 가장 오래된 확실한 증거는 약 13,000년 전으로 거슬러 올라간다. 지질학자 에린 마찬Erin Matchan에 따르면 고고학자들은 이미 1940년대에 옛 타워 힐Tower Hill 화산 근처의 화산암 아래에서 돌도끼를 발견했다. 이로 미루어볼 때 이미 분화 이전에 이 지역에 사람들이 살았음에 틀림없다. 마찬과 그녀의 연구진은 이 암석과 부즈 빔 암석의 연대를 37,000년으로 추정할 수 있었다. 또한 이처럼 아주 갑자기, 즉 며칠 혹은 몇 개월 만에 화산이 형성될 수 있는 것도 사실이다. 따라서 원주민이 화산 분화를 목격했고 이 현상을 거인의 이빨이 화산이 되었다는 이야기로 계속해서 전했을 것이다. 실제로 이 전설은 수천 세대에 걸쳐 전해진 세상에서 가장 오래된 구전 이야기일 것이다.[4] 자연재해에서 촉발되어 37,000년 동안 구전된 이야기. 원주민은 화산 분화라는 자연재해를 신과 관련해 이야기함으로써 인과성과 다소 만족스러운 의미를 부여했다. 이처럼 세상에서 가장 오래된 이 이야기는 어떤 끔찍한 사건을 설명해주고 있다. 저녁에 모닥불에 둘러앉아 서로 이야기할 수 있는 그런 설명만 있다면 끔찍한 사건도 받아들이고 견뎌낼 수 있다.

세상은 이야기로 만들어졌다

죽은 원숭이는 이야기하지 않는다

역사를 통틀어 가장 유명한 동화는 피투성이로 시작한다. 노예와 함께 아내에게 배신당한 사산 왕조Sasanian Empire의 통치자 샤흐리야르는 계속되는 외도를 막기 위해 매일 아침 새 아내를 처형한다. 저녁마다 새로운 신부가 왕과의 치명적인 하룻밤을 기다린다. 하지만 끝이 보이지 않는 이러한 살인 행각을 더 이상 볼 수가 없었던 대신(大臣)의 한 어린 딸은 자신이 다음 아내가 되겠다고 자청한다. 그녀는 아버지에게 말했다. "아버지가 나를 왕하고 결혼시켜주었으면 해요. 내가 왕에게서 온 세상을 구하든지 아니면 죽어서 몰락하든지 둘 중 하나겠죠. 그렇게 되면 이미 죽어서 몰락한 모든 사람과 같은 처지가 되겠죠."**5**

왕과 함께 보내는 첫날이자 마지막 밤에 그녀는 작별 인사를 하기 위해 여동생을 불렀다. 여동생은 언니의 이야기를 듣고 싶어 했다. 그래서 우리의 영리한 여주인공 세헤라자데는 여동생과 살인을 일삼는 왕, 이 두 사람에게 끝나지 않는 환상적인 동화를 들려주었다. 그리고 새벽이 되면 가장 흥미진진한 부분에서 멈췄다. 마침내 해가 뜨고 그녀의 처형 시간이 다가왔다.

"그러나 샤흐리야르 왕의 마음은 이야기가 계속되기를 갈망했다."라고 동화에 쓰여 있다. 그래서 그는 세헤라자데를 살려주었다. 왕은 그녀의 이야기가 어떻게 흘러갈지 몹시 궁금했다. 세헤라자데는 손에 땀을 쥐게 하는 내용을 하나씩 능숙하게 만들어 나갔다. 이렇게 그녀는 이야기로 자신과 다른 사람들의 생명을 구했다.

우리 조상 역시 이야기를 통해 생명을 안전하게 지켰다. 선사 시대 불의 부족 장로는 자신이 사냥 중에 거대한 살쾡이에게 어떻게 쫓겼는지를 설명하면서 즉흥적인 이야기를 긴장감 있고 흥미진진하게 들려주었다. 살쾡이가 공격하자 그는 나무와 돌로 만들어둔 창을 살쾡이 쪽으로 던졌다. 창이 부러지고 그는 팔에 상처를 입는다. 창 없이 무엇을 할 수 있단 말인가? 그는 도망친다. 저 뒤에 있는 나무 위로 빨리 올라간다. 그러나 아니다. 다친 팔로 나무 위로 올라가지 못한다. 그는 폭포 소리가 들리는 곳으로 계속 달려간다. 그는 절벽 끝에 다다랐고 살쾡이는 그를 갈기갈기 찢으려고 한다. 공격할 힘도 없이 녹초가 된 그는 죽음의 위협 혹은 절벽에서 뛰어내려야 하는 위협을 느낀다. 그는 아래로 떨어진다. 몇 초간 느껴지는 자유 낙하, 떨어져 부딪힘 그리고 차가움. 그는 죽었을까? 아니다. 그는 깊은 물에서 모습을 드러내며 숨을 헐떡인다. 해냈어!

성공적인 탈출 스토리를 안고 그는 자기 부족에게 돌아간다. 그는 자신의 이야기를 들려주며 이를테면 무기에만 의지해서는 안 되고 폭포 아래 물속은 비상시에 뛰어들 수 있을 만큼 매우 깊으며 두려움을 이겨낼 가치가 있다는 등의 중요한 정보를 확인시켜준다.

원리는 간단하다. 즉 죽은 원숭이는 이야기를 하지 못한다. 돌아와서 자신이 어떻게 생존했는지를 이야기하는 사람은 뭔가 옳은 일을 한 것이다. 그의 이야기는 귀담아들을 가치가 있어 보인다. 얼마나 기발한 요령이며 얼마나 놀라운 무기인가! 부족 중 한 사람만이라도 그를 따라 하고 그것에 대해 이야기한다면 이는 그 부족이 잔인한 자연 선택을 모면하고 더 안전하게 발전할 수 있다는 것을 의미한다.

말하자면 이야기의 핵심 요소는 영웅적 태도를 높이 평가하고 무엇이 영웅적 태도이며 이를 위해 무엇이 필요한지를 전달하는 것이다. 주인공은 역경에 맞서고 용기와 성실함, 무엇보다 단호함을 통해 내적, 외적 악마를 물리친다. 영웅은 훌륭한 행동의 이상형이며 영웅의 초기 모습에서는 무엇보다도 이타심이 두드러지게 나타난다.

기본적으로 이러한 이상화는 실제로 부족에게 실존적 기능을 하고 있었다. 천적 외에 무엇보다 이기주의가 집단을 위태롭게 만들 수 있었기 때문이다. 희생적인 주인공이 승자가 되고 이기적인 사람이 패자가 되는 영웅 이야기는 이타적인 행동 규칙을 알리는 홍보의 원형이라고 볼 수 있다.[6] 그러한 이야기는 그 기능과 효력처럼 계속해서 발전했다. 사랑 이야기를 예로 들어보자. 번식이 진화생물학적으로 중요하다는 의미에서 사랑 이야기는 사랑을 찾고 가꾸는 과정에서 문제해결 능력을 전수하는 좋은 수단이다.● 이야기는 의미뿐 아니라 사회를 결속하는 효과와 복잡한 것을 단순화시키는 작용도 하지만 인지 놀이에도 도움을 준다. 이야기는 생각이 자연스럽게 모험할 수 있는 놀이터다. 이것이 바로 우리가 이야기를 듣고 싶어 하는 또 다른 이유다. 이야기에서는 죽임을 당하거나 부족을 영원히 잃지 않고서도 역할과 해결책을 시도하고 사회적으로 협의할 수 있다.

● 번식에 대해 덧붙이자면, 허풍 떠는 이야기는 자기의 성적 매력을 높일 수도 있다. 아마도 거짓말은 이러한 이유에서 생겨났을 것이다.

우리 조상은 재미있으면서도 의미를 부여하는 방식으로 죽지 않고서도 다른 사람의 실수로부터 많은 것을 배웠다. 그렇기 때문에 이야기는 우리 인간의 진화를 강력하게 촉진하는 데 도움이 되었다. 우리는 수직적으로, 즉 한 세대에서 다음 세대로 특정 유전자를 전달함으로써 진화했을 뿐만 아니라 수평적으로, 즉 한 세대 안에서 특정 정보를 전달함으로써 진화하기도 했다.[7] 우리의 이야기는 세상에서 어떻게 살아남을 수 있었는지 여러 일화를 통해 보여주는 생존 기록이 되었다. 이러한 의미에서 볼 때 문명이란 성공적인 생존전략과 이야기를 여러 세대에 걸쳐 재생산하는 것이다. 더 좋은 이야기일수록 계속해서 이야기되고 중요한 이야기일수록 더 주의 깊게 듣기 때문이다. 이야기는 선사 시대의 '소셜 콘텐츠Social Content'였으며 감정적 소모가 클수록 더 많이 — 오늘날의 용어로 표현하자면 — 공유Share되고 리포스트Repost되었다. 말하자면 우리의 생존은 삶에 필수불가결한 이러한 정보를 전달하는 형식이 얼마나 훌륭한가에 달려 있었다. 달리 표현하면 더 훌륭한 이야기를 가진 부족이 더 오래 생존할 수 있었다. 이와 같은 소통과 정보 전달은 폴란드계 미국인 철학자 알프레드 코르지프스키Alfred Korzybski가 '시간 구속Time Binding'이라고 불렀던 것을 가능하게 한다.• 그에 따르면 시간 구속은 각 세대가 인류의

• 그는 1921년 자신의 저술 『인류의 인간성. 인간 공학의 과학과 예술Manhood of Humanity. The Science and Art of Human Engineering』에서 인류에 대한 새로운 이론을 제시했다. 즉 시간 구속이 지식 전달과 문화의 '추상화'를 가능하게 한다는 것이다. 시간 구속을 통해 이전 세대가 지식 축적을 중단한 곳에서 다음 세대가 이를 계속

지식을 다음 세대로 전달하고 지식을 새롭게 평가 및 활용함으로써 지식을 축적하게 해주는 인류학적 개선을 의미한다. 이를 통해 인간 개개인의 삶을 넘어 세상을 더 잘 이해할 수 있게 된다. 특히 흥미진진한 이야기는 쉽게 이해되고 누구에게나 다가갈 수 있기 때문에 정보를 전달하고 전파— 이것이 더 중요하다— 하는 효과적인 방법이다.

이야기는 더 나은 삶을 위한 실질적 지침의 역할만 하는 것이 아니다. 근본적으로 모든 이야기는 문제를 해결**할 수 있다**는 것, 그리고 해결을 정확히 **어떻게** 해야 하는지를 말해준다. 모든 이야기는 우리에게 배움을 준다. 모든 이야기는 구체적이고 명백한 적응이다. 호모 사피엔스는 이렇게 습관화된 문제해결 능력 덕분에 자신의 현실을, 나아가 끊임없는 적응을 통해 개선한 자신의 삶을 직접 구성하는 존재로 발전했다. 이 모든 것은 왜 스토리텔링이 불, 바퀴, 무기보다 훨씬 앞서 우리의 가장 중요한 도구가 되었는지, 미국의 서사 구조 연구가이자 전문적인 이야기꾼•인 켄들 헤븐Kendall Haven이 말한 것처럼

할 수 있다. 이 과정은 어느 세대에서 중단될 수도 있다. 하지만 그렇다고 처음부터 다시 지식을 축적할 필요는 없다. 예를 들어 지도는 시간 구속의 한 형태이다. 이를 통해 인간은 점점 더 높은 차원의 추상화를 할 수 있고 지식도 계속 축적할 수 있다. 인간은 언어를 통해서 현실에 대한 지식을 습득하는데, 이러한 사실을 바탕으로 그는 "지도는 영토가 아니다."라는 유명한 발언을 했다. 그러므로 우리는 단어와 사물을 혼동해서는 안 된다. 그 외에도 그는 의미론 실험을 위해 학생들에게 개 비스킷을 먹게 하기도 했다.

• 전국 스토리텔링 협회National Storytelling Association에서 30년 동안 연구하고 국제 스토리텔링 센터International Storytelling Center 소장을 맡고 있는 그는 더 좋은 이야기를 전달하기 위해 자연과학 지식을 사용하여 신경학적으로 상세하게 스토리텔

왜 우리가 최소 10만 년 전부터 이야기를 들려주고 있는지를 설명해준다.[8] 우리가 호모 사피엔스, 즉 슬기로운 사람이라고 불리는 사실이 옳은지는 모르겠다. 말하자면 우리는 아주 가끔씩만 슬기로울 뿐이다. 하지만 우리는 항상 이야기 행위를 한다. 그러니 우리에게 더 나은 이름이 주어졌어야 했을 것이다.

이야기꾼 인간 : 호모 나랜스Homo Narrans

이제 솔직한 자기 성찰을 위해 잠깐 이 책을 내려놓을 때다. 여러분 자신을 한번 정확히 살펴보라. 다시 말해 개인으로서의 여러분이 아니라 인간이라는 종을 대표하는 사람으로서 말이다. 금붕어, 기린, 고릴라와 같이 우리에게 친숙한 다른 동물들의 해부학적 설계도와 비교하여 자연의 구성물로서 여러분의 몸을 관찰하는 것이다. 무엇이 눈에 띄는가?

지구상의 다른 생명체, 특히 우리와 가장 가까운 유인원과 비교할 때 우리 인간에게는 몇 가지 중요한 특성이 눈에 띈다. 즉 빨리 그리고 멀리 이동할 수 있는 긴 근육질의 다리, 복잡한 작업을 수행할 수 있는 유연하고 섬세한 손, 특히 크기에 비해 매우 효율적으로 작동하고 고성능 두뇌를 가진 비교적 크고 무거운 머리. 인간의 몸은 휴식

링을 연구한 국가 공인 스토리텔러이다.

을 취할 때 에너지의 약 5분의 1을 뇌에 소비한다. 뇌가 어떤 유의미한 것을 생각하든 활발한 사고 활동을 하든 상관없이 말이다. 그래서 약 180만 년 전 두뇌 용적이 전례 없이 확장되었을 때 음식 섭취를 통해서든 다른 신체 기능에서 끌어오든 추가적인 열량이 필요했다. 많은 인류학자는 인간이 언제부터인가 다른 동물을 먹기 시작했기 때문에 우리의 뇌가 지금과 같은 형태로 발달했다고 가정한다. 다른 동물을 사냥하고 고기를 요리하는 것. 이 두 과정은 최소한의 기초적인 이야기, 서사적 지침, 요리법이 없으면 불가능하다.

　말하자면 우리 인간은 생존과 진화를 위해 언제부터인가 이야기를 하기 시작했고 이를 통해 발달을 크게 가속할 수 있었다. 우리는 스토리텔링을 통해 비로소 인간이 된 유인원이다. 그렇다면 우리에게 적절한 이름은 무엇일까? 호모 나랜스, 즉 이야기꾼 인간이다. 미국의 커뮤니케이션학 전문가 월터 피셔Walter Fischer는 우리 인간을 이렇게 설명한다.[9] 또한 철학자 알래스데어 매킨타이어Alasdair MacIntyre도 우리 인간을 '이야기하는 동물Storytelling Animals'이라고 부른다. 그렇다면 우리는 우리가 '판 나랜스Pan Narrans', 즉 이야기하는 원숭이라는 사실에 동의할까? 이 책의 제목이 이미 그렇다고 말한다면(이 책의 원제를 직역하면 '이야기하는 원숭이'다 ― 편집자) 우리는 그 근원으로 함께 돌아가 봐야 한다. 최초의 원숭이는 언제 이야기를 하기 시작했을까?

　물론 스토리텔링은 우리의 말하는 능력에 바탕을 둔다. 그런데 우리 언어가 정확히 어떻게 발생하였는지에 대해서는 ― 조심스럽게 말하자면 — 논란의 여지가 있다. 우리는 '맞서는 엄지Opposable Thumb'(엄지손가락이 다른 네 개의 손가락과 맞닿는 특성 — 옮긴이)를 **먼저** 형성하고 **그다음에** 이러한 엄지가 사냥에 얼마나 유리한지 이야기했을까? 아니면 뛰어난 사냥꾼의 이야기가 **먼저** 존재하고 그다음에 상응하는 몸이 생겨난 것일까? 이 책의 임무는 이를 확인하기 위해 2차 문헌과 사변으로 만들어진 타임머신을 타고 인류의 시초로 되돌아가는 것이 아니다. 인간의 진화는 질서 있게 진행된 적이 거의 없었다. 추측건대 이러한 능력은 정확히 하나씩 차례로 발전한 것이 아니라 병행하며 발전했다. 오늘날 인간의 신체적, 정신적 능력은 일련의 점진적 발달 단계의 맨 끝에 있다고 볼 수 있다. 말하자면 영국의 사회철학자 허버트 스펜서Herbert Spencer가 창안한 '적자생존Survival of the Fittest'의 의미에서 볼 때 진화의 성공 스토리다. 이러한 점에서 인간이 두뇌와 더 높은 지능 때문에 언제부터인가 다른 유인원보다 더 똑똑해졌고 말하기 시작했다는 것은 충분히 가능한 일일 것이다. 원숭이 소리는 서서히 단어가 되었고 이 단어들은 언제부터인가 종교적 신화, 군사 명령, 광고 슬로건이 되었다. 이와 같은 발전은 병행하며 이루어졌을 수도 있고 상호 의존적으로 이루어졌을 수도 있다. 결정적인 사실은 진화의 마지막에 호모 나랜스가 있다는 것이다. 호모 나랜스는 이야기를 하기 위해 언어 장치를 사용한다는 점에서 다른 모든 생명체와 구분된다. 하지만 한 가지 심층적인 질문이 우리를 불편하게 한다. 즉 전혀 존재하지도 않는 것을 이야기하기 위해 말하기가 사용된 것은 언제부터일까? 인류가 언제 허구를 발명했는지 추적할 수 있을까?

우선 모든 인간의 언어는 한 가지 특별한 문법적 특수성을 허용한다. 즉 재귀성Recursiveness이 그것이다. 재귀성은 예를 들어 부문장이나 여러 개의 종속절로 이루어진 난해한 문장을 통해 문장 내에서 참조를 생성할 수 있는 가능성이다. 영국 작가 윌 스토Will Storr는 기본적으로 문장이 독자의 머릿속에서 어떻게 신경을 움직이는지 설명했다. 그는 "우리는 이야기를 읽을 때 머릿속에서 환각 모델을 구축함으로써 이야기를 경험한다."[10]고 주장한다. 우리가 배우는 문법은 이야기를 읽거나 들을 때 정신 속에서 만드는 세계의 시뮬레이션을 구조화하는 데 도움이 된다. 이와 관련하여 스토는 신경과학자 벤야민 베르겐Benjamin Bergen을 거론한다. 벤야민 베르겐은 문법이 무엇을 언제 구현해야 하는지 뇌에 알려주는 영화감독과 같다고 생각한다. 베르겐에 따르면 우리의 문법은 "구현된 시뮬레이션의 어느 부분에 집중해야 하는지, 얼마나 세부적으로 정확하게 또는 어떤 관점에서 시뮬레이션을 수행해야 하는지"[11]를 조정한다.

언어학자 노암 촘스키Noam Chomsky의 보편문법 이론은 언어 연구의 훌륭한 패러다임을 제시했다. 그의 견해에 따르면 인간에게 언어습득 능력이 있다는 점, 모든 언어가 문법 형식을 사용한다는 사실은 재귀성과 같은 통사적 특징뿐만 아니라 문장 구조가 보편적으로 우리 뇌에 내재하여 있음을 암시한다. 실제로 전 세계의 언어는 문화와 관계없이 공통된 기본 구조를 가지고 있다. 우리의 언어는 통사론을 통해 순차적인 시간 감각, 즉 인과적 맥락에서 시간 순서에 따라 생각할 수 있는 능력을 표현한다. 다른 동물과는 달리 우리 인간은 타임라인이 어떻게 진행하는지를 알고 있을 뿐만 아니라 시간 좌표, 타임라인 상의 '언제'라는 개념, 전후의 감각도 가지고 있다. 우리의 의사소통은 대부분 언제 일이 일어났는지 혹은 일어날 것인지에 대한 진술로 구성되어 있다. 그렇기 때문에 우리는 어떤 일을 계획하고 조정하고 준비하고 협력할 수 있다. 이것은 생존에 아주 유리한 능력이다.

동물도 의사소통 능력이 있다. 예를 들어 코요테는 날짐승이나 달리는 맹수를 보면 여러 가지 울음소리를 내는 등 거의 모든 동물은 일종의 언어적 혹은 비언어적 교환을 한다. 그러나 인간의 언어만이 격상된 형태인 구문을 얻었다. 통사적 언어가 형성됨으로써 인간은 경험 내용을 예측하고 성찰하고 언어적으로 표현할 수 있게 되었다. 또한 현재를 표현할 뿐만 아니라 오래전 과거에 대해서도 — 이를테면 어떤 나쁜 일이 일어났다거나 특정 상황에서 잘못 내린 결정에 대해서 — 이야기할 수 있게 되었다. 과거 시제 덕분에 우리는 과거 사건을 이야기하고 함께 기억을 공유하고 경험에서 얻은 교훈을 계속해서 전달할 수 있다. 또한 문법과 시제를 사용하여 미래를 생각하고 미래가 어떻게 될 수 있는지도 이야기할 수 있다. 우리의 통사론은 상상뿐만 아니라 가능한 현실 혹은 확정된 현실도 구성할 수 있다. 그리고 언제부터인가 사람들은 전혀 존재하지 않았던 것, 좋게 표현하자면 자기 안에만 존재하는 것을 이야기하기 시작했다.[12] 미국 작가 리차일드Lee Child는 자신의 에세이 『영웅The Hero』에서 실제 사건을 말하기 위해 언어가 어떻게 사용되었는지 추론한다. 그의 고찰에 따르면 말하기가 처음에는 생존을 돕고 비축품을 조직하고 사냥을 계획하는 데 효율적이고 합목적적으로 사용되었다. 처음에 말한 내용이 사실이어야 효과적일 수 있었다. 이를테면 매일 벌어지는 생존 투쟁에서 '조심해! 저 밖에 검치호랑이가 있어!'와 같은 말은 실제로 그곳에 검치호랑이가 없고 모든 부족 구성원이 동굴에 안전하게 있었다면 별로 도움이 되지 않았을 것이다. 거짓말은 쓸모없고 비생산적이었다. 모든 사람을 이유 없이 놀라게 하고 불안감을 퍼뜨릴 이유가 어디 있겠는가? 지금도 사람들 앞에서 우리의 거짓말이 들통나면 귀가 빨개지고 사회적 죽음을 맞는 것은 충분한 이유가 있다. 거짓말이 부족 전체를 위험에 빠뜨릴 수 있었기 때문에 가혹한 제재를 가해야 했다. 이는 시대의 유산이라고 볼 수 있다. 진화적인 관점에서 보더라도 화자에게 의사소통을 창의적으로 구성할 이유가 전혀 없었다. 언어는 순전히 정보를 전달하는 데 사용되었다.

그런데 이러한 언어의 기능이 언제부터인가 매우 실용적으로 바뀌었다. 차일드는 우리 조상 일부의 생명을 앗아간 갑작스러운 혹한기와 관련하여 이를 설명한다.

강자만이 이 끔찍한 인구 감소에서 살아남았다. 말하자면 사색을 하고 전략을 펼치고 조정하고 토론하고 예측하고 적시에 플랜 B — 상황에 따라 플랜 C나 플랜 D — 를 세우는 일을 가장 능숙하게 하는 사람만이 살아남았다. 진실한 객관성이 승리했다. 하지만 이러한 객관성은 점점 새롭고 이질적인 어떤 것과 섞이게 되었다. 언제부터인가 [그들은] 존재하지도 않았던 사람들에게 일어났다고 하는 일들에 대해 말하기 시작했다. 이는 언어의 진화적 가치를 위태롭게 하는 의미의 거짓말이 아니었다. 이는 완전히 다른 방향을 향한 한 번도 시도한 적 없는 과격한 정신적 도약이었다. 여기서 중요한 것은 경험에 바탕을 두었지만 사실의 제약을 받지 않는 평행 우주 혹은 이론적 우주를 상상하는 것이었다.[13]

'있는 일을 이야기하기'가 갑자기 '있었던 일을 이야기하기', '있을 수 있는 일을 이야기하기'로 바뀌었다. 그리고 언제부터인가 동굴 안이나 앞에서 일어난 일이 아니라 멀리 떨어진 곳에서 일어나는 일에 관해 이야기하기 시작했다. 실제로 사람들은 그곳에 있지도 않았던 검치호랑이에 관해 이야기했는데, 이는 언젠가 정말로 검치호랑이를 마주칠 때를 대비하여 정신적으로 무장하기 위해서였을 것이다.

바로 여기서 허구가 시작되었을까? 사냥꾼들의 이야기에 나오는 매머드가 그냥 큰 정도가 아니라 산만큼 거대했을까? 그리고 언제부터인가 특히 인상적으로 이야기를 전하는 사람들이 부족에서 완전히 새로운 역할을 맡게 된 것일까?

오늘날의 관점에서 볼 때 매머드가 공포를 불러일으킬 정도로 크게 묘사된 이야기가 별 볼 일 없는 토끼 사냥보다 더 많이 이야기되었다는 사실은 일리가 있어 보인다. 내러티브의 진화에서 더 흥미진진하고 더 인상적인 이야기가 확고한 위치를 차지한 이유는 객관적인 정보보다 박진감이 있어서 더 잘 전달되고 더 많이 이야기되었기 때문이다. 인류 역사의 어느 시점부터 미화되거나 완전히 꾸며낸 이야기를 전하는 것이 진화적 우월성으로 이어지는 생존 요인이 되었다. 말하자면 허구에 의한 생존Survival by Fiction이다. 그리고 곧 이야기는 우리가 서로에게 경고하거나 위로하는 방식, 우리가 스스로 세상을 설명하는 방식, 모든 인간이 자신에 대해 말하는 방식으로 바뀌었다.

머릿속 작가의 방

마이클 가자니가Michael Gazzaniga 교수는 매우 특수한 피험자들을 통해 우리 마음의 비밀을 벗겨냈다. 미국의 신경과학자 마이클 가자니가는 1960년대에 간질 발작이 뇌 전체로 퍼지는 것을 막기 위해 좌뇌와 우뇌를 수술로 분리한 간질 환자를 연구했다. 실제로 수술 후 발작이 많이 감소했다. 그런데 가자니가는 또 다른 사실을 발견했다. 즉 좌뇌와 우뇌가 서로 다른 정보를 처리한다는 것이었다. 좌뇌와 우뇌를 연결하는 '뇌량Corpus Callosum'을 절단하면 각각의 대뇌 반구가 어떤 작업을 수행하는지 알 수 있다. 가자니가가 이끄는 연구진은 눈이 각각 오른쪽 또는 왼쪽 시야를 통해서만 양 대뇌 반구와 소통한다는 사실을 이용했다. 그래서 연구진은 환자에게 한쪽 뇌에서만 볼 수 있는 물체를 보여주었다. 예를 들어 연구진은 피험자에게 일어나서 물 한 잔을 가져올 것을 칠판에 써서 요청했다. 그런 다음 피험자가 왜 그렇게 했는지 물었다. 피험자의 양쪽 대뇌 반구는 칠판에 적힌 정보와 질문 내용을 공유하지 못해 이를 전체적으로 해석하고 설명할 수 없었기 때문에 놀라운 결과가 나타났다. 즉 언어 중추를 담당하는 좌뇌가 설명을 **생각해냈다.** 피험자는 "목이 말라서요."라고 말했다. 급하게 만든 이유라도 자신이 왜 일어나서 물을 가져왔는지 전혀 모른다고 인정하는 것보다 확실히 더 나았다. 연구진이 피험자에게 정말 갈증을 느꼈는지 재차 물어보자 그는 당황했다. 말하자면 그의 말은 변명이었다.

연구진은 다양한 지시 내용과 자극으로 실험을 반복했다. 결과는 항상 똑같았다. 즉 감각 인지 및 가공, 신체 제어, 기억 외에도 우리 뇌에는 우리 자신과 다른 사람에게 쉴 세 없이 우리 삶에 관해 이야기하는 내면의 화자와 같은 존재가 내재한다. 윌 스토는 이를 "우리는 이야기를 만들어낸다."고 표현한다. "우리는 무수히 많은 무의식적인 이유로 세상을 돌아다니고 일을 하고 느끼고 말하지만, 우리 뇌의 특정 부분은 우리가 무엇을 하고 있고 왜 하는지에 대해 합리적인 이야기를 만들려고 끊임없이 노력한다."[14] 대니얼 카너먼Daniel Kahneman은 자신의 저서 『생각에 관한 생각Thinking, Fast and Slow』에서 이 두 가지 양상의 생각을 '파충류 뇌'와 대뇌로 설명한다. 여기서 우리는 또 다른 흥미로운 연구를 잠시 제쳐두고 양쪽 '뇌'에 우리 목적에 가장 잘 맞는 이름을 부여하려고 한다. 즉 '연기자'와 '화자'다. 한쪽은 인지하고 행동하며, 다른 한쪽은 해석하고 정리한다. 한쪽은 행동하거나 반응하며, 다른 한쪽은 합리화하고 인과성을 만든다.

인지심리학자 프리츠 하이더Fritz Heider와 마리안느 짐멜Marianne

*Simmel*은 이미 가자니가의 분리 뇌 실험 이전에 우리가 이야기 안에서 생각하고 싶은 유혹을 얼마나 많이 받는지 증명했다. 그들은 1944년에 삼각형 두 개, 직사각형 한 개, 원 한 개가 화면에 요란하게 움직이는 동영상을 만들었다. 이 도형들은 원을 그리며 움직이기도 하고 갑자기 방향을 바꾸며 움직이기도 했다. 하이더와 짐멜은 이 영상을 여러 피험자에게 보여준 다음 무엇을 보았는지 물어보았다. 120명의 피험자 중 3명은 '움직이는 기하학'이라고 대답했다. 다른 피험자들은 삼각형과 원 사이의 삼각관계를 해석했다. 어떤 피험자는 한 삼각형이 매우 지배적이고 감독하는 반면 원은 불안해하고 당황스러워한다고 생각했다. 그들은 이러한 관계를 집단따돌림이나 가정불화와 같은 서사적 내용이 담긴 개념으로 설명했다.

이 연구는 우리의 인지가 모든 것을 서사적 관계로 설정하고 있음을 분명히 보여주었다. 미국의 문예학자 조너선 갓셜Jonathan Gottschall은 심지어 잠자는 동안에도 — 사실을 확인하는 다른 모든 감각은 꺼져 있더라도 — 서사 구조가 얼마나 활발하게 작용하는지 설명한다. "우리가 즐거움을 목적으로 이야기하는 스토리처럼 꿈의 서사도 종종 극적이고 예상치 못한 변화를 중심으로 전개된다. 학자들은 대부분의 꿈에 위협적이고 예기치 못한 변화가 담긴 최소한 하나의 사건이 포함되어 있으며 우리 대부분은 매일 밤 그러한 사건을 최대 다섯 번까지 경험한다는 사실을 발견했다. [⋯] 가장 흔한 꿈은 쫓기거나 공격을 받는 꿈이다."[15] 다른 보편적인 주제로는 높은 곳에서 떨어지는 것, 익사하는 것, 길을 잃거나 갇히는 것, 공공장소에서 나체 상태가 되는 것, 상처를 입는 것, 아프거나 죽는 것, 재해를 당하는 것 등이 있다. 오늘날까지 우리가 이야기를 전하는 방식에서 문화에 상관없이 반복적으로 나타나는 패턴은 — 조지프 캠벨이 단일신화를 연구하면서 확인했듯이 — 우리 서사의 내면적 기본 구조가 지닌 보편성을 정확하게 증명해준다.

또한 우리는 우리의 서사 선택이 작동하는 것을 볼 수 없다. 왜냐하면 우리 뇌가 그러한 메타 인지를 위해 만들어지지 않았기 때문이다. 스토리텔링 전문가 켄들 헤븐은 "이러한 관점에서 이야기는 중력과 같다."고 설명한다. "당신은 중력이 여기에 있다는 것을 알고 있다. 그리고 중력이 당신을 땅으로 끌어 내린다는 것을 알고 있다. 그러나 당신은 이러한 힘 혹은 이러한 압력을 물리적으로도, 의식적으로도 의식하지 못한다. 마치 당신이 날씨를 의식하지 못하는 것처럼 말이다. 당신은 중력을 느낄 수 없다. 왜일까? 당신이 일반적인 사람으로서 '중력이 아닌 것(무중력)'을 한 번도 경험해보지 않았기 때문이다. 물고기는 물을 설명하지 못한다. 왜냐하면 물고기는 '물이 아닌 것'을 경험해 본 적이 없기 때문이다."**16** 미국의 작가 데이비드 포스터 월리스David Foster Wallace는 자신의 연설집 『이것은 물이다This is water』에서 타인에 대한 반사적 서사, 즉 사람들의 편견과 동기를 늘 성찰하라는 감동적인 호소를 위해 이 이 은유를 사용했다. 물을 의식하는 물고기처럼 우리는 이 세상과 세상 사람들에게 드리운 이러한 끊임없는 서사 그물을 의식해야 한다.

요약하자면 모든 인지는 혼란스러운 우주에 질서를 가져오려는 시도다. 이야기는 이 과정을 표현한 것이다. 우리가 정보를 얻으면 우리 뇌는 수신된 내용에 의미를 부여하기 위해 자동으로 스토리를 구축한다. 우리가 이야기를 만든다는 사실 그리고 이야기를 만드는 방식은 개인의 의식적인 선택 때문도, 집단의 창의적 독창성 때문도 아니다. 우리는 그 안에서 근본적으로 신경 구조에 의해 가능해진 세계관을 재현할 뿐이다. 우리는 모든 곳에서 이야기를 **찾으려고** 하고 **찾아야만** 하기 때문에 비록 추상적인 형태일지라도 곳곳에서 이야기를 발견한다. 우리 뇌는 단순히 이야기를 찾는 것을 넘어서서 이야기에 제대로 중독되어 있다.

완전히 자연적인 초강력 마약

페르시아의 세헤라자데 이야기로 다시 돌아가보자. 세헤라자데가 동이 틀 무렵 가장 극적인 순간에서 이야기를 끝내자 "샤흐리야르 왕의 마음은 이야기가 계속되기를 갈망했다."[17]고 『천일야화』의 첫 번째 이야기에 기록되어 있다. 세헤라자데의 여동생은 "언니의 이야기는 참으로 아름답고 흥미진진해!"라고 외치며 마음을 훔치는 언니의 이야기 기술에 감흥을 받는다. 그러자 세헤라자데는 왕 앞에서 이렇게 대답한다. "나는 아직 살아 있고 이 왕이 나를 살려준다면 내일 밤에는 훨씬 더 아름답고 흥미진진한 이야기를 너에게 들려줄 거야."

이렇게 자매가 꾸미는 예고편이 작동하자 이야기에 사로잡힌 왕은 더 많은 것을 원한다. 왕은 이어지는 며칠 밤 동안 그녀를 살려주고 그녀는 계속해서 이야기한다. 뛰어난 스토리텔러인 그녀는 살아남아야 했기 때문에 마치 우연인 듯 새벽만 되면 이야기가 가장 흥미진진한 지점에 도달했다. 또한 세헤라자데는 언제나 다음 내용을 살짝 공개했다. 이를테면 다음 이야기는 "오늘 이야기보다 훨씬 더 아름답고 더 흥미진진하고 더 유쾌하고 더 웃기고 더 맛깔스럽고 더 달콤할 거야. 왕이 그때까지 나를 죽이지 않고 내 목숨을 살려준다면!" 그러자 왕은 속으로 이렇게 말한다. '이런, 이야기를 끝까지 듣기 전까지는 그녀를 죽이지 못하겠는걸. 상인과 지니 요정에게 무슨 일이 생기는지 알기 전까지는 말이야.' 흥미진진하게 이어지는 세헤라자데의 이야기는 결국 그녀의 목숨을 구한다. 그녀는 마치 왕에게 매일 아편을 흘려 넣듯이 왕의 뇌를 자신의 이야기에 점점 중독되게 만든다. 이야기는 그에게 마약과 같다.

그런데 이야기를 듣거나 읽을 때 중독되게 만드는 기분 좋은 긴장감은 정확히 어디에서 오는 것일까? 우리가 눈을 크게 뜨고 책이나 스크린, 무대, 이야기하는 사람 앞에 앉아서 다음 이야기가 어떻게 흘러갈지 궁금해하는 이유는 무엇일까? 그때 뇌에서는 무슨 일이 일어나고 있을까?

우리 뇌는 대부분 시간을 생존을 유지하는 데 쓴다. 그렇기 때문에 '위협적이다' 또는 '도움이 된다'라는 기준에 따라 주변 세계를 판단한다. 마찬가지로 이야기를 처리하는 방식도 딱 두 가지다. 좀 더 우회적으로 말하자면, 이야기가 도움을 주는가 그렇지 않은가? 내가 접한 이야기가 내 삶을 더 낫게 만드는가 그렇지 않은가? 또는 생존에 도움이 되는가?

이러한 실존적 각성은 우리 머릿속에서 혼합된 생화학적 칵테일의 효과다. 우리가 어떤 이야기를 흥미진진하거나 무섭거나 유쾌하거나 감동적이라고 생각할 때 느끼는 것, 그리고 삶과 죽음에 대해 우리 자신을 주인공과 동일시할 때 느끼는 것은 신경전달물질의 결과다. 이는 이야기를 들을 때 필연적으로 작동하는 생리적 과정이다. 좋은 이야기를 들을 때 뇌는 아주 중요한 정보를 쉽게 받아들일 수 있도록 네 가지 화학 전달물질을 방출한다.

첫 번째는 코르티솔Cortisol이라는 전달물질이다. 코르티솔은 예를 들어 영화 〈허트 로커The Hurt Locker〉(2009)에서 폭발물 처리반 요원인 윌리엄 제임스가 카운트다운이 끝나기 2초 전에 빨간색 전선과 녹색 전선 사이에서 결정을 내려야 하는 장면에서 우리가 느끼는 마력을 담당한다. 또한 코르티솔은 영화 〈해리 포터〉에서 네빌 롱바텀이 마지막 순간에 볼드모트 경의 뱀 내기니의 목을 베어버리기 직전 우리가 주먹을 꽉 쥐게 만들고, 영화 〈바스터즈 : 거친 녀석들〉(2009)에서 나치 친위대 장교 한스 란다가 한 시골집 농부에게서 우유 한 잔을 얻어 마시며 프랑스어로 대화를 툭툭 던지는 동안 마룻바닥 바로 아래에 숨어 있는 유대인 가족이 발각되지 않으려고 숨소리도 내지 못하는 장면에서 우리의 심장을 멎게 한다. 코르티솔은 이러한 모든 순간에 위험을 알리는 자극에 대한 반응으로서 방출된다.[18] 스트레스 호르몬 코르티솔은 우리가 싸우거나 도주할 수 있도록 대비시켜주는 기능을 한다. 우리는 이야기를 들을 때에도 등장인물이 직면한 잠재적 위협에 반응한다. 코르티솔은 우리가 어쩔 수 없이 상황을 바꿔야 하거나 주인공이 뭔가를 바꿨으면 하고 간절히 바랄 정도로 우리를 불안하게 만든다.

두 번째 전달물질은 도파민Dopamin이다. 영화 〈해리가 샐리를 만났을 때〉에서 샐리와 해리가 뉴욕의 유명 샌드위치 레스토랑 '카츠 델리카트슨Katz's Delicatessen'에서 대화를 나눈다. 샐리는 해리에게 해리의 상대 여성이 가짜 오르가슴을 흉내 낸 적이 있냐고 묻는다. 해리는 단호하게 "아무도 나한테 안 그랬어."라고 대답한다. "내가 그걸 구분 못할 거라고 생각해?" 그가 이렇게 샐리에게 되묻자 그녀는 큰 신음을 내며 — 다른 손님들의 불쾌한 시선 속에서 — 할리우드 역사상 가장 유명한 오르가슴을 그 앞에서 연기한다. 우리가 맛이 뛰어난 샌드위치를 먹거나 환상적인 섹스를 할 때, 또는 (영화에서의 해리처럼) 새로운 것을 알려주는 재미있는 이야기를 들을 때 '무엇을 하고 있든 계속 해, 최고야.'라고 신호를 보내는 전달물질이 방출된다. 이것이 바로 우리에게 추진력과 동기를 부여하는 도파민의 효과다. 도파민을 '행복 호르몬'이라고 부르는 것은 너무 근시안적이라고 볼 수 있다.[19] 신경내분비학자 로버트 새폴스키Robert Sapolsky는 도파민의 메커니즘을 다음과 같이 적절하게 요약한다. "도파민은 즐거움과 관련된 것이 아니라 즐거움에 대한 기대와 관련된 것이다. 그리고 행복 자체가 아니라 행복을 향한 노력에 관한 것이다."[20]

도파민은 학습 과정과 정보 저장을 촉진한다. 우리가 무언가에 관심을 가지면 도파민 수치가 상승한다. 그렇게 되면 도파민이 밀랍처럼 뇌를 살짝 데워주고 이를 통해 새로운 인상이 더 잘 각인됨으로써 기억을 더 잘하게 된다. 이 상태에서 우리는 홀린 듯한 기분과 함께 주의를 집중하지만 스트레스를 받지는 않는다. 여기서 특별한 점은 몸이 해피엔딩에 대한 희망을 갈망한다는 것이다. 말하자면 이야기 속에서 우리 자신의 감정이 등장인물의 감정과 연결되면 우리는 자연스럽게 좋은 감정을 전달하는 바람직한 해결책을 찾게 된다. 이러한 좋은 기분과 이를 느끼고 싶은 우리의 바람은 도파민의 결과다. 해피엔딩으로 끝나는 이야기의 등장인물과 우리 자신을 동일시할 때 마치 우리가 긍정적인 결과를 직접 경험한 것처럼 만족감과 보상을 느끼게 된다. 도파민이 분비되는 것만으로도 우리는 이야기를 흥미진진하게 느낀다.

그런데 모든 이야기가 해피엔딩으로 끝나는 것은 아니다. 만약 그렇다면 끔찍할 만큼 지루할 것이다. 기대를 무너뜨리는 결말은 일반적으로 우리가 어떤 형태의 결말을 피하고 싶은지에 대한 교훈을 준다. 이러한 결말은 누군가 상황에 적응하지도, 상황을 바꾸지도 못하거나 해피엔딩을 방해하는 행동을 할 때 일어날 수 있다. 우리가 어떤 것을 흥미진진하다고 느낀다면 그것은 어떤 의미에서 우리 조상의 이야기가 들려주는 메아리라고 볼 수 있다. '이 이야기가 너의 목숨(적어도 너의 성생활)을 구할 수 있을 거야. 그러니까 잘 들어봐!'라고 어렴풋이 말해주는 메아리.

또 다른 상황에서는 또 다른 전달물질이 방출된다. 이를테면 워싱턴에서 캘리포니아로 향하는 비행기에 한 남자가 앉아 있다. 그는 완전히 이성을 잃고 절망에 빠진 채 울면서 제정신을 찾으려고 노력한다. 무슨 일이 일어난 것일까? 미국의 행동경제학자이자 신뢰 연구 전문가인 폴 잭Paul J. Zak은 기내에서 권투 영화 〈밀리언 달러 베이비〉를 시청하고 있었다. "나는 울었어요. 정말로 예전에는 그렇게 운 적이 없었는데, 눈에서는 주체할 수 없는 굵은 눈물이 떨어지고 코에서는 콧물이 나오고 입에서는 흐느끼는 소리가 나왔어요. 내 주변의 모든 사람이 우는 소리를 들었겠지만 내 슬픔을 억제할 수 없었어요."[21]

신경과학자인 잭은 나중에 궁금증이 생겼다. 이러한 갑작스러운 슬픔, 마치 자신이 영화 주인공이 된 듯한 이러한 격렬한 반응은 어디서 오는 것일까? 이 영화는 아버지의 트레이너를 멘토로 삼고 수많은 우여곡절을 겪는 비범한 여성 복서의 비극적인 영웅 여정을 이야기한다. 잭의 뇌는 이 영화가 단지 가상의 인물을 그린 이야기라는 사실을 알고 있었다. 그는 자기의 가슴을 아프게 한 것이 이른바 '포옹 호르몬' 옥시토신Oxytocin이라는 것을 알아냈다. 옥시토신은 공감을 불러일으키며, 우리가 누군가와 혹은 허구적 인물과 우리 자신을 동일시할 때 방출된다. 주인공과 더 가깝다고 느낄수록, 등장인물을 더 많이 응원할수록 옥시토신이 더 많이 분비된다. 우리는 옥시토신 때문에 다른 사람들에게 일어나는 일에 관심을 갖게 된다.[22] 우리가 다른 사람들 속에서 자기 자신을 발견하고 그들을 통해 자신의 희망과 소원, 꿈을 인지할 때 모두에게 최고의 결말을 기대할 수 있다. 모든 인간관계의 배후에는 옥시토신이 있다.

그런데 옥시토신은 또 다른 중요한 효과를 가지고 있다. 옥시토신은 이야기하는 사람을 신뢰할 만한 사람이라고 여기게 만들기도 한다. 잭은 이야기를 변경하여 옥시토신 수치에 영향을 미치려는 실험을 시도했다.[23] 실험을 위해 그는 동료인 호르헤 바라자Jorge A. Barraza와 함께 세인트 주드 어린이 연구 병원의 허가를 받아 일련의 비디오를 제작했다. 예를 들어 한 비디오는 뇌종양 말기의 두 살배기 아들 벤이 노는 모습을 카메라에 담으며 이야기하는 아버지를 보여주었다. 실험을 위해 구성된 이야기에는 내적 갈등과 극적 흐름이 담겨 있었다. 즉 아버지는 아들과 친밀감을 쌓으며 아들과 함께 보낼 마지막 몇 달을 가능한 한 아름답게 만들려고 노력한다고 이야기한다. 동시에 아들 벤과의 시간이 얼마 남지 않았다는 것을 알고 있는 아버지는 상실의 고통이 너무 두려워서 마음의 문을 굳게 닫을까 봐 걱정한다. 이 비디오는 아버지가 아들과 친밀감을 유지하고 아들이 — 아버지가 이야기에서 말했듯이 — '마지막 숨을 쉴' 때까지 아들 곁을 지킬 힘을 찾는 것으로 끝난다. 이 비디오에서 아들의 죽음과 함께 아버지의 영웅 여정도 끝이 난다.

잭과 바라자는 비교 집단을 위해 또 다른 비디오를 만들었다. 이 비디오에서는 아버지와 아들이 동물원에서 하루를 보내는 모습이 담겨 있다. 항암치료를 받는 벤은 머리카락이 없다. 말하자면 암과 죽음이 시각적으로 서사되고 있을 뿐 구체적으로 언급되지는 않는다. 이 비디오에는 어떠한 이야기도 꾸며지지 않으며 아버지의 발전적 전개도, 내적 갈등도, 긴장도, 영웅 여정도 없다. 이 비디오는 피험자가 비서사적 영상을 볼 때 신경학적으로 어떤 일이 일어나는지 측정하기 위한 비교군으로 사용되었다.

비디오를 보기 전과 후에 두 피험자 집단에서 혈액을 채취했다. 아버지의 서사적 이야기가 담긴 비디오의 경우에만 모든 피험자의 코르티솔과 옥시토신이 증가했으며 벤과 아버지에 대한 공감도 함께 증가했다. 이렇게 공감이 증가하자 피험자들은 모르는 사람에게 돈을 주고자 하는 — 이것 또한 실험의 일부였다 — 동기를 얻었다. 말하자면 연구원들은 옥시토신 분비가 구체적인 행동으로도 이어지는지 알아보려고 했다. 그런데 실제로 피험자들에게 사회적 유대감이 증진되는 모습이 보였다. 말하자면 영웅 여정은 마치 만병통치약처럼 우리 뇌에 작용하는 듯하다. 이 만병통치약은 우리에게 긴장을 주고 감정적으로 활발하게 만들며 우리를 더 공감적이고 협동적인 사람으로 만든다.

예를 들어 코미디를 보면서 호탕하게 실컷 웃을 때 우리가 느끼는 해방감은 어딘지 모르게 부족하다. 물론 여기서 무엇이 웃음을 유발하는지는 사람마다 다르다. 많은 것들이 그렇듯이 유머에 대해서도 의견이 서로 갈린다. 이를테면 어떤 사람은 코미디 영화 〈보랏Borat〉에서 보랏 역을 맡은 사샤 바론 코헨Sacha Baron Cohen이 형광색 모노키니 수영복을 입고 거의 나체로 호텔 로비를 뛰어다니는 모습을 보고 까무러치게 웃는다. 또 어떤 사람은 영화 〈라이프 오브 브라이언〉(1979)이 끝날 때 십자가에 묶인 남자들이 휘파람을 불며 '언제나 삶의 밝은 면을 봐Always Look on the Bright Side of Life'라는 노래를 부르는 장면에서, 또는 영화 〈총알 탄 사나이〉(1988)에서 프랭크 드레빈 형사가 미하일 고르바초프의 대머리에 난 점을 빡빡 문지르는 장면에서 즐거워하며 웃는다. 이것은 엔도르핀Endorphin의 쓰나미다. 엔도르핀은 무언가가 우리의 웃음 신경을 적중할 때 터져 나온다.

이야기에는 항상 어느 정도의 감정적 작업이 필요하다. 이는 유쾌한 이야기에도 적용된다. 유쾌한 이야기들은 편안하고 오락적이며, 우리에게 자유분방하고 마음 편한 현실도피를 허용하기도 한다. 엔도르핀은 웃음을 통해서 분비되며, 긍정적인 일이 있을 때는 언제나 분비된다. 엔도르핀이 분비되기 위해 언제나 황홀한 비명이 필요한 것은 아니다. 무언가를 그저 정말로 기쁘다고 느끼는 것만으로 충분하다.[24]

정신의 3D 프린터 : 뇌

앞에서 설명한 생화학적 과정은 영화에서만 작동하는 것이 아니라 읽을 때와 들을 때에도 발생한다. 이때에는 또 다른 특징이 추가된다. 즉 우리 뇌가 수신된 단어의 도움으로 연출 기능을 맡는다는 것이다. 좋은 소설을 읽는 것(또는 오디오북을 듣는 것)은 놀라운 방식으로 우리의 상상력을 자극한다. 현실에서 벗어나고 싶은 강렬한 심리는 우리를 통제된 환각 상태로 옮겨놓는다.[25] 여러분이 지금 읽고 있는 이 문자들을 인식하는 동안 여러분의 뇌는 이를 전기 충격으로 변환시키고 이로부터 특정한 표상 이미지를 만든다. 이 이미지는 모든 사람에게 동일하지는 않지만 여러분이 방금 파악한 내용을 어느 정도 머리가 이해하게끔 옮긴다. 이를테면 여기에 '집'이 있다면 여러분은 집을 생각할 것이다. 아마도 여러분이 태어난 집이나 살고 있는 집, 아니면 집에 대해 마음속으로 가지고 있는 상징적 이미지를 말이다. 우리 뇌는 일종의 3D 프린터다. 즉 수신된 자극, 즉 읽은 내용을 저자가 의도한 생각과 어느 정도 관련이 있는 내면의 현실로 변환시킨다. 발신자와 수신자 사이에 반드시 매체 중재가 필요하다는 역학과 개방성이라는 점에서 볼 때 쓰기와 읽기는 다름 아닌 생각 진달에 관한 짓이다. 말하자면 조직화한 환상, 장소와 시간을 초월한 곳에서 두 심리 체계가 만나는 것이다. 이를테면 우리가 정글 속에서 이 나무에서 저 나무로 옮겨 다니는 오렌지색 원숭이에 관해 쓰면서 헤밍웨이의 글을 읊는다면 우리는 얼마 되지 않는 이 신호들로 시각적, 청각적 텔레파시를 작동시킨 것이다. 이것이 바로 문학이 지닌 마법이다. 종이와 약간의 잉크만 있으면 단 한 명의 사람이 무수한 다른 사람들에게 복잡한 내면의 영화를 제공할 수 있으며, 각각의 사람들은 다시 이 영화를 자신의 마음속에서 상연하고 윤색한다.

이러한 작업이 우리 마음의 눈에서 어떻게 일어나는지를 가늠해 볼 수 있는 징후는 가시적인 눈의 움직임이다. 인지과학자 마이클 스파이비Michael J. Spivey는 예를 들어 풍경에 관한 내용을 읽거나 듣는 순간에 우리 눈이 마치 풍경을 실제로 보는 것과 같은 미세 움직임을 수행한다는 사실을 증명할 수 있었다. 스파이비는 피험자들에게 다음 이야기 중 하나를 들려주는 동안 — 피험자들 모르게 — 시선추적 기술을 활용하여 그들을 관찰했다.

> 당신이 40층짜리 아파트 건물 앞에 서 있다고 상상해보라. 아래에는 파란색 옷을 입은 경비원이 있다. 10층에서 한 여자가 빨래를 창밖에 널고 있다. 29층에서 두 아이가 비상 사다리에 앉아 담배를 피우고 있다. 꼭대기 층에서 두 사람이 소리를 지르고 있다.[26]

두 번째 이야기는 다음과 같다.

> 당신이 협곡 가장자리에 서 있다고 상상해보라. 반대편 협곡 벽에는 몇몇 사람들이 로프를 타고 내려갈 준비를 하고 있다. 첫 번째 사람은 10피트를 내려온 다음 벽에 멈춘다. 그리고 다시 점프하여 12피트 아래로 하강한다. 계속해서 15피트를 더 뛰어내린다. 그리고 마지막으로 8피트를 점프하여 협곡 바닥으로 내려온다.

시선 추적기의 기록 결과에 따르면 이야기가 위쪽 공간을 묘사할 때는 피험자들의 눈이 위를 향하고 아래쪽 공간에 관해 이야기를 들을 때에는 그들의 눈이 아래를 내려다보는 것으로 나타났다. 이러한 결과로부터 피험자들이 이 이야기들을 마음의 눈으로 아주 생생하게 상상하여 그들의 눈이 이야기 속 높낮이를 따라갔다고 추론해볼 수 있다.

연구가들은 인간이 복잡한 사건을 **상상**할 때 그러한 사건을 **볼** 때 사용되는 것과 동일한 인지-운동 메커니즘 중 일부를 활성화한다고 설명한다. 이는 우리가 어떤 내용을 듣고 이를 정신적으로 재현해낼 때 생성되는, 인지에 기반한 공간적 정신 모형Mental Model에 반응한다는 것을 시사한다.[27] 그렇기 때문에 이야기는 우리가 실제로 눈으로 보지 않은 것도 볼 수 있도록 허용한다. 이를 마술이라고 할 수는 없지만 여기에는 다음과 같은 속임수가 들어 있다. 즉 이야기기 우리 뇌를 새롭게 조립한다는 것이다. 에모리 대학교Emory University의 그레고리 번스Gregory Berns 연구진은 소설을 읽으면 휴식 상태의 뇌 연결성에 변화를 일으킨다는 사실, 즉 서로 다른 뇌 영역 사이를 결합하는 능력이 생긴다는 사실을 발견했다. 이를 연구하기 위해 19일 동안 매일 자기공명영상을 사용하여 휴식 상태의 피험자 뇌를 스캔했다. 먼저 5일 동안 읽기를 하지 않은 피험자의 뇌를 스캔했고, 그다음 9일 동안은 전날 저녁 로버트 해리스Robert Harris의 스릴러 소설『폼페이』의 9분의 1을 읽게 한 후 다음 날 아침 휴식 상태의 뇌를 스캔했다. 그리고 마지막으로 소설을 다 읽은 후 5일 동안 뇌를 스캔했다. 마지막 5일 동안 역사와 언어 이해, 타인의 관점을 수용하는 능력을 담당하는 뇌 영역의 연결성이 증가했다. 이와 같은 뇌 활동은 피험자들이 뇌 스캔 시점에 책을 읽지 않았는데도 증가했다. 마치 뇌가 환영을 상상하거나 상상 근육통을 보이는 것 같았다. 또한 뇌의 감각 운동 영역의 연결성도 증가했다. 이 영역의 신경은 신체 감각 표현과 관련이 있다.[28] 연구진 대표 그레고리 번스는 "이 영역에서 연결성이 증가한 것은 놀라운 결과였다. 이는 독자가 책을 읽을 때 주인공의 몸이 된다는 점을 시사한다."고 설명한다. 그는 "이야기 — 특히 극적 전개가 강력한 이야기 — 를 읽으면 적어도 며칠 동안 뇌 네트워크가 새롭게 구성된다는 결론에 도달한다. 이는 이야기가 우리에게 얼마나 여운을 남길 수 있는지를 보여준다. 이러한 사실에서 독서가 어린이의 두뇌 형성에 얼마나 강력한 영향을 미칠 수 있는지 알 수 있다."[29]

우리가 아이들에게 무엇보다 이야기를 통해, 그것도 매우 특별한 이야기를 통해 말하기를 가르치는 것은 분명 우연이 아니다. 우리는 아이들에게 수학 공식이나 과학 논문, 또는 이성적인 논쟁을 펼치는 법적 판례를 읽어주기보다는 할머니에게 음식이 가득 담긴 바구니를 가져다주기 위해 숲으로 가다가 늑대와 마주치는 아이들에 대해 이야기한다. 또는 진저브레드 하우스에서 마녀를 물리치는 아이들의 이야기를 들려준다. 이러한 이야기는 매일 엄청난 양의 새로운 정보에 대처해야 하는 아이들에게 무엇보다 미니 스토리(동화 또는 단순히 '어린이를 위한 거짓말'이라고 부를 수도 있다) 형식으로 원인과 결과, 규범을 전달한다('밥을 다 먹지 않으면 내일 비가 올 거야', 혹은 요즘 더 많이 하는 말로는 '이를 닦지 않으면 이빨이 빠질 거야'). 이처럼 우리의 서사적 도구는 아주 영리하게 사용되기도 한다. 마찬가지로 우리 어른도 모든 인물과 모든 줄거리에 도덕이 있고 선과 악이 명확하게 나뉘며 완강하게 고

결함을 지키면 결국 항상 승리하게 된다는 우화 세계의 환상적 모드에 쉽게 빠져든다. 하지만 가장 중요한 사실은 대부분의 동화 시나리오가 극도로 흥미진진하고 매우 섬뜩하다는 것이다.

우리는 아이들의 주의를 끌기를 원하며 아이들은 신데렐라와 룸펠슈틸츠헨Rumpelstilzchen(독일 민화에 나오는 난쟁이 — 옮긴이)이 유발하는 신경전달물질을 더 많이 원한다. 동화에서는 일반적으로 완전한 영웅 여정이 이야기되지는 않는다. 하지만 변신이라는 영웅 여정의 기본적인 과정이 — 어린아이에서 성인으로 이행되는 — 과도기로서 이해될 수 있다. 『헨젤과 그레텔』 같은 이야기는 이 세상이 인간에게 어떤 도전을 요구하는지, 무엇보다 어떤 필수적인 변화를 요구하는지를 아이들에게 전달하기에는 너무 작은 이야기다. 그러나 가장 중요한 교훈을 전달하기에는, 특히 이야기를 통해 재미있게 배우는 연습을 하기에는 충분하다. 이야기 속 주인공과 우리를 동일시함으로써 공감 능력을 키우고 나아가 자신의 정체성을 강화할 수 있다. 이러한 상호작용은 이야기 속에 담긴 중요한 메시지를 진정으로 내면화하도록 우리의 주의력을 증진한다. 이러한 이유에서 철학자 발터 벤야민은 동화를 '인류의 첫 번째 조언자'라고 설명했다.[30]

과학저술가 제러미 애덤 스미스Jeremy Adam Smith는 신경전달물질에 의해 촉발된 문화적 효과에 대해 자신만의 개념을 만들었다. "주의를 환기하는 코르티솔이 사랑 호르몬 옥시토신과 섞이면 우리는 '몰입Transportation'이라는 현상을 경험한다. 몰입은 주의 집중과 두려움이 우리의 공감과 결합할 때 발생한다. 다른 말로 표현하자면 우리는 사로잡힌다. 이야기가 지속되는 동안 우리의 운명은 상상 속 인물의 운명과 뒤얽힌다."**31** 몰입 현상이 일어나는 동안 우리 뇌는 호르몬 칵테일에 의해 일종의 신경학적 가상현실로 옮겨가고 이 가상현실 안에서 우리는 등장인물의 감정을 함께 느낀다. 이것은 우리 뇌가 이야기를 들을 때 생성하고 들은 내용을 재생할 수 있게 만드는 강력한 행복 알약이다. 발터 벤야민은 자신의 저서 『이야기꾼. 니콜라이 레스코브의 작품에 관한 고찰Der Erzähler. Betrachtungen zum Werk Nikolai Lesskows』에서 — '몰입'이라는 용어를 사용하지 않고 — 정확히 이러한 내러티브 몰입에 대해 궁극적으로 서술했다. "듣는 사람이 자기 자신을 잊어버릴수록 그가 듣는 내용은 더 깊이 각인된다. 이야기 작업의 리듬이 그를 사로잡은 곳에서 그는 이야기를 들려주는 재능이 저절로 자신의 것이 되는 방식으로 이야기를 듣는다. 이렇게 이야기하는 재능이 내재된 그물망이 마련된다."**32**

역사상 가장 유명한 목마

수년 동안 적의 도시 트로이에 대한 지독한 포위가 계속되는 가운데 오디세우스라는 이름의 그리스 영웅이 마침내 결정적인 아이디어를 떠올렸다. 즉 여신 아테나를 위한 제물로 거대한 목마를 만들어서 트로이의 성벽 앞에 세워두려는 것이었다.

그리스 군이 철수하자 트로이 병사들은 이 제물을 요새로 가져갔다. 이튿날 밤 목마 안에 숨어 있던 오디세우스와 그리스 병사들이 밖으로 나와 성 안쪽에서 성문을 열어 자신의 군대가 들어오게 했다. 그 결과는 지금까지 전해 내려오는 살육 중 가장 끔찍한 살육이었다(하지만 이에 대해서는 잘 회자하지 않는다).

이야기는 트로이 목마처럼 작동한다. 말하자면 우리 뇌는 트로이고 이야기에 숨겨진 정보는 그리스 병사다. 목마가 더 인상적이거나 아름다울수록 우리는 목마를 우리 도시 안으로 더 기꺼이 들이고 싶어 한다. 우리가 이야기의 일부, 나아가 우리 자신이 되도록 더 많이 허용한다. 우리가 어떤 내용을 인지적으로 받아들이자마자 우리 뇌는 받은 정보를 분류하고 정리하고 처리하려고 하며 뇌의 시사적 필터를 통해 의미를 부여하려고 한다. 그렇다면 우리 뇌 트로이에서는 정확히 무슨 일이 벌어질까? 이 질문에 대한 대답은 전설적인 오디세우스의 속임수처럼 전투적 목적에 도움이 될 수 있다.

우리가 앞에서 언급했던 스토리텔링 전문가 켄들 헤븐은 몇 년 전 미국 정부(정확히 말하면 방위고등연구계획국DARPA, Defense Advanced Research Projects Agency)로부터 이야기를 듣는 피험자의 머릿속을 직접 들여다볼 수 있는 가능성과 수단을 얻었다. 즉 DARPA는 우리의 생각을 이야기 속에서 기술적으로(그리고 추측건대 군사적으로) 사용할 수 있기를 기대했다. 몇몇 그룹으로 나누어진 피험자들에게 하나의 기본 이야기를 조금씩 변형한 여러 버전의 이야기를 들려주는 동안 켄들은 뇌전도 프로그램을 사용하여 피험자들의 뇌 활동을 기록하고 심박수와 피부 저항력, 호르몬 수치, 특히 옥시토신과 도파민의 변화도 측정했다. 영화 〈트루먼쇼〉를 만든 피터 위어 감독처럼 켄들은 이야기에 최소한의 변화를 주거나 주인공을 서사적으로 다르게 등장시키거나 주인공에게 서로 다른 동기를 부여하거나 달성해야 하는 목표를 다르게 설정했다. 그는 피험자들에게서 관찰된 신경학적, 생화학적, 물리적 변화로부터 이야기의 몇몇 요소에 변화를 주는 것이 신경학적 처리 과정에 얼마나 영향을 미칠 수 있는지, 간단히 말하면 이야기를 더 효과적으로 만드는 것이 무엇인지에 대한 학문적 진술을 얻으려고 했다.

실제로 헤븐은 입력된 내용을 감각적 인지와 의식적 사고 사이에서 서사적으로 분류하는 뇌 영역을 특정할 수 있었다. 그는 이 뇌 영역을 '신경 스토리 망Neural Story Net(NSN)'이라고 불렀다. 그에 따르면 이 망은 우리 머릿속에서 이야기가 생각되는 곳이다. 이곳에는 우리를 호모 나랜스, 즉 서사적 인간으로 만드는 '내면의 이야기꾼'이 살고 있다.

우리 뇌를 여러 층이 있는 고층빌딩이라고 상상해보라. 층마다 정보를 처리하는 특정 기능을 담당한다. 건물주인 당신은 맨 꼭대기에 앉아서 당신 뇌의 여러 영역에 의해 당신에게 맞게 분류되고 구성되어 쉽게 읽히는 서류 다발을 받는다. 이 내용이 위에 있는 당신에게 도달했다면 이는 당신이 의식적으로 생각한 사고를 파악하는 순간이다. 당신이 인지적으로 지각한 정보는 감각을 접수하는 안내데스크와 꼭대기 층인 당신의 의식 사이에 존재하는 여러 층을 항상 가장 먼저 통과한다. 여기서 흥미로운 점은 의사 결정과 의식적 사고를 담당하는 신경세포가 위치한 전두엽이 감각 정보를 처리하는 뇌 영역과 직접 연결되어 있지 않다는 것이다. 말하자면 안내데스크와 꼭대기 층 사무실 사이에 직통전화가 없다는 것이다.

서사 능력을 갖춘 우리 인간에게는 무엇보다 그 사이의 층들, 즉 우리가 의식적으로 인지하지 못하는 신경 스토리 망이 있는 층들이 중요하다. 이 층들은 주변 세계와 연관된 우리 감각을 끊임없이 우리에게 알려주는 메모를 일단 먼저 등록하고 점검하고 이리저리 조정하며 의미를 부여하는 층이다. 혼란스럽게 입력된 인지 내용을 해석해야 하고 우리가 이해할 수 있는 연관관계를 부여해야 하기 때문이다. 신경 스토리 망이 있는 층들은 실시간 정보를 받아들이고 이를 기존의 지식과 기억에 맞추어 조정한다. 이러한 조정 작업이 제대로 성공하지 못하면 뇌 관리자가 인지 내용을 최대한 조정하여 우리 정신에 알맞게 적응시킨다. 이 말은 감각적 내용이 의도치 않게 우리에 의해 조작된다는 것을 의미하기도 한다. 말하자면 감각적 내용이 변경되고 압축되고 필터로 걸러지고 번역되고 이해하기 쉽게 수정된다. 우리가 주변 세계를 이해하기 위해 늘 사용했던 패턴의 도움으로 처음에는 아무 의미도 없었던 일이나 우리의 익숙함과 모순되는 일에 마침내 의미를 부여한다. 허구를 입히더라도 말이다. 이 과정에서 예측이나 투영이 이루어지고 개인의 판단을 바탕으로 빈틈이 메워지며 다른 관점이 무시되거나 들어맞을 때까지 변경된다.

윌 스토는 자신의 저서에서 신경생물학자 브루스 웩슬러Bruce E. Wexler를 인용한다. "[뇌의 내부 구조가] 형성된 다음에는 내부와 외부 관계가 역전된다. 내부 구조가 환경에 의해 형성되는 것이 아니라 이제는 개인이 주변 세계의 도전에 직면하여 이미 형성된 구조를 보존하려고 하며 구조를 바꾸기가 어렵고 고통스럽다는 것을 깨닫는다." 이에 따라 "우리는 기존 구조에 맞지 않는 정보를 무시하거나 망각하거나[33] 적극적으로 의심하려고 한다." 때때로 우리의 의심은 방금 받아들인 내용과 반대되는 내용이 마침내 의식적 사고에 도달하는 정도에 이른다. 누군가가 우리에게 왜 물 한 잔을 원했는지 묻는다면 우리는 그저 목이 말랐기 때문이라고 말할 것이다. 그러나 이러한 갈증의 신호는 구강에서 나온 것이 아니라 스토리 망이 제공한 것이다.

이 장의 시작 부분에서 번개를 언급한 사실을 기억하는가? 우리는 번개를 이렇게 감지한다. 어두운 하늘, 갑작스러운 밝은 빛, 그리고 다시 어둠, 멀리서 들려오는 천둥소리. 우리는 수신된 이러한 정보에 '번개처럼 빠른' 작업가설을 제공한다. 즉 구름과 번개, 천둥은 함께 발생하므로 분명히 관련이 있다고 말이다. 우리는 상황을 분류하는 데 도움이 될 수 있는 경험을 소환하여 그로부터 설명을 **번개처럼 빨리 도출**하려고 노력한다. 시커먼 구름이 번개를 일으키는 것일까? 우리는 이런저런 추론을 하며 인지된 정보를 우리가 알고 있는 사실—이를테면 번개가 매우 파괴적이고 천둥소리는 으르렁거리고 울부짖는 동물처럼 공격적이고 위협적이다—과 비교한다. 실제로 어떤 생명체가 번개를 일으킨 것이라면 그 생명체는 분명 매우 격분했음이 분명하고 아주 막강한 존재일 것이다. 신의 분노가 어두운 구름을 일으키는 것일까? 우리는 계속 추정한다. 이 모든 것이 벌인가? 우리 잘못인가? 우리가 바꿀 수 있는 것이 있을까?

우리가 인지한 내용을 논리적 연관관계에 끼워 넣으려고 함으로써, 즉 이야기를 짜 맞추려고 함으로써 비로소 우리는 현실에 접근할 수 있다. 우리가 이야기한다는 것은 정확히 말하면 뇌라는 고층빌딩에서 스토리 망을 형성하는 중간층들을 이야기한다는 뜻이다. 그러나 일단 새로운 인상에 '의미 부여' 직인을 찍고 서류철에 철하고 나면 일종의 내부 규정, 즉 정신 규칙이 우리로 하여금 더 이상 추론하지 못하게 한다. 도덕심리학자 조너선 하이트Jonathan Haidt는 이 정신 규칙을 '의미 부여 중단 규칙The Makes Sense Stopping Rule'이라고 불렀다. 우리가 적절한 틀, 즉 입력된 내용에 대해 우리에게 당연히 그럴듯해 보이는 설명을 찾은 후 상황을 충분히 이해할 수 있게 되는 순간 우리는 더 이상 그것에 대해 생각하지 않는다. 우리의 정신적 자원을 절약하는 것이다. 이러한 틀을 바꾸는 것이 너무 힘들어서 우리 머리는 어떤 경우라도 이를 피하려고 한다.

켄들 헤븐은 이 현상을 다음과 같이 요약한다. "뇌는 날것의 경험을 이야기의 형태로 변환한 다음 생각하고 고민하고 기억한다. 그런 다음 자신이 처음에 경험한 내용이 아닌, 스스로 만들어낸 이야기를 토대로 행동한다!" 이 말은 정보가 우리 의식에 도달하기 전에 이야기로 만들어진다는 뜻이다. 달리 표현하면 우리가 생각하는 **모든 것은 정보에 대해 만들어진 이야기를 해석한 내용**이다. 우리가 의식적으로 인지하는 모든 것은 우리 자신의 뇌가 만든 정신적 트로이 목마다. 헤븐은 이렇게 설명한다. "연구에 따르면 우리 인간은 정확한 단어를 제대로 듣지 않는다[…]. 우리는 요점을 듣는다. 그런 다음, 이 요지를 우리 자신의 어휘를 사용하여 우리 뇌 안에서 단어로 변형한다. 그러고 나서 우리가 자체 제작한 개인화된 버전을 다시 출처로 소급시키고 우리 자신의 버전이 실제로 단어 하나하나 화자가 말한 내용과 같다고 생각한다."[34]

    우리가 어떤 내용을 전달하기 위해 스스로 이야기를 만들 때 우리는 우리 뇌가 매일 우리에게 하는 작업을 모방한다. 우리가 성공적으로 모방할수록 이야기는 더 설득력이 있게 되고 몰입이 더욱 강력해지며 트로이 목마가 더 교활한 책략이 된다. 132개의 연구논문을 토대로 한 내러티브 몰입에 관한 연구에서 수집한 메타 분석의 결론에 따르면 "내러티브 몰입이 성취하는 변형은 이야기 수용자의 설득이다The transformation that narrative transportation achieves is persuasion of the story receiver."[35] 윌 스토는 이야기가 지닌 이러한 효력을 다음과 같이 요약한다. "몰입은 인간을 바꾸고 나아가 세상을 바꾼다."[36] 역사학자 린 헌트Lynn Hunt에 따르면 소설이 내러티브 몰입으로 인권을 발명하는 데에도 기여했다. 스탠포드 대학교Stanford University 교수인 린 헌트는 자신의 저서 『인권의 발명Inventing Human Rights: A History』에서 18세기 프랑스 문학과 프랑스의 고문 금지, 1776년 미국의 독립 선언 및 1789년 프랑스의 인권 선언 사이의 연관관계를 짚어낸다. 린 헌트는 예술과 문학이 정치 논쟁과 사고방식에 영향을 미친다고 보았다. 특히 소설은 독자가 자신의 사회적 환경에 속하지 않은 사람들에게 공감을 갖도록 촉진한다고 생각했다. 헌트는 다음과 같이 설명한다. "인권은 오직 사람들이 타인을 동등하다고, 어느 정도 자신과 비슷한 사람이라고 생각하는 법을 배울 때만 자랄 수 있었다. 그들은 — 궁극적으로 허구일지라도 — 극적 방식으로 현존하고 자신에게 친숙하게 느껴지는 평범한 인물과 자신을 동일시함으로써 이러한 평등을 적어도 부분적으로나마 배웠다." 그리고 계속해서 이렇게 말한다. 독서는 "독자에게 사회 결속을 강화하는 감정을 열어준다. 개인은 자신의 사적 이해관계로부터 분리되고 '자비롭고 선한 행위'를 하도록 동기를 부여받는다."[37] 이처럼 소설은 서사적 동일화와 공감의 새로운 차원이다. 프리츠 브라이트하우프트가 썼듯이, 소설은 "'프시케Psyche' 또는 외부에서는 보이지 않는 '내적 삶'을 지닌 내면적 인간"을 서사적으로 발견하게 한다. "1800년경 무의식이라는 개념이 나타나고 1900년경부터 무의식이 새롭게 대중화되면서 수많은 문학 사조에 영향을 미쳤다."[38] 그리고 소설의 메커니즘은 어떤 예술 형식보다 더 오래되었으며•, 기본적으로 이야기가 존재하지 않았다면 인간은 자신에 대해 알지 못했을 것이며 타인에 대한 공감이 가치 있는 일이라는 것을 몰랐을 것이다. 브라이트하우프트는 계속해서 말한다. "블랙박스와 같은 주인공의 자아"는 내러티브의 '다중버전성Vielversionalität'에 부합하며, 이 블랙박스를 들여다보는 것은 우리에게 커다란 즐거움이다. 이러한 몰입을 느끼기 위해, 우리가 허용하

• 우리는 6장에서 요제프 보글Joseph Vogl의 도움으로 인간의 자기 발견을 위해 소설이 얼마나 중요한지를 알아볼 것이다.

는 방식으로 이야기에 완전히 몰입하고 이야기를 통해 우리를 바꾸기 위해서는 무엇보다 이야기의 주인공과 우리를 감정적으로 연관시킬 수 있는 능력, 즉 동일화가 필요하다.

슈퍼맨은 낮 동안에는 클라크 켄트라는 이름의 어리숙한 분신으로 가장한다. 그는 다수의 수상 경력을 지닌 여자 동료 로이스 레인을 은밀히 흠모하며 자신의 상사로부터 매번 야단을 맞는다. 그의 위장은 우리와 같은 평범한 사람을 구현하는 반면, 그의 영웅 버전은 우리가 되고 싶은 사람을 구현한다. 허구의 힘은 이러한 마법 같은 동일화를 통해 비로소 펼쳐진다. 왜냐하면 동일화를 통해 우리가 더 나은 자기 모습을 상상할 수 있기 때문이다. 이야기는 우리가 노력하고 두려움을 극복하고 도전에 맞서면 어떤 사람이 될 수 있는지를 안전하게 보여주는 일종의 수정구슬이 된다. 이것이 가능해지려면 슈퍼맨과 같은 영웅이 동일화 당사자와 우상 사이의 균형을 유지해야 하며 정서적 고향이자 인적(人的) 동군연합(同君聯合)의 동경 장소가 되어야 한다.

우리가 우리 자신을 영웅과 동일화하는 바로 그 순간에 이야기는 단지 이야기에 그치는 것이 아니라 이야기의 일부가 된 우리 자신에 관한 것이 된다. 이는 축구를 볼 때와 어느 정도 비슷하다. 축구를 볼 때 우리가 어느 한 팀을 택하지 않는 한 잃을 것이 없다. 우리가 어느 한 팀을 택해야 비로소 그 팀의 패배를 걱정하거나 승리를 응원할 수 있다. 우리가 그 팀과 동일화하는 순간부터 '우리' 팀이 패배하면 우리가 패배하는 것이 된다. 그리고 우리가 영광스럽게 투영하는 영웅이 승리하면 우리가 승리하는 것이다. 이러한 관점에서 보면 주인공이 우리를 위해 난관을 극복하고 문제를 해결하며 승리와 패배를 경험할 때 그들은 이를 우리 입장에서 하고 있는 것이다. 프리드리히 실러Friedrich Schiller는 "독자가 영웅처럼 따뜻해지든지, 아니면 영웅이 독자처럼 차가워져야 한다."[39]고 쓴 바 있다.

몰입을 위해서는 동일화와 더불어 어느 정도의 의미성이 필요하다. 헤븐은 우리가 지닌 지식의 맥락과 연관관계가 정보 수용성에 얼마나 영향을 미치는지 명확히 알아볼 수 있게 해주는 테스트를 개발했다. 이 테스트를 여기서 여러분에게 실시해보려고 한다.[40] 아래에 22개의 글자가 나열되어 있다. 지금부터 10초 동안 이 글자들을 식별해보라.

C DUZ DFD DRG M XAD ACI C ER AF

불가능하지는 않겠지만 어느 정도 어려운 과제다. 그렇지 않은가? 아무런 맥락 없이 나열된 글자들이 너무 무의미해 보여서 여러분의 신경 스토리 망에 아무것도 포착되지 않을 것이다. 말하자면 이 글자들은 아무 의미도 생성하지 않으며 의미가 없으면 여러분의 뇌는 이 글자들에 별로 관심을 두지 않는다. 하지만 이 글자들 사이의 간격을 변경하면 식별하기가 훨씬 더 쉬워질 것이다. 자, 보라! 같은 글자들이 다음과 같이 배열된다.

세상은 이야기로 만들어졌다

CDU ZDF DDR GMX ADAC ICE RAF

훨씬 더 쉽지 않은가?(CDU는 독일 기민당, ZDF는 독일 제2텔레비전, DDR은 독일민주공화국(동독), GMX은 독일의 메일 서비스, ADAC는 독일 자동차협회, ICE 는 독일의 고속철도, RAF는 적군파를 나타내는 약어이다. ─ 옮긴이)

이 축약어들이 여러분에게 '무언가를 말해주면' 이러한 글자 무더기들을 잘 식별할 수 있다. 관련된 연상과 미니 내러티브의 도움으로 여러분의 스토리 망은 주어진 정보를 여러분의 단기기억에 알맞게 만든다. 하지만 이야기가 지닌 의미는 그 이상을 넘어 우리 정체성의 핵심까지 이어진다.

거울 속 원숭이

호메로스의 『오디세이아』에서 가장 감동적인 장면 중 하나는 오디세우스가 파이아케스 궁전에 몰래 나타나 눈먼 가수가 트로이 전쟁에 대해 부르는 노래를 듣는 장면이다. 오디세우스는 다른 사람이 자신의 비극적 삶에 대해 들려주는 이야기를 처음 듣고는 눈물을 흘린다. 한나 아렌트Hannah Arendt는 이 순간을 오디세우스의 '시적 시작 Poetischer Beginn'이라고 부른다. 그녀는 "그는 지금까지 한 번도 울어본 적이 없다."라고 쓰고 있다. "그가 자신의 이야기를 들을 때 비로소 이야기의 완전한 의미를 깨닫게 된다."[41] 이와 관련하여 이탈리아의 철학자 아드리아나 카바레로Adriana Cavarero는 이렇게 단언한다. "다른 사람이 전하는 이야기를 통해 마침내 그의 정체성이 드러났다." 그리고 더 나아가 이야기의 주인공이 되고 싶은 인간의 원초적인 욕망도. 우리가 오디세우스처럼 먼 여정이나 혹독한 시련을 겪지 않더라도 우리는 누구나 이러한 욕망을 이해할 수 있다. 카바레로는 "정체성과 이야기 사이에는 밀접한 욕망 관계가 존재한다."[42]고 쓰고 있다.

그리스 철학, 특히 아리스토텔레스는 '다이몬Daimon'에 대해 반복적으로 이야기한다. 다이몬은 인간의 운명을 체현하는 정령이다. 말하자면 인간이 따라야 하는 삶의 숙명이다. 다이몬 자체는 양면성을 지닌 존재였다. 악한 존재라기보다는 착한 존재로서 말이다. 다이몬은 중세 기독교에서부터 인간의 모든 악의 근원인 사악한 '악마'라는 비난을 받기 시작했다. 카바레로는 그리스 영웅 아킬레우스가 자신의 이야기를 지배하는 능력을 갖추고 있다고 보았다. 아킬레우스는 젊은 나이에 죽지만 그의 행동으로 말미암아 불멸의 명성을 얻는다. 아킬레우스의 다이몬은 — 호메로스의 영웅 설화에 보존되어 — '에우다이몬Eudaimon', 즉 선한 다이몬이 된다.

한나 아렌트는 자기의 대표 저서 『비타 악티바 혹은 활동적 삶에 대하여 Vita Activa oder Vom tätigen Leben』(국내에서는 『인간의 조건』이라는 제목으로 출간되었다)에서 에우다이모니아Eudaimonia의 정확한 번역을 촉구했다. 즉 행운이나 행복이 아니라 죽음 이후에 비로소 그리고 서사를 통해 달성될 수 있는 완전함이라는 것이다. 자신의 다이몬(로마 철학에서는 '정령'이라고도 불린다) — 아렌트에 따르면 "다이몬은 모든 인간의 삶에 수반되며 뚜렷이 구분되는 정체성이지만 다른 사람들에게만 나타나 보일 뿐이다" ─ 이 다른 사람의 삶과 인식 속에서 실현될 때 비로소 한 인간의 진정한 정체성이 드러나고 전달될 수 있다. 다시 말해 그 사람에 대한 진정한 이야기가 전해질 수 있다. 아렌트는 이렇게 말한다. "다른 말로 표현하자면 인간의 본질은 […] 이야기만을 남긴다."**43** 따라서 모든 인간의 다이몬은 자신의 이야기를 기다리고 마침내 불멸의 인간 이야기로 응축되는 자신의 서사다. 오디세우스는 자신의 이야기를 들었을 때 자신의 다이몬뿐만 아니라 에우다이모니아의 불가능성도 인식한다. 영원한 방황은 그의 명예욕에 대한 대가다.

그렇다면 파이아케스 궁전의 오디세우스 일화는 우리에게 무엇을 말하고자 하는가? 아주 간단하다. 즉 우리는 우리 자신을 결코 자립적으로 구성하지 않고 항상 사회적으로 구성한다. 우리는 이야기 능력을 가짐으로써 비로소 유일무이한 인간이 된다. 오디세우스와 같은 영웅은 모든 인간의 욕구를 과장해서 표현한 형태이며, 다른 사람들에 의해 인식되고 이야기된다.

서사적 공명을 얻고 싶은 이러한 욕구는 우리가 생각하는 것보다 훨씬 더 깊이 우리에게 내재해 있다. 인지과학자 볼프강 프린츠 Wolfgang Prinz는 자신의 저서 『거울 속의 자신Selbst im Spiegel』에서 인간이 어떻게 사회적 거울과 내면의 거울을 통해 비로소 자기 자신을 인식하게 되는지를 선구적으로 설명했다. 인간은 이미 아기 때부터 보호자의 표정을 모방한다. 즉 표정과 그와 관련된 감정을 그대로 흉내 내는 연습을 한다. 이때 아기는 흉내 대상인 아버지와 어머니를 통해 공감을 경험한다. 인간은 언어를 습득함으로써 타인의 의미 투영 시스템을 소유하게 된다. 우리는 행동과 그것의 해석, 기본적인 감정과 원인을 내적으로 모사하고 외적으로 논쟁할 수 있다.

소위 '거울 놀이'는 우리 행동에 깊이 뿌리를 내리고 있다. 어른이 되어가면서 거울 놀이가 줄어들지만(끊임없이 다른 사람의 행동과 표정을 따라 하면 이상하게 느껴지기도 할 것이다) 그렇다고 거울 놀이를 완전히 그만두지는 못한다. 우리는 쾌활한 사람과 함께 웃고, 슬퍼하는 사람과 함께 한숨을 쉬며, 축구 중계를 볼 때 앉아서 다리를 떨기도 한다. 1990년대 초 이탈리아 신경과학자들이 '거울 신경'을 발견하면서 이러한 초능력의 해부학적 위치를 파악할 수 있게 되었다. 즉 특정 행동이나 느낌을 만들어내는 뇌 영역은 우리가 이 행동이나 느낌을 다른 사람에게서 인지할 때 사용하는 뇌 영역과 같다.

그러나 이러한 거울은 일방통행이 아니다. 거울에서는 마법과 같은 일이 벌어진다. 즉 어린아이는 자기 모습을 비춰주고 이를 통해 자신과 소통할 수 있는 영혼을 지닌 다른 존재가 있다는 것을 거울을 통해 처음으로 이해한다. 그 후 자신도 다른 사람들을 투영할 수 있고 그들과 함께 이에 대해 소통할 수 있다는 것을 배운다. 말하자면 자신도 영혼과 의식이 있다는 것을 알게 된다. 이처럼 아이는 타인에게 투영된 자기의 모습을 보고 처음으로 내가 존재한다는 것을 이해한다. 볼프강 프린츠는 "타인이 먼저고 그다음에 자기 자신이 온다."[44]고 설명한다. 우리 자신에 대한 정보의 출처로서 타인이 매우 귀중한 이유는 우리가 누구인지 알고자 할 때 우리가 가진 유일한 출처이기 때문이다. 이야기하는 원숭이는 이렇게 대답한다. 우리는 타인의 의식이라는 무대에서 연기하는 사람이다. 우리의 존재는 우리가 믿는 것, 다른 사람들이 우리에 관해 이야기하는 것이다. 바로 이러한 이유에서 오디세우스는 눈물을 흘렸다.

이미 1956년에 캐나다의 사회학자 어빙 고프먼Erving Goffman은 이와 같은 은유를 자신의 연구논문 「일상생활에서의 자아 표현The Presentation of Self in Everyday Life」의 제목으로 사용했다. 또한 그는 "이러한 자아는 [⋯] 일어나는 장면의 산물이지 원인이 아니다."[45]라는 전제에서 출발한다. 혹은 작가 지아 톨렌티노Jia Tolentino가 고프먼의 말을 다른 말로 표현했듯이 "자아는 견고하고 유기적인 존재가 아니라 퍼포먼스에서 기인하는 극적 효과다."[46] 고프먼에 따르면 사람들은 자신에게 잘 맞고 자신이 수행하려고 하는 특정 역할(내러티브라고 말할 수도 있다)을 잘 알고 있다. 즉 우리가 파티나 면접, 데이트에서 새로운 사람을 만날 때 우리는 자기에 대해서 이야기하는 모든 것을 알고 있다. 우리는 자기에 관해 이야기할 때 우리가 누구라고 생각하는지에 대한 설명으로서 일련의 스토리를 가지고 있다. 우리가 어디에서 왔는지, 우리가 성취하고 경험한 것, 앞으로의 계획 등 이와 같은 크고 작은 스토리를 평생 자기 자신과 다른 사람 앞에서 끝없이 반복한다. 이러한 자기 설명과 타인이 우리에 관해 설명하는 내용 사이의 일치는 다른 사회적 맥락만큼이나 우리에게 중요하다.

그런데 이 모든 것은 무엇을 위해서일까? 우리는 왜 이러한 거울 시스템과 이로부터 생겨나는 우리 자신에 대한 관념을 가지고 있을까? 볼프강 프린츠는 이에 대해 깜짝 놀랄만한 설명을 제공한다. 즉 인간은 사회적 존재이므로 어쩔 수 없이 함께 살아야 한다는 것이다. 우리는 공동체 안에서 혼란이 발생하지 않도록 '개인행동 규제를 위한 집단 규범 시스템'[47], 즉 사회를 구축한다. 사회 안에서 개인행동은 되도록 효율적이어야 하며 끊임없는 명시적 협의가 없어도 공공 규범에 맞게 조정되어야 한다. 고집 센 이기주의자 집단은 거의 살아남지 못할 것이다. 이들 각각은 집단과 집단의 인식에만 작동하는 자아개념을 가지고 있다. 따라서 내면의 화자는 진화적으로 매우 큰 이점이다. 프린츠는 바로 여기에 자유 의지를 동원한다. 즉 우리는 어릴 때는 흉내 내는 거울 놀이를 통해, 그다음에는 언어적 담론을 통해 우리에게 의지가 있고 우리 행동을 조종할 수 있으며 우리가 책임져야 하는 결과가 있다는 사실을 배운다. 그렇다면 우리가 말을 할 수 있을 때는 정확히 어떻게 배우는가? 프린츠는 이렇게 답한다. "그러한 담론은 종종 다양한 형태의 내러티브 담론에 삽입되어 있다. 책과 영화에 나오는 허구 이야기는 의지와 행동에 대한 언급으로 가득 차 있다. 우리가 아이들에게 이야기를 들려주는 이유는 사람이라는 것이 무엇인지를 설명하기 위해서다."[48]

따라서 내러티브는 소통적인 거울 시스템의 가장 효과적인 방식이다. 내러티브 안에서 화자와 청자는 서로를 비춘다. 하지만 내러티브의 가장 탁월한 특징은 바로 내러티브가 가상 거울이 될 수 있다는 것이다. 가상 거울 안에서 우리는 정체성과 행동, 의지에 대한 구상을 떠올리고 시험해보고 연습하고 다시 버릴 수 있다. 우리는 고프먼이 말하는 삶이라는 극장에서 우리가 맡은 그리고 맡지 않은 모든 역할을 허구라는 안전한 장치 하에서 시험해볼 수 있으며, 사회적 투영을 통해 타인에게 비판받거나 타인을 비판할 수 있다. 프린츠에 따르면, 이로써 우리는 아이들에게 두 가지 도구를 손에 쥐여준다. "하나는 그들이 살고 있는 문화의 명시적 의미 — 이를테면 관습과 관행, 가치와 기준, 신화와 전설 — 이다. 다른 하나는 인간 행위자가 어떻게 기능하는지, 어떻게 생각하고 행동하는지, 생각과 행동이 어떤 관련이 있는지, 그리고 행동의 결과에 대해 어떻게 보상 및 처벌을 받는지를 — 하늘에서든 땅에서든 — 알려주는 일상 심리학의 암시적 구문이다."[49]

말하자면 자아는 다른 사람에게서 들어서 알고 있는 자신에 대해 내가 말하는 이야기일 뿐이다. 나는 다양한 변형을 할 수 있고 여러 다른 존재가 될 수 있으며, 우리는 모두 여러 존재가 되어 기능적인 정체성과 관계를 서사적으로 함께 형성할 수 있다. 달리 표현하면 우리는 내면에서 연극을 하는 원숭이 무리이다.

서사적 자아

무엇을 서사적 자아라고 부를 수 있는지에 대한 탐구는 수많은 훌륭한 영웅 여정처럼 한 척의 배, 즉 전설적인 테세우스의 배로 시작한다. 고대 그리스 작가 플루타르코스는 다음과 같은 유명한 역설을 표현했다. "테세우스와 젊은이들이 함께 항해하고 무사히 귀환한 배는 노가 30개 달린 갤리선으로 데메트리오스 팔레레우스 시대까지 아테네 사람들에 의해 보존되었다. 때때로 그들은 낡은 판자를 뜯어내고 튼튼한 새 판자로 교체했다. 그래서 이 배는 철학자들 사이에서 변화와 관련된 쟁점을 보여주는 영원한 예시가 되었다. 어떤 사람들은 이 배가 여전히 예전 그대로라고 주장하는 반면 어떤 사람들은 더 이상 같은 배가 아니라고 주장했다."[50]

플루타르코스는 우리가 어떤 대상의 연속성과 정체성에 관해 이야기할 때 나타나는 철학적 문제를 이 역설을 통해 구체적으로 설명한다. 배의 판자가 계속해서 교체된다면 어느 시점부터 이 배는 테세우스의 배가 아닌 것일까? 판자가 반쯤 교체되었을 때? 아니면 판자가 단 하나라도 교체되었을 때? 아니면 원래 배의 판자가 전부 새로운 판자로 교체되었을 때? 이 역설은 시시각각 조금씩 변하면서도 같은 속성이 유지되는 인간의 정체성을 정의하는 것이 얼마나 어려운지 상징적으로 보여준다. 내적 일관성과 교체되는 나무판자가 어떻게 공존할 수 있을까? 이것이 가능한 경우는 서사적 정체성 안에서다. 철학자 폴 리쾨르Paul Ricœur는 자신의 수많은 글에서 주체가 자기 자신으로 되돌아가기 위해 거쳐야 하는 긴 우회로를 분석한다. 자신을 이해하고 해석하는 사람은 누구인가? 나는 누구인가? 이러한 질문에 우리는 통상적으로 우리의 성격적 특성이나 집단 소속감으로 대답한다. 즉 끊임없이 변화함에도 우리가 어느 정도 변함없는 존재임을 입증할 만큼 매우 본질적이라고 생각하는 정체성의 관점에서

세상은 이야기로 만들어졌다

대답한다. 이를테면,

> 나는 두 아이의 엄마이자 성실한 사람이다.
> 나는 라인란트에서 태어났고 도르트문트를 좋아한다.
> 나는 변호사로 일하고 있으며 전형적인 천칭자리 사람과는
> 다르다.

그러나 우리가 정체성에 대한 고정된 매개변수로만 우리 존재에 대해 대답한다면, 이는 엄밀히 말해서 우리는 누구인가라는 질문의 대답이 아니라 우리는 무엇인가라는 질문의 대답이다. 말하자면 우리는 테세우스의 배라고 대답하지만 얼마만큼 테세우스의 배인지는 대답하지 못한다.

그래서 리쾨르는 이러한 '나'를 파악하기 위해 정체성의 두 가지 양상을 구분한다. 즉 '자체성idem'과 '자기성ipse'의 개념이다. 동등 혹은 상대적 불변성인 '자체성'은 예를 들어 대상을 정의할 때 사용될 수 있다(테세우스의 배에서 확인한 것처럼 복잡해질 수 있지만). 반면 개인은 자신이 추구하려는 일관성에 대해 자기 성찰을 할 수 있으며, 이를 통해 우리는 더 배우게 되고 나아가 자신을 변화시키기도 한다. 우리 자신의 일관성에 대해 성찰함을 통해 바로 이 일관성의 해답을 얻을 수 있다.

이에 대해 리쾨르는 우리가 인간으로서 자신의 일관성을 타인에게 제공하려고 한다고 말한다. '자체성'과 '자기성', 이 양극의 변증법적 관계를 유지하는 것은 서사적 자아다. 서사적 자아라는 개념은 모

든 개인은 자기 자신에 대해 항상 새롭게 이야기함으로써 비로소 확립된다는 이념을 바탕으로 한다. 이는 객관적인 이야기가 아니라 내 삶의 작가이자 독자인 자신에 대해 내가 직접 전하는 이야기다. 말하자면 개인의 정체성은 바로, 이 정체성에 의해 생성되고 끊임없이 통합되는 서사 과정에서 확립된다. 이때 자아는 딱딱한 씨 안에 고정되어 있지 않다. 오히려 자신의 이야기를 통해, 또는 전통이나 문학을 통해 전승되면서 자아에 부과되는 서사를 통해 변형되며, 이 과정에서 끊임없이 개인의 전체 이야기가 재구성된다. 리쾨르는 자신의 저서 『타자로서 자기 자신Oneself As Another』에서 "인간은 실제 삶의 목표를 서사함으로써 사랑받는 혹은 존경받는 인물의 인식 가능한 특성을 그 목표에 부여한다."[51]

서사적 정체성Narrative Identity은 다음과 같은 내면 거울의 두 가지 측면을 결속시킨다. 즉 오래도록 지속되는 불변의 특성과 지금의 자신이 되기까지 끊임없는 자기실현이 그것이다. 그리고 자기실현은 여러 이야기와 지속적인 해석, 수정을 허용하기 때문에 결코 최종적이거나 완결될 수 없다. 이처럼 자기실현은 자기 서사의 도움으로 자신이 살아온 경험의 임의성이나 무작위성을 방지하고 자기 삶의 주인공으로서 내적 일관성을 이루는 사람을 (자기)이해하게 한다. 리쾨르에 따르면 '자기성'은 서사와 뗄 수 없는 관계에 묶여 있다.

우리는 우리 존재의 시간성을 성찰하는 능력, 실패와 승리를 파악하는 능력, 시작과 목표가 있는 이야기, 시간 순서대로 그리고 인과적으로 이해할 수 있는 난관 극복 에피소드를 형성하는 능력 덕분에 우리가 누구인지 인식한다.[52] 나는 불변의 존재이자 발전의 존재다. 왜냐하면 나는 나의 이야기이자 동시에 그 속의 주인공이기 때문이다. 그래서 내가 누구냐고 묻는다면 다음과 같이 대답할 수 있을 것이다. 즉 나는 보물이자 보물 지도이며 보물을 찾으러 가는 여정이다. 이러한 관점에서 볼 때 나의 정체성은 무엇이며 누구이며 어떤지는 내가 자신에 대해 하는 이야기를 통해 확립된다.

조나스 카플란Jonas Kaplan의 2016년 연구를 보면 우리의 서사적 자기방어가 정체성을 위협하는 도전과 부조화로부터 자신에 관한 이야기를 보호하고 '자체성'과 '자기성'에 일관성을 부여하기 위해 얼마나 큰 노력을 하는지 알 수 있다. 캘리포니아의 뇌와 창의력 연구소Brain and Creativity Institute의 신경학자 조나스 카플란은 자기공명영상장치MRI를 사용해 사람들에게 자신의 정치적 입장과 모순되는 정보 — 예를 들면 미국의 총기 규제법이나 군비 지출에 관한 정보 — 를 접하게 했다. 그 결과 뇌 영역 중 특히 편도체가 반응한다는 사실이 MRI 이미지에 나타났다. 아몬드 모양의 이 뇌 부위는 두려움을 제어하고 우리가 심각한 위협을 느낄 때 활성화된다. 다시 말해 내가 스스로 만든 이야기와 상반되는 정보는 현재 나의 뇌에서 위험하게 느껴진다. 마치 과거 우리 선조들이 검치호랑이가 달려들 때 느꼈던 것처럼 말이다.

그러나 이때 편도체만 활성화되는 것이 아니라 '디폴트 모드 네트워크Default Mode Network'도 활성화된다. 이 뇌 영역은 명상이나 공상을 할 때 활성화되며 우리 자신에 대해 생각할 때, 즉 우리가 누구인지 혹은 무엇인지 생각할 때 사용된다. 피험자가 세계관에 관한 질문이나 도전을 받았을 때 이 영역이 특히 활발해졌다. 카플란은 이 현상을 다음과 같이 설명했다. "대안적인 관점을 고려하기 위해서는 자기 자신에 대한 대안적 버전을 고려해야 한다."[53] 자기의 생각과 모순되는 견해를 마주한다는 것은 언제나 개인의 실존적 위기를 의미하기도 한다. 왜냐하면 어쩔 수 없이 자신의 다른 버전을 상상하고 자신의 본래 모습을 의문시해야 하기 때문이다.

이야기하는 원숭이인 우리는 좋은 이야기가 얼마나 막강한지 알고 있다. 우리의 서사 본능은 여러 맥락과 연관관계 안에서 우리 삶을 쓰려고 한다. 사람들이 자신에게 너는 누구냐고 물을 때 나는 **호모 나랜스**로서 내 존재의 모든 측면을 서사적으로 일관성 있고 유기적이며 의미가 부여된 단위로 만들고 싶다는 생각을 하게 된다. 또한 우리는 말하자면 서사적 이해 가능성의 관점에 따라 우리가 기억하고 싶은 것을 택하기도 한다. 심리학 및 신경과학 교수 줄리아나 마초니Giuliana Mazzoni는 "개인의 기억으로 선택된 내용은 우리가 현재 자기 자신에 대해 갖는 표상에 적합해야 한다."고 쓰고 있다.[54] 결과적으로 나(I)는 선별해서 드러내 보이는 자기 자신이다. 하지만 이 말은 서사적 나는 실제 내가 아니라 나의 허구적 버전이라는 것을 의미한다. 특히 우리가 우리 자신이나 우리 과거에 관해 이야기하는 내용은 믿을 만한 출처가 없다는 사실은 실험심리학을 통해 이미 오래전에 밝혀졌다. 우리는 일관성 있는 이야기를 위해 사건과 사실을 정렬하며 그 반대로 하지 않는다. 특히 우리의 **도덕적 편견Moral Bias** — 윌 스토는 이를 내면의 화자가 작동시키는 프로그램이라고 설명한다 — 은 널리 수용되는 윤리적 규범의 의미에서 우리의 진정한 의도를 제멋대로 해석한다. 또한 우리가 기억 또는 회상이라고 부르는 우리 이야기의 토대가 기본적으로 실제 경험에 바탕을 두고 있기는 하지만 심리학 연구에서는 이것이 기록물 보관소로서 과연 적합한지 강한 의구심을 던진다. 미국의 실험심리학자 엘리자베스 로프터스Elizabeth Loftus는 특히 몇몇 단어가 이미 우리 기억에 어떤 영향을 미치는지 보여주었다. 그녀는 자동차 사고에 대한 경찰 문서를 조사하고 사고 유발자들에게 얼마나 빠른 속도로 운전했는지 기억해보라고 했다. 응답자들은 로프터스가 '충돌하다(smash)'라는 단어로 교통사고를 설명했을 때는 속도를 높게 대답했지만, '부딪히다(hit)'라는 단어를 사용했을 때는 속도를 낮게 대답했다.

또한 기억 과정에 영향을 미치는 사회적, 문화적 요인도 있다. 이를테면 백인 증인이 흑인을 피고인으로 혼동하는 경우가 그 반대의 경우보다 더 많다는 사실이 입증되었다. 또한 특정 치료의 개입으로 성폭행에 대한 기억을 나중에 허구적으로 만들어낼 수 있다는 사실이 큰 화제가 된 몇몇 실험과 법정 재판에서 밝혀진 이후로 트라우마 연구에서 성폭력 피해자 진술의 신뢰성에 대해 공개적인 논쟁이 벌어지고 있다. 예를 들어 엘리자베스 로프터스는 실험을 통해 피험자들이 어린 시절 쇼핑몰에 혼자 남겨졌다는 가짜 기억을 생생하고 확실하게 기억한다는 사실을 확인했다. 물론 실험 전에는 피험자 중 누구도 이러한 경험을 했다고 말한 적이 없었다. 이 이론의 광범위한 법적 함의에 반대하여 피해자를 원칙적으로 믿으려는 노력이 이루어지는데, 이는 특히 미투#MeToo 운동에서 뚜렷이 나타났다. 이는 무엇보다 여전히 가부장적인 사회와 이를 바탕으로 구성된 법체계에서 권력의 불균형을 해소하기 위해서다.

누구의 이야기(피해자 아니면 가해자의 이야기)를 언제 더 신뢰할 수 있는지는 이 책의 주제가 아니다. 하지만 이야기하는 원숭이는 가끔 자신도 모르게 남을 속이는 원숭이가 될 수 있다. 그 이유는 우연적인 사건에서 인과 관계로 얽힌 이야기를 스스로 엮어낼 정도로 우리가 너무 쉽게 서사적 패턴을 따라가기 때문이다. 아일랜드의 작가이자 철학자 아이리스 머독Iris Murdoch은 이러한 시도를 '일관성 있는 존재의 어우러짐'[55]이라고 부른다. 그래서 우리는 우리를 특징짓는 모든 측면을 정체성에 쏟아 넣어 어떤 캐릭터를 얻으려고 한다. 더 적절하게 표현하면 주인공, 심지어 영웅이 되려고 한다. 그런데 영웅이 정확히 무엇을 의미하는지는 인류 역사가 지나면서 여러 번 바뀌었다.

다른 시대, 다른 영웅

인간은 고도로 사회적인 존재이다. 그래서 인간의 이야기 또한 무엇보다 자신과 자신의 정체성을 자신이 속한 집단이나 사회, 문화와 가장 기능적인 관계로 설정하는 수단이다. 이때 이타적-집단주의적 목표는 언제나 이기적-개인주의적 목표와 얽혀 있다. 이 두 가지 욕구는 한편으로는 수용되기 위해, 다른 한편으로는 계층 구조에서 상승하기 위해 교대로 나타난다. 윌 스토는 이를 간단한 말로 설명한다. 즉 "함께 어울리면서 남보다 앞서 나가는 것to get along and get ahead"이다.

문자 이전의 문화 — 오로지 서사적으로 물려받은 지식, 범신론과 정령 신앙에 따른 세계 모형, 협력과 조정에 강하게 의존하는 최대 150명*의 개인으로 구성된 사회 집단을 지닌 문화 — 에서 이야기는 이타심과 공평함을 통해 함께 어울리고 최적의 문제 해결을 통해 나란히 앞서 나가며 근본적인 창조 신화와 인과성 신화를 통해 세상을 헤쳐가는 기능을 수행했다. 이 마지막 기능을 통해 오늘날 중동의 초기 문자 문화에서 놀라울 만큼 유사한 서사 구조와 규범을 가진 최초의 종교가 발생했다. 그 후 기원전 500년경에 오늘날의 그리스, 특히 아테네와 에게해 주변의 도시국가에서 기이한 현상이 일어났다. 그것은 바로 개인의 발견이다.

스토는 이 현상의 근원을 무엇보다 그리스의 지형에서 찾는다. 즉 구불거리고 가파른 거친 해안 탓에 넓은 평야에서의 농업처럼 집단기반 활동보다는 개인 위주의 생업(어업, 올리브오일 생산, 무역)이 더 적합하다. 스토는 "고대 그리스에서 이 세상을 통제하는 가장 좋은 방법은 자립이었다. 개인의 자립이 성공의 열쇠였기 때문에 전능한

• 이는 영국 심리학자 로빈 던바Robin Dunbar의 이름을 따서 '던바의 수'라고 불린다. 한 명의 인간은 자신의 네트워크에서 평균적으로 150명 정도의 사람들을 잘 구분하고 그들과 관계를 유지할 수 있다. 이 숫자는 무엇보다 대뇌 신피질Neocortex이 발달했던 석기 시대에 최대 집단 크기를 나타내는 중요한 지표다.

힘을 가진 개인이 문화적 이상이 되었다."고 말한다.[56] 고대 그리스인들은 최초 문화의 하나로서 명성, 완벽함, 위신과 같은 현대적 가치를 추구하려고 했다. 스토에 따르면 "그들은 자신을 상대로 싸우는 전설적인 경기인 올림픽을 만들었고, 50년 동안 민주주의를 실천했으며, 자기 자신에 너무 초점을 맞춘 나머지 나르시스의 이야기로 감당할 수 없는 자기애를 경고해야 했다. 폭군, 운명, 신의 변덕의 노예가 되지 않고 원하는 삶을 자유롭게 선택할 수 있는 자기의 힘의 장소가 바로 개인이라는 구상은 혁명적이었다."[57]

우리가 오늘날 개인의 업적과 성과, 성공에 대해 가지고 있는 생각은 이러한 그리스 사상에서 기인한다. 옹호해야 하는 이상으로서 개인의 자유, '자기실현'에 대한 개인의 권리, 목표가 아닌 성공적인 삶의 출발점으로서 집단, 이 모든 것은 그 당시에 이미 효력을 지니고 있었다. 앞서 설명한 것처럼 그리스인들은 개인의 기대, 즉 다이모니아Daimonia와 그것의 실현, 즉 에우다이모니아Eudaimonia를 믿었다. 그러나 또한 자유 의지와 운명, 나아가 운명과 반대되는 길을 결정할 수 있는 선택권도 믿었다. 그렇기 때문에 아테네인들은 세계 최초로 시민들이 자신에 대해 바로 이러한 이야기를 할 수 있도록 제도를 만들었다. 아리스토텔레스는 "인간은 완성되었을 때는 가장 고귀한 피조물이지만 법과 정의가 없으면 최악의 피조물이다."[58]라고 썼다. 이에 대한 해결책은 민주주의라는 정치 형태다. 이는 개인의 최대 자유를 보장하는(물론 노예 신분은 제외하고) 집단의 시작점이다. 이러한 초기 개인주의 사상은 매우 강력했기 때문에 우리는 오늘날에도 여전히 그

힘을 느끼고 있으며 이러한 이념을 옹호한 사상가들을 아직 인용하고 있다. 그리고 아테네인들의 서사적 우월성은 기독교인들이 기원후 수 세기 동안 완전히 다른 이야기로 세상을 정복할 때까지 지속되었다.

기독교인들의 이야기가 어떻게 그토록 성공적일 수 있었는지는 일견 수수께끼 같다. 다채롭고 쾌락주의적이며 자유로운 그리스 서사 이후에 매우 암울한 중세와 다름없는 자기 서사가 시작되었다. '재는 재로, 먼지는 먼지로Ashes to Ashes, Dust to Dust'. 우리는 죄인으로 태어났으며 오직 믿음과 순종의 삶만이 우리를 구원할 수 있다. 삶에서 나 자신과 싸운다 해도 나는 결코 이길 수 없다. 나의 육체와 생각, 모든 감정이 근본적으로 불결하며 사탄의 것이기 때문이다. 그래서 나는 가급적 실수를 덜 하려고 노력할 수 있을 뿐이다. 우리가 생각할 수 있는 유일한 완벽한 존재는 신이다. 신이 창조한 인간(역설적으로 많은 결함이 있다)은 이상한 뱀과 사과 이야기(이와 관련된 자세한 내용은 10장 참조) 이후로 끊임없이 자기 자신과 전쟁을 치르고 있다. 과거에는 영리하고 강하고 아름답고 교활한 영웅이 신과 같은 존재가 되기 위해, 불멸 혹은 최소한 불멸의 명성을 얻기 위해 모험을 했다면 이제 유일한 탈출구는 믿음을 위한 완전한 희생과 순교가 되었고, 이는 대부분 끔찍한 죽음을 통해서만 성취할 수 있었다. 예수 이후 최초의 그리스도인 순례자였던 스테파노는 35년 예루살렘에서 돌에 맞아 죽었다. 이는 잔인한 기독교 박해의 서막이었다. 특히 로마 제국에서는 신생 종교가 혁명적인 잠재성과 열성적인 선교 활동 때문에 두려움의 대상이 되자 위협적인 전술로 이를 근절하려고 했다. 로마 학자 타키투스Tacitus는 가련한 초기 기독교인들에 대해 그들이 야생 동물의 가죽을 입고 개에게 물어 뜯겼다고 기술한다. 또 혹자는 그들을 십자가에 못 박은 후 어둠이 찾아오면 불을 붙이고 횃불로 사용했다고 쓰고 있다.•

그런데도 313년에 콘스탄티누스 황제는 기독교를 정식 종교로 인정했다. 그 이유는 기독교인들이 로마의 이교와 유대교에 비해 엄격한 자기부정의 삶을 규범으로 삼고 살았기 때문이다. 그 이후에 일어난 십자군 전쟁 동안 그들은 죽기 전까지 가능한 한 많은 이교도를 공격하고 죽임으로써 순교자가 될 수 있었다. 그 후 종교개혁이 시작된 16세기에는 개신교도들이 가톨릭교도들에 의해 회형을 당했고, 어느 쪽을 믿느냐에 따라 순교자로서 천국에 가거나 지옥으로 떨어졌다.

그런데 이러한 서사적 자기 고행은 무엇을 위해서일까? 함께 어울리면서 앞서기 위해서다. 그렇게 하면 가혹할 정도로 부당한 상황을 나름대로 가장 빨리 이해할 수 있었다. 중세 봉건 계급사회에서는 대다수 사람이 소수의 엘리트 계층인 귀족과 성직자에게 예속되었다. 또한 언제든지 질병에 걸려 죽거나 굶주리거나 더 강력한 사람들에게 죽임을 당할 수 있었다. 고난과 기도로 가득 찬 짧은 삶은 이미

• 여기서 스플래터 영화나 전기톱 학살 등 하위 장르로 연결되는 다리를 찾을 수 있다. 하지만 이 책은 모든 연령이 읽을 수 있는 책이다. 무의미한 폭력에 대해 더 많이 읽고 싶다면 구약을 읽기 바란다.

특권이었다. 그러한 시대에는 부당함과 양립할 수 있는 이야기가 필요했다. 기독교의 기원은 노예 신분의 사람들에게 완벽한 스토리였다. 이승에서 희생하면 내세에서 보상받는다는 스토리는 기발한 착상이었다.• 고통을 통해서만 더 나아질 수 있다고 사람들에게 이야기하면 놀랍게도 그들은 고통을 훨씬 더 잘 감당할 수 있게 된다. 크나큰 고통 속에서 순종하는 것, 바로 이것이 함께 어울리고 나아가 앞서 나갈 수 있는 핵심 능력이었다.

이와 비슷한 시기에 고대 그리스와는 완전히 다른 모습이었던 세계 반대편의 한 학자는 그 당시의 고행에 대해 매우 다른 방식으로 접근했다. 즉 완만한 언덕과 넓고 비옥한 평야에서 마을 전체 지역이 협력하여 급수와 수확에 힘쓴다면 쌀과 밀을 훌륭하게 재배할 수 있다는 것이었다. 이와 관련하여 윌 스토는 다음과 같이 요약한다. "이 세상을 통제하는 가장 좋은 방법은 개인이 아니라 집단을 성공하게 만드는 것이다. 이는 고개를 숙이고 하나의 팀 플레이어가 되는 것을 의미한다. 이러한 집단 통제 이론은 자아의 집단적 이상으로 이어졌다."[59] 중국 철학자 공자는 『논어』에서 '우월한 인간'은 '자신을 과시하는' 사람이 아니라 '자신의 덕목을 드러내지 않는' 사람이라고 설명한다. 그러한 사람은 '우호적인 조화를 증진하고 균형과 조화의 상태가 완벽하게 지속되도록 한다.'[60] 이러한 특성은 7천 킬로미터 떨어

• 종교적 동기가 부여된 인도의 카스트 제도를 살펴보면 이 두 가지 단초가 어떻게 사용되는지 이해할 수 있다.

진 아테네에서 보였던 것과 완전히 반대였다. 그리스인에게는 주된 통제 수단이 개인이었다면 중국인에게는 집단이었다. 그리스인에게 현실은 개별적인 조각과 부분으로 구성되었던 반면 중국인에게 현실은 함께 결합한 힘의 장이었다.

이러한 현실 경험 차이로부터 서로 다른 서사 형식이 생겨났다. 그리스 신화는 일반적으로 3막으로 구성되어 있다. 즉 아리스토텔레스의 시작, 중간, 끝(위기, 싸움, 해결)이 그것이다. 종종 영웅의 주요 역할은 끔찍한 상대와 싸우고 목표를 이루기 위해 간계나 힘으로 상대를 정복하는 것이다. 이는 한 명의 용감한 사람이 정말로 모든 것을 바꿀 수 있다는 생각을 전달하는 개인주의 선전과 다름없다. 반면 중국 동화와 전설에 등장하는 주인공은 공동체에 봉사함으로써 지위를 획득했다. 그리고 주인공들의 결말은 크게 비극적이지도 행복하지도 않다. 한국의 심리학자 김의철 박사는 중국 이야기의 가장 중요한 특징을 열린 결말이라고 본다. "중국 이야기에서는 결코 답을 얻지 못한다. 결말도, 해피엔딩도 존재하지 않는다. 다만 스스로 선택해야 하는 한 가지 물음이 남는다. 이것이 이야기의 재미다. 개인에 초점을 맞춘 동양의 이야기에서 영웅의 지위는 일반적으로 집단과 관련된 방식으로 획득된다." 아시아에서는 희생하는 사람이 영웅이 된다. 희생하는 사람이 가족과 공동체, 국가를 보살핀다.

고대 중국은 2천 년 동안 자서전이 거의 존재하지 않을 정도로 자아 개념을 부각하지 않는 나라였다. 자서전이 등장했을 때도 화자는 대체로 자기 삶의 중심에 서 있는 사람이 아니라 관찰자로서 자신의 목소리와 견해 없이 삶의 이야기를 전했다. 동양의 허구물은 원인과 결과의 직선적 패턴을 따르기보다는 종종 구로사와 아키라 감독의 영화 〈라쇼몽〉(1950)의 형식을 취했다. 이 영화는 아쿠타가와 류노스케가 쓴 두 개의 단편 이야기 『라쇼몽』과 『덤불 속』을 바탕으로 만들어졌다. 그는 여러 증인의 관점에서 한 살인 사건을 이야기한다. 나무꾼, 승려, 경찰관, 노부인, 용의자, 피해자의 아내, 그리고 마지막으로 죽은 피해자로 빙의한 무당의 관점에서. 증인들이 진술하는 내용은 모두 다르며, 기껏해야 시청자가 알 수 있는 것은 한 사건이 서로 다른 사람들에 의해 서로 다르게 인지되고 서로 다르게 이야기될 수 있다는 것이다. 실제로 어떤 일이 벌어졌는지, '진실'이 무엇인지는 여전히 열려 있다.

이러한 서로 다른 서사 방식은 오늘날 개인이 세계를 어떻게 인지하는지를 반영하고 있다. 예를 들어 집단학살 사건의 경우 미국 언론인들은 살인자의 성격적 결함을 비난하는 경향이 있다. 반면 중국 기자들은 사회로부터의 고립과 같은 삶의 배경 문제를 강조한다. 또 다른 예를 들어보겠다. 다양한 문화권의 사람들에게 대형 아쿠아리움을 보게 했을 때 중국인은 물고기의 행동을 환경 탓으로 돌리는 반면, 미국인은 물고기의 성격과 의지 때문이라고 본다. 일본 대학생들은 전후 맥락에 맞게 물고기를 설명하기 시작하며, 미국 학생들은 특히 눈에 띄고 빠르게 움직이는 물고기에 관해 이야기한다.

문화적으로 다른 사람들은 세계에 대해 다르게 생각할 뿐만 아니라 실제로 다른 세계를 본다. 어떤 사람들은 주로 이미지에서 가장 중요한 대상을 관찰하고, 또 어떤 사람들은 대상과 맥락 사이를 끊임없이 오간다. 환경의 복잡성은 서양인보다 아시아인이 더 감당을 잘한다. 연구에 따르면 서양인보다 아시아인이 자기 삶을 제대로 통제하고 있지 못하다는 감정을 더 자주 느낀다. 그렇다고 통제력이 있으면 좋겠다는 생각도 하지 않는다. 그들에게 변화는 개인이 아닌 공동체의 과제이며 조화가 자유보다 더 중요하다. 중국인은 더 나은 집단을 만들기 위해 누군가를 부당하게 처벌할 수도 있다는 것을 기꺼이 받아들인다. 이는 개인주의자인 우리 서구 사람들에게는 거의 상상할 수 없는 일이다.

공자의 가르침은 특히 오늘날 중국, 일본, 베트남, 한국에서 여전히 다양한 문화적 형태로 나타난다. 이러한 공자 역시 군주제의 강력한 옹호자였다. 지위나 직분을 갈망하지 않는 겸손함과 조화로움을 추구하는 중국 사람들은 유일한 위대한 통치자인 천자(天子), 즉 하늘의 아들에 의해 나라가 다스려져야 한다고 생각했다. 그러나 공자의 사상을 공식적으로 인정한 한(漢) 왕조도 초반에는 공자의 제자들과 문제를 겪었다. 한 왕조를 세운 유방은 뾰족한 유생 모자를 쓰고 온 사람들의 모자를 벗겨 거기에 오줌을 누었다고 한다.

모두가 왕이다

과거의 이러한 거친 행실에서 조금 더 부드러운 현재로 넘어가 보자.

누구나 방송인이 될 수 있는 디지털화된 세상과 자유주의 사회에서 우리의 개인주의적인 자기 서사는 당연히 그 어느 때보다 장려되고 인정받는다. 사회학자 안드레아스 레크비츠Andreas Reckwitz는 2018년에 출판된 자신의 저서『환상의 종말 : 후기 모더니즘의 정치, 경제 및 문화』에서 '자아실현'으로 일컬어지는 현대 자아의 새로운 이상이 어떻게 기능하는지 보여주었다. 레크비츠는 이러한 자아실현을 "사회적 진보와 개인 프로젝트로서의 행복 추구라는 현대의 문화적 코드에 깊게 뿌리박힌 이념"[61]으로 이해한다. 이런 행복 추구의 단순한 버전은, 사회가 진보하듯 주체도 진보를 경험하는 것이다. 그러나 이를 위해서는 오늘날 사람들이 말하는 것처럼 무엇보다도 자신의 개성을 발달시키기 위해 노력해야 한다. 레크비츠는 "후기 모더니즘은 전례가 없을 정도로 철저한 심리적 문화로서 개인이 끊임없이 자기 성찰과 자기 변화를 하도록 고무한다."[62]고 말한다.

이러한 의미에서 후기 모더니즘은 1970년대와 1980년대까지 지배적이었던 근대 산업 사회의 주체 문화와 대조된다. 레크비츠에 따르면 후기 모더니즘은 "사회적 적응의 본보기, '객관성' 내지 '정서불신', 자기 규율과 의무이행이라는 이상을 우리에게 부과한다."[63] 이 시대의 주체는 자기 행동의 기준을 이전의 근대 부르주아 사회처럼 내면화된 가치 나침반에서 찾지 않고 사회적 '정상성Normalität'에서 찾는다. 삶의 의미는 일차적으로 의무이행과 재생산에 있다.

새로운 자아 문화는 반(反)문화와 하위문화(예를 들면 히피와 68세대)에서 시작되어 주류로 흘러들어왔고, 21세기 초에는 특히 서구 중산층 사회에 자리 잡았다. 레크비츠는 이를 '후기 모더니즘'의 시작으로 정의한다. 처음에는 대립적이었던 두 개의 문화 패턴이 서구 중산층 사회에서 동시에 나타난다. 즉 "자신의 소망과 가능성을 계발하는 것이 일차 목표인 자아 모델과 높은 사회적 지위와 그에 상응하여 타인 앞에서 성공적으로 자신을 드러내는 것을 목표로 삼는 자아 모델"*이 공존한다. 그 이유는 매우 다양한데 무엇보다도 경제적인 천성 때문이다. 이러한 천성에 따라 우리는 소비 자본주의 사회에서 성공적으로 자아를 실현하기 위해 가능한 모든 것, 이를테면 "돈, 교육, 기술, 네트워크, 건강, 정신적 균형"[64]을 축적한다. 이와 유사하게 통용되는 가치와 자기 삶의 이력이 가능한 한 완벽하게 일치하는, '진정성 Authenticity'이라는 상위 가치에 대한 갈망이 커지고 있다. 이러한 목적을 위해 우리는 야심 찬 자기 성찰과 투명한 선택(직업 선택, 파트너 선택, 실용서 선택 등)을 실천하며, 예를 들어 이상적인 파트너**와 최적의 '결합'을 결정하기 위해 기준과 계층에 대해 논의한다.

널리 퍼져 있는 소셜 네트워크의 디지털 '비교 기술'에서 주체는 성공적인 자아실현에 몰두할 수 있고 이를 타인 앞에서 보여줄 수 있

• 몇몇 은유적 개념을 보다 자세히 살펴볼 필요가 있다. 이를테면 '펼치다Entfalten' 라는 단어는 모든 것이 이미 우리 안에 있으며 우리는 이를 찾아서 펼치고 보여주기만 하면 된다는 것을 암시한다. 조지프 캠벨은 이러한 해석을 좋아했을 것이다. 자아에 대한 이러한 모든 요구에 대해서는 11장에서 보다 자세히 다룰 것이다.

•• 사회학자 에바 일루즈Eva Illouz는 자신의 저서 『사랑은 왜 아픈가 : 사회학적 설명 Why Love Hurts : A Sociological Explanation』에서 낭만적 프로그램에 대한 이러한 메커니즘을 경험적으로 입증했다. 이에 대해서는 9장을 참조하라.

으며 — 레크비츠가 언급한 것처럼 — '수행적인 자아실현'[65]으로 향상시킬 수 있다.* 주체는 진정성이 있다고 추정되는 것을 경험하고 이를 통해 변화하며 이러한 변화를 가시적으로 만들고 나아가 자신을 둘러싼 세계도 변화시키며, 변화 과정에서 일관된 자신의 스토리를 구성한다. 이 모든 것이 매우 친숙하게 들리지 않는가?

이러한 정체성 구성은 근대 후기의 개인을 도시 계획가 게오르크 프랑크Georg Franck가 기술한 '주목 경제Attention Economy'(그가 저술한 책의 제목이기도 하다), 즉 인지 자원의 자본화로 인도한다. 이를 보여주는 가장 평범한 현상은 광고다. 오늘날 광고는 온갖 내러티브를 동원하여 우리의 부족한 관심을 끌려고 애쓰며, 민영방송에서 페이스북에 이르기까지 다양한 비즈니스 모델로 수익을 창출한다. 사회학자 울리히 브뢰클링은 여기서 영웅화를 통해 진부한 것이 '고상해지는 현상'을 인식한다. 마케팅의 언어로 상품 또는 심지어 소비자 자신까지 영웅이 된다. 란제리 브랜드 훈케뮐러Hunkemöller는 여성 고객을 쉬어로즈Sheroes로 칭송하고 알디쥐트ALDI-Süd(독일의 슈퍼마켓 체인 — 옮긴이) 광고에서는 케이크 글레이즈Cake Glaze 제품을 '일상의 영웅'으로 만들었다. 언어 행위를 극도로 응축하고 그 안에 담긴 의도를 은폐하며 비교적 단순한 인과 관계를 따르는 광고는 일상에 확고하게 스며든 미니 영웅 여정의 좋은 예다.

하지만 여기에 결정적인 문제점이 존재한다. 즉 브뢰클링이 쓴

---

* 디지털 자아에 대한 더 많은 내용은 5장에서 다룬다.

것처럼 "영웅주의는 소수의 프로그램으로 남아야 한다." "영웅주의는 희소성의 상징적 경제의 지배를 받으며, 인플레이션은 가치 상실로 이어진다." 또한 오늘날 우리는 영웅주의가 뜨거운 모래 위에서 붉은 피를 흘려야 한다고 생각하지 않으며 사투를 벌이는 것 말고도 다른 형태의 영웅화가 존재하기 때문에 — 장 자크 루소Jean-Jacques Rousseau가 썼듯이 — "영웅이라는 무리는 필연적으로 몰락할 것이다."**66** 세무 신고에서 해상 구조에 이르기까지 시민 영웅주의에는 연방 청소년 대회Bundesjugendspiele(독일 학교를 대상으로 매년 국가에서 실시하는 스포츠 대회 — 옮긴이)의 오랜 규칙이 적용된다. 즉 너무 많은 선수의 너무 훌륭한 퍼포먼스가 낙원으로 이어지는 것이 아니라 기준을 상승시킨다.* 과거에는 누군가 어떤 사람에게 귀를 기울이면 — 비록 단골 지정석에서 맥주 다섯 잔을 마신 후라도 — 주목 경제의 측면에서 볼 때 성공적이었던 반면, 오늘날에는 팔로워 수가 만 명이 되지 않으면 전부 무시해도 된다고 생각한다. 이는 브뢰클링이 '비대칭적 시선 체제'라고 부르는 것 때문이다. 즉 영웅은 언제나 자신을 올려

• 이에 대한 좋은 예는 (하위)문화 또는 환경에 대한 배타성 혹은 포용성을 수행적으로 소통하는 매개체인 패션이다. 이를테면 스스로 아방가르드라고 표현하는 많은 사람이 거주하는 베를린과 같은 도시에서는(이러한 거주지 선택은 역설적인 자기 서사의 일부인데, 말하자면 집단적 고립이라는 자기 파괴적 예언이다.) 더 이상 독보적인 패션으로 주의를 끄는 사람이 없기 때문에 일부 배경에서는 무채색인 검정색이 더욱 눈에 띈다. 말하자면 소위 '놈코어Normcore' 패션이 더 지배적이다. 다시 말해 궁극의 개인주의와 아이러니의 신호로서 과시적으로 눈에 띄지 않기를 원하는 패션은 개성의 모든 기준에 작별을 고한다.

다보는 청중이 필요하다. 브뢰클링에 따르면 "영화에서 사용되는 영웅 샷Hero Shot은 주인공을 클로즈업하고 아래에서 올려다보는 카메라 앵글이다."[67] 포스트모더니즘의 서사는 19세기의 자유화와 행동하는 주체로의 시민의 지위 상승을 통해 이 딜레마를 해결하려 노력한다. 즉 이 이야기들에서는 '아주 평범한 사람'이 영웅으로 제시되고 신에 가까운 힘과 초인적인 용기를 요구하는 모험을 떠난다. 가이 리치와 같은 현시대의 감독은 아서 왕과 같은 고대 신화까지도 우리가 모두 전설의 검 엑스칼리버를 찾을 수 있다는 메시지로 해석한다. 그는 이렇게 말한다. "이 이야기는 근본적으로 무엇을 다루고 있는가? 모든 인간은 그 자체로 고귀하다. 모두가 자기의 왕이다."[68] 그의 생각에 따르면 궁극적으로 모든 이야기의 주제는 누구나 자신의 자유를 찾고 자신의 운명을 거머쥘 수 있다는 것이다.

자기 서사를 통해 개인은 누구나 자기 삶의 영웅이 될 수 있고 그에 따라 받아 마땅한 것을 얻는다고 믿게 만드는 사회의 문제점에 대해서는 6장에서 다룰 것이다. 그에 앞서 우리는 이 영웅 여정의 수단에 대해 계속 전념하려고 한다. 모든 영웅에게는 여정 중에 나타나는 역경에 맞서 자신을 무장하고 자신의 이야기를 성공적으로 전할 수 있는 무기가 필요하기 때문이다. 도구, 수단, 능력, 특별한 지식 또는 그저 날카로운 칼 등이 그것이다. 실제로 모든 인간과 잠재적 영웅은 이 모든 것보다 훨씬 더 소중한 것을 소유하고 있다. 비용이 전혀 들지도 않고 나아가 풍부하게 존재하는 무기를 말이다.

4

멘토와의 만남

단어·문장·그림 : 이야기의 수단

무기를 주고 친구를 찾아라

"먹다, 걷다 ⋯ 이해할 수 있게 설명해봐요!" 대령은 목록을 보고 당황한 기색을 보인다. 그는 엄청난 압박을 받고 있다. 전 세계는 방금 지구에 착륙한 외계인이 무엇을 찾으러 왔는지 알고 싶어 한다. 물론 가장 중요한 질문은 그것이 평화인가 전쟁인가다. 외계인과의 소통은 전 인류의 생존에 아주 중요한 듯 보인다. 그런데 왜 '먹다'와 같은 진부한 단어에 시간을 끌어야 한단 말인가?

"알았어요." 언어학자는 이렇게 말하고 화이트보드 앞으로 간다.

그녀는 검은색 마커펜으로 다음과 같이 쓴다. "지구에 온 당신들의 목적이 무엇입니까What is your purpose on Earth?"

"당신은 이게 알고 싶은 거죠, 그렇죠?" 그녀가 대령에게 묻는다.

"그게 문제죠." 대령이 인정한다.

"그럼 우리는 먼저 저들이 질문이라는 것을 이해하고 있는지 확인해야 해요."

그녀는 물음표에 동그라미를 치고 무엇What이라는 단어에 화살표를 표시한다.

"이 단어가 정보를 부탁하고 답변을 요구한다는 것을요."라고 그녀가 설명한다.

이제 그녀는 '당신의Your'라는 단어를 강조한다.

"그다음 특정한 Your와 집단적 Your의 차이점을 규명해야 해요. 그러니까 우리가 알려고 하는 것은 특히 이 두 외계인이 지구에 온 이유가 아니라 그들 모두가 왜 지구에 온 것인가라는 거죠. 그리고 '목적Purpose'은 의도에 대한 이해가 필요해요. 우리는 저들이 의식적인 결정을 내리는지 아니면 '왜'라는 질문을 전혀 이해하지 못할 정도로 그들의 동기가 너무 본능적인지를 알아내야 해요. 그리고 가장 중요한 것은 우리가 저들의 대답을 이해할 수 있도록 그들과 공통되는 어휘를 충분히 가지고 있어야 한다는 거예요."

대령이 고개를 끄덕인다. 그는 다른 존재의 머릿속으로 들어가는 지름길은 없다는 것을 알고 있다. "좋아요. 목록에 충실하세요." 그가 설명한다.

외계인과 그들의 언어 선생 격인 한 언어학자가 만나는 SF영화 〈컨택트Arrival〉(2016)에서 언어학자(에이미 애덤스가 연기)가 몇 달에 걸쳐 두 외계인에게 다가가는 장면들이 등장한다. 이 장면들에서 언어학자는 거대한 우주선에서 정기적으로 외계인들과 일종의 공동 언어 수업을 수행한다. 서서히 기호들이 해독되어 의사소통이 가능해진다. 그러나 각국 정부는 점점 인내심이 바닥난다. 언어학자가 마침내 결정적인 질문을 던진다. "지구에 온 당신들의 목적이 무엇입니까?"

외계인은 잉크처럼 번지는 그들 특유의 원형 기호 중 하나로 대답한다. 언어학자는 이를 '무기를 제공하다'라고 번역한다.

정부는 이러한 대답을 선전포고라고 생각한다. 언어학자는 절망에 빠진다. 이러한 대답이 오해일 수도 있다. 즉 무기가 도구를 의미하는 것일 수도 있다. 망치를 무기라고 할 수 없는 것처럼. 그녀는 외계 생명체와 마지막으로 접촉한다. "무기를 제공하다." 그들은 반복해서 말한다. 그리고 덧붙인다. "언어학자는 무기를 소유한다." 그러자 그녀가 이해한다. 무기, 그것은 이제는 그녀도 사용할 수 있게 된 외계인의 언어를 뜻한다.

첫 번째 규칙 : 규칙은 없다

이제 우리는 이 책에서 사용된 몇몇 개념을 어느 정도 정확하게 정의해야 할 필요가 있다. '내러티브Narrative', '이야기Erzählung', '스토리Geschichte'는 정확히 서로 어떤 관련이 있는가? 우리는 이 세 가지 개념과 그 의미가 서로를 기반으로 구축된다고 생각한다. 내러티브가 토대를 형성한다. 그 위에 내러티브의 문화적 표현으로서 이야기가 쌓이고, 다시 그 위에 수많은 다양한 형태를 취할 수 있는 구체적인 스토리가 쌓인다.

간단한 실험을 통해 이러한 중첩을 설명할 수 있다. 아마도 여러분은 아래의 이야기를 즉시 알아차릴 것이다. 아래 요약 내용을 단어 하나하나 읽어보고 계속 추가되는 새로운 정보를 통해 어떤 유명한 작품인지 맞혀보라.

불면증에 시달리는 한 미국인이 새로운 삶의 용기를 찾는다
….

벌써 짐작이 가는가?

… 그는 카리스마를 가진 새 친구와 함께 다른 남자들과 은밀히 싸움을 벌이는 모임을 결성한다. 그 후 이는 전국적인 움직임으로 커진다.

아직 잘 모르겠는가?

남자들은 소외의 원인을 자본주의로 규정하고 테러리즘 행위로 자본주의를 파괴할 계획을 세운다.

이제는 알 것 같은가? 한 문장 더 써 보겠다(주의 : 스포일러!).

결국 남자는 자신과 폭력적인 그의 친구가 동일 인물이라는

사실, 즉 자신의 공격성과 충동을 제2의 인격체로 밀어내는 정신분열증을 앓고 있음을 인식한다.

척 팔라닉의 원작 소설을 데이비드 핀처 감독이 각색한 영화 〈파이트 클럽〉은 불행에서 벗어날 방법을 찾는 한 남자의 스토리다. 자신뿐만 아니라 전 세계를 변화시킬 방법. 이러한 틀이 여러분에게 친숙하게 느껴지는가? 말하자면 '파이트 클럽'은 고전적인 영웅 여정을 이야기한다. 즉 다수의 인물이 포스트모던하게 꼬여 있지만 그 안에 내재한 기본적인 메시지와 더 광범위한 서사적 맥락에는 영향을 주지 않는다.

불과 몇 단어만 읽어도 뚜렷해지는 이 스토리의 요약 내용을 다시 한번 읽어보라.

불면증에 시달리는 한 미국인이 카리스마를 가진 새 친구와 함께 다른 남자들과 은밀히 싸움을 벌이는 모임을 결성한 후 새로운 삶의 용기를 찾는다. 그리고 이는 전국적인 움직임으로 커진다. 이 스토리의 장르, 즉 문체상의 기교에 따른 분류는 액션이 가미된 심리스릴러다. 동기와 이념에 따른 분류로 볼 때는 남자들의 우정 이야기이다. 여기에 한 여자를 둘러싼 주인공과 타일러 더든의 경쟁 구도와 같은 마스터플롯도 존재한다. 하지만 단어 사이에 암묵적으로 삽입된 이 영화의 내러티브에 대해서는 확실히 더 깊이 생각해볼 수 있다. 마치 국어 수업에서 질문하듯이, 작가가 이 이야기를 통해 우리에게 말하려는 것은 무엇인가? 핵심 메시지는 무엇인가? 자유로워지기 위해 소비의 속박에서 벗어나야 한다는 것? 문명화된, 하지만 여전히 억눌리고 억압된 남성성을 폭력을 통해 해방해야 한다는 것? 정신이 아픈 자만이 우리의 병든 시스템을 꿰뚫어 보고 이를 무너뜨릴 수 있다는 것?

아마도 이 모든 것을 전부 이야기하고 있을 것이다. 하지만 무엇보다도 이 영화에서 작동하고 있는 내러티브는 시스템과 자아의 극복이다. 이름 없는 주인공은 먼저 회사원이라는 자신의 존재를 극복하고 그다음에는 우울과 불안, 그를 괴롭히는 자본주의를, 그리고 마지막으로 자신의 적대적 분신을 극복해야 한다. 그러기 위해서는 폭력을 통해 자신의 육체성을 재발견하고 반자본주의 테러를 통해 정치적 자기효능감을 찾아야 한다. 그래야만 그는 진실에 다가가고 새로운 자신, 나아가 새로운 세계를 창조할 수 있다.

스토리Geschichte는 이야기되는 내용을 가리키며, 이야기Erzählung는 이것이 어떻게, 어떤 수단과 동기로 행해지는지를 나타내며, 내러티브Narrativ는 왜 그리고 무엇을 위해 이야기가 전해지는지를 결정한다. 예를 들어 나무 열매를 따 먹은 여자 때문에 낙원에서 추방당한 남녀에 대한 스토리의 경우 이야기는 유혹, 죄책감, 추방에 대한 것이지만 이러한 이야기의 지배적 내러티브는 다음과 같다. 즉 '여성은 위험하다.'•

이러한 식으로 몇몇 다른 이야기들을 더 살펴볼 수 있다. 이를테

• 이러한 내러티브가 우리 문화에 얼마나 깊숙하게 엮여 있는지, 다시 말해 대부분의 이야기가 얼마나 여성 혐오적인지에 대해서는 9장에서 알아볼 것이다.

면 모두가 잘 알고 있는 유명한 동화가 있다. 내러티브 : 숲은 위험하다. 하지만 (남매의) 사랑과 계략이 우리를 구할 수 있다. 이야기 : 부모의 보살핌을 제대로 받지 못하고 세상의 위험에 무방비하게 내맡겨진 가난한 아이들의 가혹하고 고된 삶. 스토리 : 헨젤과 그레텔.

또는 신약성경을 예로 들 수 있다. 스토리 : 목수의 아들에서 한 종파의 지도자가 된 사람이 유대인 체제와 로마의 통치 세력에 맞서다가 결국 그로 인해(그리고 우리의 죄 때문에) 십자가에 못 박힌다. 이야기 : 종교에 기반을 둔 전형적인 메시아. 내러티브 : 이타심, 자비, 지혜를 통한 초월.

물론 이러한 정의는 논쟁의 여지가 있다. 이에 대해서 많은 저자들이 서로 다르게 기술하고 있지만*, 우리는 이 책의 목적을 위해 이

---

* 예를 들어 러시아의 형식주의자 블라디미르 프롭Vladimir Propp과 빅토르 슈클로프스키Viktor Shklowski는 '파불라Fabula'와 '슈젯Syuzhet'을 모든 이야기가 지닌 두 개의 독립적인, 하지만 분리할 수 없는 특성이라고 썼다. 파불라는 실제로 일어난 일, 슈젯은 이야기되는 내용을 일컫는다. 이러한 층위를 감정적으로도 정확히 구분할 수 있다. **원수 집안의 두 젊은 연인은 온갖 역경을 겪으면서도 서로 가까워지려고 노력한다. 그러나 그들의 계획은 실패하고 결국 두 사람은 죽음을 맞이한다.** 빈약한 내용이지만 감동적인 스토리다. 좋은 파불라는 단 몇 마디로도 우리를 감동시킬 수 있다. 그러나 다음과 같이 요약된 이야기는 감정을 덜 유발한다. **『로미오와 줄리엣』은 르네상스 시대 이탈리아의 계층 사회에서 결국 죽음을 맞이하는 불행한 두 연인의 이야기다.** 그리고 이 이야기의 내러티브는? **'사랑은 (거의) 죽음보다 강하다'**라고 말할 수 있다. 여기서 우리가 알 수 있는 것은 내러티브는 그 자체로 볼 때 비극적이거나 극적인 경우가 거의 없는 반면 스토리나 이야기는 그럴 수 있다는 점이다. 그러나 내러티브가 효과적으로 투입될 경우 매우 감정적인 수많은 형식으로 나타날 수 있다.

러한 해석을 사용하고자 한다. 스토리, 이야기, 내러티브, 이 세 가지 층위에 대해 무엇을 더 말할 수 있을까? 이야기는 일반적으로 사건의 시간적 순서를 담고 있지만, 스토리는 사건을 완전히 다른 순서로 재현할 수 있다. 이로부터 완전히 다른 스토리가 생겨날 수 있지만 그렇다고 완전히 다른 이야기가 되지는 않는다. 반면 내러티브는 시대를 넘나들 수 있는 완전히 시간 초월적인 의미 캡슐이다. 이야기와 스토리는 놀라울 만큼 종종 서로 다른 문화에서 서로 다르게 변형되어 전해지며 서로 다른 커뮤니티와 집단에 잠재적 정체성을 제공한다. 그러나 사회적 결속은 이야기 차원이 아니라 호환될 수 있는 내러티브 차원에서 이루어진다. 한 명 이상의 사람이 내러티브를 이해하고 믿으면 곧 그 내러티브는 사회나 국가와 같은 상위 집단에도 — 예를 들면 정치적 움직임을 위해 — 의미를 생성할 수 있다.* 이처럼 서사되

---

* 프랑스 철학자 장 프랑수아 리오타르Jean-François Lyotard가 『포스트모던적 조건: 정보 사회에서의 지식의 위상La condition postmoderne: rapport sur le savoir』(1979)에서 급진적으로 의문을 제기한 이른바 '메타 서사'에서도 내러티브 문제에 봉착한다. 리오타르는 과학적 지식(학문적 지식)과 서사적 지식(이야기와 스토리를 통해 전달되는 지식)을 구분했다. 그는 이러한 메타 서사, 말하자면 근대의 '거대 서사'를 동시에 정당성의 서사로 간주했다. 즉 주체의 해방과 자기결정의 의미에서 정치적-국가적 정당성으로서(임마누엘 칸트Immanuel Kant의 철학과 계몽을 통해 정당화되었듯이), 그리고 독일 관념론의 훌륭한 체계적 초안과 무엇보다 게오르크 빌헬름 프리드리히 헤겔Gerog Wilhelm Friedrich Hegel의 역사목적론에 기인하는 철학적-사변적 정당성으로서. 또한 이러한 정당성의 서사는 합의를 지향하는 민주주의에서 화해에 대한 믿음에서도 찾을 수 있으며, 기술의 숙달과 경제 발전에 대한 희망에서도 발견된다. 리오타르에 따르면 이러한 메타 서사는 포스트모더니즘에서 사라지고 있으며 이질적인 표현 형식이 동시에 공존하는 언어유희에 의해 대체된다. 애국에 관한 내

고 나아가 이상화된 국가는 이를테면 '불굴의' 혹은 '자유를 사랑하는' 국가일 수 있다.

예를 들어 노르웨이인들은 오랜 기간 덴마크의 통치를 받았음에도 자유를 사랑하는 민족으로서 자신들의 역사를 매우 자랑스럽게 여긴다. 이러한 내러티브로부터 전투의 승리와 반체제적 영웅이라는 도식적인 이야기가 전개될 수 있다. 이는 언제나 위기-저항-승리라는 흐름을 따른다. 이러한 도식적인 틀을 사용하여 주인공의 다양한 모험을 이에 맞게 이야기하는 수많은 스토리를 만들 수 있다. 이러한 설득력 있는 서사적 구성은 무수한 지향점을 제공하고 이로 말미암아 동일화의 가능성을 크게 높인다. 그리고 특정 이야기에 많은 사람이 동의할수록 그 안에 삽입된 내러티브가 더욱 견고해진다.

이야기는 어디에나 존재한다. 문예학자 알브레히트 코쇼르케 Albrecht Koschorke에 따르면 '문화적 보편성'으로서 이야기는 '모든 역사적 시대와 민족, 모든 사회 계층, 모든 수준 및 미디어'[1] 전반에 걸쳐 존재한다. 이야기는 이미지와 말 속에 존재하고 우리는 영화관과 극장, 정치와 소셜 미디어에서 이야기를 만난다. 우리는 이야기의 도움을 받아, 그리고 이야기 속 본보기에 따라 이질적이고 복합적인 정체성을 형성한다. 우리가 복잡한 이 세상과 우리 현실을 이야기를 통해 끊임없이 단순화하고 승화하지 않는다면 우리는 삶을 극복할 수 없을 것이다. 문화적 핵심으로서 내러티브는 우리의 공존을 견고하

러티브, 특히 미국과 독일의 내러티브에 대해서는 8장에서 읽을 수 있다.

게 하는 제도가 되었다. 동시에 내러티브는 우리가 생각하는 것보다 훨씬 더 깊숙이 뿌리박혀 있다. 내러티브는 우리가 텔레비전을 켜거나 책을 펼 때 시작되는 것이 아니라 이미 오래전 우리가 그것을 의식하기 전부터 언제나 존재해왔다.

한 단어 스토리

여러분은 '통일'이라는 단어를 들으면 자동으로 무슨 생각이 떠오르는가? 어떤 것이 연상되는가? 브란덴부르크 문과 라이프치히의 국경 지대에 몰려든 군중이 떠오르는가? 지칠 대로 지쳤어도 행복한 정치인들? 독일 국기?

이 한 단어에는 훌륭한 스토리에 필요한 모든 것이 담겨 있다. 즉 모든 것을 촉발하는 방아쇠(독일의 분단), 수많은 도전(냉전), 해피엔딩(1989년 평화혁명). 적대자와 주인공, 멘토는 과거에는 하나였다가 분단된 두 사회의 여정을 함께 한다. 우리 의식은 그야말로 역사와 이야기로 가득 차 있다.

몇몇 단어에는 총체적인 내러티브가 담겨 있기 때문에 '통일'과 같은 하나의 단어만으로도 우리의 서사적 본능이 발동하기에 충분하다. 알브레히트 코쇼르케에 따르면 그러한 용어들은 '마이크로 플롯 Mikroplot', 즉 '두 가지 상태 사이의 동기화된 시퀀스'를 포함하고 있다. 그는 계몽주의, 개인화 또는 세계화와 같은 획기적인 예를 사용하여 이를 설명하고 있다. 이러한 시대적 현상들은 의미 퇴적물이 포개져 있는 고고학 유적지처럼 읽을 수 있다. 그리고 개념에서 끄집어내기를 바라는 특정 내러티브를 포함하고 있거나 반대로 그 자체가 개념으로 포장된 내러티브다.

이야기가 어떤 성질인지를 알아보려면 기본적으로 몇몇 개별 단어에서부터 시작해야 한다. 이 단어들은 영화나 책처럼 처음부터 끝까지 모두 이야기해주는 문화상품보다 우리의 세계관, 사물을 바라보는 우리의 시각에 훨씬 더 미묘하고 심오한 영향을 미친다. 문예학자 빅토르 클렘페러Victor Klemperer는 언어 및 단어 비평에 대한 핵심 저술로 꼽히는 『제3제국의 언어 : 어느 문헌학자의 일기LTI* – Tagebuch eines Philologen』에서 다음과 같이 쓰고 있다. "단어는 극소량의 비소와 같다. 다시 말해 눈에 띄지 않을 만큼 삼키면 아무런 작용을 하지 않는 것 같지만 잠시 후 독성 효과가 나타난다."[2]

벨라루스계 미국인 인지과학자인 리라 보로딧츠키Lera Boroditsky는 언어가 우리 사고를 형성한다는 점, 그리고 이것이 정확히 어떻게 이루어지는지를 집중적으로 연구한다. 예를 들어 독일어에는 세 개의 문법적 성이 있다. 즉 모든 명사에 여성, 남성 또는 중성의 성별이 지정된다. 하지만 명사의 문법적 성은 언어마다 다르다. 독일어에서 '태양(die Sonne)'이라는 단어는 여성이지만 프랑스어(le soleil)와 스페인

---

* LTI는 'Lingua Tertii Imperii'의 약자로 '제3제국의 언어'를 의미한다. 이에 대한 자세한 내용과 파시즘의 일반적 내러티브에 대해서는 7장에서 다룬다.

어(el sol)에서는 모두 남성이다. 또 프랑스어에서 달(la lune)은 여성이지만 독일어(der Mond)에서는 남성이다.

그렇다면 성은 사람들이 단어를 생각하는 방식에 영향을 미칠까? 보로딧츠키에 따르면 실제로 그러하다. 독일 사람과 스페인 사람에게 다리를 묘사해보라고 했을 때 성이 형용사 선택에 영향을 미쳤다. 다리는 스페인어에서는 남성, 독일어에서는 여성이다. 예를 들어 독일어를 사용하는 사람들은 다리를 설명할 때 전형적으로 여성적인 수식어를 사용한다. 이를테면 다리가 '아름답다' 혹은 '우아하다'라고 묘사한다. 반면 스페인어를 사용하는 사람들은 판에 박힌 남성적 단어로 다리를 묘사한다. 이를테면 다리가 '강하다' 또는 '길다'라고 말이다.[3]

또 다른 예는 색상을 지칭하는 이름과 이와 결부된 색상 구별 능력이다. 독일어는 파란색을 나타내는 단어가 하나뿐이지만 러시아어에서는 연한 파란색(Goluboy), 진한 파란색(Siniy)을 구분한다. 이에 따라 러시아 사람들은 평생 이 두 가지 색을 언어적으로 구분하는 경험을 한다.[4] 보로딧츠키는 이렇게 설명한다. "사람들이 이 두 가지 색을 얼마나 잘 구분하는지 테스트해 보면 러시아인이 이러한 언어적 경계를 더 빨리 넘어선다는 것을 알 수 있다. 그들은 연한 파란색과 진한 파란색을 더 빨리 구별할 수 있다. 뇌가 색상을 인지할 때, 이를테면 연한 파란색이 서서히 진한 파란색으로 변할 때 뇌가 어떻게 반응하는지 살펴보자. 연한 파란색과 진한 파란색이라는 두 가지 단어를 사용하는 사람들의 경우 연한 색에서 진한 색으로 변할 때 '오, 뭔가

세상은 이야기로 만들어졌다

완전히 바뀌었어'라고 인지하는 반면, 두 색상을 명확하게 구분하지 않는 영어권 사람들의 뇌는 놀라지 않는다. 근본적인 변화를 인지하지 못하기 때문이다."[5]

언어가 우리 현실에 미치는 영향은 훨씬 광범위하다. 보로딧츠키는 깨진 꽃병을 예로 들어 이를 구체적으로 설명한다. 영어로는 '그가 꽃병을 깨뜨렸다He broke the vase'라고 말한다. 하지만 '꽃병이 깨졌다The vase broke' 혹은 '꽃병이 깨뜨려졌다The vase has been broken'라고 말하는 경우는 드물다(꽃병이 깨지는 실제 원인이 바닥과 중력 때문이기는 하지만). 마찬가지로 독일어에서는 '팔이 부러졌다'라고 말하기보다 '내가 내 팔을 부러뜨렸다'라는 표현으로 말한다. 반면 스페인어에서는 통상적으로 '꽃병이 부서졌다El forero está roto'라고 말한다. 다시 말해 누가 꽃병을 깨뜨렸는지를 밝히지 않고 말한다.

보로딧츠키에 따르면 이러한 언어적 차이는 우리가 사물을 기억하는 방식에도 영향을 미친다. 예를 들어 사고가 발생했을 때 영어를 사용하는 목격자는 사고 유발요인을 기억하는 경향이 있지만, 스페인어를 사용하는 목격자는 그것이 의도되지 않은 사건, 즉 불의의 사고라는 사실을 포착하는 경향이 있다. 이러한 관점에서 볼 때 서로 다른 관찰자는 이미 자신의 언어적 특징으로 말미암아 같은 사건을 다르게 인식하며, 따라서 세부적 내용도 다르게 기억한다. 이는 증인 진술과 법적 결과와 관련하여 대단히 중요한 의미를 지닌다.[6] 보로딧츠키는 다음과 같이 밝힌다. "언어는 우리가 사건을 판단하는 방식을 조종한다."[7]

하나의 단어가 그 단어가 사용되는 사회에 관한 스토리를 이야기할 수 있는 것처럼 이야기를 전달하는 단어의 선택도 우리가 현실을 인식하는 방식에 영향을 미친다. 보로딧츠키가 스탠퍼드 대학교에서 수행한 연구에서 피험자들은 '애디슨Addison'이라는 평온한 가상 도시에 대한 텍스트를 받았다.[8] 피험자의 일부는 도시의 범죄성이 '야수'로 표현된 텍스트를 받아서 읽었고 다른 피험자들은 범죄성이 '바이러스'로 표현된 텍스트를 읽었다. 이미 이러한 작은 변화조차도 범죄를 대하는 피험자의 태도에 — 공화당을 지지하는 피험자들과 민주당을 지지하는 피험자들에게서 사전 조사 결과 확인된 입장 차이보다 — 더 강력한 영향을 미쳤다. '야수'라는 단어를 읽은 피험자들은 범죄를 규제 조치로 대응해야 한다는 의견을 보였지만, '바이러스'라는 단어를 접한 피험자들은 범죄 예방 대책을 지지했다. 그 자체로 보면 논리적인 것처럼 보인다. 즉 야수는 맞서 싸워야 하고 바이러스는 전파를 막아야 한다.* 흥미롭게도 피험자들은 해당 용어가 자신의 태도에 미치는 영향을 전혀 의식하지 못했다. 피험자들에게 전자 혹은 후자의 조치에 찬성하게 만든 근거를 물었을 때 대다수의 피험자는 텍스트에 언급된 범죄 통계를 거론했다. 이는 두 피험자 집단 모두 같았다.

은유와 이로부터 촉발되는 내러티브가 부적절하게 선택될 때 실제로 어떤 일이 일어날 수 있는지는 루돌프 줄리아니Rudolph Giuliani

---

* 이것이 기후 담론과 그 안에서 통용되는 (한 단어)내러티브에 무엇을 의미하는지는 10장에서 자세히 살펴볼 것이다.

전 뉴욕 시장이 사용한 비유에서 쉽게 설명될 수 있다. 루돌프 줄리아니는 2008년 대통령 선거 때 건강보험을 평면 텔레비전이라는 사치품에 비유했다. 이러한 비유에 따르면 건강보험은 기본권이 아니라 자동차나 집, 텔레비전처럼 재력으로 구입할 수 있거나 열심히 일해서 얻을 수 있는 투자였다. 이러한 비유를 든 줄리아니는 누구나 자신이 절실히 원한다면 자기의 행복과 건강을 스스로 만들 수 있다는 기본적인 미국 내러티브를 확실하게 따르고 있었다.

2009년 민주당 버락 오바마 대통령은 국민 모두가 건강보험에 접근할 수 있도록 '환자 보호 및 부담적정보험법Patient Protection and Affordable Care Act'이라는 새로운 연방법을 도입했다. 이 법은 저렴한 가격으로 의료보험을 제공하려는 목적으로 제정되었다. 여기서 치명적인 키워드는 '저렴하다affordable'라는 단어다. 오바마는 이 키워드로 공화당이 사전에 설치해둔 언어 비유 함정에 걸려들었고, 그 결과 건강은 재정적 수단으로 향유할 수 있는 소비재라는 관념을 인정하게 되었다. '나는 여러분이 저렴하게 건강을 유지할 수 있도록 보장할 것이다'는 진술은 구식 내러티브를 인정하는 동시에 '나는 건강이 인권이 되도록 보장할 것이다'라는 말과 반대다. 비록 모두를 위한 건강보험이라는 정치적 결과는 같지만 말이다.

오바마가 의료 서비스를 기본권으로 간주하는 자신의 보편 구제주의 실마리를 강조하기 위해 이 프로젝트의 이름을 예로 들어 '모두를 위한 의료보장법Medical Care for All Act'이라고 지었을 수도 있다. 하지만 그렇게 했다면 상대편에서는 개인의 자유를 침해하는 국가라는 보수적 내러티브를 내세웠을 것이다. 이를테면 또 다른 아주 오래된 내러티브, 즉 다윗과 골리앗의 이야기를 사용하면서 말이다. 정부 기구라는 골리앗이 다수의 다윗에 해당하는 국민에게 원치 않는 고급 텔레비전(은유적 의미)을 사도록 강요한다?

대법원 판사들은 이러한 해석을 옹호하고 이 법이 헌법에 위배된다고 선언했다. 그렇지 않으면 정부가 앞으로 국민으로 하여금 다른 제품을 사도록 강요할 수도 있다는 이유에서였다. 오바마는 이로써 미국 시민들에게 가장 신성한 것, 즉 '생명, 자유 그리고 행복 추구Life, Liberty and the pursuit of Happiness'의 적대자가 되었다. '부담적정보험법 Affordable Care Act'이 이후에 오바마 케어Obamacare로 명칭이 바뀌었을 때 이는 유의미한 법에 두서없는 사형선고를 내리는 것과 같았다. 공화당원들은 오바마 케어를 자유에 대한 공격으로 재해석하는 데 성공했고 자신들이 만들어낸 자유의 적대자라는 이름을 씌웠다. 그 이후 의료 체제가 기능을 다하지 못할 때면 모든 것을 오바마 케어 탓으로 돌렸다.[9]

언어학자이자 버클리 대학교 언어학과와 인지과학과 교수를 지낸 조지 레이코프George Lakoff는 앞에서 언급한 이러한 정치적 프레임의 상징적 예를 언어학자 엘리자베스 웰링과 함께 고찰했다.[10] 그는 1970년대부터 비유적 언어 분야와 정치적 소통에서 은유와 해석 구조의 중요성을 연구해왔다. 무엇보다 그는 우리가 이를테면 물가가 '더 크다' 혹은 '더 무겁다'라고 말하지 않고 '오른다'라고 말하는 이유를 밝혀냈다. 또는 우리가 친절한 사람들을 '마음이 따뜻한' 사람이라고 부르는 이유도 알아냈다. 그들의 심장 온도가 찰스 디킨슨 Charles Dickens의 유명한 크리스마스 이야기에 나오는 구두쇠 영감 에 비니저 스쿠루지보다 더 따뜻하지도 더 차갑지도 않을 텐데 말이다. 레이코프는 우리가 신경학적 차원에서 추상적인 것을 개념화할 때 은 유적으로 이루어진다는 사실을 확인했다. 즉 우리가 생각할 때 물리 적으로 파악할 수 없는 것을 개념화하기 위해 은유를 사용한다는 것 이다. 우리는 어떤 것을 이해하지 못할 때 그것을 우리가 이해하고 있 는 것과 비교하려고 한다. 이에 대해서는 3장에서 살펴보았다. 우리는 패턴을 찾고 유사점을 만들어낸다. 이에 따라 우리는 순전히 추상적 이고 수학적 개념인 물가를 인지적으로 아래에서 위로 올라갈 수 있 는 것으로 감지한다. 숫자는 우리의 생각 속에서 우리가 공간 세계를 통해 알고 있는 것 — 이를테면 물이 추가되면 수위가 높아진다 — 이 된다. 물가 상승이라는 언어 심상은 문화와 관계없이 세계 곳곳에서 찾아볼 수 있다.

마찬가지로 어떤 사람이 사랑스럽고 호의적인지 아닌지에 따라 마음이 따뜻한 사람 혹은 차가운 사람이라고 부르는 이유를 레이코 프의 두 번째 예에서도 확인할 수 있다. 이미 어린 시절부터 우리는 부모의 신체적 따뜻함을 일반적으로 사랑, 애착, 친밀감과 연결한다. 현실에 대한 공감각적 경험을 할 때 뇌는 신체적 따뜻함을 자동으로 보호, 보살핌과 연결한다. 두 가지 감각을 인지할 때 신경학적으로 뇌 의 두 영역에서 이를 처리한다. 왜냐하면 두 감각이 동시에 경험되고 시냅스로 서로 연결되어 있기 때문이다. 이러한 동시적 경험이 빈번할수록 교차 결합이 더욱 강렬해지고 그 결과 우리는 '따뜻한 마음'이라는 새로운 은유적 가설을 형성하게 된다.[11]

이처럼 은유는 우리가 현실을 이해하는 내용을 형성하고 우리가 생각하고 추론하는 방식에 깊은 영향을 미친다. 그런데 이것이 문제를 발생시키기도 한다. 이를테면 '피부색'이라는 단어를 들으면 여러분은 어떤 색이 떠오르는가? 일반적으로 일종의 베이지색이 떠오르지 않는가? 실제로 매일 다른 피부색을 가진 사람들이 태어나는데도 우리는 밝은 피부색을 표준으로 인식한다. 이러한 사실은 많은 것을 말해준다. 전 세계 인구로 평균을 내보면 어두운 피부색이 더 많다. 백인 주류 사회는 흑인에게 '피부색Skin-Colored' 의류, '피부색' 밴드, '피부색' 메이크업 등을 판매하는 것이 얼마나 이상하고 기상천외한 일인지 인지하지 못한다. 아프리카계 미국인으로 로열 발레단 솔리스트로 활동하는 에릭 언더우드Eric Underwood는 자신의 인스타그램 계정에서 큰 규모의 발레 슈즈 제조사에 여러 피부색 톤의 발레 슈즈를 제작해주기를 부탁했다. 그는 무대에 오르기 전에 자기의 피부톤과 비슷한 메이크업 파우더로 '피부색' 슈즈를 덧칠해서 착용해야 했다. 슈즈 색과 자신의 피부색이 같아야 발레를 할 때 다리가 길어 보이는 시각적 효과가 나타나기 때문이었다.

'피부색'이라는 단어를 밝은 베이지색과 동일시하면 완전히 잘못된 현실 묘사를 당연하게 받아들이게 된다. 여기서 '피부색'이라는 단어 자체는 백색을 제외한 모든 것을 이탈로 간주하는 사회적 자기 서사의 표현이다. 이는 레이코프와 보로딧츠키가 연구했듯이 우리의 인지 격차를 보여준다. '피부색'이라는 단어를 사용함으로써 이러한 인지 격차가 다시 재생산 및 강화되며, 사람들을 배제하고 평가 절하한다. 말하자면 이 단어를 사용함으로써 그들이 아예 존재하지 않거나 고려해야 할 대상이 전혀 아니라는 생각이 확고해진다. 이러한 모든 내러티브가 '피부색'이라는 눈에 띄지 않는 단어에 담겨 있다. 언어는 이러한 식으로 차별하는 작용을 할 뿐만 아니라 나아가 파괴적일 수도 있다. 그러나 새로운 현실을 만들어낼 수 있는 창조적인 힘도 가지고 있다.

단어가 지닌 마법

루트비히 비트겐슈타인 Ludwig Wittgenstein은 말도 행동이라는 사실을 인식했다. 결혼한 부부는 혼인 서약을 하고 인생의 중요한 문턱 중 하나를 넘으며 함께 결정적으로 변화한다. 결혼식을 마친 커플은 스스로 '부부'라고 칭할 수 있게 되면서 변함없는 부부관계, 신의, (적어도 사회에서 주장하는) 일부일처제에 대한 실존적 이야기를 들려준다. '피부색'이라는 단어와 마찬가지로 '결혼'이라는 단어도 그 단어를 사용하는 사회에 대한 모든 것을 이야기해준다.

철학자 존 설 John Searle은 다양한 형태의 화법을 연구했다. 말하자면 언어로 무엇을 어떻게 표현하는지 문제뿐만 아니라 언어가 어떤 행위를 하는가도 연구했다. 존 설은 영국 철학자 존 랭쇼 오스틴

John Langshaw Austin의 제자였다. 존 오스틴은 '어떻게 말로 행위하는 가How to do things with words'라는 제목으로 의미심장한 일련의 강의를 했고 이를 통해 언어 행위 개념이 널리 알려졌다.

존 설은 말한 내용의 목적, 화자의 상태, 말한 내용과 실제 세계와의 관계에 따라 언어 행위를 다섯 가지 유형으로 구분했다. 이를테면 표상형Representatives은 화자가 어떤 상태를 묘사하기 위해 주장과 견해를 피력한다.

지시형Direcitves은 화자가 요청이나 명령을 통해 누군가에게 행동을 취하게 한다. 언약형Commissives은 화자가 무언가를 하려는 의도를 설명한다. 이를테면 미래의 행동을 약속하거나 누군가를 협박한다. 표현형Expressives은 화자의 내면세계를 전달하고 감사함이나 경멸 같은 주어진 상황에 대한 화자의 태도를 표현한다. 선언형Declarations은 엄밀히 보면 순전한 마법과 같다.

앞 장에서 언어를 통해 허구가 만들어진다는 내용을 기억하는가? 그것은 혁명적인 행위였다. 즉 재귀, 통사론, 동사 형태, 어휘를 통해 우리는 점토나 돌 없이 전체적인 세계를 만들고 신과 괴물에 생명을 불어넣을 수 있었다. 마찬가지로 우리가 하는 언어 행위의 의도도 더욱 정제되었다. 우리는 우리 생각을 다른 사람들에게 이해시키기 위해 설명하고 입증하고 정보를 제공하고 지시와 약속을 하고 자기 성찰을 위한 어휘를 개발했다.

그러나 언제부터인가 우리는 언어를 사용하여 순전히 서술이나 지시하는 것을 넘어 완전히 새로운 행동을 수행하기 시작했다. 그것은 바로 선언이다. 존 설은 선언형을 '신적 형태의 언어 마법'이라고 불렀다. 선언형은 발화 순간에 상황을 변화시키거나 현실에 대한 특수한 인식을 불러일으키게 한다. 말하자면 선언은 상황을 묘사하기만 하는 것이 아니라 만들어낸다.

선언형은 특정 영역에 전적으로 국한되는 것은 아니지만 특히 정치적, 법규적 발화에서 쉽게 관찰된다. 존 설이 말했듯이 선언형의 마법은 단어가 지닌 실제적 효력에 존재한다. "우리는 말로는 계란 프라이를 만들 수 없지만, 회의를 연기하고 사퇴하고 신랑과 신부를 남편과 아내로 만들 수 있고 전쟁을 선포할 수는 있다."**12** 날계란에 '나는 이 말로 네가 계란 프라이가 되었음을 선언한다'라고 말한다고 해서 날계란이 조리된 상태로 바뀌었다고 주장할 수 없다. 반면 인간의 경우 불과 몇 단어로 실존적 상태를 변화시키는 힘이 작동한다. 이를테면 당신은 무죄다, 당신은 이제 자유다, 당신들은 결혼했다처럼 말이다.

단어가 지닌 건설적인 힘은 특히 허구에서 한 걸음 더 나아간다. 언어 행위는 작가가 이야기를 꾸며냄으로써 허구를 창조하기도 하고 현실을 모방함으로써 진실을 만들어내기도 한다. 존 설은 허구에서 발화 의도를 규명하기 위해 〈뉴욕타임스〉의 신문 기사와 아이리스 머독Iris Murdoch의 소설 『적과 녹The Red and the Green』의 발췌문을 비교한다. 이 두 개의 글은 서로 닮았지만 신문 기사는 현실을 모사한다고 주장하는 반면, 소설은 사실과 일치한다고 주장하지 않는다. 말하자면 소설은 사실이 아닌 발언임을 분명히 인식할 수 있다. 그렇기 때문에 허구는 속이려는 시도나 거짓말이라고 보기 어렵다. 언어는 주장을 통해 가능한 세계를 창조하며, 청자나 구경꾼인 우리는 이러한 세계가 존재하지 않는다는 것을 알고 있다. 그러나 그러한 세계가 창조되는 순간에 창조 행위 자체 — 말하자면 서사 행위 — 를 통해 이야기 안에 그 세계가 존재한다고 주장된다. 그것이 명백한 허구일지라도 먼저 실상을 묘사하고 사건을 서술해야 한다.[13]

이는 이야기를 하는 사람은 일단 먼저 주장한다는 의미다. 화자의 이야기를 듣는 청중은 언어유희라는 틀 안에서 그의 주장이 참일 필요는 없다는 것을 익히 알고 있다. 한정된 시간 동안 화자와 청자는 '마치 …인 것처럼' 함께한다. 그리고 이를 위해 우리가 현실에 대해 말하고 쓰는 방식을 모방한다. 앵글로색슨의 허구 이론에서는 이를 '믿는 척하기Make-Believe'[14]라고 말한다.

이에 따라 허구적 사실은 듣는 사람이나 보는 사람과 함께 만들어지기도 한다. 사람들은 사실처럼 보이는 순간에 암묵적으로 동의한다. 영화관 관객은 영화표를 구매함으로써 일라이저 우드Elijah Wood가 호빗이고 백발의 늙은 남자들이 마법을 쓰고 반지가 눈에 보이지 않게 사라지게 하고 악을 끌어들인다는 계약을 체결하는 것이다. 중요한 것은 가능한 주장을 믿는 것이 아니라 자기의 상상력으로 주어진 내용을 마음대로 사용할 수 있다는 마음의 준비가 되어 있다는 것이다. 말하자면 주장하지 않으면서 주장하는 것이다. 독문학자 베니타 헤르더Benita Herder가 자신의 저서 『이미지와 허구Bild und Fiktion』에서 '검'이라는 단어를 예로 들어 설명하듯이, 집단으로 '믿는 척하기'를 가능하게 만드는 가장 큰 규칙은 우리의 언어다.[15] 우리에게는 특정 글자의 조합이 글자 이상의 것처럼 행위할 수 있다는 암묵적인 사회적 동의가 있다. 이를테면 W, a, f, f, e라는 알파벳 문자로는 검치호랑이나 공격자에 맞서 자신을 지키지 못한다. 하지만 '무기를 제공하다Waffe anbieten'라는 말로 실제 전쟁이 시작되거나 끝날 수 있다. 그리고 이야기가 담긴 이미지로도 충분히 그것이 가능하다.

이미지는 천 명의 영웅보다 더 많은 것을 말해준다

1989년 빌리 브란트 전 서독 총리는 자신의 회고록에 "독일 역사의 심연과 목숨을 잃은 수백만 명의 희생자라는 부담을 안고 나는 언어가 실패할 때 사람들이 하는 일을 했다."[16]라고 썼다. 빌리 브란트가 1970년 12월 7일 바르샤바에서 무릎을 꿇는 모습은 지금까지 사진으로 담긴 유명한 제스처 중 하나다. 빌리 브란트는 제2차 세계대전 이후 처음으로 폴란드를 방문한 서독 정치인이다. 이 모습을 담은 이미지는 말로 표현할 수 없는 것을 기록하고 있다. 바로 범죄와 그에 대한 용서를 구하는 전체 역사를 이야기해준다.

　이 이야기의 내러티브 구성 요소는 무엇일까? 적대자는 빌리 브란트 총리다. 그는 마침내 공개적으로 참회를 시작한 독일을 대표한다. 빌리 브란트의 적대자는 말하지 못함, 수치심, 전후 시기의 집단적 회피다. 이러한 것들을 극복하는 것은 도전이며 간절히 용서를 구하는 것이 유일한 방법이다. 빌리 브란트는 이러한 맥락에 적합하고 모든 영웅(또한 모든 정치인)이 자신에게서 찾아야 하는 한 가지 특성, 즉 겸손 덕분에 자신의 임무를 완수한다. 그는 국빈에서 용서를 구하는 겸손한 사람으로 변신함으로써 자신과 세상을 변화시킨다. 단순하지만 분명한 제스처로 두 나라를, 그리고 희생자와 가해자를 서로 포갠다. 다음의 역사적인 사진은 이 모든 것을 말해준다.

개별 단어가 전체 내러티브를 전달할 수 있는 것처럼 때로는 개별 이미지도 더 큰 변화 과정과 영웅 여정을 말해준다. 이미지는 말그대로 아이콘이 될 수 있으며 내러티브를 설정하고 전파할 수 있다. 보편적으로 이해되는 내러티브까지 말이다.

물론 말과 이미지 사이에는 여러 가지 차이가 존재한다. 아주 간단히 말하자면 이미지는 글자처럼 알파벳도, 고정된 문법도 가지고 있지 않다. 사진이나 영화도 자신만의 언어를 만드는지 혹은 적어도 실제 어휘상의 언어와 비교될 수 있는 유사 언어 규칙을 따르는지는 여기서 너무 멀리 벗어나는 질문이다. 그러나 적어도 이미지가 단어처럼 기호학적 관점에서 기술될 수 있다고 확실하게 말할 수 있다.

이미지를 통해 이야기하는 특징을 가진 특수한 장르가 있다. 바로 만화다. 만화 이론가 스콧 맥클라우드Scott McCloud는 연속적인 이미지가 달성하는 스토리텔링 효과를 탐구하고 이를 역사적으로 — 콜럼버스 이전 중남미 미스텍 문명의 그림 문서와 '바이외 태피스트리Bayeux Tapestry'(1066년 노르만의 잉글랜드 정복 이야기를 담고 있다)에서 막스 에른스트Max Ernst의 이른바 콜라주 소설인 『친절한 한 주Une Semaine de Bonté』에 이르기까지 — 시각적 서사의 전통으로 확립했다.

이 과정에서 맥클라우드는 유명한 만화가 월 아이스너Will Eisner의 고찰을 연결한다. 월 아이스너는 자신의 저서 『만화와 연속 예술Comics & Sequential Art』에서 만화의 이미지 언어와 문법을 체계적으로 기술하려고 시도했다. 물론 맥클라우드 역시 그의 모든 연구를 만화 속에서 보여준다. 그리고 단순하지만 중요한 한 가지 이론적 고찰은 이미지를 이해하기 위해 — 글쓰기와는 달리 — 특별한 교육이 필요하지 않다는 것이다. 물론 혹자는 특정 이미지를 '읽는' 법을 먼저 이해해야 한다고 주장할 수도 있다. 하지만 일반적으로 사전에 언어를 배우지 않아도 대부분 사람은 하나의 이미지를 보고 그 안에 묘사된 내용을 인식할 수 있다. 반면 이미지에 담긴 전체 스토리, 이야기 혹은 내러티브는 종종 맥락에 대한 지식이 있어야 비로소 이해할 수 있다. 말하자면 이미지에 모사된 사람이 누구인지 혹은 어디에서 왜 사진을 찍었는지 등을 알아야 한다. 예를 들어 상처를 입은 알몸의 소녀가 양팔을 쭉 뻗은 채 저 멀리 공포를 자아내는 시커먼 구름을 피해 도망가는 이유를 이해하기 위해 베트남 전쟁이나 네이팜의 작용 원리를 자세히 알 필요는 없다. 우리 눈에는 이미 주인공인 어린 판티킴푹Phan Thi Kim Phúc과 위협적인 적대자로서 검은 연기가 보인다. 즉 문제는 치명적인 위협, 해결책은 도주, 그리고 여기에 담긴 내러티브가 '전쟁은 참혹하다'라는 것을 안다.

이미지가 단순히 역사만 전달하는 것은 아니다. 많은 과학적, 철학적 견해는 이미지가 고유의 독자적인 내러티브, 이야기, 스토리를 생성한다고 가정한다. 또한 이미지는 그것을 보는 사람들에게 말이나 글과는 다른 효과를 전달한다.

스콧 맥클라우드는 나아가 아래 그림과 같이 말한다.[17]

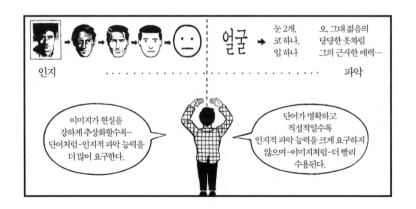

맥클라우드는 이미지가 감각적으로 수용된 정보라고 말한다. 그렇기 때문에 이미지는 시각적 내러티브를 만들고 사람들이나 집단을 적대자로 그리고 '타인' — 적의 이미지 — 으로 만드는 데 특히 효과적이다. 이미지는 미적 신념과 시각적 효과라는 수단으로 슈퍼히어로를 만들 수도 있다.

앞의 사진은 2016년 배턴루지Baton Rouge의 거리 모습이다. 펄럭이는 여름 원피스를 입은 젊은 흑인 여성이 그녀를 향해 돌진하는 두 명의 경찰관 앞에 침착하게 서 있다. 이 경찰관들은 누가 봐도 전혀 위험해 보이지 않는 이 시위 여성을 막 체포하려고 한다. 경찰관은 검정 스톰트루퍼(〈스타워즈〉 시리즈에 등장하는 은하제국 병사 — 옮긴이), 아니면 헬멧을 쓰고 무장한 로보캅처럼 보인다. 반면 시위 여성에게서는 수수한 젊은 여성, 그리스 여신, 얇은 원피스를 입은 연약한 피해자, 무적의 슈퍼히어로의 모습을 동시에 볼 수 있다. 이 사진은 전 세계로 퍼져 나갔다. 이 사진이 이야기하는 스토리는 너무 명확하고 너무 위대해서 공유되지 않을 수가 없다. 저널리스트 테주 콜Teju Cole은 자신의 에세이 「블랙 라이브스 매터 운동의 슈퍼히어로 사진들The Superhero Photographys of the Black Lives Matter Movement」에서 다음과 같이 강조한다.

"물론 인생은 만화와 같지 않다. 사람들은 구타당하고 기소되고 체포되고 감금된다. 정말로 아무도 슈퍼히어로가 아니다. 아무도 하늘을 날거나 총알을 잡을 수 없다. 아이언맨, 원더우먼, 캡틴 아메리카. 그들은 아킬레우스나 아르주나(인도의 서사시 『마하바라타』의 등장인물 ―옮긴이)보다 더 사실적이지 않다. 우리는 이 사실을 알고 있다. 하지만 상상적인 전투 이야기의 역할은 우리가 그 이야기를 해온 수천 년 동안 변하지 않았다. 초자연적 영웅주의의 이미지는 인간의 몸으로 성취하거나 견딜 수 있는 것을 우리에게 숨기지 않는다. 이러한 이미지가 하는 일은 인내, 대담함, 분노, 위엄과 같은 정교한 내면 상태를 일시적으로 드러내는 것이다. 에드워드 크로포드Edward Crawford가 퍼거슨에서 화염을 던지고(비무장 십대 흑인 소년을 사살한 사건에 항의하는 시위대에게 경찰이 최루탄을 발사하자 에드워드 크로포드는 이 최루탄을 집어 들고 경찰에게 다시 던졌다―옮긴이) 아이샤 에반스Ieshia Evans가 배턴루지에서 경찰과 대치한다. 우리는 이 사진들에서 정의의 필요성을 읽는다. 사진 한 장을 통해 영원히 사라지지 않을 짧은 순간 동안 불가능한 일이 일어나고 우리는 용기를 얻는다."[18]

이미지는 어느 시점부터 이러한 서사적 요구를 이행하기 시작할까? 어느 시점부터 시각적 서사에 관해 이야기할 수 있을까? 네덜란드의 언어학자 테오 반 리우웬Theo van Leeuwen과 호주의 기호학자 귄터 크레스Gunther Kress는 공동 저서 『이미지 읽기 : 시각디자인 문법 Reading Images : The Grammar of Visual Design』에서 이미지를 '서사적narrative' 재현과 '개념적conceptual' 재현이라는 두 개의 범주로 나눈다. 그들에 따르면 서사적 재현은 행위를 강조하는 반면 개념적 재현은 정태적이거나 시대 초월적인 본질을 통해 정의될 수 있다. 이미지를 이러한 범주로 구분하기 위해서는 저자가 '교류Transaction'라고 부르는 것 — 변화나 변형, 또는 '전개되는 행동과 사건, 변화 과정', 하나 혹은 그 이상의 '주체'(반드시 인간일 필요는 없음) 사이에서의 '공간적 움직임'[19] — 이 이미지에서 발생하는지의 여부가 중요하다. 주체는 이미지상에서 참여자들이 '어떤 것을 서로 함께' 하고 있음을 전달해주는 '벡터Vector'

를 통해 결합한다. 초점이 맞춰지는 지배적인 주체를 '행위자Actor'라고 하며 행위자의 행동과 관련된 다른 사람이나 객체를 '목표Goal'라고 부른다. "목표는 벡터가 지시되는 참여자, 행위를 수행하게 하는 참여자, 혹은 행위가 겨냥된 참여자이기도 하다."[20]

물론 크레스와 반 리우웬은 우리가 영웅 여정에서 사용했던 것과 다른 어휘를 사용하지만 근본적으로 이것은 영웅 서사의 기본적인 요소다. 말하자면 이미지에는 행위자, 즉 특정한 방향을 향하여 어떤 것을 할 의도를 지닌 주인공과 그에 따른 벡터가 존재한다. 때때로 다른 행위자도 존재하는데, 이 행위자는 적대자로서 주인공이 변화와 '목표'—이미지에서는 다른 사람이나 객체—를 달성하는 것을 방해하거나 도우려고 한다. 이러한 인지 체계를 뉴스와 같은 일상 이미지에도 적용하여 일상에서 주인공과 적대자뿐만 아니라 벡터와 목표가 어느 정도로 발견될 수 있는지 점검해보는 것은 가치가 있다.

2장에서 저널리즘이나 정치와 같은 비허구적 포맷에서도 스토리가 발견될 수 있다고 주장했던 걸 기억하는가? 지금 이 지점에서 이와 같은 주장이 얼마만큼 이미지에도 적용되는지 궁금증이 생긴다. 기사의 삽화가 지닌 서사적 효력은 매우 강력하기에 이야기를 빠르고 효과적으로 전달하는 데 관심이 있는 기자라면 당연히 삽화를 사용하지 않을 리가 없다. 또는 트위터를 예로 들어보자. 트위터에서는 무엇보다 짧은 텍스트 위주의 사회적 교류가 지배적이지만 요즘에는 이미지 없는 트위터를 전혀 상상하기가 어렵다. 반대로 생각하면 트위터가 글을 확대 재생산하는 장치라는 바로 이러한 이유로 텍스트에 관심을 불러일으키고 이를 널리 전파하기 위해 이미지가 추가로 필요하다. 이미지는 보는 이로 하여금 기대감을 일깨우고 긴장감을 생성하기 위해 감정을 빠르고 효율적으로 유발하는 간단한 방법이다. 이미지를 사용하면 메시지의 흐름 속에서 순식간에 주제를 알 수 있다. 이처럼 이미지의 시각적 효과는 마치 어두운 복도에서 빛나는 네온사인 글자와 같다. 사람들은 일일 타임라인, 말하자면 미디어 대중의 '의식의 흐름'을 빠르게 스크롤하면서 이미지에 시선을 고정하며, 웃고 있는 저자의 얼굴이나 위협적인 말벌 혹은 군중 속에서 경찰에 둘러싸인 한 사람에게 무슨 사연이 숨겨져 있는지 클릭해서 알고 싶을 만큼 충분히 궁금증이 생긴다.

그런데 특히 사회 정치적 주제는 사진으로 직접 표현할 수 없기에 편집부에서는 상징적인 이미지로 추상성을 포착하는 법을 능숙하게 알고 있다. 일반적으로 그다지 의미심장하지 않고 어떤 사태에 시각적 서사를 추가하기 위해 삽입된 이미지가 때에 따라서는 텍스트에 기술된 현실을 뉴스 가치로 드러낼 수 있다. 독일 뉴스통신사 DPA 사진편집부 책임자인 미하엘 카펠러Michael Kappeler는 '통합을 위한 미디어 서비스Mediendienst Integration'에 다음과 같이 말했다. 즉 상징적인 이미지는 '추상적인 주제를 시각적으로 명료하게 나타내는' 기능이 있으며 사람들은 '텍스트를 읽지 않고서도 주제를 인식할 수 있도록 삽화가 단순해지기를'[21] 바란다는 것이다.

우리는 상징적 이미지를 통해 일깨워지는 그러한 서사를 무슬림, 유대인, 극우주의의 세 가지 이미지를 예로 들어 보여주고자 한다. 이

주Migration 주제를 이야기할 때 이제는 누구나 알고 있는 확실한 이미지가 있다. 즉 무슬림 두건을 쓰고 있는 뒤통수다. '상징적 이미지 부문 최우수 여주인공' 상이 있다면 브란덴부르크 문을 배경으로 두건을 쓴 뒷모습이 보이는 위 사진의 여성에게 수여되어야 할 것이다.

일반적으로 통합, 이주 및 이민을 다루는 기사에서 두건을 착용한 여성의 이미지는 무슬림 배경을 가진 시민, 말하자면 주로 아랍어를 사용하는 지역과 터키 출신의 시민만을 떠올리게 한다. 사실 독일 이민자들의 주요 출신 국가로는 터키, 시리아와 더불어 폴란드와 이탈리아, 그리스도 있다. 그러나 시각적으로 일깨워지는 연상은 외국인은 언제나 무슬림이고, 반대로 무슬림은 자동적으로 외국인이라는 것이다.

이러한 내러티브는 새로운 것이 아니며 현재의 정치적 발전과 전혀 관련이 없다. 이미 2008년에 언어학자이자 매체학자인 자비네 쉬퍼Sabine Schiffer는 청소년 및 교육 텔레비전을 위한 국제 중심기관에서 편찬하는 〈텔레비지온TelevIZIon〉이라는 잡지에서 이러한 단조로운 상징적 이미지를 선택하는 현상을 비판했다. "이주 논쟁은 예나 지금이나 두건을 쓴 여성의 이미지로 '장식'된다. 이는 두건을 착용한 여성들을 전형적인 이방인으로 표시하는 것이다. 수많은 방송 채널의 주요 뉴스에서 또는 예를 들어 이민자 수의 전개 상황을 보여주는 통계 곡선을 설명하는 삽화에서 두건은 무슬림 여성 집단을 전형적으로 이방인으로 지시하는 수단으로 선호된다."[22]

독일 연방 이민 및 난민청Bundesamt für Migration und Flüchtlinge에 따르면 독일에는 5백만 명이 넘는 무슬림이 살고 있으며, 이는 전체 인구의 6퍼센트 이상을 차지한다.[23] 그러나 대다수 독일 국민은 무슬림의 수가 이보다 훨씬 더 많다고 추정한다. 시장조사 및 여론조사 기관인 입소스Ipsos는 '인식의 위험성'(2019) 연구에서 응답자들이 독일인의 21퍼센트가 무슬림이라고 생각하고 있다고 밝혔다.[24] 이는 이른바 배양 이론Cultivation Theory의 교과서적 사례다. 커뮤니케이션학에서 배양 이론 모델은 뉴스 이미지가 실제 수량을 평가할 때 왜곡 효과로 이어진다고 가정한다. 1980년대에 커뮤니케이션학 학자인 조지 거브너George Gerbner는 텔레비전 시청자들에게 범죄 통계를 추정해 보라고 요청했는데, 그 결과 응답자가 시청한 뉴스 시간(분)과 전체 인구 중 범죄자와 경찰관이 얼마나 많은지에 대한 잘못된 추산 사이에 상관관계가 있음을 확인했다. 아주 간단하게 말하자면 뉴스를 보는 시간이 길수록 범죄자의 수를 더 틀리게 추정했다.

이미지는 우리가 어떤 사태나 실상을 판단하는 데 영향을 미치며, 우리는 같은 이미지에 반복적으로 노출될 때 그 이미지를 규범으로 받아들인다. 두건을 두른 여성 이미지는 이주나 통합 논쟁을 설명할 때 보편적으로 사용될 뿐만 아니라 이슬람과 독일에 살고 있는 무슬림에 대한 글을 쓸 때도 증거처럼 사용된다. 독일에 거주하는 무슬림 여성의 70퍼센트가 두건을 착용하지 않는다는 사실은 이러한 이미지 뒤에서 사라진다. 그렇다면 이러한 편파성은 어디로 이어질까? 베텔스만 재단Bertelsmann Stiftung의 여론 조사에 따르면 독일인의 절반이 이슬람을 위협적이라고 느낀다.[25] 특정 이미지가 과잉 노출됨으로써 독일의 문화적 동질성이 두건을 쓴 여성들로 인해 도전받는다는 내러티브가 생겨났다.

덧붙여 말하자면 유대교나 반유대주의를 다루는 뉴스나 기사에서는 종교적 소수자를 묘사하는 편파적인 성(性) 표현이 완전히 반대 방향으로 전개된다. 여기에도 얼굴이 보이지 않는 사람, 유대 모자를 착용한 뒤통수가 화려하게 등장한다. 그런데 전형적으로 키파Kippah를 쓴 남성 모습만 보인다. 놀라운 사실은 독일에 살고 있는 유대인 중 절반이 여성이라는 것이다. 그리고 유대인 여성도 유대인 남성과 똑같이 반유대주의 폭력의 피해자다. 그러나 유대인 여성이 두드러지게 강조되어 연출되지 않기 때문에 기사에 등장하는 경우는 드물다.

무슬림과 유대인에게서는 상징적 이미지를 사용하여 그들 문화와 종교의 작은 일부분을 일반화하고 이를 다시 이주 주제와 혼합하는 반면, 상징적 이미지를 사용하는 보도가 그 자체로 위험할 수 있음을 명확히 보여주는 세 번째 예가 있다. 바로 극우주의다. 극우주의에서도 얼굴이 보이지 않는 뒷모습이 열심히 작동하는데 이를 대표하는 이미지는 군화다. 이것이 위험한 이유는 극우주의자와 네오나치 Neo-Nazis가 그들의 옷차림으로 쉽게 식별될 수 있다고 넌지시 암시하기 때문이다. 그러나 현재 독일에는 법원 판결에 따라 극우주의라고 부르는 것이 허용된 정당이 존재하는데 그들 중 누구도 연방의회에서 군화를 신지는 않는다.

현재 소셜 플랫폼Social Platform에서는 고유의 언어적, 시각적 문화가 형성되고 있다. 이러한 문화는 지속적이고 거대한 변화를 거치고 있는 동시에 서사적 반복으로 인해 내재화되어 마치 개인적, 집단적 상징 이미지의 새로운 형태처럼 기능하는 고정관념 이미지를 생성한다. 특히 인스타그램에는 기본적으로 상투적인 이미지가 주를 이룬다. 이를테면 에펠탑 앞에서 포즈를 취하거나 거울 앞에서 자기 얼굴을 찍거나 완벽한 음식 사진을 찍는다. 이처럼 이미지 모티브를 이상적으로 재생산하는 현상과 이와 결합한 내러티브는 사용자가 손쉽게 내용물을 게시할 수 있는 인스타그램이나 트위터, 틱톡, 페이스북, 유튜브와 같은 대형 플랫폼에서만 찾을 수 있는 것은 아니다. 이는 (특히 전염병 유행 시기에) 영상통화나 화상회의와 같은 카메라 기반 상호 작용을 포함한 모든 시각적 의사소통에 침투해 있다. 또한 우리가 하는 일상적인 의사소통에는 시각적인 대화 프로토콜Dialogue-Protocol이 있는데, 이는 이모티콘Emoji이나 지아이에프 GIF 또는 밈 Meme을 통해 특정 맥락과 생각을 더 이상 끝까지 상세히 설명할 필요가 없게 만든다. 그저 넌지시 암시만 해도 충분하다. 우리의 일상적인 의사소통은 모두가 해독할 수 있는 시각적 서사와 서사적 코드로 가득 차 있다. 존 설의 선언형 발화 행위인 주장과 공동 차원의 '믿는 척하기'를 떠올려 보라. 짧은 순간 이루어지는 촬영인 셀피Selfie는 철학자 볼프강 울리히Wolfgang Ullrich가 '구두 형식의 이미지 문화'라고 기술한 포괄적 의사소통 과정의 일부다.[26] 우리는 셀피를 찍을 때 우리의 의사를 전달하기 위해 마치 이모티콘과 같은 표정을 짓는다.

이로써 볼프강 울리히가 설명한 것처럼 구두 형식의 의사소통과 유사해진다. 즉 우리는 셀피를 말한다. 이모티콘을 사용할 때조차 우리는 발화 행위의 의미에서 주장하고 있다. 말하자면 우리는 그 순간에 이러한 웃는 얼굴이 우리 자신인 것처럼 행동한다. 우리의 소통적 자기 서사는 우리 자신의 이미지 관념으로 단순화되고 나아가 우리 자아의 관념이 된다. 말하자면 우리가 자기에 관한 이야기를 전하는 수단으로 소셜 미디어를 주로 사용할 경우 셀피는 매우 개인적인 우리 자신의 상징적 이미지라고 볼 수 있다. 이처럼 디지털 세계에서도 이야기하는 원숭이에게는 많은 것이 단순화되는 동시에 복잡해진다.

5

첫 번째 문턱을 넘다

인터넷은 우리의 서사를 어떻게 변화시키는가

저커버그의 신화

모든 것은 말싸움에서 시작된다. 한 젊은 커플이 대학가 술집 테이블에 앉아 있다. 남자와 여자는 좋게 끝날 것 같지 않은 말싸움을 티격태격하고 있다.

왜냐하면 남자에게 강한 욕망이 있기 때문이다. 즉 그는 특별하기를 원한다. 그는 똑똑할 뿐만 아니라 미국 대학입학자격시험인 SAT(Scholastic Assessment Test)에서 1,600점 만점을 받아 1등을 했다. 단하나의 실수도 없는 놀라운 성적이었다. 아니, 그는 프리무스 인터 파레스Primus inter Pares, 즉 동등한 사람 중 첫째가 되기를 원하고 뛰어난 재능을 가진 사람 중 가장 존경받는 사람이 되고 싶다. 그의 다음 목표는 폐쇄적인 대학 사교클럽에 들어가고 그의 여자 친구에게도 이 머나먼 부와 힘의 세계로 들어가는 문을 열어주어 그녀가 '평소에는 못 만나볼'[1] 사람을 만날 수 있게 해주는 것이었다.

그러나 여자 친구는 그의 야망에 기뻐하기는커녕 극도의 모욕감을 느낀다. 그녀는 그의 무시하는 발언에 다음과 같은 날카로운 말로 받아친다. "넌 분명 컴퓨터 분야에서 크게 성공하겠지. 하지만 네가 컴퓨터에 미친 괴짜라서 여자들이 널 좋아하지 않는다고 평생 생각하면서 살아가게 될 거야. 그런데 진심으로 이게 사실이 아니라는 걸 네가 알았으면 좋겠어. 여자들이 널 좋아하지 않는 이유는 바로 네가 재수 없는 놈이라서야."[2] 그리고 그녀는 자리에서 일어나 그를 떠난다.

젊은 프로그래머의 영웅 여정은 그를 정신 차리게 만든 방어쇠, 즉 여자 친구에게서 차인 것에서 시작된다. 이제부터 그의 큰 목표는 '대학'이라는 소우주의 소셜 네트워크를 해킹하는 것이다. 기존 규칙에 따라 최고인데도 서열 순위에서 밀린다면 어떻게 해야 눈에 띌 수 있을까? 그가 내린 대답은 규칙을 변경하는 것이다. 자신이 이 차가운 세계의 꼭대기에 오르기 위해서는 세상을 뒤집어야 한다. 그는 지금까지 존재하지 않았던 것, 즉 디지털 소셜 네트워크를 만들어서 세상을 뒤집는다.

전 여자 친구와 마지막 맥주를 마신 지 불과 몇 달 만에 그는 캠퍼스에서 영향력이 가장 큰 남자가 되었고, 몇 년 후에는 세계에서 가장 부유한 남자 중 하나가 되었다. 그가 하는 모든 일은 자신이 옳았음을 전 여자 친구에게 증명하기 위함이다. 그녀가 결코 자신을 떠나지 말았어야 했다는 것을. 그도 그럴 것이, 그는 자신의 첫 명함에 '내가 최고경영자다, 이년아I'm CEO, bitch'라고 적고 보란 듯이 이를 세상에 알린다. 그의 이름은 바로 마크 저커버그다.

말하자면 디지털 시대에 가장 중요하다고 볼 수 있는 기업의 신화는 실의에 빠져 여자 친구를 다시 붙잡고 싶어 하는 한 청년의 신화다. 2010년 데이비드 핀처 감독이 〈소셜 네트워크〉로 영화화한 아론 소킨의 각본은 최소한 이러한 이야기를 전한다.• 당시 페이스북은 전 세계적으로 4억 1,100만 명의 사용자를 거느리면서 첫 성공의 정점에 올랐다. 이 영화는 지금은 기업 가치가 약 8천억 달러에 달하고 5만 명의 사람들이 일하고 있는 페이스북의 초창기 이야기를 들려준다. 그런데 소킨과 핀처는 주인공에게 아주 개인적인 미션을 부여한다. 즉 주인공은 전 여자 친구에게 이를 제대로 보여주고 싶어 한다. 영화 속 저커버그는 실추된 명예 회복과 전 여자 친구의 마음을 다시 얻고 싶은 마음이 유별나게 혼합되어 있다. 우리는 모두 그 느낌이 어떤 것인지 알고 있으며, 흥미진진한 수많은 이야기에서 복수 마스터 플롯을 인식한다. 말하자면 좋은 영화를 위한 완벽한 서막이다. 하지만 영화는 사실이 아니다.

우리가 알고 있는 사실에 따르면 마크 저커버그는 여자 친구에게 감명을 주려고 페이스북을 만든 것이 아니다. 아마도 그는 우리 모두처럼 소속감을 느끼기를 원했을 것이다. 물론 이러한 심오한 동기도 입증된 것은 아니다. 그가 페이스북을 설립하고 세상을 변화시킨 이

• 5분 동안 컷 없이 이어지는 대화를 보여주는 오프닝 장면은 영화 역사상 최고의 오프닝 장면 중 하나로 꼽힌다. 이 초반의 쇼다운Showdown에 전체 이야기가 녹아 있다. 말하자면 천재적이지만 사회성 면에서는 무능한 괴짜가 — 사회의 이방인으로 계속 남는다는 바로 그 이유로 — 사회를 변화시키는 내러티브다.

유는 아마도 훨씬 더 평범할 것이다. 평범하고 단순한 이유로부터 큰 파문을 가져오는 아주 중요한 일들이 시작되었다.

저커버그는 스티브 잡스나 빌 게이츠, 일론 머스크 등의 다른 디지털 혁명가들과 같은 기업가 정신을 지니고 있었다. 천재는 진정한 공상가일까 아니면 그저 멋있어 보이기를 원하는 하찮은 괴짜일까? 그들의 아주 개인적인 영웅 여정의 성격이 무엇이든 간에 그들은 쉽게 잊히지 않는 사람으로 성공했다. 그 이유는 우리가 이야기를 전할 때 사용하는 수단을 그들이 완전히 바꿨기 때문이다. 그리고 우리를 변화시켰기 때문이다.

터보Turbo 서사 기술의 승리

인간의 매체 역사에서 첫 수십만 년이라는 아주 긴 시간 동안에는 거의 아무 일이 일어나지 않았다. 서사적 관점에서 볼 때 매체는 유목민의 구술 문화에서 시작되었으며, 동굴 벽화와 최초의 판화가 이 뒤를 이어서 나타났다. 고대의 최초 문자문화는 중세 시대 성직자들의 문서 독점으로 이어졌고, 마침내 1440년 마인츠에서 요하네스 구텐베르그Johannes Gutenberg가 인쇄술을 발명함으로써 매체가 기하급수적으로 발전하기 시작했다. 그 이후로 거의 6백 년 동안 우리의 (매체) 세계는 과거 6만 년과는 완전히 다른 방식으로 변했다. 그리고 인터넷 발명 후 30년 동안 우리가 매체를 다루는 방식은 대중매체가 승승장

구하며 발전했던 100년에 비해 또다시 급격하게 변했다. 만약 여러분이 구텐베르크 시대의 사람들처럼 죽은 나무(종이)로 만들어진 책을 읽고 있다면 이렇게 물을지도 모른다. "무슨 말이죠? 어디에 변화가 있다는 건가요?"

빨리 여러분의 스마트폰을 들고(지금 여러분의 손에 없다면 분명 멀지 않은 곳에 있을 것이다) '구텐베르크'를 검색해보라. 그리고 '프로젝트 구텐베르크Project Gutenberg'로 연결되는 링크를 클릭해보라. 이는 인류의 거의 모든 지식을 무수한 사람들이 자발적으로 수집하고 편찬한 위키피디아라는 무료 백과사전 사이트 중 하나다. '프로젝트 구텐베르크'는 누구나 공유할 수 있는 책을 수집하며, 현재 6만 권 이상의 책이 자발적 참여를 통해 디지털화되고 수정되어 읽히고 있다.• 이곳에서는 문학 작품 외에도 완전 해독된 인간 유전체도 찾을 수 있다. 여기가 지루하다면 넷플릭스나 아마존과 같은 많은 대형 스트리밍 서비스 중 하나를 골라서 피자 한 판 가격을 지불하고 매일 새롭게 공개되는 콘텐츠를 포함하여 무한히 제공되는 최근 혹은 예전의 영화와 시리즈를 소비할 수 있다. 또한 독일에는 공영 방송사와 민영 방송사에서 제공하는 풍부한 미디어 라이브러리도 있다. 우리는 이러한 스토리의 폭발 현상을 구체적으로 보여줄 수 있는 숫자를 오랫동안 찾

• 2021년 여름 이 프로젝트의 미국 사이트는 저작권 소송으로 인해 안타깝게도 독일 사용자에게 제공되지 않았다. 독일에서 접근할 수 있는 독일어 버전 프로젝트는 1만 권 이상을 포함하고 있다.

았지만 포기할 수밖에 없었다. 하지만 한 가지 확실한 사실은 언제든 지 클릭 한 번으로 불러올 수 있는 이야기는 상상할 수 없을 정도로 아주 많다는 것이다. 그래서 이전 시대의 사람들이라면 누구에게나 이러한 과잉이 이야기의 낙원처럼 느껴질 것이다. 완전히 마법처럼 말이다.[3]

앞서 언급한 위키피디아 예는 매체 지형의 양적 변화뿐만 아니라 질적 변화도 보여준다. 질적 변화는 다량의 서사와 손쉬운 접근에 비해 파급력이 훨씬 더 크다. 즉 상호소통과 연결을 가능하게 해준다. 우리는 이러한 변화를 보다 자세히 살펴보기 전에 먼저 놀이에 대해 조금 알아볼까 한다.

놀이는 아마도 인간이라는 종만큼 오래되었을 것이다. 놀이는 우리가 목적에 구애받지 않고 자유분방하게 시험해보고 독창적인 방식으로 새로운 경험을 하며 개인의 한계를 테스트해볼 수 있게 해준다. 프리드리히 실러Friedrich Schiller 이후에 철학자 헤르베르트 마르쿠제Herbert Marcuse나 문화역사학자 요한 후이징가Johan Huiginga와 같은 후기 사상가들도 호모 루덴스Homo Ludens, 즉 유희하는 인간의 개념을 언급했다. 우리는 놀이를 통해 마치 장갑을 껴보듯 이야기와 정체성을 시험해볼 수 있다. 비디오 게임이 복합적인 평행 세계를 만드는 오늘날처럼 놀이의 영향력이 강력했던 적은 없다. 그렇다면 정확히 무엇이 우리를 놀이에 그토록 중독되게 할까?

미국의 철학과 교수인 티 응우옌C. Thi Nguyen은 좋은 컴퓨터 게임이 적절하게 제공하는 무수한 작은 문제들을 우리가 해결할 때 느끼는 '애씀의 아름다움'에 대해 말한다. 게임 세계가 점점 복합적으로 발전한 지난 수십 년 동안 응우옌이 말한 '행위 능력의 예술The Art of Agency'과 같은 것이 생겨났다. 이것은 말하자면 수동적으로 수용하는 소비가 아니라 자신의 행위 능력('Agency'라는 단어의 가장 좋은 번역이 아닐까 한다)의 범위와 자질에 대한 예술 형식이다. 또는 자기 수용의 공감에 대한 예술 형식이라고도 정의할 수 있을 것이다. 그러나 대부분의 게임은 까다로운 도전을 넘어서 그러한 도전에 프레임과 서사적 의미를 부여하는 내러티브가 필요하다. 쉴 새 없이 떨어지는 블록을 정렬해야 하는 테트리스와 같은 고전적인 몇 가지 캐주얼 게임(간단한 조작으로 짧은 시간 동안 즐길 수 있는 게임—옮긴이)을 제외하고는 가장 초기의 가장 단순한 컴퓨터 게임에서도 그 속의 우주를 향해 가는 동안 적어도 하나의 명제를 우리에게 제공한다. 스페이스 인베이더 게임은 이름에서 이미 내러티브를 알 수 있다. 즉 외계의 침략자로부터 지구를 보호해야 한다는 내러티브다. 배가 고픈 팩맨은 유령에게 쫓긴다. 그리고 슈퍼마리오는 구원 마스터플롯에 따라 여자 친구를 고릴라 동키콩에게서 구해야 한다.

오늘날 대규모 다중 사용자 온라인 롤플레잉 게임(Massively Multiplayer Online Role-Playing Game, MMORPG)의 게임 디자이너는 수천 명의 플레이어가 동시에 접속하여 게임을 할 수 있는 무한히 큰 세계를 만든다. 각 게임의 미션과 내러티브는 복합적이며, 이는 게임의 구조적 조직화에 중요한 요소다. 하지만 대부분의 재미는 '역할' 놀이를 한다는 것에 있다. 이 과정에서 플레이어들의 집단이 형성되고 그들만의 스토리 라인이 생겨난다. 왜냐하면 게임과 관계없이 모든 참가자가 가상 인물이 되어 게임 현실에서 주어진 캐릭터를 맡을 뿐만 아니라 모두가 자신의 역할에 따라 행동하고 게임 세계에 맞춰 스토리텔링을 하며 가능한 한 게임 밖 현실과 관련이 있거나 몰입, 즉 시뮬레이션과 완전히 일체가 되는 것을 깰 수 있는 언급이나 주제를 피하는 것 또한 게임 허구의 규칙이기 때문이다. 이러한 언어 놀이와 행동 강령을 지키지 않는 사람은 일시적으로 차단되거나 영구적으로 추방될 수 있다. 수많은 참가자 사이의 상세한 상호작용과 며칠에서 몇 주에 걸쳐 펼쳐질 수 있는 스토리의 흐름은 주목할 만하다.

그러나 이러한 롤플레잉 게임은 게임 플레이어만 참석히는 것이 아니라 이른바 '게임 플레이 영상' 덕분에 그리고 '트위치Twitch'와 같은 플랫폼을 통해 시청자도 라이브나 녹화 형태로 수동적으로 체험할 수 있다. 수 시간 동안 계속되는 비디오에는 한편으로는 플레이어들끼리 어떻게 상호작용하고 소통하는지, 다른 한편으로는 플레이어가 시청자를 위해 계속해서 게임에 관한 코멘트를 하는 모습이 담겨있다. 우리는 게임 그 자체보다 이러한 서사 작업과 이를 통해 생겨나는 몰입에 훨씬 더 집중한다.

예를 들어 롤플레잉 게임 그랜드 테프트 오토 V를 유튜브 비디오를 통해 시청할 수 있다. 2019년 유튜버 사라차Sarazar가 게시한 게임 플레이 편집 영상을 통해 '악당 대 경찰'이라는 게임 시나리오에서 플레이어가 어떤 서사적 가능성을 펼치는지 실감 나게 체험할 수 있다. 게임에서 경찰관들이 훈련받고 무선으로 차량 번호판이 통제되며 가상 컴퓨터에서 근무 일정이 생성된다. 플레이어는 오토바이를 구매하고 범죄자를 뒤쫓으며 경찰의 성폭행에 항의하는 인질범과 협상을 벌인다. 이 게임을 잘 모르는 사람이라면 플레이어가 자신을 어떻게 조직하는지, 중장기에 걸친 게임 서사가 게임 밖에서도 협의가 되는지를 처음에는 파악하기가 어렵다. 무엇보다 수 시간 동안 계속되는 스트리밍을 짧게 편집한 영상에는 영화적 요소가 담겨 있으며 모든 등장인물마다 일련의 스토리텔링을 연상하게 만든다. 그러나 영화와 시리즈라는 범주만으로는 이러한 다각적이고 집합적인 서사를 제대로 평가하지 못할 것이다. 게임을 하는 이야기꾼에게는 무슨 일이 벌어지고 있는가?

『현실이 망가졌다 : 게임은 왜 우리를 더 낫게 만들며 어떻게 세상을 바꾸는가Reality is Broken : Why Games Make Us Better and How They Can Change the World』(한국어 출간 제목 『누구나 게임을 한다』)의 저자인 제인 맥고니걸Jane McGonigal은 실제로 게임이 우리를 더 낫게 만들고 세상을 바꿀 수 있다고 믿는다. 그녀는 전 세계 플레이어가 네트워크상에서 기후 위기와 석유 부족의 해결책을 찾는 훈련을 할 수 있는 게임 시뮬레이션을 개발했다. 게임에서 발견한 해결책을 현실에서도 구현할 수 있다는 이상적인 생각에서였다. 맥고니걸은 게임을 하는 사람의 기본 체질에 대해 주목할 만한 언급을 한다. 즉 그녀는 플레이어가 '즉시적 낙관주의Urgent Optimism'와 같은 것을 발전시킨다고 생각한다. 즉시적 낙관주의는 플레이어가 게임 여정을 시작할 때 자신에게 주어진 과제를 해결하고 모든 장애물을 극복하려는 내적 욕망과 결단력을 추진시킨다. 플레이어는 자신에게 주어진 시간에 가능한 모든 것을 할 수 있을 것처럼 생각하고 도전을 미루려고 하지 않는다. 그리고 놀라울 정도로 자기 동기부여 능력이 생겨난다. 그 이유는 무엇보다 자신이 게임 목표를 실제로 달성할 수 있다고 강하게 믿기 때문이다. 맥고니걸은 이러한 태도를 "단 하나의 결과로 이어지는 네 가지 슈퍼 파워"라고 부른다. "플레이어는 초 강대한 힘을 가지고 있으며 희망에 가득 찬 개인이다. 그들은 자신이 단독으로 세상을 바꿀 수 있다고 믿는 사람들이다."[4] 이는 고전적인 영웅주의인데, 유일한 문제는 많은 플레이어가 가상 세계는 바꿀 수 있지만 현실 세계는 바꿀 수 없다고 생각한다는 것이다.[5]

그래서 게임은 참가자가 영웅으로서 얼마나 잘 해내고 있는지 즉각적인 피드백을 제공하여 수행적 자기효능감을 증폭시킨다. 그리고 이 점이 우리를 소셜 미디어로 이끈다. SF 드라마 〈블랙 미러〉의 제작자 찰리 브루커Charlie Brooker는 2013년에 〈비디오 게임은 세상을 어떻게 바꾸었나How Videogames Changed the World〉라는 제목의 다큐멘터리 영상을 공개했다. 그는 이 영상에서 지금까지 사회적 영향력이 가장 컸던 25개의 게임을 찾고자 한다. 물론 그는 퐁, 테트리스, 툼 레이더 또는 더 라스트 오브 어스와 같은 잘 알려진 고전 게임을 제시한다. 하지만 그의 영상은 마지막에 놀라운 반전을 보여준다. 즉 그가 선정한 세상을 바꾼 게임 목록에서 1위를 차지한 것은 바로 트위터다. 브루커에 따르면 트위터는 "자신의 개성을 느슨하게 표현하기 위해 흥미로운 아바타를 선택하고, 키보드를 반복적으로 두드리며 재미있는 문장을 만들어 팔로워를 끌어모으려고 하는 대규모 온라인 커뮤니티 게임이다."[6] 브루커의 논제에 따르면, 소셜 네트워크는 '게임화Gamification', 즉 게임 메커니즘을 — 예를 들어 자신의 생산성을 높이기 위해 — 일상에 적용한다는 의미에서 이미 오래전부터 게임이라고 볼 수 있다. "소셜 네트워킹은 끊임없이 즐거운 보상을 제공함으로써 우리 삶의 모든 영역을 게임화했다."[7] 우리는 '좋아요Like'와 댓글에 쏟아진 다른 플레이어의 관심에 동기를 부여받아 소셜 네트워킹이라는 게임에 더 많은 시간을 할애하고 그 규칙과 인과관계를 더 잘 파악하게 된다.

티 응우옌이 말하는 '애씀의 아름다움'은 인플루언서Influencer가 되려는 사람들과 트위터 지식인들도 경험하고 있다. 브루커의 영상에서 게임 저널리스트 아오이페 윌슨Aoife Wilson은 "하루하루가 한 편의 드라마이며 모두가 사람들의 입에 오르내리는 다음 차례가 되려고 노력한다."고 말한다. 한 단계 더 나아가서 말하자면, 소셜 네트워크는 그저 단순한 게임이 아니다. 소셜 네트워크는 진정한 영웅 여정을 제공할 수 있다. 말하자면 주인공, 동맹자, 멘토, 적대자의 형식으로 게임과 매우 유사하게 구성되어 있으며 동시에 우리 자신을 시험해볼 수 있게 해 주는 게임 메커니즘을 제시한다. 예전에는 주인공의 영웅적 행동을 이야기할 때 연대기를 사용했다면 오늘날 소셜 미디어 사용자는 페이스북이나 트위터의 타임라인, 인스타그램의 하이라이트를 사용하여 직접 자신을 이야기한다.

그런데 디지털은 영웅 여정의 방식뿐만 아니라 목표도 변화시켰다. 흥미로운 사실은 '디지털 네이티브Digital Native', 즉 디지털 문화 속에서 성장한 (늦어도 1990년 이후) 세대가 이상화된 자기 서사를 하는 과정에서 디지털 인프라 사용자와 주요 설계자 및 생산자가 서로에게 더 가까워진다는 것이다. 갑자기 모두가 마크 저커버그가 되고 싶어 하며 특출한 사람으로 부각되기를 원한다. 이때 '설립자'는 성공한 설립자들이 만든 가상 세계에서 성장한 수많은 사람의 새로운 영웅이다. 이들의 내러티브에는 기계론적인 인간상과 세계상이 구체화하여 있다. 즉 그 안에는 '시스템'을 비껴가거나 무력화시키거나 다른 효과적인 방식으로 한 수 앞서가서 혁신을 촉구하는 영리한 술책이 늘 존재한다. 고전적인 영웅 여정처럼 설립자 역시 자신을 움직이는 원동력이 무엇인지 내면적으로 탐구하는 동시에 세상의 고난과 고통을 주시해야 한다. 그런 다음 힘든 길을 택하고 아무것도 없는 맨 처음부터 비즈니스를 시작한다. 그래야 구체적인 문제가 해결되거나 우리도 모르게 만족시키고 싶은 욕구가 생겨난다.

이를 위해서는 무엇보다도 좋은 '스토리'가 필요하다. 자금을 확보하려는 젊은 기업가들의 프레젠테이션에서 좋은 스토리가 가장 중요한 역할을 하는 데에는 다 이유가 있다. 왜 이 아이디어인가? 왜 그것이어야 하는가? 왜 지금인가? 왜 그런가? 이러한 스토리 안에는 수익이나 사용자 혜택 분석을 넘어 왜 그 사업이 더 고차원적 의미를 지니고 있는지에 대한 신뢰할 만한 대답이 담겨 있어야 한다. 운명적 불가피성이나 적어도 형이상학적 영감이 스토리에 담겨 있어야 비로소 설립자는 대대적인 정복을 시작하는 데 필요한 합법성을 갖춘 것처럼 보인다.

　이와 같은 험난한 길에서 타격이나 파산, 새로운 시작은 장애물이 아니라 자기 서사에 필수 불가결한 요인이다. 설립자는 이러한 난관을 거쳐야만 성장할 수 있고 이를 해내겠다는 무한한 의지를 입증할 수 있다. 추락을 한 번도 경험해보지 않은 성공적인 설립자는 오히려 의심스러워 보인다. 항상 쉬운 길을 택하는 사람은 진지하게 받아들여지지 않는다. 그러한 사람이 영웅 혹은 진정한 기업가인지 아닌지 어떻게 알 수 있겠는가! 언젠가 이러한 영웅 여정이 마침표를 찍고 성공한 주인공은 재정적으로나 경험적으로 더 풍요로워진다. 그리고 몇몇 사람들은 마크 저커버그처럼 그 과정에서 실제로 세상을 변화시켰다.

　설립자는 팝스타나 프로 운동선수, 인플루언서와 같은 흥미로운 혼합형 — 인플루언서는 기업가 정신을 단련된 자기 묘사와 온갖 미디어 퍼포먼스와 결합시킨다 — 과 더불어 근대 후기 꿈의 직업으로 확고하게 자리 잡았다. 여기에는 모두 예외주의Exceptionalism라는 강력한 내러티브가 담겨 있다. 이러한 예외주의는 때때로 '아주 평범한 사람'으로 자신을 묘사함으로써 가로막히기도 하지만 동시에 신뢰성을 얻게 만들 수도 있다. 이를테면 수백만 명의 팔로워를 거느리고 고액 광고를 계약하면서도 '평범한' 일상을 강조하여 드러내는 인플루언서를 생각해보라. 또한 수백만 달러의 계약과 엄격한 기량 최적화 관리를 통해 이미 팬들에게서 몇 광년 멀어져 있는 스포츠 스타가 각종 인터뷰에서 소속팀 포도밭에서 일하는 겸손한 직원처럼 자신을 내비친다. 기력이 소진될 때까지 성공을 위해 자신을 착취하면서도 후드티와 스니커즈를 신고 영원히 장난스럽고 미숙한 피터팬의 모습을 보이는 설립자들은 어른 세계의 자본주의적 심각성에 절대 굴하지 않는 이 세상의 중간적 존재라고 볼 수 있다. 그들은 모두 이전에는 존재하지 않았던 서사적 터보 기술의 산물이며, 이는 오늘날 우리의 삶, 육체적 및 정신적 상태에 침투해 있다.

아이, 폰I, phone

스마트폰을 손에 들고 지도 앱을 실행시켜 '구텐베르크 로드Gutenberg Road'를 검색해보라. 그리고 될 수 있는 대로 스트리트뷰Streetview 상에서 임의의 한 지점 — 거리 일부, 건물 전면 등 여러분이 원하는 지점 — 을 선택하고 스크린샷을 찍어본다. 이제 여러분이 좋아하는 소셜 미디어 앱을 열고 아무런 코멘트도 쓰지 않고 이미지를 공유해보라. 이상한 느낌이 드는가? 그 느낌을 충분히 이해할 수 있다. 미국의 한 작은 마을인 제퍼슨타운의 거리 사진은 아마도 여러분의 자기 서사와 전혀 관련이 없기 때문이다. 이 사진은 여러분에게 아무것도 말하지 않으며, 여러분의 연락처나 프로필에 아무런 서사적 가치를 가지고 있지 않다. 아무에게도.

인류 역사에서 스마트폰만큼 강력하고 수많은 사람의 삶에 영향을 미친 기기는 거의 없었다. 그리고 스마트폰의 무한한 가능성을 제어하기 위해, 스마트폰에 담겨 있는 넘쳐나는 무한한 정보와 활동을 어느 정도 의미 있고 유용하게 선택하기 위해 이야기하는 원숭이인 우리는 가장 효과적으로 의미를 마련해주는 도구, 즉 '스토리'를 이용한다. 우리는 인풋과 아웃풋을 곧바로 스토리 속에서 생각할 수밖에 없다. 그리고 하나의 사진을 올리는 것도 자기 서사가 되는데, 일반적으로 이러한 사진들은 낯선 나라의 황량한 거리 사진이 아니라• 우리가 의식적으로 혹은 무의식적으로 가장 즐겨 이야기하는 대상을 찍은 사진이다. 우리가 소셜 미디어를 사용하면서 우리가 가장 마음대로 할 수 있는 것은 바로 우리 자신이다.

2007년 최초의 스마트폰인 아이폰IPhone이 출시되었을 때 중요한 기능인 전면 카메라가 빠져 있었다. 그러나 이동전화 네트워크의 성능이 점점 좋아지면서 화상 통화가 곧 증가할 것으로 예상되자 애플 사는 2010년에 출시한 아이폰 4세대에 전면 카메라를 탑재했다. 하지만 이야기하는 원숭이인 우리는 전면 카메라가 어떤 일을 하게 될지는 전혀 예상하지 못했다. 즉 사람들이 전면 카메라로 주로 자기 사진을 찍고 급격히 성장하는 온라인 소셜 네트워크에 다량으로 게

• 그럼에도 그런 사진을 올릴 때 #세상은이야기로만들어졌다라는 해시태그를 달아 보라. 우리도 그렇게 했다. 여러분과 우리 둘만 이렇게 해보더라도 우리가 공통되는 정체성을 가진 분명한 집합체라는 것을 알릴 수 있다. 즉 무의미한 내용을 게시하는 것도 꺼리지 않는 이 책의 독자라는 정체성을 말로. 우리가 제퍼슨타운에서 도대체 무엇을 원하는지 누군가 우리에게 물을 때 이야기할 수 있는 스토리가 우리에게 생겼다. 우리는 '아무것도 없다'라고 대답하고 이 책의 이 대목을 생각할 것이다.

재했다. 오늘날까지도 소셜 미디어에서 그 인기를 잃지 않고 다양한 소셜 네트워크에서 다수에게 공유되는 셀피•를 수단으로 디지털 방식으로 연출된 스토리의 주요 주인공이 무대에 등장했다.

철학자이자 예술사학자인 볼프강 울리히Wolfgang Ullrich는 이에 대해 다음과 같이 말한다. "셀피를 찍는다는 것은 자기 스스로 만든 이미지를 찍는다는 것을 의미한다. 말하자면 셀피는 근본적으로 사진의 사진이다."[8] 그리고 그는 계속해서 설명한다. "자기 사진을 찍는다는 것은 자기만의 표정에 공을 들이거나 어떤 본보기를 따라 표정을 짓는 것뿐만 아니라 자신의 가시성을 분명하게 드러내거나 고조시키는 것도 의미한다. 분명하게 눈에 보인다는 것은 셀피를 보게 될 상대 쪽으로 자신을 향하게 한다는 것과 같은 의미다."[9]

물론 셀피와 얼굴뿐만 아니라 사람은 전혀 등장시키지 않고 풍경, 예술, 동물, 음식 등을 보여주는 채널도 있다. 그러나 사람 얼굴이 보이든 아니든 모든 게시물은 어느 정도 특정 의식 상태를 전달하며 그렇기 때문에 그것들은 우리 일상의 서사적 단편이라고 볼 수 있다. 말하자면 앞서 4장에서 제시한 분류의 관점에서 이러한 것들을 대부분 '서사적 이미지'로서 읽을 수 있다. 왜냐하면 소셜 미디어 환경에서는 정적 이미지도 언제나 이야기를 담고 있다. 다시 말해 목표와 벡터가 포

• '셀피'라는 용어는 호주에서 처음 등장한 것으로 추정되며 2002년 촬영감독인 네이선 호프Nathan Hope에 의해 유명해졌다. 그는 밤새 술을 마신 후 상처 난 자신의 입술 사진을 공유하면서 사진 화질이 좋지 못한 것에 대해 사과했다. "초점이 안 맞아서 미안해요. 셀피였어요."

함되어 있다.

아주 평범한 예로서 맛있는 음식 사진을 들 수 있다. 얼핏 보면 우리 눈에는 음식 사진만 보인다. 하지만 자세히 들여다보면(디지털 청중의 시선으로 확장해서 보면) 쾌락주의, 차별, 소셜 미디어 특유의 부분 대중과의 놀이가 담긴 자기 서사를 보게 된다. 이러한 시각적 발화 행위는 우리가 어떻게 보여주려고 하는지, 우리가 해당하는 상황에 대해 어떤 행동을 취하는지를 보여준다.• 말하자면 스마트폰은 이야기하는 원숭이인 우리가 글자나 그림문자, 사진에 이르기까지 끊임없이 코멘트를 달고 반응하는 자기표현을 가능하게 한다. 매체가 현재와 관련되어 있다는 점에서 계속 추가되는 각각의 이미지는 끝없는 영웅 여정의 한 걸음 한 걸음을 나타낸다.

어떤 의미에서 보면 휴대전화는 자기 이미지를 구축하려는 우리 자아의 연장된 팔이라고 볼 수 있다. 미디어 이론가 마셜 맥루한 Marshall McLuhan('미디어는 메시지다The Medium is the Message')은 이러한 휴대전화를 '인간의 확장' 혹은 '우리 자신의 확장'이라고 불렀을 것이다. 그는 라디오와 텔레비전과 같은 매체를 이미 그러한 물리적 확장으로 보았다. 즉 그는 텔레비전으로는 우리의 시력이, 라디오로는 듣는 방식이 확장되었다고 생각했다. 이러한 의미에서 스마트폰은 우

• 잠자는 모습을 찍는 셀피는 마치 자는 것처럼 눈을 감고 자신을 찍는다는 점에서 매우 흥미롭다. 말하자면 보는 사람이 이 장면이 연출되었다는 것을 완전히 인식하고 있음을 인정한다.

리가 자기 자신을 이야기하는 방식을 주도적으로 장악하고 결정적으로 확장했다.

스마트폰은 현재의 의사소통 매체라는 기능 외에도 기억 아카이브Memory Archives이기도 하다(무엇보다 클라우드Cloud에서). 우리는 소셜 네트워크뿐만 아니라 휴대전화에도 많은 사진과 메시지, 메모, 영수증 등 디지털로 문서화할 수 있는 우리 존재의 거의 모든 측면, 말하자면 우리의 모든 스토리를 저장한다. 무엇보다 스마트폰은 우리의 서사적 자아를 형상화하는 가장 중요한 수단이다. 이는 한편으로는 우리와 우리 삶의 사진을 거의 무한대로 찍고 저장할 수 있는 가능성을 통해, 다른 한편으로는 우리 삶에 대한 시각적 서사를 비롯한 다른 서사를 다른 사람과 실시간으로 공유할 수 있는 선택권을 통해 가능하다. 물론 이 모든 것은 스마트폰이 없어도 PC나 태블릿으로 가능하다. 하지만 휴대전화는 우리와 매우 가까이에 있다. 이를테면 아침에 눈을 뜨고 알람 시계를 끌 때도 옆에 있고, 잠을 자러 갈 때도 옆에 있다. 출산할 때도, 때로는 장례식에도 지니고 있으며 결혼식에는 늘 지니고 있다.

스마트폰으로 말미암아 호모 나랜스는 그 어느 때보다 무수한 자신의 이야기를 생산할 수 있는 초강력 이야기꾼이 되었다. 이처럼 초강력 이야기꾼이 된 인간은 끊임없이 구성하는 자아에 의미를 부여하고 이를 외부를 향해 일관되게 유지하려고 더 많이 애쓴다. 우리는 소셜 네트워크를 통해, 끊임없는 자기관찰을 통해, 또한 보이지 않는 무수한 타인의 인지에 비추어 봄으로써 우리 자신이 되려고 노력하는 과정에서 끊임없이 서사된 자아가 된다. 그리고 이러한 서사된 자아에 담긴 허구성은 타인의 자기 서사와 경쟁을 벌인다.

이처럼 피상적으로 드러나는 자신의 유형성, 특히 정체성 형성의 서사적 수단으로서 얼굴을 경쟁적으로 연출하는 행위는 자아를 발견하는 철학적 접근 방식과 직관적으로 모순된다. 이를테면 존 로크John Locke와 데이비드 흄David Hume은 우리의 기억과 집합적인 의식 상태가 우리 자신을 특징짓는다고 생각했다. 로크는 의식의 연속성 개념을 확립했지만 흄은 그러한 정체성과 그것의 연속체가 허구라는 입장을 표명했다. 또한 그 후에 영국 철학자 버나드 윌리엄스Bernard Williams의 사고 실험은 자아가 자신의 외관이 아니라 자신의 의식과 일차적으로 결합해 있음을 암시한다.•

• 윌리엄스는 우리가 우리 몸과 자기 자신을 얼마나 동일시하는지 규명하고자 했다. 그는 자신의 논문 「자기 자신과 미래The Self and Future」(1970)에서 다음과 같은 상황을 가정해보았다. 즉 당신의 뇌에 있는 모든 정보, 특성, 신념, 기억이 다른 신체의 다른 뇌로 옮겨지고, 그 다른 뇌의 정보가 당신에게 입력되는 수술을 받는다고 상상해보라. 당신의 몸에는 이제 다른 사람의 기억과 지식이 들어 있다. 이제 두 신체 중 하나는 10만 유로를 받고 다른 하나는 고문을 당한다고 가정해보자. 누가 돈을 받고 누가 고문을 받아야 할까? 당신은 어떤 선택을 하겠는가? 다른 사람의 의식을 가진 당신의 몸을 택하겠는가 아니면 당신의 의식을 가진 다른 몸을 택하겠는가? 윌리엄스는 이 사고 실험에서 다양한 대답 가능성을 면밀히 검토했고 그 결과 우리 자아의 필수 조건은 육체적 연속성이 아니라 정신적 연속성임을 보여주었다. 간단히 요약하면, 실험에서 우리는 우리 의식이 들어 있는 몸이 돈을 받을 때 항상 행복해한다는 것이다. 이를 토대로 윌리엄스는 우리가 우리의 정신적 특성이 담겨 있는 신체와 우리를 동일시한다고 가정한다. 의식의 연속성은 우리 정체성의 가장 중요한 기준이다.

그렇지만 현실에서 우리 정체성은 부분적으로 우리의 외부적인 신체적 자아, 정확히 말하면 우리의 (공유된) 얼굴을 통해서 부분적으로 정의되기도 한다. 우리는 신분증의 얼굴 사진으로 자기 자신임을 입증한다. 존 우 감독의 영화 〈페이스오프〉에서 니콜라스 케이지와 존 트라볼타의 얼굴이 뒤바뀐다. 이 영화의 전제는 바로 이러한 인식을 토대로 작동한다. 트라볼타의 몸에 있는 케이지는 케이지의 몸에 있는 트라볼타에게 이렇게 말한다. "내가 지금 거울을 보고 있는 건가?"[10]

이 영화에서처럼 얼굴 바꾸기 앱을 통해 직접 얼굴 바꾸기를 해볼 수 있다. 하지만 자기의 얼굴, 엄밀히 말하면 자기 자신을 타인의 몸에서 관찰하게 되면 실존적 불쾌감이 느껴지기도 한다. 이는 마치 얼굴과 함께 자신의 정체성이 잠시 도둑질당하는 것과 같다. 주목할 만한 사실은 현재 사용되는 대부분의 필터는 배경이나 색상을 바꾸는 것을 넘어 얼굴을 수정하고 변경한다는 점이다. 간절히 바라왔던 트랜스휴머니즘Transhumanism(과학기술을 사용하여 인간의 정신적 및 신체적 능력을 향상시킬 수 있다는 이념— 옮긴이)의 정신으로 우리는 동물의 귀, 조형된 얼굴, 디지털 장신구를 착용한다.

우리는 자신의 시각적 자기 서사가 불특정 청중에게 쉽게 다가가도록 빠르게 해독되고 읽힐 수 있는 서사 코드를 사용한다. 해변에서 공중으로 높이 뛰는 동작, 호텔 방에서 보이는 풍경, 운동복을 입은 인물 사진, 등산화를 신고 위에서 찍은 발 사진, 음식, 동물, 얼굴 등. 우리는 이러한 모든 이미지를 동원하여 자기 서사를 하면서 우리 삶을 연출하고 정체성을 만들어가며 이를 다른 사람들에게 전달한다. 많은 셀피 중에서 소위 거울 셀피는 나르시시즘을 사회적으로 인정하고 표준화하는 문화 기술로서 특별한 역할을 한다. 지속해서 자기를 전시하는 거울 셀피는 특히 프랑스의 정신분석학자 자크 라캉Jacques Lacan이 사용한 '거울 단계'라는 용어를 떠올리게 한다. 라캉이 말하는 거울 단계란 거울 속 자기의 모습을 보고 그 존재가 다른 아이가 아니라 자기 자신임을 갑자기 깨닫는 유아기의 한 단계를 뜻한다. 이 순간은 우리가 자신의 이미지를 통해 자아의식을 얻는 순간이다. 말하자면 자신의 거울 이미지를 자신의 것으로 인식하고 자기의 몸을 개별 부분의 총체로서 인지한다.

거울 셀피의 특별한 점은 거울을 바라보는 자기 모습을 볼 수 있다는 것이다. 그리고 자기를 바라보는 이러한 자기 모습을 다시 다른 사람에게 공유할 수 있다. 특히 소셜 플랫폼은 우리의 거울 셀피를 전파하고 이를 통해 다른 거울 셀피의 주인공들과 소통하기에 제격이다. 앞에서 언급한 시각 문법의 용어를 빌려 말하자면 관객은 그들의 시선으로 우리의 외로운 나르시시즘을 암묵적으로 확인하고, 이로써 이 서사적 이미지의 '목표'가 된다. 거울은 '벡터'가 되고 거울 셀피 전체는 '교류'가 된다. 우리가 온라인에서 자신을 서사할 때 무엇을 하는지 더 이해하기 위해 3장에서 언급한 볼프강 프린츠의 논제(아이는 부모에게 자기의 모습을 비춰보며 의사소통을 모방하고, 이를 통해 의사소통을 배우고 자신이 존재한다는 사실을 인식한다)와 라캉의 정신분석학적 단초(거울 이미지를 통해 육체적 자아를 처음으로 인지한다)를 결합해서 생각해보는 것이 도움이 된다. 다른 말로 표현하면, 셀피에는 이 두 가지 유아기 거울 단계가 일종의 소통적이고 자기성찰적인 거울 셀피 단계로서 동시에 나타난다. 그리고 철학자 볼프강 울리히가 가정했던 것처럼 셀피가 나르시스적인 이미지라기보다 의사를 표현하는 이미지이며 예술사에 등장하는 고전적인 자화상과 거의 관련이 없다고 가정한다면 인터넷의 모든 자기 이미지는 의사소통 행위, 즉 '언어화된 이미지 소통'[11]이 된다. 이미지가 영웅 여정을 기록한다기보다는 기록—우리의 영웅 일대기—은 지속적이고 영원한 우리의 서사적 자아 탐구로서 바로 이러한 영웅 여정의 일부라고 보는 것이 타당하다. 말하자면 셀피는 결과물이 아니라 서사적 자아의 도구다.

미국 작가 지아 톨렌티노는 새로운 가능성 뒤에 숨어 있는 강박을 집중적으로 다룬다. "마치 우리가 전 세계를 조망할 수 있는 지점에 서서 모든 것이 우리 자신의 거울 이미지처럼 보이는 망원경을 받은 것과 같다."[12] 모든 것은 자기 서사의 일부, 자기 서사의 표현, 자기 서사의 효과가 된다. 피드백 고리와 자기강화 효과를 지닌 인터넷은 다차원 만화경과 비슷하다. 이 만화경의 중앙에는 어느 정도 구체적이고 쉽게 정의된 정체성이 있고 수천 개의 반사와 굴절, 왜곡이 보인다. 온갖 플랫폼에서 자기의 모습을 비춰보고 싶은 유혹은 거울 없이는 자신에 대한 구상을 전혀 갖지 못했을 인간 존재에게 너무 강력하게 느껴진다.

그리고 우리가 모든 소셜 미디어를 완전히 거부할 때조차 우리는 그런 행위로 우리 자신에 대한 특정한 이야기를 전하고 있다. 즉 소셜

세상은 이야기로 만들어졌다

미디어 금욕은 그 자체로 고유한 자기 서사 장르가 되었다. 오래전 설파된 바츨라빅Watzlawick 공리('의사소통을 하지 않는 것은 불가능하다')는 소셜 미디어에서 다시 한번 확인된 듯하다. 즉 서사를 하지 않는 것은 불가능하다. 디지털 시대에는 자신을 비춰보지 않는 것이 불가능하다. 이야기하는 원숭이는 거울의 방에 갇히게 되었다.•

보는 대로 배운다

역사학자 앙드레 루이에André Rouillés는 인스타그램이 10주년을 맞이한 2020년에 소셜 네트워크의 디지털 이미지에 나타나는 신자유주의적 장치를 분석했다. 그의 견해에 따르면 온라인 사진은 신자유주의적 개인의 출현을 촉진한다. 말하자면 투명하고 융통성이 있으며 영구적으로 사용할 수 있을 정도로 경제적이다. 우리가 공개를 대가로 플랫폼에 선사하는 우리의 모든 이미지는 경쟁의 일부다. 우리가 제공하는 내용물은 다른 한편으로 플랫폼에 경제적 가치를 부여하며, 우리를 이용할 수 있게 하고 우리 내용물을 최대한 널리 전파하도록 우리를 서로 부추긴다. 프랑스 철학자 미셸 푸코Michel Foucault는

• 이 장을 끝까지 읽은 다음 여기에서 논의된 논제를 시각화한 코미디 스페셜 〈인사이드〉를 꼭 시청하기를 바란다. 가수이자 작가인 보 번햄Bo Burnham이 제작한 〈인사이드〉는 매우 영화적인 코미디쇼다. 우리는 이를 뒤에서도 다룰 것이지만 정말 탁월한 작품이다.

중재적 질서, 기술, 관행 또는 담론으로 이루어진 앙상블로서 우리의 사회적 상호작용의 힘을 '장치Dispositif'라는 개념으로 정의했으며, 이 장치 안에서 인간을 비롯한 말 그대로의 사회체, 그리고 은유적 사회체가 특수한 방식으로 훈련되거나 통제된다. 이를 통해 그때그때 고유한 권력관계가 생성된다. 이렇게 생성된 권력관계는 아주 미묘하여 플랫폼이나 기관, 국가가 사람들을 폭력적인 규율로 다스리지 않고도 자기 착취라는 경제적 유용성을 얻을 수 있다.

이러한 의미에서 볼 때 위계적 성질을 가지지도 않고 억압적인 제재 모델에서 생겨나지도 않은 힘은 소셜 네트워크라는 거울의 방에서 사용자의 촬영된 신체에도 작용한다. 이 힘의 뛰어난 특징은 위압적인 세계성에 있으며, 이와 동시에 우리를 감정적으로 의존하게 만들도록 설계되었다. 플랫폼에서 최대한 오랫동안, 최대한 자주, 최대한 상호작용하면서 머물도록 매우 정밀하게 프로그램화된 네트워크의 중독성 있는 설계Addictive Design라는 의미에서 말이다. 이러한 정세는 모든 능동적 사용자의 매일 매일의 활동을 포착하는 '신자유주의적 디지털 판옵티콘Panopticon'[13]이라고 할 수 있다. 사용자가 스마트폰으로 자신의 실생활을 사진으로 기록하고 온라인으로 전파하고 있으며, 나아가 알고리즘을 이용해 이러한 실생활을 평가 및 활용할 수 있다. 그뿐만 아니라 이윤을 지향하는 플랫폼의 콘텐츠로서 이미지는 시장 논리의 제약을 따르는 자원이 된다. 그 결과 우리는 온라인에서 서사 규칙에 순응하고 우리에게 영향을 미치는 힘을 지탱하기 위해 자신을 변경시킨다.

이와 함께 다른 사람이 우리의 서사적 자아에 대한 해석 권한을 갖지 못하도록 자신에게 서사적 권한을 부여하려는 욕구 혹은 필수적인 노력이 생겨난다. 자신을 성공(또는 실패)의 스토리로 이야기를 하거나 다른 관찰자가 이 공백을 자동으로 보완하는 것이다. 이야기하거나 이야기가 되어지거나 — 먹거나 먹힌다는 의미에서 — 둘 중 하나라고 말할 수 있을 정도로 사회적, 미디어적 압박감은 매우 크다. 엄밀히 말해서 우리에게는 다른 선택의 여지가 없다.

이제는 수많은 사용자, 특히 젊은층의 사용자가 제2의 계정으로 디지털 이중생활을 하고 있다. 인스타그램에서는 이를 실제 계정(린스타Rinsta)과 대조되는 핀스타Finsta('가짜Fake'와 인스타그램을 조합)라는 말로 부르기도 한다. 여기서 흥미로운 점은 자아 이미지가 삼등분된다는 것이다. 첫 번째는 실제 삶Real Life(줄여서 RL)이다. 두 번째는 '공식' 아바타 속에 서사된 자아로, 이는 종종 다시 다양한 플랫폼에서 그에 맞는 특수한 서사 프로그램으로 분할된다. 이를테면 인스타그램에서는 연대기에 가까운 포트폴리오라는 의미에서 시각적이고 잘 짜인 프로필이 중요하고, 트위터는 텍스트에 기반을 두고 시간 순서대로 보관되며 틱톡은 샘플, 리믹스, 가라오케 문화의 속성을 가지며 더 즉흥적이고 일시적으로 작용한다.

그리고 세 번째는 '다크dark' 계정인데, 이는 주로 '공식' 계정에 제시되기는 하지만, 즉 그 존재가 비밀은 아니지만 엄선된 사람들만 접근할 수 있다. 이를 통해 다크 계정은 프라이버시Privacy를 허용하고 나아가 실제 삶의 정체성에 훨씬 더 가까운 대안적 서사를 허용한다.

이렇게 서사적 자아가 디지털에서 구현되고 동시에 쉴 수 있는 은신처를 찾는다.

"그건 패션과 같아. 절대 끝나지 않아." 마크 저커버그는 페이스북에 관한 영화에서 이렇게 말한다. 그리고 그가 옳았다. 즉 플랫폼은 지속적인 현재를 전달하며, 그 안에서 자기 자신은 언제나 현재이고 최신이어야 하며 또 그렇게 남들로부터 인지되어야 한다. 하지만 지속적인 현존과 불안정한 현재성이라는 특성이 있는 소셜 네트워크는 어떤 형태로도 설명되지 않는 근거 없는 변화에 맞게 설계되지 않았다. 이러한 건축물에서는 서사적 상부 구조가 없다면 과거의 자아 극복과 부활을 묘사하거나 완성하기가 거의 불가능하다. '지금!'을 외치는 모든 이미지에서 변신을 보여주고 싶으면 서사된 연대기가 삽입된 특정 연출 장르, 이를테면 전/후 몽타주, 변화 영상, 회상Throwback 해시태그, 10년 챌린지10 Year Challenges와 같은 것을 사용해야 한다. 소셜 미디어는 한편으로는 정체기를 허용하지 않으며 사용자가 자신을 항상 새롭게 재발견하도록 자극하고, 다른 한편으로는 짧은 순간 촬영에서 무엇보다 현재 상태나 희망 상태가 강조되고 사람을 완성된 스토리를 지닌 존재로 인식하지 않는다. 그렇기 때문에 소셜 네트워크에서는 노화도 어렵다. 기본적으로 소셜 네트워크에서는 노화를 전통적인 미의 기준에 대한 반항으로서만, 즉 감화를 주는 자기 몸 긍정주의Body Positivity*로서만 제시될 수 있다. 어쨌든 프로필은 기억이

---

* 프랑스의 패션 잡지 〈엘르〉에서 편집장을 지낸 소피 퐁타넬Sophie Fontanel은 갑자

나 추억을 가능하게 하는 일시적인 장소가 아니라 현재를 항목별로 지속해서 연출하는 것이 특징이다.

이러한 전제조건을 감안해 볼 때 디지털 세계에서 일관된 자기 서사를 위한 노력은 진실성의 갈등으로 귀결될 수밖에 없다. 케일라Kayla라는 이름의 13세 소녀만큼 이러한 사실을 잘 보여주는 사람은 없을 것이다. 그녀의 스마트폰은 아침마다 학교에 갈 그녀를 깨우기 위해 경쾌한 팝송을 들려준다. 그녀는 일어나서 유튜브의 메이크업 튜토리얼Makeup Tutorials을 열고 인플루언서의 지시에 따라 스펀지로 얼굴을 화장한다. 편집. 그녀는 침대를 정리하고 누워서 토끼 귀를 만들어주는 스냅챗Snap-chat® 필터로 셀피를 몇 장 찍는다. 편집. 그녀는 귀엽게 보이는 포즈를 취하려고 노력한다. 편집. 우리는 케일라가 바닥을 바라보며 복도를 살금살금 통과하면서 최대한 눈에 띄지 않게 학교생활을 조용히 하려는 모습을 본다. 편집. 케일라는 집에서 '너 자신이 되기Being Yourself'라는 유튜브 에피소드를 촬영한다. 그녀는 웹캠을 똑바로 바라보며 시청자에게 유튜버 특유의 전형적인 인사를 건넨다. "안녕 친구들!Hey guys!" 그리고 이렇게 (스스로에게도) 질문한다. "너 자신이 된다는 것이 무엇을 의미할까? 나는 항상 나 자신이 아닌가? 나는 자기 자신이 된다는 것은 변하지 않는다는 것을 의

기 머리 염색을 중단하고 흰 머리가 자라도록 내버려두기로 마음먹었다. 인스타그램에 올라온 그녀의 게시물은 처음에는 비난을 받았지만 그 후에는 찬사를 받았다. 그녀는 이에 관한 책을 저술했고, 이 책은 베스트셀러가 되어 프랑스에서 염색에 대한 신조를 깨뜨렸다.

미한다고 생각해."

케일라는 스탠드업 코미디언 보 번햄이 제작한 성장 영화 〈에이스 그레이드Eighth Grade〉(2018)의 주인공이다. 그는 이 영화에서 놀라울 정도로 세밀하게 그녀를 관찰한다. 우리는 케일라가 자신의 비디오로 다른 사람들이 더 큰 자신감을 느끼도록 도우려는 노력을 보면서 그녀가 이러한 조언을 자기 자신에게 하고 있다는 것을 확실히 알게 된다. 그녀가 찍는 영상들은 공개적인 자기 확인Self-Affirmation이며, 소셜 미디어의 성년식Social-Media-Coming-Of-Age이라고 말할 수도 있을 것이다. 그녀는 독학을 통해 디지털 자기 서사의 세계로 입문하는 경험을 한다.

번햄은 배우 엘시 피셔Elsie Fisher가 아주 훌륭하게 연기한 여주인공의 유튜브 독백을 어떻게 그토록 사실적으로 그릴 수 있었는지 설명했다. "나는 온라인에서 어린아이들이 자신과 자기의 삶에 관해 이야기하는 비디오를 보기 시작했는데 이러한 독백이 영화에 고스란히 옮겨졌다."[14] 그는 인터넷에서 '중학교 조언middle school advice'이라는 단어를 검색하여 찾은 영상들을 시간 순서대로 정리했다. 그는 이러한 방식으로 조회 수가 3~4회에 그치고 눈에 띄지 않게 사라져버린 청소년의 자기 서사를 담은 작은 영상 일기를 발견했다. 번햄은 인터넷에 공개되었지만 주의를 거의 끌지 못한 이 자료들에 매료되었다. "나는 이 아이들이 자신을 표현하는 방식이 매우 인상적이고 의미심장하다고 느꼈다. 이러한 방식은 자기의 생각을 분명하게 표현하고 자기의 이야기를 완벽하게 관리하는 젊은 사람들이 미디어에서 보이는 방식과 극명하게 대조되었기 때문이다. 나에게 현재를 살아간다는 것은 자신의 이야기를 통제하지 못한다는 것, 자기 이야기를 직접 전하고 자기의 전기를 직접 쓰고 자기 영화를 직접 제작하려는 노력과 실패를 끊임없이 거듭한다는 것을 의미한다."[15]

우리는 한편으로 자신을 이야기해야 한다는 사회적, 경제적 압박과 같은 외적 압박을 느끼며, 다른 한편으로는 자기 스스로 이야기하고자 하는 내적 욕구를 느낀다. 또한 언제나 가장 최신 순간만을 부각하는 동시에 이전의 모든 상태를 살펴볼 수 있게 해주는 매체가 있다. 게다가 3장에서 설명했듯이 우리는 끊임없이 인과관계와 시간 지평 Time Horizon 속에서 생각하고 무작위성을 힘겹게 버텨내고 있다. 이러한 상황에서 이야기하는 원숭이인 우리는 무엇을 하고 있는가? 우리는 전력을 다해 온라인으로 서사를 쓴다. 효율적인 서사를 모방하고, 가장 최근의 현재를 하나의 스토리로 연출하고, 성공과 지위를 연출할 때는 상승을 보고하며, 자기 변화를 연출할 때는 자기 최적화를 수행한다. 이렇게 우리는 자기 자신을 가시적이고 이해가 가능하고 읽기 좋게 만든다. 우리는 우리 존재를 일관된 스토리에 짜 맞추려고 노력한다. 적어도 지나치게 분명한 수행적 모순을 보여주지 않는 스토리나 수신자가 인지 부조화를 일으키지 않는 스토리여야 한다. 이를 위해 우리는 2장에서 설명한 마스터플롯의 응축된 형태를 사용한다.

소셜 미디어에서 서사적 자아를 정확하게 묘사하기 위해 탁월한 기능을 발휘하여 매우 사랑받는 마스터플롯은 변신이다. 이 마스터플롯은 형식적으로 영웅적 자기 서사에 중요한 변화의 순간을 모방한다. 이는 물론 특히 인스타그램, 유튜브, 틱톡과 같은 시각적 네트워크에 해당한다. 이를테면 메이크업 튜토리얼은 놀라운 변신을 이상적으로 보여주는 영웅 여정의 축소판이다. 그뿐만 아니라 요리, DIY, 정리, 신체 변형과 수술, 운동 기량 상승, 체중 증가 및 감소세를 보이는 모든 영상도 비포/애프터 스토리의 형식으로 각색이 된다. 소셜 미디어에서 시각적 서사는 완벽한 플롯이다. 왜냐하면 시각적 서사는 초반부터 문제 해결을 기대하게 만들고 사용자가 영상을 (예를 들면 인스타그램 영상은 빨리 감기 기능이 없다) 끝까지 보도록 유도하기 때문이다.

영상 제작자들은 이렇게 자기 서사를 할 때 때로는 아마추어적으로, 때로는 전문적으로 다른 사람들의 이해를 돕는 기능을 한다고 여기는 서사 구조를 재생산한다. 동시에 단편적으로 순간 촬영을 할 때는 입증된 연출 기법을 사용한다. 그리고 이러한 연출 기법에서는 종종 적대자가 필요하다. 지금의 소셜 미디어는 그 어느 때보다 적대자의 비중이 더욱 중요해졌다.

디지털식으로 진영을 형성하다

1954년 6월 오클라호마시티 출신 11명의 소년이 탄 버스가 로버스 동굴 주립공원 Robbers Cave State Park 을 향하면서 그들의 방학 캠프는 순조롭게 시작되었다. 광활한 공원 부지에 도착한 그들은 오두막에 짐을 풀고 주변을 탐험했다. 다음날 또 다른 11명의 소년이 부지의 다른 끝에 있는 오두막에 왔는데, 먼저 온 소년들에게는 이 사실을 비밀로 했다. 말하자면 이 방학 캠프는 연구진의 주도하에 실시된 것으로, 연구진은 앞으로 3주 동안 두 소년 집단 사이에서 일어날 모든 일을 비밀리에 기록하고자 했다. 물론 소년들에게는 이 사실을 알리지 않았다. 연구진 중 한 사람인 오클라호마 대학의 사회심리학자 무자퍼 셰리프Muzafer Sherif는 두 집단을 처음에는 적으로 만들었다가 나중에 다시 서로 화해시키는 실험을 의도했다.

도착한 지 일주일이 되었을 때 두 집단은 각각 자기 집단의 이름을 지었다. 방울뱀과 독수리. 각 집단에 안정적인 내부 위계와 고유한 행동 패턴이 생겨났다. 이를테면 방울뱀 집단은 끊임없이 일직선으로 정렬했고 독수리 집단은 옷을 벗고 수영했다. 연구진의 계획은 두 집단을 적으로 만들기 전에 하루나 이틀 동안 떨어져 있게 하는 것이었다. 그런데 소년들은 계획보다 훨씬 앞서나갔다. 다른 집단의 얼굴을 보지도 않고 그저 멀리서 소리만 들었는데도 상대 집단을 'N****야영자'라고 불렀다. '다른' 집단이 존재한다는 사실만으로 소년들은 자극받았다.

그 후 사흘 동안 소년들이 서로 경쟁해야 하는 15개의 시합(줄다리기부터 방 정리까지)이 이어졌다. 집단 내부의 결속력이 향상됨과 동시에 상대 집단과의 경쟁이 점점 더 격렬해지면서 '골칫덩이', '겁쟁이', '공산주의자'와 같은 욕을 했다. 둘째 날 저녁에는 독수리 집단이 방울뱀 집단의 깃발을 불태웠다. 그에 대한 복수로 방울뱀 집단은 독수리 집단의 오두막을 습격하여 커튼을 떼어내고 침대를 뒤엎었다. 또한 독수리 집단 리더의 청바지를 빼앗고 다음 날 이 청바지에 '독수리의 최후'라는 문구를 써서 깃발로 가지고 다녔다. 그다음 날 독수리 집단은 야구 방망이로 무장을 하고 방울뱀 집단의 오두막으로 향했지만, 다행히도 방울뱀 집단은 그 시간에 다른 곳에 있었다.

다음 실험 단계에서 소년들은 캠프 전체의 공익을 위해 함께 해야만 해결할 수 있는 다양한 과제를 받았다. 처음에는 서로 불신하고 저녁 식사 때마다 싸움을 벌이던 두 소년 집단은 마침내 평화롭게 함께 일을 수행했다. 그리고 느리기는 했지만 확실하게 그들은 서로 화합할 수 있었다. 공동의 '적', 즉 함께 해결해야 하는 과제가 소년들의 본능적 적대감을 압도했다.

'로버스 동굴 실험'은 오늘날 행동 연구의 고전으로 꼽힌다. 사람들을 무작위 집단으로 나누고 서로 심하게 싸우는 모습을 관찰하는 이 실험의 메커니즘은 여러 번 반복되고 입증되었다. 모든 외부적 영향이 배제된 아주 간소한 상황에서조차 무작위적인 집단 분할은 이미 참가자들에게 강한 소속감을 불러일으킨다. 우리의 집단소속감과 다른 집단에 대한 경계심은 이기주의를 능가한다. 우리가 한 집단의 문화생활에 참여하고 그 집단의 상호의 권리와 의무를 수용하며 그 안에서 우리의 역할을 하기로 일단 결정하면 진화 프로그램이 활성화된다. 미국의 인류학자이자 행동 연구가 마이클 토마셀로Michael Tomasello는 이러한 진화 프로그램을 다음과 같이 설명한다. 약 150만 년 전 호모 사피엔스부터 처음에는 '집단 지향성', 나중에는 '문화 지향성'과 같은 것이 발전했는데, 이는 더 작은 집단으로 나뉘어 다른 부족과 집단 차원의 경쟁을 벌였던 부족 내에서 어느 정도의 조정과 통제를 보장했다. "따라서 그러한 문화집단의 구성원들 사이에서 같은 집단 구성원들에 대한 공감과 충성이 특별하게 생겨났다. 반면 외부인을 더부살이하는 사람 혹은 경쟁자로 간주했으며 그들이 문화적 이점을 누릴 자격이 없다고 생각했다."[16] 어릴 때부터 실제적, 문화적 차원에서 자신이 동족임을 인정하고 위기 상황에서 연대적 의무를 느낀 사람만이 집단적 연대감을 향유할 수 있었다. 집단의 입회 의식이나 문화적 관행을 통해 사회적 매트릭스 안으로 들어온 사람은 적어도 이기적인 이유에서 자신이 속한 문화에 충성했으며 낯선 문화로부터 자신을 방어했다.

프랑스의 사회학자이자 민족학자인 에밀 뒤르켐Émile Durkheim은 이러한 문화의 핵심을 이른바 '토템Totem'으로 보았다. 토템은 입회 의식, 노래, 시합을 비롯한 기타 수행적인 문화적, 종교적 관행에서, 특히 신화와 우화를 비롯하여 숭배 내러티브를 전달하며 세계를 해석하고 정체성을 규정하는 규범으로 발전한 모든 이야기에서 뚜렷이 나타났다. 뒤르켐에 따르면 이러한 내러티브의 불가피성은 다른 모든 문화적 기법에 비해 부족을 내적, 외적으로 더 탁월하게 조직하는 기능이 있기 때문에 인간의 스토리텔링이 이로부터 기원한 것이라고 볼 수 있다. 어쨌든 오늘날 우리는 이 토템 추종자들의 후손으로서 우리의 문화적 위치를 정하기 위해 마찬가지로 우리의 코드와 스토리가 필요하다. 오늘날에는 단독으로 살아가는 사람들은 거의 없으며, 우리 중 많은 사람은 집단에 대해 건전한 불신이나 적어도 어느 정도의 야유를 품고 있다. 마크 트웨인Mark Twain은 "나를 받아주는 클럽에는 가입하지 않겠어."라고 말한 바 있다. 하지만 우리는 일단 어떤 클럽에 속하게 되면 다른 모든 클럽으로부터 자신이 속한 클럽을 방어하려는 경향이 있으며, 마치 앞에서 언급한 여름 캠프의 아이들처럼 때로는 (언어적) 폭력을 사용하기도 한다.

또 다른 유명한 실험에서 피험자들은 다른 집단이 5달러 혹은 그 이상을 받을 때 자기 집단도 5달러를 받는 경우보다 다른 집단이 2달러를 받을 때 자기 집단이 4달러를 받는 경우를 택했다. 나중에 뇌 영상기법으로 살펴봤을 때 우리 뇌가 집단소속감에 따라 활성화된다는 사실이 입증되었다. 이를테면 우리 집단에 속한 사람이 울면 슬픔을 느끼는 뇌 영역이 활성화되어 우리는 공감한다. 반면 다른 집단 사람이 울면 이득을 느끼는 뇌 영역이 활성화되어 남의 불행을 기뻐하는 마음을 느낀다. 우리가 한 집단에 소속되어 있다고 느끼면 자기가 속한 집단의 안녕이 자신에게 극히 중요해질 뿐만 아니라, 이는 다른 공동체의 불행을 반기는 마음으로도 나타난다. 종종 무의식적이고 거의 본능에 따라 작동하는 이러한 부족 사고는 부족 문화나 생존의 필요성을 넘어서 이미 오래전부터 존재했는데, 오늘날에는 이를 '부족주의Tribalism'라고도 부른다. 부족주의는 특히 소셜 미디어에서 순수한 형태로 관찰할 수 있다.

소셜 미디어에서 '좋아요'를 받으면 자기가 속한 부족에서 인정받고 받아들여졌다고 느끼기 때문에 소량의 도파민이 분비된다. 수량화된 이러한 보상 원칙은 우리의 '내집단Ingroup' — 즉 자신이 받아들여지고 속해 있다고 느끼는 집단 — 속에서 화합할 수 있는 경험을 포스팅하는 원동력을 강화한다. 반면 누군가가 우리의 정체성과 서로 엮여 있는 것을 비판하면 우리는 공격받는다고 느낀다. 몸에서 아드레날린과 코르티솔이 분비되면 우리는 화가 나거나 스트레스를 받거나 적어도 욱하는 반응을 보이고 공격하고 이기고 싶어 한다.

그렇기 때문에 소셜 미디어 참여자들은 그러한 순전한 가상 토론에 아주 현실감 있는 감정을 불어넣는다. 왜냐하면 모든 것이 위험성이 높아 보이기 때문이다. 이탈리아의 사회학자이자 심리치료사인 알베르토 멜루치Alberto Melucci는 새로운 사회 움직임의 전개를 이해하기 위해 '집단적 정체성'과 '신부족주의Neo-Tribalism'라는 개념을 사용했다. 멜루치에 따르면 집단적 정체성은 개인에게 공동체 일부라고 느끼게끔 해주기 때문에 감정적 투자가 있어야 한다. 이러한 새로운 형태의 부족주의는 민족, 종교, 이데올로기, 성별 또는 지리적 범주에 제한적으로 토대를 두고 있을 뿐만 아니라 무엇보다 태도, 감정, 특정 생활 방식, 취미, 상표, 유머 취향, 대중문화 등 우리 생활 토대의 다른 측면에도 기초한다.

이러한 역학은 풍자를 둘러싼 모든 토론에서 관찰할 수 있다. 유머가 사회적 규범과 가치를 표현할 때 누군가 웃기다고 느끼거나 선을 넘었다고 느낀다면, 그것이 사회적으로 편을 나누고 정체성을 형성한다. 예를 들어 한 집단이 어느 코미디언의 성차별이나 인종차별을 비판하면 그 코미디언의 팬은 이러한 비판으로 자신이 공격당했다고 느낀다. 왜냐하면 그들은 자신이 속한 집단과 그 세계관이 위협받았다고 보기 때문이다.

소셜 네트워크는 전례를 찾아볼 수 없을 정도로 그러한 부족주의적 경향을 강화한다. 소셜 네트워크는 온라인 부족을 만들어내는데, 미디어학자 베른하르트 푀르크센Bernhard Pörksen은 이를 '연결체Konnektive'(집단Kollektiv과 연결성Konnektivität이 조합된 단어)라고 부른다. 연결체는 집단적 정체성을 중심으로 조직된다. 이러한 온라인 부족은 우리의 개성을 존중하는 동시에 우리가 종종 직접 만들거나 선택하는 —예를 들면 팬 문화와 같은— 소속감을 통해 우리를 보호한다. 온라인 부족 안에서 자신의 소속감을 지키는 것은 상상으로 만들어진 '우리'라는 감정에서 생겨나는 자기주장과 정체성 형성의 표현이 된다. 말하자면 자기 자신을 더 이상 단순히 팬 층의 일부, 직종이나 하위 문화의 일부로 이해하는 것에 그치지 않고 이러한 집단소속감을 옹호함으로써 비로소 소속감이 현실이 된다. 이를 통해 인터넷은 끊임없이 정체성을 생성하고 단단히 굳히며 비판하고 해체하는 기계가 된다. 필요하다면 추후에 우리 내면의 이야기꾼은 모순과 모호함을 합리화하고 조화시킴으로써 모난 가장자리를 매끄럽게 만든다. 마지막에 우리는 가장 최선인 X에 찬성하며, 이에 반대하는 모든 사람은 우리와 대치하게 된다. 이는 물론 항상 그런 것도, 누구에게나 해당되는 것도 아니지만 확실히 '실제 세계'에서보다 훨씬 더 자주 적용된다.

페이스북이 초창기일 때 마크 저커버그의 모토는 무엇이었을까? 바로 '빠르게 움직이고 낡은 것을 타파하라Move Fast and Break Things'였다. 그(와 다른 사람들)는 몇 가지를 타파했다. 예를 들면 다수의 개인주의적, 민주주의적 시스템을 위해 소수의 몇몇 사람들에 의해 구성된 미디어 시스템을 타파했다. 그러나 저커버그가 자신을 종종 표현의 자유 수호자로 내세우기는 하더라도 새로운 시스템이 완전히 '자유로운' 것은 아니다. 페이스북의 알고리즘은 가능한 한 우리가 많이 참여하도록 유혹하는 콘텐츠를 선호한다. 말하자면 최대한 많이 댓글을 달고 공유하고 '좋아요'를 눌러야 한다. 그렇다면 무엇이 우리의 감정과 참여를 가장 빠르고 강렬하게 활성화할까? 위험에 관한 이야기다. 가장 좋은 것은 우리와 우리 부족을 위협하는 이야기다. 많은 사람은 이러한 배경을 다음과 같은 공식에 따라 사용한다. 즉 갈등과 감정은 관심을 의미하고, 관심은 영향력을 의미한다.

　　미국의 저널리스트 앤드류 마란츠Andrew Marantz는 자신의 저서 『반사회적 : 온라인 극단주의자, 테크노 유토피아주의자, 미국 대화의 도용Antisocial : Online Extremists, Techno-Utopians, and Hijacking of the American Conversation』에서 2016년 미국 대통령 선거운동 때 극소수의 정치 선동가들이 힐러리 클린턴Hillary Clinton에 관한 의도적인 거짓 이야기로 어떻게 엄청난 미디어에서의 성공을 달성할 수 있었는지 설명한다. 이데올로기적 확신범과 비정치적 사기꾼과 같은 사람들이 포함된 소수의 트럼프주의자만이 서사적 정체성 형성의 두 가지 차원, 즉 개별적으로 게임화하는 차원과 부족주의적 - 정치적 차원을 성공적으로 활용했다. 그들은 민주당원과 그 직원들의 허물을 들추어내려고 매일 아침 채팅방에서 만나 뉴스 상황과 가능한 '스핀Spin'(정당에 유리한 혹은 불리한 표준적 해석)에 대해 논의했다. 그들은 주로 인터넷의 가장 구석진 곳에서 떠드는 소문과 풍자, 허황한 말들을 다루었다. 예를 들면 #피자게이트pizzagate● 음모론을 둘러싼 다양한 거짓 주장을 소재로 삼고 특정 시간에 특정 네트워크에서 주도면밀하게 선택한 해시태그를 달아 특정 비난을 '푸시Push'하기로—말하자면 게시물을 세밀하게 잘 조직하여 올리기로—약속했다. 그들은 이 게시물들에 충분한 관심이 집중되기만 한다면 조만간 자기 진영의 지지자들이 터무니없는 온갖 망상에 뛰어들 것임을 알고 있었고, 규모가 더 큰 뉴스 포털이나 심지어 트럼프의 전용 방송사라 할 수 있는 폭스 뉴스Fox News가 스토리를 가져다 활용하는 것은 그리 어려운 일이 아니었다.

이러한 식으로 힐러리 클린턴을 비롯한 다른 사람들에 대한 완전히 조작된 가짜 뉴스가 심지어 이러한 치명적인 허위 내용을 적어도 가짜라고 폭로해야 했던 '우량 매체'에까지 침투할 수 있었다. 결국 의도적으로 퍼뜨려진 이러한 동화는 미국 선거운동 분위기에—어쩌면 그 결과에까지—영향을 미칠 수 있었다.

소셜 미디어에서 초개인화와 연결체Konnektive는 나란히 번영한다. 개인과 연결체는 더 큰 내러티브—예를 들면 민주당은 사악하다, 트럼프는 구원자다, 트럼프를 돕는 모든 수단은 합법적이다—를 따라 자신의 정체성을 구축하며 이를 통해 연결체의 부족주의적 소속

● 민주당 고위직 인사들이 아동 성 착취에 연루되어 있으며 그 근거지는 워싱턴의 한 피자 가게의 지하실이라는 주장이다. 그러나 이 피자 가게에는 지하실이 없었으며 모든 것이 꾸며낸 이야기였다. 이에 대한 자세한 내용은 7장에서 다룰 것이다.

감이 생겨난다. 자신의 내집단이 압박을 받거나 외집단(자신과 자신의 내집단이 분명하게 거리를 두는 다른 집단)을 향해 공격을 개시하는 상황에서 사람들이 자신의 정체성과 집단의 정체성을 제대로 구분하지 못할수록 위험이 더 커진다. 덧붙여 말하자면 이것은 소위 말하는 필터 버블Filter Bubble과 관련이 있다기보다는 더 많은 자극을 추구하는 알고리즘의 논리와 더 관련이 있다. 또한 어떤 특정한 관련성이 있거나 이러한 관련성이 소셜 미디어에 많이 등장한다는 이유만으로 그러한 가짜 이야기를 흔쾌히 받아들이고 널리 퍼뜨리는 대중매체의 서사적 호환성과도 큰 관련이 있다. 이 두 시스템은 최근 몇 년 동안 특히 도발적이고 양극화된 내러티브를 항상 서로 강화하는 작용을 해왔다. 다양한 연구에 따르면 가장 많이 공유되고 전파되는 감정은 분노다. 반면 실제 삶에서 과격한 표현도 완화해줄 수 있는 비언어적 신호가 인터넷에는 존재하지 않는다. 과거에는 예외적 현상이었던 맥락의 충돌은 필터 버블 논제를 거스르는 디지털의 기본 태도이다. 맥락의 충돌은 입장을 약화하거나 화합시키는 쪽으로 흘러가는 것이 아니라 강화하는 결과로 이어진다. 끊임없는 스토리텔링 대결은 우리의 서사 면역체계를 최대한 발휘하게 만든다.

이때 우리는 종종 견해와 정체성을 혼동한다. 우리는 자신과 모순되는 모든 표현으로 말미암아 자신의 자세뿐만 아니라 정체성에 위협을 느낀다. 과거에 우리가 속한 부족의 정체성은 우리의 물리적 실존과 같은 의미였기에 인터넷에서 누군가가 (우리 눈에) 옳지 않을 때, 마치 우리 삶의 문제인 것처럼 경보를 울리게 된다. (도덕적) 의사

표시를 금전적으로 장려하고 자극함으로써 실제로 도덕적으로 행동하는 것보다 온라인에서 도덕과 의견에 관해 이야기하는 것이 훨씬 더 쉬워졌다. 말하자면 소셜 미디어의 등장으로 사회 내부의 균열과 이로부터 발생하는 부족주의 역학을 더 뚜렷하게 인식할 수 있게 되었다. 이와 동시에 모든 집단적 연관과 부족주의의 영향에서 자신을 배제하는 것이 더 어려워진다.

때때로 그러한 디지털 부족의 결합과 방어 반응은 깜짝 놀랄 정도로 매우 즉흥적이고 무의미하고 강력하며 동시에 파괴적이다. 악명 높은 인터넷 플랫폼 레딧Reddit은 토론 포럼으로 구성된 매우 단순한 구조이지만, 극도로 자유로운 개방성과 '뜨거운' 토론 방식으로 말미암아 이미 수많은 인터넷 문화와 흐름을 유발했다. 2017년 4월 1일에 레딧에서 정확히 100만 픽셀의 사각형 그림판을 제공하고 각 사용자가 16가지 색상 중 하나로 1픽셀씩 수동으로 채우게 하는(각 계정 당 5분~20분이 주어졌다) 실험을 했을 때 인간의 사회성을 보여주는 이야기가 순식간에 벌어졌다. 사용자들은 처음에 단순한 기하학적 형태를 만들고 포럼에서 조정하기 시작했다. 분파가 빠르게 형성되면서 디지털 '캔버스'에서 서로 경쟁을 벌였다. 아무런 보상이나 대가가 주어지지 않았음에도 총 100만 명이 넘는 사람들이 참여했고, 모나리자 복제와 같은 야심 찬 프로젝트가 순식간에 나타났다가 또 다른 프로젝트가 등장하면서 곧바로 사라지기도 했다.

이 그림판이 어떻게 전개되었는지 지금도 유튜브를 통해 확인할 수 있다. 불과 몇 시간이 지난 후에 이 그림판에는 여러 사람이 공동으로 만든 그림, 초상화, 그래피티 Graffiti, 국기(그중에는 화해의 상징으로서 터키 국기와 그리스 국기의 조합도 있었다), 이모티콘이 생겨나면서 수많은 작은 구획으로 나뉘었다. 그리고 또 다른 경향, 즉 모든 것을 파괴하려는 여러 시도가 나타났다. 또한 검은색, 파란색, 녹색 등 하나의 색상이 승리하게끔 도우려는 집단들이 연합하기 시작했다. 이를테면 '검은 공백 Black Void'은 마치 공포 영화에 나오는 괴물처럼 그림판을 가로질러 뻗어 있고, 포럼에서 반대 세력이 조직되기도 한다. 하지만 결국 건설적인 집단들이 우위를 차지한다. 이 프로젝트의 최종 결과는 디지털 '부족'이 시스템 내에서 평화롭게 공존할 때 무엇이 가능한지를 보여준다. 말하자면 연결성과 창의성에 대한 강력한 서사가 그것이다.

사춘기

모든 인간의 삶에는 큰 변화, 아마도 가장 큰 변화가 시작되는 순간이 있다. 그것도 본인의 의지와 전혀 관계없이 말이다. 10~14세 사이에는 뇌 아래에 위치한 뇌하수체에서 호르몬이 분비되기 시작한다. 호르몬은 신체에 명령을 내리는 데이터 운반체라고 볼 수 있다. 사춘기가 시작되면서 전송되는 명령은 간단히 말하면 성장이다.

이러한 발전적 도약과 아주 유사한 것이 있다. 바로 인터넷과 우리 사회다. 성장 호르몬이 갑자기 우리 몸 구석구석에 정보를 보내는 것처럼 인터넷도 갑자기 전례 없는 규모로 거의 모든 사람이 정보에 접근할 수 있게 해준다. 그 결과는 비슷하다. 사춘기를 겪는 누구나 모든 성장에 혼란스러워하듯이 네트워크로 연결된 사회도 모든 정보에 부담을 느낀다.

오늘날 우리 개개인은 200년 전 우리 조상들이 1년에 처리했던 양보다 더 많은 정보를 하루에 처리해야 한다. 경제저널리스트 폴 메이슨Paul Mason은 2016년 자신의 저서 『포스트자본주의 : 새로운 시작Postcapitalism : A Guide to Our Future』에서 다음과 같이 쓰고 있다. "스마트 기기가 있는 평균적인 십 대는 15년 전의 아주 특이한 컴퓨터 괴짜보다 심리적으로 더 강력하게 연결된 삶을 살고 있다."[17]

물론 이와 함께 스토리로 엮인 정보들도 급격하게 증가했다. 우리는 문예학자 조너선 갓셜Jonathan Gottschall이 '스토리 폭발Story Explosion'이라고 부른 시대에 살고 있다. 새로운 스토리텔링 기술을 사용하여 지금껏 유례없는 규모와 정교함으로 이야기를 전할 수 있게 되었기 때문이다. 가상현실, 개인 맞춤형 뉴스 피드, 시청자가 실시간으로 조정할 수 있는 스토리, 딥페이크, 이 모든 것은 스토리가 우리를 혼란에 빠뜨리고 분열시키는 방식에 대처하기 어렵게 만든다. 갓셜은 "조심하지 않으면 스토리는 우리가 모두 의존하는 공동의 현실을 무너뜨릴 수 있다."[18]고 경고한다. 새로운 비즈니스 모델, 혁신적인 아이디어, 지금까지 플랫폼을 가진 적이 없는 수많은 소수 집단이 자신들의 내러티브를 들고 우리에게 스며든다. 이념과 진영이 분열되고 담론은 더욱 빨라지고 격해지며 과거의 신뢰성과 사고 모델에 대한 의문이 매일 제기되고 있다.

우리는 사춘기에 접어든 십 대처럼 21세기를 맞이했다. 우리는 두렵기도 하고 기대에 차기도 하며 동시에 십 대보다 훨씬 더 혼란스럽기도 하다. 왜냐하면 십 대와 달리 우리에게는 분명한 적대자(이를테면 교사, 부모, 그 외의 '속물')가 없기 때문이다. 우리 중 일부는 오래된 확신과 불의에 반기를 들기도 하지만 우리는 적의를 품고 서로에게 더욱 달려든다. 왜냐하면 인간 역사상 처음으로 이론적으로 모두가 언제든지 서로를 향해 달려들 수 있기 때문이다.

그러나 우리는 문화 비관주의도, 어떤 매체나 기술의 잘못도 믿지 않는다. 오히려 기술이 개발된 이유는 우리에게 필요해서 혹은 필요하다고 생각하기 때문이라고 믿는다. 또는 군대가 기술이 필요하다고 생각하기 때문이라고, 기술이 화려하게 번쩍이고 기술로 많은 돈을 벌 수 있기 때문이라고 믿는다. 오늘날 우리가 사용하는 어떠한 미디어도 사악한 발명가가 사악한 목적을 위해 만들지는 않았다. 사람이 기술을 만들고, 기술이 사람을 만들고, 사람이 기술을 만들고…. 이와 같은 상호의존성은 사라지지 않는다. 각각의 새로운 매체 형태는 주체를 만들고, 주체는 매체와 상호작용하여 자기 자신뿐만 아니라 매체도 새로 구성한다.•

• 프리드리히 니체 Friedrich Nietzsche는 타자기를 사용한 이후로 이 기계가 자신의 글쓰기와 생각을 어떻게 변화시켰는지 성찰했다. 그는 타자기에 종이를 넣고—이제는 명언이 된—문장을 입력했다. "우리가 사용하는 필기도구는 우리의 사고에 영향을 미친다." 니체는 이 문장으로 독일 미디어 철학의 중요한 선구적 사상가로 꼽힌다. 그는 타자기로 글을 쓸 때 자기 혼자 작업하는 것이 아니라 타자기가 자

스토리 사이의 경쟁은 아주 오래전부터 있었다. 그리고 디지털 시대에도 특별한 방식으로 스토리 경쟁이 벌어지고 있다. 캐나다의 커뮤니케이션 이론가 마셜 맥루한은 매체가 메시지라고 주장했지만, 우리는 이야기의 매체보다는 다양한 매체의 연관관계 속에서 이야기 자체를 고찰한다. 우리는 이야기의 외형보다 이야기의 내적 작용 기제, 즉 서사 기법이 더 중요하다고 확신한다. 이것으로 이 책의 제1부라고 할 수 있는 내용을 끝내고자 한다.

우리가 지금까지 알게 된 것은 무엇일까? 우리는 이야기 속에서 생각하고 이야기 속에서 살고 있다. 이야기는 말과 이미지에, 책과 영화에, 연극과 비디오 게임에, 그리고 우리 모두에게 존재한다. 우리는 이야기를 통해 우리의 정체성을 형성한다. 신화와 이데올로기에서는 능동적으로, 우리 내면의 화자가 우리 현실을 분류하고 대부분 눈에 떠지 않게 우리의 행동 패턴을 의미 있는 이야기로 재해석할 때는 수동적으로 말이다. 우리는 내러티브를 통해 정의한 우리 집단의 이익을 위해 공동으로 노력하며, 우리 진영의 입지가 위협받을 때는 매우 공격적인 모습을 보일 수 있다(경쟁 스토리를 통해서만 가능하더라도). 우리의 세계는 이야기와 이야기의 경쟁에 의해 지배된다. 그리고 우리는 조작적인 내러티브를 폭로하는 데 서툴다. 섣불리 폭로했다가는 잘

신의 생각을 새로운 조건으로 옮겨놓았음을 인식했다. 우리의 필기도구는 우리가 글을 쓸 때 생각하는 사고에 관여한다.

못될 수도 있다.

마크 저커버그와 페이스북을 다룬 영화 〈소셜 네트워크〉는 어떻게 끝나는가? 마크 저커버그를 연기한 제시 아이젠버그가 컴퓨터 앞에 앉아 있다. 페이스북은 미국에서 큰 성공을 거두며, 모든 대학생이 페이스북을 이용한다. 그는 옛 여자 친구 에리카 올브라이트의 프로필을 검색한다. 그녀도 페이스북을 사용한다. 그는 그녀에게 친구 요청을 보낸다. 그런 다음 페이지를 새로고침한다. 그는 페이지를 또 한 번 새로고침한다. 그리고 다시. 그리고 다시. 엔딩 크레딧이 올라올 때까지.

6

시험·동맹자·적

어떤 서사가 우리 세계를 결정하는가

내러티브 전쟁

2012년 비 내리는 어느 화요일, 미국의 문예학자 조녀선 갓셜은 이상한 편지 한 통을 받았다.• 우리가 3장에서 언급한 미 육군의 군사 연구기관인 DARPA가 그를 비롯하여 여러 연구가를 워크숍에 초대한 것이다. 그들 중에는 신경마케팅Neuromarketing 전문가 리드 몬테규 Read Montague와 컴퓨터 언어학자 마크 핀레이슨Mark A. Finlayson, 미국 국무부의 오정보 대응팀Counter Misinformation Team 수장 토드 레벤탈 Todd Leventhal, 그리고 우리의 오랜 지인 켄들 헤븐Kendall Haven이 포함되어 있었다. 총 84명의 전문가가 참석한 첫 번째 회의의 주제는 '스토리란 무엇인가?'였다.

두 번째 회의의 주제는 '내러티브 네트워크 ― 내러티브의 신경

• 화요일과 비는 우리가 고안한 내용이다. 이로써 스토리가 더 좋아지지 않았는가?

생물학'이었다. 이 워크숍의 공식적인 목표는 다음과 같았다. '내러티브 이론 연구 : 스토리란 무엇인가? 구조와 기능은 문화적으로 어느 정도 변형이 가능한가? 스토리텔링의 보편적인 이론은 존재하는가? 보안과 관련된 맥락에서 내러티브의 역할을 더 잘 이해하기 : 스토리는 정치적 힘에 어떤 영향을 미치는가? 스토리는 정치적 급진화 속에서 어떤 기능을 하는가? 스토리는 갈등을 대하는 태도를 어떻게 변화시키는가? 내러티브 분석과 해체 수단에 관한 연구 현황 검토 : 스토리를 어떻게 투명하고 반복이 가능한 방식으로 정량 분석Quantative Analysis할 수 있을까? 스토리의 심리적, 신경생물학적 영향을 측정하는 데 가장 적합한 도구는 무엇인가?'[1]

말하자면 DARPA가 원하는 것은 스토리텔링을 심리전의 무기로 만드는 것이었다. '스토리넷Storynet'이라는 이름의 이 프로젝트의 수장은 미 공군 중위 윌리엄 케이스비어William Casebeer였다. 철학자이자 인지과학자인 그는 자연윤리학이나 붕괴된 국가에서 반군 지도자를 어떻게 다루는지와 같은 주제에 대해 저술했다. 그는 스토리넷 이전에도 신경과학자 리드 몬태규와 함께 스토리가 뇌의 보상 중추Reward Center에 미치는 신경생물학적 효과를 실험했다. 캘리포니아 몬터레이에 있는 미국 해군대학원Naval Postgraduate School의 논문들은 아프가니스탄 문학의 '작전상 유용성'을 분석했다. 컴퓨터 언어학자 핀레이슨의 분석 소프트웨어 '더 스토리 워크벤치The Story Workbench'를 사용하여 아프가니스탄 서사학의 기본 패턴을 찾아내서 카운터 내러티브Counter Narrative, 즉 대항 이야기의 토대로 이용하려는 것이었다.

물론 선전 활동은 이미 오래전부터 전쟁이 있는 곳에 늘 존재해 왔다. 적의 사악함과 아군의 강인함에 대한 스토리는 현대의 모든 군대에서 포기할 수 없는 선전이다. 러시아, 중국을 비롯한 다른 많은 국가에서는 이른바 트롤 부대Troll Army가 갈등을 조장하는 이야기들을 만드는 것으로 이미 잘 알려져 있다. 러시아의 준군사조직이 크림반도를 점령하자 푸틴의 온라인 선전은 본격적으로 모든 수단을 총동원했다. 이제는 러시아가 서방 세계 전역에서 불안감을 조장하는 선전을 하지 않는 정치적 사건이 없을 정도다. 군대에서 퍼뜨리는 조작적 내러티브는 오래전부터 좋은 효과가 있었으며, 20세기의 여러 굵직한 갈등에 결정적인 영향을 미쳤다. 그리고 오늘날 우리가 피알PR(Public Relations)이라고 부르는 자본주의적 선전의 창시자보다 스토리텔링의 어두운 면을 더 잘 아는 사람은 없을 것이다.

민주주의를 위한 안전한 세상 만들기

사람들로부터 평생 갈채를 받고 살던 심리학자 에드워드 루이스 버네이즈Edward Louis Bernays는 부유하고 유명하고 영향력 있는 인물로 살아간 화려한 경력의 끝에서 격렬한 항의에 부딪혔다. 그가 딸에게 아버지인 자신의 직업을 가질 생각이 있냐고 묻자 딸은 이렇게 대답했다. "차라리 발 관리사가 되겠어요." 그는 무슨 짓을 했던 것일까?

에드워드 버네이즈는 지그문트 프로이트의 조카로 1891년 빈에서 태어났다. 1년 후 유대인이었던 그의 부모는 뉴욕으로 이주했고, 그는 이곳에서 성장하여 대학에서 농학을 전공했지만 후에 저널리스트로 일했다. 그는 유명한 삼촌인 프로이트 덕분에 대중심리학의 방법론에 대한 감각을 키울 수 있었다. 1917년에 그는 '민주주의를 위해서 세계를 안전하게 만들자Make the World Safe for Democracy'라는 슬로건으로 미국의 제1차 세계대전 참전을 정당화하려는 미국 정부를 지원했다. 그는 1919년 베르사유 조약에서 크레엘 위원회Creel Committee라고도 알려진 미국 공보위원회Committee on Public Information의 일원으로 활약하기도 했다. 그는 한 보도 자료에서 이 위원회의 공표된 목표는 세계적인 선전을 활용해 파리 강화회담을 미국의 성공과 이상을 전파하는 취지로 해석하는 것이라고 썼다. 그의 동향인 중 많은 사람이 '선전Propaganda'이라는 단어가 공산주의와 파시스트 이데올로기를 떠올리게 한다는 이유로 이를 불편해했기 때문에 버네이즈는 그때부터 '홍보Public Relations'라는 용어를 사용했다. 그는 두 차례의 세계대전 사이에 많은 대기업과 정치인을 위해 활동했고, 담배 산업을 위해서도 일했다. 이때 그는 여성을 타깃으로 삼고 담배를 '자유의 횃불'로서 해방의 상징으로 재해석했다. 또한 다발성 경화증이나 기타 자선 목적을 계몽하기 위해서도 활동했다. 그의 홍보 활동은 세계적으로 성공했고 그를 추종하는 사람들이 점점 더 많아졌다. 요제프 괴벨스Joseph Goebbels도 그의 업적을 좋아했다고 하며, 버네이즈는 후에 이 사실을 과시했다. 그래서 그는 홀로코스트가 나치의 '감정

적 폭발'**2**이 아니라 '계획된 캠페인'이라고 믿었다. 하지만 그는 히틀
러와 무솔리니가 선전 활동에 '나쁜 함축적 의미'를 부여하려고 했던
사실에는 불만을 가졌다.

제2차 세계대전 후 버네이즈는 과테말라에서 활동했다. 유나이
티드 프루트 컴퍼니United Fruit Company는 과테말라에 최초의 '바나나
공화국Banana Republic' 중 하나를 세웠다. '바나나 공화국'은 오늘날까
지도 사용되는 용어로, 바나나 수출(특히 미국으로의 수출이었는데, 버네이
즈는 그때까지 거의 알려지지 않은 과일이었던 바나나를 선전 활동을 통해 미국에서
유명한 과일로 만들었다) 독점을 통해 기업이 사실상 국가의 모든 정치를
조종할 만큼 강력해진 중남미 국가를 가리키는 경멸어다. 유나이티
드 프루트 컴퍼니는 과테말라에서 세금을 내지 않았지만 철도와 이
나라의 유일한 항구를 통제했다. 1944년 독재자 호르헤 우비코 카스
타네다Jorge Ubico Castañeda의 실각으로 언론의 자유와 노동조합이 되
살아나는 등 민주주의 정권이 자리를 잡고, 두 번째로 선출된 하코보
아르벤츠 구즈만Jacobo Árbenz Guzmán 대통령이 1950년부터 대대적인
농지개혁으로 농업 독점기업의 권력 기반을 공격했을 때 버네이즈는
과테말라 정부가 공산주의로 기울었다는 여론을 미국 내에서 조장하
기 위해 선전 활동을 펼쳤다. 그는 유나이티드 프루트 컴퍼니의 비용
으로 기자들을 과테말라로 보냈고, 기자들은 과테말라가 소련의 위
성국가에 불과하며 과테말라를 시작으로 중남미 전체를 공산주의로
타락시키려고 한다는 공포 시나리오로 가득한 보고서를 작성했다.
그러자 곧바로 워싱턴에서는 이에 개입하려는 다수의 정치 세력이

생겨났다. 공산주의자는 극소수의 과테말라 의원에 불과했고 구즈만 대통령은 미국식 자유 시장경제를 위해 노력했지만, 결국 CIA의 계획과 지원으로 이루어진 쿠데타로 구즈만 정권이 타도되고 독재자가 다시 그 자리를 메웠다. 반공주의적인 '트루먼 독트린Truman Doctrine', 즉 '소수의 무장 세력이나 외부 압력에 의해 굴복하지 않으려고 투쟁하는 자유민들을 지원한다'[3]는 목표를 달성하기 위해서 말이다. 이러한 미국의 목표 설정은 명백히 소련과 세계 곳곳에 미칠 수도 있는 소련의 영향력을 겨냥한 것이었다. 하지만 과테말라는 미국의 '명백한 운명Manifest Destiny', 즉 자국의 가치를 세계에 퍼뜨리는 것이 미국의 정당한 사명이라는 미국의 영웅 여정 이야기의 또 다른 에피소드였을 뿐이다. 이러한 사명은 소련과 같은 막강한 적대자로 말미암아 더욱 인상적인 효과를 나타냈다.

'공산주의가 미국의 문 앞에 있다Communism is at America's Doorstep'라는 공산주의의 내러티브는 어쩌면 20세기 전반에 걸쳐 가장 영향력 있는 정치적 반쪽 진실, 아니면 4분의 1짜리 진실 중 하나가 될 것이다. 이러한 반쪽 진실에 힘입어 미국인들은 여러 세대에 걸쳐 외국 주권 국가를 상대로 잔인한 전쟁과 제재, 첩보 작전을 합법화했다. 한나 아렌트는 자신의 에세이 「진실과 정치Wahrheit und Politik」(1967)와 「정치에서의 거짓말Die Lüge in der Politik」(1971)에서 당시 폭로된 '펜타곤 문서Pentagon Papers'를 기반으로 '도미노 이론'을 보다 자세히 기술했다. 도미노 이론은 ― 베트남처럼 군사적으로나 지정학적으로 중요하지 않은 나라라도 ― 한 곳에서만 공산주의가 시작되면 수많은

세상은 이야기로 만들어졌다

나라들이 공산주의에 굴복할 것이라는 내러티브를 따르는데, 이러한 내러티브 자체가 곧 목적이 되었다. 대중에게는 이미 베트남 전쟁 이전에도, 그리고 전쟁하는 동안에도 이러한 내러티브가 사실이 아님을 인식할 수 있는 정보가 제시되어 있었지만, 린든 B. 존슨Lyndon B. Johnson 대통령 정부는 계속해서 그러한 해석을 관철하려고 노력했다. 중요한 것은 — 펜타곤 문서를 통해서 유례없이 분명해졌다 — 군사적 승리가 결코 아니라 미국이 공산주의라는 적대자를 제지하는 책임감 강한 초강대국이라는 '이미지'를 유지하는 것이었다.

여기서 주목할 만한 것은 주인공의 말 속에서 직접 나타나는 강력한 서사적 언어다. 아렌트에 따르면 미국인들은 "미국이 '훌륭한 의사'이며 약속을 지키고 강인함을 유지하며 위험을 감수하고 피를 흘리고 적을 엄하게 대할 각오가 되어 있음을 세계에 확신시키려고"[4] 했다. 이는 정확히 영웅의 고전적인 본성이자 능력이다. 이를 위해 미국은 통계와 전황 보고를 위장했고, 1972년 대선을 앞두고 허브 클라인Herb Klein이라는 홍보 매니저의 도움을 받아 비판적 보도의 신뢰성을 공격하고 모순된 진술을 드러내지 않거나 순전한 거짓말로 상황을 모면했다. 심지어 '세계 다른 국가에서의 군사적 견제 공격'을 논의했지만 결국 — 아렌트에 따르면 전쟁이 실패한 기간에는 '심연'이 된 — '신뢰성 갭Credibility Gap' 때문에 좌절되었다. 이와 같은 '이상한 나라의 앨리스 분위기'(아렌트)[5]에서 도미노 이론과 모순되는 정보기관의 진실한 보도는 무시되었다. 그런데 모든 중요한 활동가들이 그전부터 도미노 이론을 믿은 것도 아니었는데 도미노 이론은 미국을 손실이 많은 사악한 전쟁 속으로 끌어들였다. 그러나 내러티브는 현실보다 강했고 나아가 국가의 본질적인 이익보다 강했다. 사람들은 이겨야 하므로 이길 수 있다고 이야기했다. 그리고 어떻게 해서든 이기는 수밖에 없었다.

과테말라는 어떻게 되었을까? 1960년부터 지속된 내전은 1996년 평화조약에 서명하면서 비로소 공식적으로 종식되었다. 20만 명이 넘는 사람들이 목숨을 잃었고 100만 명이 넘는 사람들이 피난을 가야 했다. 1995년에 사망한 버네이즈는 자신이 만든 스토리가 어떤 불건전한 방향으로 발전했는지 생전에는 몰랐다. 하지만 정확히 무엇이 그와 같은 홍보 전문가를 그렇게 막강하고 비양심적인 사람으로 만들었는지가 궁금하다.그는 무엇을 잘 알고 있었던 것일까?

버네이즈는 영향력 있는 삼촌 지그문트에 이어 사람들의 많은 행동을 보상으로 해석했다. "사회라는 기계의 원동력은 사람들의 소망과 갈망이다. 선전가가 이것을 잘 알고 이해해야만 현대 사회라는 이름의 거대하고 자유롭게 결합하여 있는 기구를 조종할 수 있다."[6] 경제학자이자 사회과학자, 홍보 자문가인 클라우스 콕스Klaus Kocks는 버네이즈의 대표작『프로파간다Propaganda』의 독일어판 서문에 다음과 같이 쓰고 있다. "그의 사회상은 […] 근본적으로 비민주적이며 그의 인간상은 냉소적이다. 그는 통제되지 않은 대중의 군집 본능을 억압을 통해서가 아니라 원하는 방향으로 능숙하게 조종함으로써 저지해야 한다고 확신한다. 그는 대중사회가 정치와 경제, 사고와 감정에서 새로운 리더십을 요구하는 위협적인 혼돈이라고 생각한다."[7]

말하자면 궁극적으로 이러한 서사적 사고 역시 인과관계와 통제에 대한 것이다. 버네이즈는 주인공과 적대자라는 고전적인 도식을 따르는 이야기를 들려주었다. 그러나 이 이야기들의 본질은 진실성(내용은 임의로 택할 수 있었다)이나 도덕성(마찬가지로 임의로 선택 가능)에 따라 규정된 것이 아니라, 가능한 한 많은 사람의 의견을 얼마나 효과적으로 변화시켰는지에 따라 규정되었다. 1930년대부터 등장한 여론 조사는 버네이즈에게 이러한 성공을 측정하고 설명할 수 있는 정량적 방법을 제공했다. 이를테면 그는 '여론 굳히기Crystallizing Public Opinion'•(1923년에 출간)나 '동의의 엔지니어링The Engineering of Consent'(1947)—즉 동의를 기술적으로 생산하는 것—과 같은 예술 형식을 강행했다. 그 외에도 버네이즈는 문예학자 니콜라 게스Nicola Gess가 반쪽 진실의 기술이라고 부른 것을 발전시켰다. 니콜라 게스는 자신의 저서 『절반의 진실 : 현실 조작에 관하여Halbwahrheiten. Zur Manipulation von Wirklichkeit』••에서 이를 "참/거짓이라는 2진법 코드에

• 몇 년 후 베를린에서 베르톨트 브레히트Bertolt Brecht의 〈서푼짜리 오페라Die Dreigroschenoper〉가 초연되었는데, 이 작품에서 버네이즈 식의 인물상을 전형적으로 보여 준 거지 왕은 사람들이 도덕을 위해 사는 것이 아니라 도덕을 수단으로 팔며 살아간다고 말한다.

•• 해리 G. 프랭크푸르트Harry G. Frankfurt에 따르면 또 다른 하위 범주는 '헛소리Bullshit'이다. 즉 '진실의 권한'을 거부하는 것이 아니라 아예 처음부터 그냥 무시하는 조작적인 헛소리다. 프랭크푸르트는 "이러한 이유에서 헛소리는 거짓말보다 더 큰 진실의 적이다."라고 말한다.(해리 G. 프랭크푸르트, 『ON Bullshit』, 주어캄프 Suhrkamp 출판사, 2014년, 44쪽 (국내에서는 『개소리에 대하여』라는 제목으로 출간되었다. —편집자))

따라서가 아니라 신뢰/비신뢰 코드에 따라 작동하고 허구를 사실적 이야기 속으로 편입시킬 수 있는 작은 서사 형식"[8]이라고 설명한다. 참/거짓의 구분은 중요성을 상실하고 있으며, 감정적/객관적 또는 연결성/폐쇄성과 같은 다른 차원이 더 중요해지고 있다. 공적 담론의 기축 통화라고 볼 수 있는 신뢰성은 줄어들고 관심이 그 자리를 대신하고 있다. 옳은 것이 성공하는 것이 아니라 시선을 끌어모으는 것이 성공한다.

　우리 인간이 거짓말이나 반쪽 진실을 폭로하는 데 더 능숙하다면 이제 이 모든 것은 더 이상 문제가 되지 않을 것이다(그리고 분명 버네이즈도 그렇게 부유하고 유명해지지 않았을 것이다). 하지만 그런 일은 우리에게 거의 일어나지 않는다. 미국의 커뮤니케이션 학자 티모시 르바인 Timothy R. Levine이 수많은 실험에서 밝혀냈듯이, 우리가 낯선 사람의 이야기를 들을 때 그것이 거짓말인가 진실인가라는 단순한 판단이 맞을 확률은 약 54퍼센트이다. 이야기하는 낯선 사람이 비전문가이든 정보기관 요원이든 경찰이든 상관없이 말이다. 우리가 오랜 기간에 걸쳐 진화하면서 그렇게 훈련을 했음에도 참으로 비참한 확률 아닌가? 우리와 친숙한 사람들의 경우 올바른 판단은 상대의 전후 배경과 상대가 무슨 이야기하는지에 따라 크게 좌우된다. 또는 우리의 예감이나 솔직함도 영향을 준다. 그러나 일상생활에서 겪는 수많은 느슨한 대인 관계에서 우리는 대부분 르바인이 말한 '진실 모드'로 설정되어 있다. 그도 그럴 것이 "상대방이 진실을 말한다고 가정하는 것은 우리가 속임의 위험을 감수할 수 있을 정도로 많은 이점을 우리에게 가져다준다. 우리는 가끔 속임수에 걸려들 수 있지만 그 대신 효과적으로 소통하고 사회적 상황에서 올바른 방향을 찾아낸다."[9]

하지만 인간이라는 종의 특성상 진실을 위한 투쟁과 상호 신뢰 교환이 일찍이 우리를 자극해왔다. 상당수의 인류학 이론은 우리 인간이 언어와 이야기를 발전시킨 가장 첫 번째 이유가 거짓말을 하기 위해서며, 우리 뇌가 성장하는 가장 중요한 이유가 타인을 더 잘 속이고 속임수를 더 잘 인식하기 위해서라고 가정한다. 성경에 따르면— 프리츠 브라이트하우프트가 『변명의 문화Kultur der Ausrede』에서 설명한 것처럼— 인간이 최초로 한 말조차 다름 아닌 변명이었다. 아담과 이브는 자신들의 견해를 대치시킴으로써 현실에 대한 신의 독점권을 뒤흔든다.•

브라이트하우프트에 따르면 이러한 서사적 모호성은 스토리텔링 자체의 전제조건이다. "변명은 [⋯] 이야기의 다양한 형태 중 하나일 뿐만 아니라 모든 서사 구조를 순수한 형태로 보여준다. 스토리텔링은 변명을 고안하는 것이다."[10] 인간이 세계와 내면의 삶을 재현하고 해석하기 위한 상호 놀이로 내러티브 무장 경쟁을 시작했다는 것이다. 그렇다면 인간은 무엇보다 변명을 늘어놓는 원숭이인가? 아니면 우리 시대의 가장 찬란한 사기꾼 '백만장자 마이크Milliarden-Mike'가 "나는 누구도 속인 적이 없다. 나는 그저 스토리를 팔았을 뿐이다."고 말한 것처럼 스토리텔링에서 중요한 것이 이미 속임수라는 것인가?

• 이를 비롯하여 다른 여성 혐오적 인류 신화에 대해서는 9장에서 다루고 있다.

브라이트하우프트는 여기서 마스터 스토리Master Story(즉 사태를 설명하는 고소 내용, 이를테면 내가 금지했는데도 너희들은 나무에서 열매를 따 먹었다)와 변명(즉 이러한 고소 내용의 내러티브를 바꾸려는 것)을 구분한다. 자세히 말하자면 변명은 인과관계(우리는 그것이 다른 나무라고 생각했다)나 의도(우리는 배가 고팠다), 또는 책임 해석(뱀이 우리에게 교사했다)의 관점에서 사실적 세부 사항을 변경하는 것이다. 이와 같은 변명은 마음 이론Theory of Mind을 가지고 있고 세상을 외부로부터 바라보며 다른 존재에게 공감할 수 있는 생명체에게만 가능하다. 그래야만 상대에게 영향을 미치기 위해 변명이 어느 방향으로 흘러가는 것이 좋은지를 판단할 수 있다. 이러한 관점에서 우리는 세상의 거의 모든 조작적인 내러티브가 일종의 변명(책임 회피)이나 정당화(책임 축소)라는 것을 인식한다. 말하자면 개인이나 대중 전체에게 영향을 미치기 위한 의도적인 재평가다. 궁극적으로 자신의 견해를 마스터 스토리, 즉 지배적인 내러티브로 만들려면 그 내러티브에 새롭고 대안적인 스토리를 입혀야 한다.

그렇게 되기 위해서는 집단 역학, 즉 확산의 도미노 효과를 다시 거치게 된다. 말하자면 이른바 확산 이론Diffusion theory의 의미에서 자신의 주변 세계에 어느 정도 영향을 미치는 개개인이 변명이나 거짓말, 또는 반쪽 진실을 퍼뜨린다. 모든 사람에게는 사실에 대한 자신의 확고한 믿음이 흔들리는 임계점이 있다. 솔직히 말해서 당신에게 중요한 사람들을 포함하여 당신 주변의 많은 사람이 UFO를 믿기 시작한다면 장기적으로 확고부동하게 당신 혼자 이에 반대할 수 있겠는가? 만약 그렇게 한다 해도 진실은 종종 많은 사람이 동의할 수 있는 것이라는 사실을 인정할 수밖에 없다.

이야기의 특징은 사람들이 그것을 아주 진지하게 믿거나 아니면 믿지 않는다는 것이다. 종교적 숭배는 반어적으로도, 허구적으로도 작동하지 않는다. 반면 영화관에서는 정반대다. 스크린이 그 순간에 일어나는 실제 사건을 보여준다고 정말로 믿는 사람은 극장에 가지 않는 것이 좋다. 일상적인 서사는 이러한 양극 사이에서 일어나며, 이는 명백한 언어 행위라기보다 문예학자 알브레히트 코쇼르케가 말한 것처럼 '서사 놀이'에 가깝다. 이 놀이에는 규칙과 내기뿐만 아니라 제공된 마스터 스토리에 '아니오'라고 말할 수 있는 선택권도 제공되어 있다. "생각하는 것이나 말하는 것처럼 이야기하는 것에도 충분한 내재적 진실의 징표가 없다. 그 안에는 진실, 겉모습, 소문, 무지, 착각, 거짓말의 요인들이 소용돌이처럼 혼합되어 있다."[11] 우리는 서약한 진술인데도 그 신뢰성을 확인하기도 하며, 가장 흥미진진한 일이라도 사실이라 여길 때는 잘 이야기하지 않는다. "그리스인들은 신화를 믿었는가?" 이는 프랑스의 문예학자 폴 벤느Paul Veyne가 쓴 책 제목이다. 그의 대답은 '예'도 '아니요'도 아니다. 신화를 믿는 것이 그리스인들에게 유용했다면 전적으로 믿었을 것이다. 기본적으로 그들은 제우스, 헤라, 헤라클레스, 프시케가 글자 그대로의 의미가 아님을 아주 잘 알고 있었다. 이들은 가치와 규범에 대한 의견을 교환하기 위한 실제적 상징이었다. 이러한 관점에서 보면 우리는 그때 이후로 거의 달라지지 않았다. 내러티브가 우리에게 유용하다면, 다시 말해 내러티브가 우리 내면의 화자를 정당화하고 부족주의적 언쟁에서 우리에게 이점을 제공하거나 우리의 서사적 자아가 일관된 것처럼 보이게 한다면 우리는 기꺼이 내러티브를 믿는다. 그러므로 우리는 유포되고 있는 내러티브와 스토리의 대부분은 아니지만 일부는 의식적으로 혹은 무의식적으로 현실이나 진실과 거의 일치하지 않는다고 가정해야 한다.

누가 '진실한' 이야기를 하고 있으며 누가 이 이야기를 조작하려고 하는지가 항상 처음부터 분명했다면 이야기하는 것과 듣는 것이 별로 재미가 없을 것이다. 브라이트하우프트에 따르면 "행위자 자신도 모르는 동기나 무의식적인 영향이 그를 제어하고 있다는 추론이 많아질수록 서사적 잠재력은 더 커진다."**12** 이야기는 결말의 불확실성에 도입부의 불확실성이 겹쳐야 비로소 흥미진진해진다. 누가 왜 **이** 이야기를 나에게 하는 것일까? 왜 **이러한** 방식으로? 이야기하는 목적은 무엇인가? 나는 의심이 너무 많은가 아니면 너무 적은 것일까?

화자와 청자의 관계는 마술사와 관중 사이의 관계로 가장 잘 설명될 수 있을 것이다. 마술사가 속임수를 놀이로 인정하고 심각하게 생각하지 않는다면 관중은 기꺼이 속임수에 넘어갈 의향이 있다. 20세기 초 영국(을 비롯한 다른 유명한 곳)에 살았던 서아프리카 남성 프린스 모노룰루Prince Monolulu는 우리 눈에 **반쪽** 진실의 마법왕처럼 보인다.• 그는 자신을 부족의 추장이라고 불렀고 그에 걸맞은 눈에 띠

• 나중에 5분 정도 시간을 내서 그에 관해 적혀 있는 위키피디아 항목을 읽어보라.

는 복장을 하였지만, 주로 더비Derby 경마에서 정보제공자로 일했고 간간이 런던의 이스트 엔드 시장에서 점쟁이로 일하기도 했다. 이곳에서 그는 임산부에게 1실링을 받고 태아의 성별을 예측해주고 만약 틀리면 돈을 다시 되돌려주겠다고 약속했다. 우리가 이 이야기를 여러분에게 하는 이유는 무엇일까? 프린스 모노룰루는 항상 새로운 이야기를 포장하여 잠재 의식적으로 우리 세계관에 영향을 미치고 수없이 거짓임이 밝혀졌음에도 명확한 검증과 제재를 가하기 어려워 어떤 지장도 받지 않은 내러티브의 효력을 구체화한 인물이다. 말하자면 그는 자신의 예언 — 아들 혹은 딸 — 을 임산부 앞에서 큰 소리로 말할 뿐만 아니라 종이에 써주고 봉투에 넣어 봉인한 다음 임산부에게 그 위에 서명하게 했다. 그의 예언이 맞을 확률은 50퍼센트였고 상당한 돈을 긁어모았다. 그러나 몇 달 후 아이가 예언과 다른 성별로 태어나자 아이 엄마는 잊고 있던 잘못된 예언을 떠올리고 사기꾼을 폭로하기 위해 화를 내며 봉투를 열었다. 그런데 쪽지에는 올바른 성별이 적혀 있었다. 모노룰루는 돈을 되돌려줄 필요가 없었다. 한마디로 그는 항상 자신이 큰소리로 예언한 것과 반대되는 내용을 종이에 썼다. 그의 마스터 스토리는 거짓말이었지만 동시에 항상 맞기도 했기 때문에 약점을 잡기 어려웠다.

여기에는 그가 병원에서 초콜릿에 질식하여 비극적인 죽음을 맞는 내용도 포함되어 있다. 그는 수많은 영국 여성들에게서 돈을 사취했겠지만 이것으로 정말 좋은 인생 이야기를 엮어냈다. 더 많은 허풍과 속임수에 대해 알고 싶다면 자신의 소유도 아니었던 에펠탑을 매각했던(그것도 두 번이나) 빅토르 루스티히 백작을 찾아보라.

그러나 니콜라 게스가 언론 사기꾼 클라스 렐로티우스Claas Relotius 사건에서 설명했듯이 우리는 이보다 훨씬 덜 눈부신 진실 제작자에게 호되게 기만당하기도 한다. 기자였던 렐로티우스는 수년 동안 날조된 르포 기사로 〈슈피겔〉지 편집부, 독자층, 특히 가장 중요한 기자상 심사위원단을 아주 악의적으로, 그리고 아주 기발하게 기만했다. 렐로티우스는 그들의 구미에 딱 맞는 소재로 기사를 작성했다. 말하자면 모두가 믿고 싶을 만큼 사람들의 이목을 끄는 아주 훌륭하고 화려한 스토리를 썼다. 이 스토리의 내적 진실이 너무도 믿을 만해서 실제와 다르게 꾸며낸 상황 — 이를테면 렐로티우스가 한 번도 가본 적이 없는 장소, 그와 한 번도 이야기를 나눈 적이 없는 주인공 등 — 이 독자의 마음속에서 진실성 있는 보도로 느껴지게 했다. 그는 무엇보다 사람들이 좋아하는 내러티브와 마스터플롯을 조합했는데 — 막강한 적대자와 맞붙고 무고한 영혼을 기적적으로 구출하는 등의 고전적인 영웅 여정, 자신을 겸손한 연대기 저자이자 남을 돕기 좋아하는 동료로 묘사하는 자기 서사 — 이는 주변 모든 전문가의 불신을 무감각하게 만들었다. 렐로티우스는 동료 유안 모레노Juan Moreno가 편집부의 거센 반대를 무릅쓰고 용기와 끈기로 그를 폭로하기 전까지 (너무) 오랫동안 이러한 거짓 기사를 계속 썼다.* 앞에서

---

* 유안 모레노는 궁극적으로 저널리즘 세계 전체를 렐로티우스의 거짓말에서 구하기 위해 그의 뜻을 받아들이지 않는 상사와 동료 렐로티우스의 명성에도 굴하지 않고 자신의 의심을 견지했다. 현혹되지 않은 유일한 사람의 이야기, 용감한 기자 유안 모레노의 서사시, 이보다 더 좋은 영웅 여정은 없을 것이다. 유안 모레노는

잠깐 언급한 UFO 이야기를 기억하는가? 모두가 UFO 이야기를 아주 철저하게 조사했다고 생각하며 이를 매우 믿을 만하다고 생각한다고 해보자. 심지어 UFO 이야기를 한 사람이 상까지 받는다면 당신은 〈슈피겔〉과 같은 기관과 동료들, 궁극적으로 대중에게 반기를 드는 유일한 사람이 될 수 있겠는가? 모레노는 렐로티우스의 속임수를 성공시킨 공식을 다음과 같이 요약했다. "과장된 운명과 연관성, 사회 한가운데에 퍼져 있는 일반적인 지배적 의견을 인정하는 것은 명성을 약속한다."[13]

렐로티우스는 거의 병적인 수준으로 거듭 속임수를 행했다. 니콜라 게스에 따르면 "새로운 멋진 정체성을 실제로 정당화하기 위해서"[14] 렐로티우스는 더 훌륭하고 새로운 반쪽 진실 이야기를 들려주어야 했다. 물론 가장 진지한 저널리즘도 언제나 현실의 모사에 불과할 수 있다. 그는 인식론적, 미학적 강박에 시달렸고, 이러한 강박은 상당수의 사실을 누락시킴으로써 어쩔 수 없이 그의 기사를 덜 '진실' 하게 만들었다. 그러나 렐로티우스와 같은 사기꾼은 의도적으로 허구의 경계를 넘어섰다. 게스가 말했듯이 그가 이러한 행동을 한 이유는 "자신이 아닌 다른 사람, 말하자면 지칠 줄 모르는 기자, 두려움에 굴복하지 않는 진실의 추구자, 고결한 저널리즘 정신을 가진 기자로 보이기 위해서다."[15] 게스에 따르면 사기꾼은 "반쪽 진실의 주체"[16]

자신의 베스트셀러 『수천 행의 거짓말Tausend Zeilen Lüge』에서 이 영웅적인 여정에 대해 직접 이야기하고 있다.

다. 렐로티우스 역시 스캔들 이후 첫 인터뷰에서 스토리텔링을 현실의 최후의 닻이라고 표현했다. "주제에의 몰두, 기사 작성에의 집중, 이것이 나를 잘못된 방향으로 이끌었다. 이 때문에 나는 잘못된 생각을 억누를 수 있었다. 나는 기사를 쓸 때 현실과 계속 맞닿아 있다는 느낌을 받았다."[17] 이로써 병적인 수준까지 고조된 그는 살아남기 위해 자기 자신마저 속이는 이야기하는 원숭이의 모습을 보여준다.

"그들은 어떻게 그렇게 할 수 있었을까?" 한나 아렌트의 이 질문으로 다시 돌아가 보자. 이를테면 어떻게 미국 정부는 잘못된 명분으로 베트남 전쟁을 벌이려고 — 결국 이기지도 못했다 — 수년 동안 거짓말을 할 수 있었을까? 어떻게 자신을 기만하면서까지 전쟁을 도발할 수 있었을까? 이는 정치의 전략적, 도덕적 올바름 문제만은 아니다. 진짜 왜곡은 대중의 인과적 조작이 정치적 신조의 차원이 아니라 서사적 우위의 차원에서 이루어진다는 것이었다. 미국은 자신이 마스터 스토리의 유일한 합법적 소유자라고 생각했다. 그리고 이 마스터 스토리로 자기의 뜻을 관철하고 심지어 전쟁을 수단으로 마스터 스토리를 자기충족적 예언Self-Fulfilling Prophecy으로 만들어야 했다. 아렌트는 이렇게 말한다. "그들은 높은 지위와 놀라운 자신감 덕분에 — 전장이 아니라 홍보 분야에서 — 압도적으로 성공할 것임을 매우 확신했고, 사람을 조종할 수 있다는 심리학 이론의 올바름을 굳게 믿고 있어서 자신의 믿음을 절대 의심하지 않았으며 여론을 둘러싼 전투에서 자신들이 승리할 것임을 미리부터 당연하게 여겼다."[18] 존슨 대통령과 그의 참모들은 자신들이 실패했다는 사실을 반공 이데올로기에 어긋나는 다른 모든 사실처럼 외면했다. 특히 미국 대 소련과 중국 동맹이라는 최강 적대주의가 존재하지 않는다고 생각하면서 말이다. 이로써 그들은 인간이라는 종이 스스로 자기 눈을 멀게 하는 엄청난 선례를 보여준다. 우리는 우리의 서사 본능을 작동시키는 모든 것과 모든 사람(종종 우리 자신이 그렇기도 하다)을 너무 쉽게 믿으면서 바라본다.

우리가 기존의 (자기) 서사의 일관성을 위해 견지하는 가장 흔한 인식의 왜곡은 확증편향Confirmation Bias으로 알려져 있다. 우리는 우리가 믿고 싶은 것 — 또는 다른 사람들이 믿어야 하는 것 — 을 믿으며 그에 따라 모든 정보를 분류한다. 렐로티우스도, 프린스 모노룰루도 어느 정도 이러한 확증편향을 사용했다. 우리는 우리의 확신과 상충하는 지식보다 우리의 견해와 의도를 뒷받침하는 지식을 더 중요하게 평가한다. 말하자면 우리 자신은 적어도 모순투성이인 세상을 볼 때는 서사적으로 매우 좋지 못한 판단을 내린다. 어떤 의미에서 보면 우리는 최고의 사기꾼이다.

우리가 개인적이라고 생각하는 선호도조차 사회학적, 경제적 허구다. 우리는 사후에 과거를 회상하며 인과관계를 만들어 '나는 그것을 진즉에 알고 있었다'라고 생각하는데, 이러한 현상은 사후판단 편향, 혹은 잠복성 결정론Creeping Determinism이라고 부른다. 사회학자 던컨 와츠Duncan Watts에 따르면 사후판단 편향은 특히 이례적인 큰 성공이 관찰될 때 효과를 보이기 시작한다. 더 특별한 성공일수록 그 성공 스토리는 더 훌륭하고 논리적이어야 한다. 와츠는 특정 그림과 책, 또는 이념이 유명해진 이유를 조사하면서 사회적 관계의 힘을 연구한 자기의 동료 마크 그래노베터Mark Granovetter의 저술을 인용했다.[19] 그래노베터는 1978년에 불안과 집단행동을 연구하기 위해 소위 문턱값 모델을 개발했다. 그의 작업가설에 따르면 많은 사람이 어떤 요구나 새로운 이념을 위한 행동을 한 개인에게 제시할 경우 그 사람의 행동이 변하게 된다. 모든 사람은 자기의 행동을 변화시키는 데 필요한 서로 다른 문턱값을 가지고 있다. 그래노베터는 폭동에서 이것을 관찰했다. 이러한 무리 본능이 특히 폭동에서 더 잘 보이는 이유는 더 많은 사람이 참여할수록 붙잡힐 가능성이 더 작아지기 때문이다. 그는 예를 들어 이념이 어떻게 퍼지는지 조사하는 소위 확산Diffusion 연구에서 문턱값 모델을 사용하여 다음과 같은 간단한 공식을 제시한다. 즉 낮은 문턱값을 가진 개인이 많으면 새로운 이념이 더 빨리 퍼질 수 있고, 문턱값이 높은 개인이 많으면 개혁이 느리게 진행된다는 것이다.[20]

와츠는 문턱값 모델을 사용하여 '누적 이익Cumulative Advantage'이라는 개념을 도입했다. 즉 어떤 노래나 책이 다른 노래나 책보다 인기를 더 얻으면 순식간에 몇 배나 더 많은 인기를 얻게 되는 경향이 있다는 것이다. 그 노래나 책이 더 좋고 더 아름답고 더 똑똑해서가 아니라 왜 모두 그것에 관심을 보이는지 그 이유에 대해 언젠가 모두가 관심을 보일 것이기 때문이다. 누적은 이렇게 작동되며[21], 스토리 역시 이와 똑같이 작동한다. 아마도 세상은 실재와 사실에 의해 결정되는 것과 아주 똑같이 거짓과 반쪽 진실에 의해 결정될 것이다. 우리 인간은 심리적으로 여전히 모든 부족 구성원을 신뢰하고 싶은(대부분은 그렇게 할 수 있다) 수렵채집인이다. 또한 우리 문명이 지닌 특정 사회 시스템은 우리가 기본적으로 서로를 신뢰하기 때문에 가능하다. 예를 들면 돈, 대출, 이자, 미디어, 저널리즘, 현대 의학 등 이것들의 작동 기제를 비전문가인 우리는 거의 꿰뚫어 볼 수 없다. 하지만 환자 입장에서 우리는 현대 의학에 우리 몸을 맡긴다. 이러한 인간적인 신뢰는 우리 모두에게 매우 소중하기 때문에 어쩌다 발생하는 기만과 속임의 비용은 집단으로 감당할 수 있다. 와이어카드Wirecard 스캔들을 생각해보라. 금융자본주의와 이를 제도화하는 증권거래소와 같은 발명은 우리에게 이익에 관한 스토리(사실은 아무런 이익이 없지만)를 들려주는 사기꾼에게 취약할 수 있다. 하지만 무역이나 세계화, 혁신이 없었다 해도 모두가 사기를 칠 또 다른 대상을 찾아 헤매 다녔을 것이다.

이제 가장 큰 거짓말을 폭로할 때가 되었다. 우리 삶은 자원과 권력으로의 접근을 체계화하는 몇몇 조작적 내러티브에 의해 결정되었고 지금도 그러하다. 이러한 내러티브는 누가 주인공이고 누가 적대자인지를 분류한다. 그리고 권력과 불의를 아주 믿을 만하게 미화시켜서 우리 사회의 토대가 사물의 질서에 대한 정교한 허구라는 사실을 우리가 더 이상 눈치채지 못하게 한다. 이제 우리는 세상이라는 극장의 등장인물처럼 인간을 연출하는 이러한 강력한 '어른을 위한 동화'에 대해 이야기하려고 한다.

인류 역사 초기에 사냥꾼들은 매머드를 실제보다 더 크게 만들었다. 그래야 이야기가 더 널리 전파될 가능성이 크기 때문이었다. 어쩌면 이러한 허풍이 우리 인간을 천적으로부터 구했을지도 모른다. 하지만 언젠가부터 우리는 이러한 진화적 이점을 다른 인간에게 맞서서 사용하기 시작한다.

저자인 우리는 어른을 위한 동화를 어떤 순서로 제시해야 할지 오랫동안 논의했다. 연대순으로, 동화 의도에 따라, 동화의 효과에 따라, 혹은 오늘날 얼마나 강력한 영향을 미치는지에 따라? 우리는 어른을 위한 동화가 모아레Moire 무늬로 엮인 인간 운명의 카펫처럼 너무 얽혀 있어서 최종적으로 분류하기가 불가능하다는 사실을 깨달았다. 예를 들어 소유와 무소유에 대한 경제적 허구는 서사적으로 포장된 경건함과 관련이 있으며, 인간 집단의 억압은 주로 경제적 이유도 있지만 종교적으로 위장되기도 했다. 그렇기 때문에 내러티브는 서로 뒤섞여서 넘나든다.

그러나 이러한 어른 동화의 일부를 보다 자세히 들여다보면 오늘날 우리가 더불어 사는 우리 삶에 관해 이야기할 때 수천 년 전과 매우 비슷한 허구를 이야기한다는 사실을 확인하게 된다. 이러한 허구가 불의의 진짜 원인을 아주 훌륭하게 감추기 때문이며 무언가를 변화시켜야 한다는 우리의 부담감을 덜어주기 때문이다. 그리고 무엇보다 우리가 허구를 믿고 싶기 때문이다.

최초의 어른 동화 : 호모 이코노미쿠스

"이 세대는 화석 연료 연소로 인한 이산화탄소의 꾸준한 증가 […] 로 말미암아 글로벌한 규모의 대기 조성을 변화시켰다."[22] 여러분은 이 말이 언제 그리고 어떤 미국 대통령이 의회에 제출한 문장이라고 생각하는가? 2000년대 초 버락 오바마 대통령? 1990년대 빌 클린턴 대통령? 아니면 그보다 10년 전인 조지 H. W. 부시 대통령?

우리가 답을 알려주겠다. 이는 1965년에 린든 존슨 대통령이 했던 말이다. 그로부터 수십 년이 흐르는 동안 인간이 만든 기후 변화에 대한 학문적 증거는 일반적인 확신으로 굳어졌다. 하지만 아무 일도 일어나지 않았다. 그 이유는 무엇일까? 이에 대해 우리는 이 책의 10분의 1에 해당하는 한 장 전체에 서술했다. 그러나 이번 장에서 한 단계 더 나아가 최근에 부상하기 시작한 기후학이 체계적으로 의혹의 씨를 뿌려 만들어놓은 현재의 위기에 모든 전문가가 어떻게 반응했는지 이야기하려고 한다. 역사학자 나오미 오레스케스Naomi Oreskes의 책 제목이기도 한 '의혹을 파는 사람들 Merchants of Doubt' (국내에는 『의혹을 팝니다』라는 제목으로 번역 출간되었다.—편집자)은 20세기 후반에 특히 영어권 국가에서 반쪽 진실, 사이비 학문, 수사학적 눈속임을 전문적으로 완벽하게 조작했다.* 이들은 에드워드 버네이즈와 허브 클라

---

* 이 책의 독일어판 제목은 『과학의 마키아벨리. 부정의 네트워크Die Machiavellis Der Wissenschaft. Das Netzwerk Des Leugnens』이다. 이 중요한 책이 독일에서 많은 어려움을

인의 후계자다. 이들이 사용하는 방법은 상대의 주장을 피하고자 정제되고 감추어져 있지만 우리는 오늘날 이러한 내러티브 전쟁의 영향을 그 어느 때보다 잘 느낀다.

오레스케스는 '담배 전략'에 대한 이야기를 한다. 1990년대 중반에 담배 연기(특히 간접흡연의 경우)의 유해성을 둘러싼 논의에서 의혹을 파는 사람들의 메커니즘과 술책이 처음으로 문서로 기록되고 연구되었기 때문이다. 그러나 흡연의 문제든 흡연이 유발하는 암의 문제든, 이산화탄소 배출로 벌어진 기후 변화의 문제든, 오존 구멍의 문제든, 산성비의 문제든 상관없이 예전에는 직접 돈을 벌던 학자였다가 지금은 산업 로비로부터 돈을 받는 같은 사람들이 경제 전문 변호사와 홍보 전문가의 도움을 받아 불편한 진실을 담론에 끌어들인 모든 전문가를 공격했다. 그들은 가능한 모든 채널에서 반대 이야기를 했다. 이를테면 연구 결과가 입증되지 않았다거나 정치적 영향을 받았다거나 학자들이 특정 협회나 기업으로부터 돈을 받았다거나 학문적 합의가 실제보다 훨씬 더 취약하다거나 양쪽 이야기를 모두 들어봐야 한다는 등의 이야기를 전했다. 배후에 놓인 내러티브는 개별 연구와 보고서를 둘러싼 수많은 작은 전쟁을 모두 함께 들여다보아야 비로소 명확해진다. 의혹을 파는 사람들은 우리가 불안한 사회를 걱정하거나 변화시킬 필요가 없다고 속삭였다. **자신을 변화시킬 필요가 없다**고 말이다. 이는 우리가 늘 마주치는 매혹적이면서도 거짓된 약속

겪은 것은 놀라운 일이 아니다.

이다. 이러한 약속은 어디에나 존재하는 힘겨운 영웅 여정보다 덜 까다롭다.

이렇게 전문적으로 진실을 제조하고 주문하는 자들은 인간을 효용 극대화라는 단 하나의 기능으로 축소하는 경제학의 핵심 이론을 암시적 또는 명시적으로 내세운다. 호모 이코노미쿠스(경제학에서는 '합리적 행위자' 또는 '효용 극대화를 추구하는 자'라고도 부른다)는 모든 시점과 모든 조건에서 자신의 이득을 늘리려고 한다. 그것도 무제한으로 말이다. 호모 이코노미쿠스는 비용 - 편익 원칙에 따라 세상을 이성적으로 바라보고 끊임없이 자신의 소유를 증대시키려고 한다. 우리는 이러한 내러티브와 그 토대를 이루는 인간상이 잘못되었다는 사실을 오래전부터 알고 있다. 우리는 한편으로 분명 이성적이지 않으며(이 책에서도 이미 보여주었듯이), 다른 한편으로 더 많이 가지는 것이 우리 중 많은 사람을 전혀 행복하게 해주지 못한다(한편으로 세계 빈곤 지역에 사는 많은 사람은 여전히 충분한 식량과 건강, 치안을 보유하고 있지 못하다).

칼 마르크스Karl Marx는 로빈슨 크루소와 같은 호모 이코노미쿠스의 방법론적 개인주의를 이미 비판한 바 있다. 마르크스는 18세기의 로빈슨 이야기를 "'부르주아 사회'의 선례"라고 보았으며 '자연에서 독립한 주체'를 '한편으로는 봉건 사회 형태의 산물로, 다른 한편으로는 16세기 이후 새롭게 발전한 생산력의 산물'로 보았다.[23] 그리고 경험적 관점에서도 그의 말은 옳았다. 호모 이코노미쿠스는 하나의 모델로 보더라도 놀라울 정도로 쉽게 반박할 수 있다. 이에 관하여 뉴욕의 택시 운전사라는 특정 집단의 행동을 조사한 매우 인상적인 연구가 있다. 그들의 수입 상황은 특정한 날에 특정한 이유로(이를테면 박람회, 날씨 등) 아주 많은 손님을 태울 수 있는지에 주로 좌우된다. 따라서 효용 극대화를 추구하는 그들이 매출을 올리기 위해 손님이 많은 날에는 교대 근무를 길게 하고 손님이 적은 날에는 일찍 퇴근한다고 가정해볼 수 있다. 하지만 그 반대였다. 즉 대다수 운전자는 스스로 매출 목표를 설정하고 이에 도달할 때까지만 택시를 운전하는 듯했다. 이 연구에 따르면 택시 운전사들이 매일 같은 시간 동안 택시를 운행할 경우 수입이 8퍼센트 오를 수 있으며, 손님이 많은 날에는 더 많이 운행하고 손님이 적은 날에는 더 적게 운행할 경우는 심지어 15퍼센트까지 수입을 늘릴 수 있었다. 하지만 택시 운전자는 엄격하고 합리적으로 효용 극대화를 추구하는 사람들이 아니다. 그들은 최적의 매출액을 위해서가 아니라 목적을 달성했다는 좋은 느낌을 위해 운전한다. 그리고 그들은 미래에 가능한 수입에 비해 현재 수입의 가치를 과대평가한다.*

그런데 절대적인 목표보다 우리에게 훨씬 더 많은 영향을 미치는 것은 다른 사람과의 비교다. 수많은 행동경제학 실험에 따르면 우리가 자신을 다른 사람과 동등하거나 더 낫다고 인지하는지에 따라, 즉 다른 사람과 비교해서 우리가 얼마나 더 많이 혹은 더 적게 가졌는지

---

* 믿기지가 않는가? 그렇다면 택시 운전사에게 하루에 얼마나 운행을 하는지 물어보라. 손 안의 참새가 지붕 위의 비둘기보다 나은 법이다. 사람들이 현재에 집착하는 위험성에 대해서는 12장에서 더 자세히 다루고 있다.

에 따라 우리의 만족이 크게 좌우된다. 이는 부족주의적 존재로서 집단에도 똑같이 적용된다. 즉 다른 집단보다 우리가 속한 집단의 안녕이 중요하다. 간단히 말해 효용 극대화를 추구하는 존재로서 우리는 아주 형편없다. 그렇기 때문에 영화와 문학에서 가장 인기 있는 주인공은 효용 극대화를 완고하게 추구하지 않는 사람이다. 그들은 오히려 의심, 애호, 사고의 오류, 두려움, 목표를 가지고 있으며, 목표를 추구한 후에는 영웅이 되는 것을 그만둔다. 그들은 모든 것을 얻고 싶어 하지만 가장 많은 수량을 얻는 것이 그들의 목표는 아니다. 그리고 이러한 가장 높은 수치가 그들의 초기 목표였다면 스토리가 그들을 바로잡아줄 것이며, 그러한 외부적 매력을 물리치는 것이 주인공의 내적 변신의 주제가 될 것임을 거의 확신할 수 있다.

그러나 호모 이코노미쿠스를 대신하는 전 세계적으로 유용하고 훌륭한 대안적 내러티브가 보이지 않는다. 이에 대해 작가이자 인지심리학자인 크리스티안 슈퇴커Christian Stöcker는 다음과 같이 쓰고 있다. "경제학자들은 더 많은 것을 원하는 것이 인간의 불변적인 기본 특성이라는 주장에 근거하여 여러 모델을 구축했다. 우리는 이러한 도그마를 바탕으로 경제 시스템을 구축했는데, 이 시스템은 결코 사람들을 행복하게 하지 않는다는 것이 드러났다. 동시에 이 시스템은 중기적으로 우리 지구를 사람이 살 수 없는 곳으로 만드는 위협을 가한다. 전체 소유물의 절반 이상이 세계 인구의 1퍼센트 사람들의 손에 넘어가는데 어떻게 우리가 우리 자신의 환경을 돌이킬 수 없을 정도로 파괴할 수 있단 말일까?"[24]

그럴 수도 있다. 강력한 여러 내러티브가 이러한 불의를 지지하고 무엇보다 성장의 약속과 시장의 '보이지 않는 손'이라는 동화를 미화하기 때문이다. 냉전이 종식된 후 미국은 이념적으로 내러티브를 과격화시켜서 승리한 내러티브로 칭송받게 했다. 이를테면 가급적 국가의 개입을 최소화한 자유 시장경제뿐만 아니라 시장 급진적이며 자유방임주의적인 근본주의까지 극치로 끌어올렸다. 후자에 관해 이야기할 때 미국의 철학자 아인 랜드Ayn Rand를 빼놓을 수 없다. 그녀는 자신의 특별한 친구 앨런 그린스펀Alan Greenspan(후에 미국 연방준비제도이사회 의장을 역임했으며 여러 정부에서 매우 영향력 있는 경제고문을 맡았다)과 함께 오늘날 '신자유주의'라는 이름으로 기능하는 이념들을 주창했다. 로널드 레이건Ronald Reagan과 마가렛 대처Margaret Thatcher는 신자유주의를 처음으로 정부 정책으로 채택했다. 대처는 영국의 시장뿐만 아니라 궁극적으로 사람들의 '영혼'도 자신의 큰 관심사라고 말한 것으로 자주 회자된다. 모든 시장 참여자의 완전한 자유와 그들의 최대 번영을 방해하는 '좋은' 시장과 '나쁜' 국가라는 내러티브는 1980년대부터 2008년의 금융위기까지 전 세계적인 논쟁을 주도했다. 다른 한편으로 이 내러티브는 모두가 자신의 성과에 따라 합당한 보상을 받는다는 능력주의Meritocracy 신화로 지지받았다.

20세기의 모든 성장 이데올로기와 착취 이데올로기는 호모 이코노미쿠스, 즉 자유 시장과 (잘못 추정된) 성과 원칙을 통해 탁월하게 정당화될 수 있다. 혹자는 이성적으로 보이지만 사실은 허상에 가까운 이러한 믿음과 관련하여 마치 종교와 같다고 말한다. 왜냐하면 종교의 규율과 계명, 작용 기제, 설교자는 예를 들면 2008년의 글로벌 금융위기 때나 장기적으로 삶의 기반을 파괴하는 경우에도 의문시되지 않기 때문이다.

그리고 초기 종교 신화에서 군주제와 현대의 통화제도 발명에 이르기까지 다른 모든 어른 동화를 자세히 살펴보면 서사적으로는 우리의 생각보다 실제로 발전을 거의 못 했다는 것을 알 수 있다.

신은 분명 미쳤다

여러분 바로 옆에서 번개가 친다면 어떤 생각이 들까? '휴우, 내가 운이 좋았네'라는 생각? 아니면 '내가 신을 공경하는 삶을 살아서 다행이야'라는 생각? 이는 우리가 3장에서 언급한 예를 다시 한번 떠올리게 한다. 번개를 가지고 종교를 발명할 수 있다는 것을 말이다. 종교는 한 문화에 담겨 있는 대부분 스토리의 서사적 틀과 정당성, 출처로서, 말하자면 일종의 어른(과 아이)을 위한 메타 동화로서 내러티브를 독점하면서 잘 기능해왔다. 그런데 계몽주의의 등장으로 비로소 종교는 막강한 서사적 경쟁 상대를 얻게 되었다. 계몽주의와 맞붙음으로써 종교의 명료성은 더 복잡해졌다.

유명한 작가의 유명한 희곡에 등장하는 유명한 등장인물은 "사느냐 죽느냐 그것이 문제로다."라고 말했다. 이 말을 만들어낸 윌리엄 셰익스피어가 모든 시대를 통틀어 오늘날 여전히 위대한 예술가 중

한 명으로 꼽히는 데는 그럴 만한 이유가 있다. 왜냐하면 그의 이야기가 새로운 양상의 원인과 결과, 나아가 새로운 사고방식을 다루고 있기 때문이다. 그는 선과 악이 명확하게 나누어져 있다고 생각하지도 않았고, 이성이나 감정을 통해 분명하게 정당화할 수도 없다고 여겼다. 우연한 일이 관여하기는 하지만(또는『한여름 밤의 꿈A Midsummer Night's Dream』에서처럼 희극 전체를 관통한다), 결국 인간의 행동과 실수가 비극적이든 희극적이든 사건의 흐름을 결정한다. 그렇다면 신은? 신은 더 이상 필요하지 않다. 무엇보다도 신은 부당하고 종종 제멋대로인 잔혹한 세계의 일상적 경험에서도, 그리스 신화의 이야기에서도 특히 신뢰할 만한 존재가 아니었다. 신정론Theodicy 문제, 즉 자비로운 신이 어떻게 그토록 많은 현세의 고통을 허용할 수 있느냐는 물음을 다뤄본 사람이라면 누구나 '신은 분명 미쳤다'는 결론에 도달할 수 있었다.

이와 같은 제목의 1980년 남아프리카공화국의 영화〈신은 분명 미쳤다The Gods Must Be Crazy〉(한국에서는〈부시맨〉이라는 제목으로 상영되었다—옮긴이)에서 비행기에서 던진 코카콜라 유리병이 칼라하리 사막에 사는 부족의 추장 자이Xi의 발 앞에 떨어진다. 자이는 이 병을 이해하기 어려운 우연이 아니라 신의 표식이라고 간주한다. 달리 어떻게 생각할 수 있었겠는가? 그런데 이 신의 선물이 무엇에 쓰이는 물건인지 알 수가 없는 원주민들은 용도를 알아보려고 노력한다. 이 '도구'가 그들 주변의 다른 물건과는 달리 딱 하나만 존재하기에 부족 사람들 사이에 점점 더 많은 분쟁이 발생한다. 그래서 자이는 이 '사악한 물건'을 '세상 끝'까지 가져가서 신에게 되돌려주기로 결심한다. 이렇게 영웅 여정이 시작되며 이 여정의 목표는 종교의 원초적 내러티브로부터 등을 돌리는 것이다. 말하자면 모든 것을 통제하고 모든 것에 의미를 부여하는 초자연적인 힘이 존재한다는 이념에서 전향하는 것이다. 이 초자연적 힘의 출발점이 생각 없이 던져진 문명의 쓰레기(이것은 당시 소위 '제3세계' 주민들의 눈에는 갖고 싶은 사치품이었다)라는 사실은 분명 서사적으로 그렇게 의도되었다. 그러나 왜 어떤 사람들은 콜라병으로 부자가 되고, 어떤 사람들은 그저 콜라병에 대한 꿈만 꾸고, 어떤 사람들은 콜라병으로 무엇을 해야 할지조차 모르냐는 문제는 우리가 처음 생각했던 것보다 훨씬 크다. 왜냐하면 장기적으로 볼 때 인간이 우연보다 더 견디기 어려운 것은 단 하나, 즉 이유를 알 수 없는 부당함이기 때문이다. 종교가 오랫동안 가장 영향력 있는 서사였던 이유는 문화와 역사, 문명의 범위 안에서 불공평하게 분배된 권력과 지배를 체계화 및 정당화하고 나아가 모든 초월성을 통제하는 권한을 갖고 있었기 때문이다. 그러나 계몽주의 시대의 유럽에서 종교는 경쟁 상대가 생겼다. 자세히 말하자면 새롭게 두 가지가 등장했다. 바로 소설과 경제다. 이 두 가지는 우연을 그저 신의 뜻으로만 받아들일 수 있었던 종교보다 그것을 더 잘 지배할 수 있었다. 이 둘은 생각보다 더 밀접하게 관련되어 있다.

18세기 유럽의 문학 장르로서 인기를 얻은 소설은 사람들이 자기 자신과 자신의 사회적 맥락에 깊이 몰두할 수 있는 '선도적 매체 Leitmedium'로 발전했다. 문예학자이자 철학자인 요제프 보글은 소설이 무엇보다 '우연성' 기능, 즉 우연에 맡기는 기능을 가지고 있다고 보았다. 소설의 등장인물은 자신의 이야기를 하는 내내 우연과 자의적인 신의 섭리에 조종되어 비틀거리지 않고 자신의 내적 충동에 따라 행동했다. 동시에 소설은 경제적 주체를 확립했다. 이러한 변천을 보여주는 아주 초기 예는 독일 최초의 산문소설 Prosaroman으로 꼽히는 『포르투나투스 Fortunatus』이다. 1509년에 인쇄된 이 작자 미상의 텍스트는 다음의 네 가지 축을 중심으로 흘러간다. 첫째, 행운의 여신을 만나는 주인공 포르투나투스. 둘째, 단순한 봉건 신민에서 자립적 상인으로의 점진적 발전. 셋째, 영웅 포르투나투스가 접하게 되는 중요한 무역로와 화폐, 상품에 대한 재무 검토. 넷째, 보글이 말한 '자본과 다산의 유사성'[25], 즉 '생산력과 돈의 동기적인 얽힘'[26]. 돈은 서사 과정 자체의 매개체가 되며, 과거에는 오로지 신분이나 신의 결정 권한이었던 모든 등장인물과 그들의 관계를 이제부터는 돈이 정의한다. 금전적인 것은 냉정한 체제라고 볼 수 있지만 비인간적인 엄격성에서 볼 때 신이나 우연이 다스리는 체제보다 더 신뢰할 만하다.

러시아의 문학사가 미하일 마흐친 Mikhail M. Bakhtin이 보여주듯이 우리의 이야기는 현대 소설의 등장으로 타자에 의해 결정된 스토리, 즉 인간이 운명이나 신이 야기한 기이한 일들과 만나게 되는 스토리에서 주인공(과 그들의 동기)이 행위 유발자가 되는 플롯으로 변천했다. 비교적 자유로운 부르주아적 주체가 확립되는 동시에 개인에 관해 이야기하는 적절한 방식이 생겨났다.

셰익스피어의 경우에는 여전히 돈 대신 권력과 사랑 문제가 중요했다. 하지만 그의 이야기들은 이미 여러 차원에서 놀라울 정도로 계몽적이었다. 그의 이야기에 등장하는 인물 중 어느 하나도 착하기만 하거나 악하기만 한 경우가 거의 없었다. 자연조차도 셰익스피어에게는 양가적이다. 즉 잔인하기도 하고 사랑스럽기도 하며, 매혹적이기도 하고 위협적이다. 영국 시인 존 키츠John Keats는 인과관계를 즉시 찾지 않고 불확실성, 신비, 의혹을 보류하는 셰익스피어의 계몽주의적인 '부정적 수용 능력Negative Capability'[27]을 증명해 보였다. 예를 들면 햄릿은 문학사에서 아마도 가장 유명한 '사느냐 죽느냐'라는 독백에서 삼촌이 아버지를 죽였다는 확신을 갖고 삶을 받아들여야 하는지 죽음을 택해야 하는지에 대해 저울질한다.

셰익스피어는 주인공의 내적 혼란과 모호성에서 영웅 여정의 고전적 지점을 찾는다. 왜냐하면 영웅이 자신에게 서사적으로 의도된 역할을 거부하고 모호함 속에서 매우 현대적인 것을 창조하기 때문이다. 오늘날 우리는 셰익스피어가 그의 희곡에서 만들어낸 태도를 모호함에 대한 관용, 즉 모순되는 것을 견디는 능력이라고 부를 수 있을 것이다. 그리고 이것이 바로 우리가 오늘날에도 그의 이야기를 아주 기꺼이 무대에 올리는 이유다. 그의 이야기는 관객인 우리에게 도덕성, 해석, 근거를 남긴다. 셰익스피어의 이야기 속에 담긴 가장 중요한 메시지는 계몽과 불가항력에서 벗어난 자유라고 볼 수 있다. 또는 문예학자 한스 디히터 겔페르트Hans-Dieter Gelfert가 말했듯이 "셰익스피어의 비극에서 카리스마 있고 타협하지 않는 영웅들은 질서를 깨뜨리고 추락한다. 그리고 곧이어 그 자리에 타협 준비가 된 현대의 실용주의자들이 들어선다. 그들은 카리스마도 없고 곧 영국 계몽주의에서 자주 인용되는 상식에 따라 행동한다. 그러나 약자의 위치에서 재치 있는 여성들이 해결책을 내놓는 희극이 훨씬 더 현대적으로 느껴진다."**28** 이러한 이유에서 겔페르트는 셰익스피어를 '현대의 전령', 말하자면 이성과 열정 사이에서 결정을 내릴 수 있는 새로운 인간에 대해 — 이러한 계몽적 인간이 실제로 나타나기도 전에 — 이미 이야기했던 예언적 시인이라고 말한다.

셰익스피어는 햄릿의 입을 빌어 동시대 사람들에게 이렇게 알린다. "하늘과 땅 사이에는 인간의 철학으로 꿈도 꿀 수 없는 일들이 얼마든지 있어." 이 인용문이 담겨 있는 『햄릿』은 1603년에 인쇄되었다. 임마누엘 칸트Immanuel Kant는 계몽주의의 획기적인 작품 중 하나로 꼽히는 『순수 이성 비판』을 1781년에야 비로소 출판했다. 그런데 셰익스피어는 세상이 많이 발전했음에도 대부분 중세의 인물을, 『줄리우스 시저』의 경우에는 심지어 고대를 향해 손짓하는 인물을 끌어온다. 말하자면 왕과 여왕, 귀족과 기사의 운명은 신인(神人)의 운명과 다를 바 없었고 그들은 자기의 피로 인해 주인공과 적대자가 될 운명이었다. 반면 다른 계층의 사람들은 그저 주변 인물에 지나지 않았다. 영국의 절대군주제는 1688/89년이 되어서야 명예혁명을 통해 종식되었다. 그리고 이 혁명으로 왕실의 영웅, 종교의 영웅이 가졌던 패권도 무너졌다.

이제 우연과 정의의 분배에 관한 다음 질문을 제기할 차례다. 우리가 '군주제'라고 부르는 이 기이한 이야기를 시작한 사람은 정말로 누구였을까?

왕의 발명

왕의 이야기는 선지자 사무엘의 탄생과 사명으로 시작된다. 판관 사무엘은 나이가 들자 자기의 일을 이어받아서 할 사람으로 아들인 요엘과 아비야를 지정한다. 그러나 두 아들은 신에 대한 경외심은 거의 없고 본인들의 이익에만 관심이 있다. 그러자 장로들이 사무엘에게 의뢰하며 부탁한다. "보소서, 당신은 늙었고 당신의 아들들은 당신의 길을 따르지 아니하니 모든 나라가 하듯이 우리에게 왕을 세워 우리를 다스리게 하소서."[29] 이스라엘 민족은 침략과 압제로부터 끊임없이 위협받고 있었기 때문에 안정적인 새로운 사회질서라는 해결책을 마련해야 했다. 필리스틴, 암몬, 가나안 민족에게 이미 시행되고 있던 메소포타미아의 군주제 모델은 멀리서 볼 때 유망해 보였다. 사무엘은 단 한 명의 통치자를 바라는 것이 하나님의 권위를 의심하는 것이기에 두려움에 경악하고 통치자를 왕으로 세우는 것을 거부한다. 하지만 하나님은 사무엘에게 백성의 소망을 따라야 한다고 설명한다. "백성이 네게 한 모든 말을 다 들으라. 그들이 너를 버린 것이 아니라 나를 버려 자기들의 왕이 되지 못하게 하는 것이다."[30]

구약의 「사무엘상」은 이스라엘이 정치적 격동 시대에서 예루살렘 중앙 정부가 있는 군주제로 이행하는 과정을 이렇게 묘사하고 있다. 그 당시 사람들의 삶을 잠간 상상해보자. 인간이 최종적으로 정착하고 더 큰 사회를 구축했을 때 적어도 세 가지 발전에는 새로운 이야기들이 필요했다. 첫째, 함께 사는 사람들이 많을수록 자기 파괴적

혼돈에 빠지지 않기 위해 스스로 조직을 정비해야 했다. 둘째, 한 지역의 인구밀도가 높을수록 낯선 민족을 만날 가능성이 높았다. 갈등과 공존이 전쟁으로 해결되지 않으면 어떻게든 타결이 이루어져야했고, 경계 설정이 역사에 나타나기 시작했다. 셋째, 사람들은 정착과함께 처음으로 재산을 축적하기 시작했고 이를 통해 새로운 경제 지렛대로서 상속이 생겨났다. 문명은 점점 더 커지고 더 부유해지고 경쟁이 더 심해졌으며 이에 따라 위계질서도 더 엄격해졌다. 즉 어떤 사람들은 다른 사람들보다 더 많은 권력과 부를 가짐으로써 더 많은 권리와 특권을 동시에 누렸다.

조직화할 수 있는 집단이나 문명, 도시, 국가의 규모가 커질수록소수의 사람이 상층에 위치하고 다른 많은 사람이 하층에 위치하는이유에 대한 설명은 더 정교하고 더 설득력이 있어야 했다. 이를 위해서 설득력 있는 스토리가 필요했다. 그리고 실제로 스토리는 자원의부당한 분배와 이용에 논리적으로 좋은 의미를 부여할 수 있었고, 이를 통해 모든 국민은 가장 독단적인 불의조차도— 즉 태어날 때부터모든 권력을 행사할 수 있는 유일한 절대주의적 통치자의 불의를 —기꺼이 받아들일 수 있었다. 특히 종교는 매우 효과적인 메타 내러티브Metanarrative로 자리 잡았고, 군주제 역시 성공적인 스핀 오프Spin-Off가 되었다.

사무엘의 위임 스토리는 어떻게 진행되었을까? 늙은 판관 사무엘은 왕을 임명해야 하는 동시에 백성에게 경고도 해야 한다. 왕이 될사람이 좋은 인상을 줄 수 있지만 백성을 실망시키게 할 것이라고 말이다. 곧이어 사무엘은 하나님의 명령을 받아 사울에게 기름을 부어 공식적으로 그를 왕으로 삼는다. 그리고 예고된 일이 그대로 일어난다. 사울은 필리스틴과 골리앗과의 싸움에서 패한다. 결국 하나님의 말씀이 옳았음이 드러난다. 그러나 이제는 너무 늦었고 세습군주제가 수립되었다. 세습군주제는 2천 년이 넘는 기간 동안 지속되면서 수많은 결과를 초래했다.

이스라엘 초대 왕의 이러한 (다소 실망스러운) 이야기뿐만 아니라 초대 교황 베드로가 기독교인들에게 로마 황제를 숭배하라고 명령한 내용은 신에 의해 합법화된 지상의 대표자로서 왕의 전통을 확립하고 이를 통해 군주제에 복종하는 것을 정당화하기 위해 가톨릭교회가 거의 2천 년 동안 내세운 근거였다. 엄밀히 말하자면 중세 군주제의 자기 서사 중 일부는 명백히 군주제를 비판하는 역사에 기반을 두고 있다. 역설적으로 민주주의를 이유로 사람들은 역기능적인 군주제를 받아들였다. 이러한 의미에서 중세 전체는 영락없는 브렉시트Brexit였다.

역사를 되짚어 보면 군주제의 발명은 그 전제의 부조리함—한 개인이 단지 그렇게 태어났다는 이유로 다른 모든 사람을 다스리는 권력을 얻는다—을 감안해 볼 때 놀라울 정도로 오래 지속되었다. 군주제가 인류 역사에서 꾸준히 지속되었던 것에 비해 자유민주주의는 생긴 지 얼마 안 된 개념이다. 사회가 세습군주제 원칙에 실질적으로 의문을 제기하기 시작한 것은 불과 2세기 전이었다. 그 이유는 무엇이었을까?

한 가지 생각해볼 수 있는 이유는 불안정한 시대에 이러한 역경에 맞서 싸우는 사회의 통치자가 신의 위임을 받았다는 이념만큼 사람들을 안심시키는 것은 없다는 것이다. 어떤 의미에서 보면 왕은 신화적 영웅의 업그레이드였으며 자신을 증명할 필요조차 없고 순전히 자신의 존재와 이를 둘러싼 신화를 통해 모든 문제를 해결하는 뛰어난 인물이었다. 이에 대해 역사학자 도널드 핸슨Donald W. Hanson은 다음과 같이 설명한다. " … 마치 기아, 폭력, 전쟁에 끊임없이 직면해 있는 단순한 사회와 결부된 헤아릴 수 없는 모든 사회적 문제, 모든 불안과 두려움이 안정적인 왕권 이념으로 상쇄되는 듯하다."[31] 마법과 같은 왕의 이야기는 실제로 사회적 정서를 안심시키기 위한 동화이며, 권력 계승으로 확실하게 마련된 지속적인 사회질서에 대한 서사적 약속이다. 불안정에 대한 무의식적인 두려움은 오늘날까지 왕에게서 보이는 영웅 숭배를 설명할 수 있다. 왕관과 소위 '푸른 피'는 왕에 대한 이러한 동화의 상징일 뿐 원천이 아니다.

신의 권한에 의해 합법화된 왕이라는 논리에서 왕은 당연히 어떠한 세속적 권위에도 종속되지 않으며 '신의 은총으로' 신의 뜻을 수행한다. 이러한 점은 왕을 비판으로 공격할 수 없게 만든다. 왜냐하면 모든 결정과 결의가 신성하게 합법화되기 때문이다. 이러한 허구에서 벗어날 탈출구는 없었다. 이것을 허구라고 폭로할 만한 방책이나 다른 허구로 대체할 만한 것이 없었기 때문이다. 이에 견줄 수 있는 해석 주권을 가진 대안적 스토리를 제시하려면 자신이 직접 종교나 적어도 종파를 세워야 했다. 그리고 고대 로마 공화정의 기독교인들처럼 자신이 세운 종교가 국교로 인정받기 전에 먼저 잔인하게 박해받았다. 그다음에는 자신의 마스터 스토리를 공격한 사람들을 박해했다. 근대 초기까지 왕의 몸은 신의 은총을 받은 대표자이자 늙어가는 자연적인 신체라는 두 가지 역할을 가지고 있으며, 이 두 역할의 통일성은 정치체Body Politic의 형태로만 이룰 수 있었다. 독일의 역사학자 에른스트 칸토로비치Ernst Kantorowicz는 자신의 저서 『왕의 두 신체. 중세 정치신학 연구Die zwei Körper des Königs. Eine Studie zur politischen Theologie des Mittelalters』(1957)에서 신을 대표하는 초월적인 불멸의 몸과 개인적인 필멸의 몸으로 이루어진 왕의 신체의 이원성 이념을 발전시킨다. 이러한 '법적 허구Legal Fiction'로부터―이 책에서 말하는 것처럼―신적이자 동시에 인간적인 그리스도의 역동성과 반영이 생겨난다.[32]

군주제의 성공뿐만 아니라 군주제적 서사를 가능하게 하고 자기 보호를 위해서도 필요했던 기독교에서도 매우 중요한 것은 궁극적으로 두려움을 조장하는 것이었다. 이와 함께 강력한 초자연적 현상, 신의 처벌에 대한 두려움, 집단 규칙의 준수가 수반되었다. 어쨌든 지옥은 기독교뿐만 아니라 여러 다른 종교에서도 흥미로운 발명품 중의 하나다. 우리가 아이들에게 무서운 이야기를 들려줌으로써 착하게 행동하도록 만들 듯이 당시 사람들도 이승 세계의 규율을 잘 따르기 위해 영원한 고통과 고문으로 괴로워하는 지옥의 묵시록에 관해 이야기했다. 신의 처벌에 대한 실존적 두려움은 인간을 도덕적 태도로 이끄는 데 도움이 된다. 이러한 기능은 아주 오랫동안 지속되었다. 인간이 자초한 미숙함의 지옥에서 벗어나야 한다는 것을 깨닫기 전까지는 말이다.

막스 호르크하이머Max Horkheimer와 테오도르 아도르노Theodor W. Adorno는 자신들의 유명한 저서 『계몽의 변증법 Dialektik der Aufklärung』 (1944)에서 이렇게 쓰고 있다. "진보적 사유라는 가장 포괄적인 의미에서 계몽은 예로부터 인간에게서 공포를 몰아내고 인간을 주인으로 세운다는 목표를 추구해왔다. 그러나 완전히 계몽된 지구에는 재앙만이 승리를 구가하고 있다. 계몽의 프로그램은 세계의 탈주술화였다. 계몽은 신화를 해체하고 지식에 의해 상상력을 붕괴시키려 한다."³³ 이에 따라 계몽주의의 이성적 프로그램은 종교, 귀족, 미신에 대한 위대한 서사를 무너뜨렸다. 하지만 격렬한 서사적 갈등으로 이어지기도 했다. 미리 정해진 소수의 사람이 통치권을 장악하면 안 된다면 누가 통치해야 할까?

이러한 가운데 미국 혁명과 프랑스 혁명은 새로운 내러티브를 제시했다. 18세기 혁명가들은 모든 사람은 원칙적으로 평등하다는 기상천외한 이념에 근거하여 세습군주제를 폐지하고 국민에 대한 책임을 지닌 권력 대표자를 선출하게 했다. 신과 그 대리자들이 다스리는 세상에서 부당함은 신에 대한 경건함으로 견뎌낼 수 있다. 하지만 신이 위계질서를 세우지 않는 현실에서는 어떻게 대처해야 할까?

새로운 동화 : 누구나 자신의 왕관을 만든다

3장에서 설명했듯이 르네상스는 개인주의를 이미 칭송했던 그리스 신화와 철학을 즐겼다. 계몽주의는 이러한 개인주의를 결정적으로 발전시켰다. 인간의 운명에 대한 책임을 신에게 돌리는 이야기를 포기하고 세상에서의 우리 위치가 출생에 의해 결정되어야 한다는 믿음을 버린 후부터 우리는 실용주의적 현실주의를 받아들이게 되었다. 말하자면 성공과 실패가 부지런함과 재능의 결과라고 생각했다. 우리는 노력과 성과를 근거 삼아 어떤 사람들은 출세하고 어떤 사람들은 궁핍하게 산다는 사실을 점점 더 받아들였다. 새로운 지배 권력도 더 이상 출생에 따라 결정되는 것이 아니라 그 직책에 '마땅한' 사람에게 주어졌다. 서구의 성과주의 사회의 모든 경제적, 사회적 자기 서사는 이러한 능력주의 내러티브—일을 통한 성공—에 기반을 두고 있다. 아마도 이것은 오늘날 가장 영향력 있는 어른 동화일 것이다.

경제 저널리스트 마이클 루이스Michael Lewis는 2012년 프린스턴 대학교Princeton University에서 졸업 연설을 하면서 마지막에 버클리의 캘리포니아 대학교 심리학자들이 수행한 실험을 이야기했다. 이 실험에서 세 명으로 이루어진 다수의 팀이 방에 배치되어 도덕적 문제를 해결하는 과제를 받았다. 세 명 중 한 명은 무작위로 팀 대표로 임명되었다. 하지만 팀 대표에게 특별한 의무나 역할을 주지는 않았고 세 명이 함께 과제를 해결해야 했다. 30분 후에 누군가가 쿠키 네 개가 담긴 접시를 가져왔고, 세 명의 피험자는 이 쿠키를 나눠 먹어야 했다. 그 결과 모든 팀에서 임의로 선정된 팀 대표가 네 번째 쿠키를 먹었다. 루이스는 엘리트 졸업생들에게 이렇게 설명했다. "일반적으로 볼 때 여러분 모두는 팀 대표로 임명되었습니다. 어쩌면 여러분의 임명은 완전히 임의적인 것은 아닐 것입니다. 그러나 여러분은 반드시 이 임명의 임의적 측면을 의식해야 합니다. 여러분은 운이 좋은 소수입니다. 여러분 모두에게는 여분의 쿠키가 주어져 있습니다. 그리고 앞으로 더 많은 여분의 쿠키가 여러분에게 주어질 것입니다. 그리고 조만간 이 여분의 쿠키를 자신의 것이라고 쉽게 생각하게 될 것입니다."[34]

여기에서 내면의 화자가 다시 공격을 개시하고 심리학자들이 '통제 위치Locus of Control'라고 부르는 것을 수행한다. 즉 개인마다 크게 차이는 있지만 우리는 자기 운명을 통제하고 있으며 일어나는 사건이 우리가 내리는 결정과 관계가 있다고 믿는다. 개인의 통제에 초점을 두는 것은 소위 기본적 귀인 오류Fundamental Attribution Error와 결부되어 있다. 말하자면 타인에게 나쁜 일이 일어났을 때 우리는 그 책임이 그들 개인에게 있다고 믿는다. 하지만 우리에게 나쁜 일이 일어날 때는 우리가 처한 상황에 책임을 돌리는 경향이 있다. 그리고 우리가 순전히 운으로 그룹 대표가 되더라도 여분의 쿠키가 자신의 것이라고 생각한다. 우리는 우연의 경우에도 업적을 생각한다.

자신이 이길 수 있다는 가정에서 게임을 하는 플레이어에 대해 5장에서 이야기한 내용을 기억하는가? 우리의 잠재적 성공에 대한 믿음, 우리 성공에 대한 책임이 전적으로 우리에게 있다는 믿음은 우리의 전체 사회 시스템, 특히 경제에 득이 된다. 내가 직업적인 자기 효능감을 느낄 때 비로소 이를 위해 매일 일어나고 초과 근무를 하고 감정적, 육체적으로 힘을 소모하고 좋아하지 않는 업무를 해결할 수 있다. 무엇보다 일을 하면서 보람을 느낄 수 있기 때문이다. 영웅이 되고 싶은 인간으로서 우리는 괴물과 맞서야 성공의 영광을 누릴 수 있다고 믿는다.

행복한 우연이 기본 전제가 아닌 내러티브에서 마법 요소가 될 수 있는 것은 바로 희망이다. 희망은 우리가 하는 행동에 의미를 부여하고 우리가 행복할 가치가 있다고 생각하게 만든다. 희망은 우리가 더 잘하기만 한다면 우리 자신의 이야기가 더 나은 결말을 맞이할 것이라고 믿게 한다. 또한 희망은 고된 일과 반복되는 실패라는 힘든 순간을 통과하여 우리를 안내한다. 반면 다량의 운이 우리 성공을 결정지을 뿐 우리가 부지런한지 아닌지는 거의 중요하지 않다는 이야기를 들으면 우리는 최선의 경우에는 태연해지거나 최악의 상황에는 낙담하거나 사기를 잃게 된다.[35] 후자와 같은 이야기는 자본주의와 같은 경쟁이 치열한 환경에서는 비생산적이다. 반대로 생각해보면 우연을 거부하면 추가적인 노력을 기울일 수 있다. 그리고 결과적으로 우리는 우리가 가진 것을 유지할 자격이 있다고 느낀다. 왜냐하면 우리가 가진 것이 전적으로 우리의 업적이라고 생각하기 때문이다. 그것이 단지 쿠키에 불과할지라도 말이다.

말하자면 능력주의는 영웅 여정의 중요한 전제, 즉 훈련과 극복, 변화를 통해 자신을 업그레이드해야 한다는 전제를 기반으로 한다.

자신을 변화시킬, 다시 말해 자신을 극대화할 마음가짐을 가진 사람, 자신을 희생할 준비가 되어 있는 사람, 열심히 일할 용의가 있는 사람만이 해피엔드를 누릴 자격이 있다. 능력주의라는 용어는 1958년 마이클 던롭 영Michael Dunlop Young이 자신의 저서 『능력주의의 부상The Rise of Meritocracy』(국내 출간 제목 『능력주의』)에서 풍자적인 개념으로 처음 사용하였으며, 비굴하게 성과에 집착하고 하이퍼포머Highperfomer, 즉 고성과자의 폭정이 지배하는 2033년 사회의 억압적인 이미지를 표현했다. 비록 마이클 영은 능력주의를 조소적으로 표현했지만 이 개념은 더 정의로운 사회질서라는 긍정적인 의미의 약속으로 발전했다. 왜냐하면 역으로 생각해보면 능력주의는 왕국이 없는 사람은 자기 자신에게 잘못이 있다는 것을 의미하기도 한다. 많은 사람이 괴물을 물리칠 기회조차 얻지 못하거나 도전에 사용할 무기로 고작 뭉툭한 막대기만 손에 쥐게 된다는 사실은 함께 고려되지 않는다. 마이클 영은 2001년에 다음과 같은 사실을 씁쓸하게 확인했다. "나는 가난하고 불우한 사람들이 나락으로 떨어질 것이라고 예상했고 실제로 그렇게 되었다. 업적을 무척이나 중시하는 사회에서 업적이 없다는 평가를 받는 건 정말로 괴로운 일이다. 하층계급이 이처럼 도덕적으로 무방비하게 노출된 적은 없었다."[36]

능력주의적 관점은 교육, 직업, 인간관계로의 접근이 모든 사람에게 동등하게 제공되지 않는다는 사실을 인식하지 못한다. 이미 학교 교육에서 재능이나 성과, 자질에서 쉽게 파생되지 않는 사회적 불평등을 만든다. 거의 모든 서구 사회에서 교육과 직장에서의 성공에 대한 가장 확실한 지표는 여전히 부모의 지위다. 이러한 관점에서 보면 성공은 얻어지기보다는 상속되는 것처럼 보인다. 그럼에도 더 좋은 자질을 갖춘 사람들은 일반적으로 자신의 황금빛 미래가 자신의 성과 덕분이라고 생각한다. 현대 사회가 선호하는 자기 서사는 독자적으로 자신의 길을 나아가며 모든 역경과 운명에 맞서는 사람으로 귀결된다. 신자유주의에 따라 기능화된 이러한 영웅 여정은 우리의 신화 DNA를 사용하기 때문에 우리의 서사적 직감 속에서 납득할 만하고 정당하게 보인다.

이때 사회적으로 배제된 사람들이 그 책임이 본인에게 있으며, 나아가 자신들이 성과가 있는 사람들에게 의존해서 산다고 확신시키는 서사적 속임수가 사용된다. 그러므로 능력주의는 뒤처지고 배제된 사람들을 영웅 여정을 수행하는 사람들의 적대자로 만든다. 그리고 영웅 여정을 수행하는 사람들은 자신보다 약하고 궁핍한 사람들을 상대로 자연스럽게 공감 연습을 한다. 그래서 『공정하다는 착각 : 능력주의는 모두에게 같은 기회를 제공하는가 The Tyranny of Merit: What's Become of the Common Good?』의 저자이자 철학자 마이클 J. 샌델 Michael J. Sandel은 이러한 어른 동화에 대해 성찰할 것을 촉구한다. "지금은 우리의 능력주의적 오만함에 의문을 제기하고 도덕적, 나아가 정신적 변화가 필요한 때다. 나를 성공시킨 재능을 도덕적으로 받을 자격이 나에게 있는가? 내가 우연히 갖게 된 재능을 높이 평가하는 사회에서 사는 것이 나의 업적인가? 아니면 나의 운인가? 나의 성공이 나의 업적이라는 주장은 다른 사람의 입장을 헤아리기 어렵게 만든다. 인생에서 운의 역할을 인정하면 어느 정도의 겸손함을 가질 수 있다."[37]

피부색의 역할도 마찬가지다. 백인이 아닌 여성 저자•와 백인 남성 저자인 우리는 지난 몇 년 동안 오랜 확신을 뒤엎은 인식 과정을 거쳤다. 이 과정은 '인종'이 꾸며낸 이야기이며 다양한 방식으로 우리에게 깊이 박혀 있는 해로운 어른 동화임을 깨닫는 것에서 시작되었다. 그렇다면 그 근원은 어디일까?

흑인을 만들어내다

미국의 역사학자 넬 어빈 페인터Nell Irvin Painter는 반 흑인 인종차별의 역사를 다룬 자신의 저서 『백인의 역사The History of White People』에서 독일의 사회학자 막스 베버Max Weber의 말을 인용한다. "행복한 사람은 덜 행복한 사람에 비해 행복하다는 사실에 만족하지 않고 나아가 자기의 행복에 대한 '권리', 즉 덜 행복한 사람과 달리 자신이 '마땅히' 행복해야 한다고 의식한다. 그리고 덜 행복한 사람이 자신의 불행을

• 여기에서도 피부색의 상대성과 사회적 구성이 명백히 드러난다. 이 책의 여성 저자는 자신의 출생 국가인 독일과 어머니의 출생 국가인 미국에서 백인이 아닌 '유색인종Person of Color'으로 간주된다. 반면 그녀의 아버지가 태어난 나라인 모로코나 브라질에서 그녀는 백인으로 간주된다. 그리고 저자가 성장한 프랑스어권 나라에서 그녀는 백인도, '유색인종'도 아닌 '뵈레Beure'(북아프리카 출신의 부모에게서 태어난 사람을 프랑스어로 일컫는 말—옮긴이), 정확하게는 '뵈레뜨Beurette'('뵈레'의 여성형—옮긴이)였다.

'받아 마땅하다고' 생각한다. 행복의 정당성을 향한 이러한 심리적 안정 욕구는—정치적 운명이든 경제적 상황의 차이든 신체적 건강의 차이든, 에로틱한 경쟁에서의 행운이나 그 무엇이든—우리에게 일상의 경험을 가르쳐준다."[38]

특권층의 사람들은 자신이 특권층에 위치할 자격이 있다는 이야기, 자신의 (착각일 수도 있는) 우월성이 만물의 자연적 질서일 뿐만 아니라 자신의 마땅한 권리라는 이야기를 끊임없이 찾아왔다. 그리고 이것은 인종의 발명으로 이어진다. 즉 피부색이나 두상 형태, 머리카락 구조 등이 부당한 대우의 정당함과 불변성을 합법화한다는 것이다. 이러한 이야기가 여러분에게는 친숙하게 느껴지는가? 백인들은 자신이 지금의 위치에 마땅히 있을 자격이 있으며, 반면 다른 사람들이 열악한 위치에 있는 것은 그들의 잘못이라는 역사를 스스로 구축했다. 이것은 귀인 오류Attribution Error다. 인종 이념은 오랫동안 (오늘날에도 여전히) 피부색에 근거한 일종의 백인을 위한 능력주의였다. 사람들이 인종에 대한 거짓말에 더 확신을 가질수록—확산 이론Diffusion Theory 참조—그 거짓말은 점점 더 진실로 인지되었다. 그렇다면 이러한 허구는 어떻게 확립될 수 있었을까? 이와 관련하여 역사학자 이브람 켄디Ibram X. Kendi는 우리에게 하나의 이야기를 들려준다.

이 이야기는 여행으로 시작한다. 모로코 출신의 여행가인 이븐 바투타Ibn Battūta는 1352년 서아프리카 말리 지역에 대해 쓴 자신의 일기에서 "사람들은 이 나라에서 완전히 안전하다고 느낀다. 토착민도, 여행자도 습격이나 폭력에 두려워할 필요가 없다."[39]고 썼다. 이븐 바투타는 이슬람 세계를 발견하고 탐험하고 모험한 중요한 인물 중 한 명으로, 30년 동안 12만 킬로미터를 여행했다. "여행, 그것은 당신의 말문을 막히게 만들며 당신을 이야기꾼으로 변신시킨다."[40]라는 말도 그에게서 나온 것이다. 그는 탐험을 하며 무엇보다 지식을 가져왔는데, 이 지식 때문에 그는 자신의 고국 모로코에서 미움을 사게 되었다. 왜냐하면 그의 여행기와 고국에 있던 법관들의 의견이 엇갈렸기 때문이다. 말리가 안전하다고? 그럴 리가! 이븐 바투타가 다양한 민족에 대해 쓴 자신의 여행기를 통해 전달하고자 했던 인간의 평등과 동등함은 모로코 엘리트와 학자들에 의해 거부되었고, 그들은 이븐 바투타를 거짓말쟁이라고 악평하고 동굴에 사는 흑인들이 식인종이라는 등의 반대 이야기를 심어나갔다.* 이븐 바투타의 이야기로 모로코에서 번성하는 노예무역이 악영향을 받을 위험이 너무 컸다.[41]

이븐 바투타로부터 약 1세기 후에 포르투갈의 고메스 에네스 드 주라라Gomes Eanes de Azurara는 엔히크 항해 왕자Infante Dom Henrique de Avis에 관한 책을 저술했다. 그는 당대 가장 규모가 큰 노예 무역상

---

* 켄디가 쓴 것처럼 이븐 바투타의 '적수'인 튀니지 출신의 이븐 칼둔Ibn Khal dūn은 당시 이슬람 세계에서 인정받는 박식가였으며, 자신의 획기적인 저서 『무깟디마 — 역사에 대한 서문The Muqaddimah An Introduction to History』 곳곳에서 사회적, 정치적, 경제적 발전에 대해 놀랍도록 현대적인 관점을 제시하는 동시에 사하라 이남 아프리카Sub-Saharan Africa 사람들을 동물 같은 열등한 민족으로 묘사함으로써 무슬림에게 노예로 팔리는 것을 정당화하는 경제적 서사를 굳혔다.(이븐 칼둔: 『무깟디마 — 역사에 대한 서문The Muqaddimah An Introduction to History』 뮌헨, C.H. Beck 출판사, 117쪽과 122쪽)

중 한 명이었고 최초로 검은 피부를 가진 흑인들만 노예화했다. 켄디가 자신의 저서 『처음부터 낙인찍히다 : 미국 인종차별 사상의 역사 Stamped from the Beginning: The Definitive History of Racist Ideas in America』에서 설명하고 있듯이 엔히크의 조카인 포르투갈 왕은 주라라를 고용하여 엔히크의 전기를 작성하게 했다. 마침내 1453년 주라라는 엔히크 왕자의 장대한 항해를 묘사했다. 북아프리카 중개인에게서 노예를 사는 대신 사하라 이남 아프리카를 항해하며 노예무역을 위해 사람들을 잡아들인 최초의 유럽인. 엔히크 왕자의 연대기를 저술한 주라라의 주장에 따르면 엔히크 왕자에게 정말로 중요했던 것은 노예를 기독교로 개종시키는 것이었다. 이에 따라 주라라는 아프리카에서의 자유보다 노예제도가 더 나은 것으로 묘사했다. 왜냐하면 아프리카에서 "그들은 영혼과 육신의 저주 속에서 살았기 때문이다. 성스러운 믿음의 빛과 명석함이 없는 이교도의 영혼을 가졌기 때문이다. 그리고 짐승처럼 살았던 그들의 육신에는 이성적인 존재의 습관이 전혀 배어 있지 않았으며, 빵도 포도주도 알지 못하고 이불이나 옷, 집도 없었다. 그리고 최악은 그들의 커다란 무지함으로 말미암아 선을 전혀 이해하지 못하고 오로지 짐승 같은 나태함 속에서 사는 법만 알고 있다는 것이다."[42]

켄디에 따르면 주라라는 이 책에서 그 이전에는 아무도 하지 않았던 것을 했다. 바로 아프리카 대륙의 모든 사람을 단일민족 집단으로 정의한 것이다. 그리고 그들을 일괄적으로 동종 집단으로 보고 모든 유럽인에 비해 낮게 평가했다. 대서양 노예무역을 막 시작하면서

사하라 이남 아프리카 사람들을 대규모로 납치하여 노예로 팔았던 포르투갈 왕실은 주라라의 글 덕분에 완벽한 모험 이야기를 얻을 수 있었다. 다른 유럽 국가들은 포르투갈의 본보기와 아프리카 사람들의 원시성에 대한 주라라의 허구 이야기를 따라 아프리카 대륙에서 사람들의 소유물을 빼앗았다. 이렇게 아프리카인은 독실한 기독교인에게 돈을 벌게 해주는 자원이 되었다. 모두가 불멸의 영혼과 형이상학적 가치를 지닌 하나님의 백성이라는 이야기는 노예가 되는 것이 아프리카인에게 축복과 같은 것이라는 이야기로 보완되거나 은폐되었다. 유럽 기독교인은 이러한 서사적 속임수로 자신을 역사의 영웅으로 만들 수 있었다. 이에 관해 사회학자 알라딘 엘 마팔라니Aladin El-Mafaalani는 『무엇을 위한 인종차별인가?Wozu Rassismus?』에서 다음과 같이 요약하고 있다. "사람들은 정당화가 필요해서 정당화를 만들어냈다. 인종을 꾸며내고 인종에 대한 사이비 과학 이론을 발전시킴으로써 현재와 현재의 역사가 설명되고 정당화될 수 있었다. 인종차별적인 지식이 있으면 양심껏 착취하고 억압할 수 있었다. 말하자면 빼앗은 것이 아니라 준 것이다."**43** 고삐 풀린 시장처럼 공급보다는 수요에 의해 결정되는 내러티브 경제학은 진실한 이야기(이를테면 이븐 바투타의 이야기)가 아니라 이야기를 거래하는 사람들에게 이익을 더 가져다주는 이야기가 주로 전파되는 결과로 이어졌다.

　노예제도와 다양한 '인종'*의 개념은 그보다 훨씬 이전부터 존재

● 영어에서 '인종Race'은 피부색의 사회 정치적 구성을 내포하는 더 정확한 개념이

했다. 고대 그리스인과 로마인에게 노예는 있었지만 '인종'은 없었다. 피부색이 서로 다르다는 것을 인지하기는 했지만 누가 어떤 피부색을 가지고 있다고 정해지지는 않았다. 그리스인의 시각에서 이집트인이나 에티오피아인은 자신과 같은 민족이었고 단지 예술이나 문화, 사는 곳이 달랐을 뿐이다. 그렇다고 이것이 그리스 사회에서 모든 사람이 동등했다는 것을 의미하지는 않는다. 우리가 알고 있듯이 한편으로 그리스인은 모든 피부색의 노예를 소유했고, 다른 한편으로는 자신의 문화적 척도와 비교하여 이를테면 북부의 종족을 미개한 야만인으로 간주했다. 한 사람의 가치가 외모가 아닌 출신 성분으로 확정되었다. 아리스토텔레스는 '기후 이론'에 근거하여 인간의 위계를 발전시켰는데, 이에 따르면 지중해성 기후는 지중해 주변의 문명화된 민족으로 이어지지만 북쪽의 극한 추위나 남쪽의 건조한 더위는 오로지 야만인을 발생시킨다는 것이었다. 그리스에서는 발현 형질Phenotype과 노예제도가 아무런 관련이 없었으며 사회적 지위가 유일한 결정적 요인이었다. 동유럽인을 비롯하여 하얀 피부를 가진 사람들은 아주 오랫동안 노예가 되었으며 '노예Slave'라는 단어가 '슬라브Slav'에서 파생되었을 정도였다.[44]

유럽이 아프리카를 공격적으로 식민지화하면서 주라라와 같은

다. 우리는 식민지 역사를 기술하면서 'Race'에 해당하는 독일어 단어로 '피부색Hautfarbe'이 아닌 '인종Rasse'에 인용부호를 의도적으로 사용하고 있는데, 이는 '인종'의 다차원적 허구성을 의미론적으로도 명확히 하기 위함이다.

초기 홍보 자문가는 유럽인에게 유리한 만물의 질서를 기술하는 임무를 맡았다. 켄디는 주라라가 결정적인 역할을 했다고 보았다. "그래서 나는 그가 인종차별 사상을 최초로 표현한 사람이라고 주장했다. 그리고 그가 인종차별 사상을 표명하기 위해 엔리크 왕자가 노예로 삼았던 모든 다양한 인종 집단을 기본적으로 하나의 민족으로 묶고 그들을 열등하다고 묘사해야 했다. 그는 백인에 대해서 굳이 많은 말을 하지 않고서 흑인을 만들어냈다."**45**

이러한 발명은 나중에 정신적, 도덕적으로 막대하게 진보한 계몽주의 시대가 되어서도 겨우 아주 서서히 폭로될 수 있었다. 18세기말 임마누엘 칸트조차 여전히 백인, 인도인, 흑인, 아메리카인이라는 네 가지 '인종'에 대해 기술했다. 그는 근면, 이성, 문화적 능력에 따라 인종이 구분되며 오직 '백인'만이 완전한 문명을 이룰 능력이 있다고 말했다. 칸트는 나중에 식민지 정복과 노예제도를 비난하기는 했지만 전 시대를 통틀어 자신의 모순을 깨닫지 못한 학자 중 대표적인 한 사람으로 남아 있다. 엘 마팔라니는 다음과 같이 말한다. "두 가지 구상이 같은 시대에 같은 백인 유럽 사상가에 의해 전개된 것은 매우 중대한 의미가 있다. 즉 한편으로는 인간의 자유와 이성에 대한 사상과 인문주의에 대한 구상이, 다른 한편으로는 '인간'을 '인종'으로 질적 격하시키고 대부분의 인간에게서 인간성을 박탈하는 사상이 동시에 발전했다."**46**

새 시대 계몽인의 적대자는 전근대인 혹은 계몽되지 않은 단계의 '미개한' 인간이었다. 사이비 과학을 근거로 생물학적으로 '연구된'

또 다른 인종차별—이를테면 20세기 초 독일 연구진이 실행한 두개골 측정—과 함께 광범위한 세계적 불의를 정당화하는 후속 내러티브가 등장했다. 19세기의 성숙한 국민은 왜 세계 곳곳에서 사람들이 착취당했는지, 직접적으로 노예가 되지는 않았더라도 왜 그토록 잔인하게 전쟁을 치르고 억압받았는지에 대해 종교적 신화를 넘어서는 '합리적인' 설명(혹은 미화)이 필요했다. 계몽된 백인들이 계속해서 고급문화와 학문에 탐닉하는 동안 나머지 세계는 그들의 부를 위해 혹독하게 일해야 했다.•

　인종이 존재한다는 주장은 여전히 타국을 정복하고 억압하고 착취하고 그곳의 거주자를 적대자로 만들며 이와 함께 자신이 도덕적으로 우월하다고 느끼게 만드는 가장 강력한 동화에 속한다. 그리고 이러한 주장은 필요에 따라 끊임없이 시대에 맞게 조정되고 있다. 1929년 미국에서 멕시코인은 백인으로 간주하였다. 하지만 1930년부터는 더 이상 백인이 아니다. 왜냐하면 이때부터 백인이 아닌 사람의 이주가 제한되었기 때문이다. 그런데 1942년 제2차 세계대전 중에 무기 생산을 위한 노동자가 필요해지면서 멕시코인은 다시 백인으로 간주하였다.[47] 이는 피부색이 사회적 구성이며 사회적 상황에

• 탈식민주의 담론에는 독일 낭만주의와 같은 문화적 전성기가 가능했던 유일한 이유가 무자비한 외부 착취 정책으로 내면으로의 공감적 전환을 위한 경제적 기반을 마련했기 때문이라는 입장이 존재한다. 특히 합스부르크 왕가의 초기 노예무역에서부터 나미비아의 헤레로족 대학살에 이르기까지 독일 식민주의 과거는 이러한 의미에서 최근까지 거의 완전히 들추어지지 않았다.

따라 상대화될 수 있음을 잘 보여주는 예다.

우리 인간은 하나의 종이며 인간보다 펭귄 사이에 유전적 차이가 더 많다는 사실은 생물학적으로 이미 오래전에 입증되었다. "[…]'인종'은 생물학적 현상이라기보다 사회적 신화라고 볼 수 있다."[48] 1950년 인간생물학자와 유전학자들은 당시 유네스코Unesco 회의에서 인종 주제를 다룬 것과 관련하여 이와 같이 설명했다.[49] 얼마 전 프랑스 정부는 헌법에서 '인종'이라는 단어를 대체 없이 삭제했다. 독일 인권연구소Deutsche Institut für Menschenrechte와 좌파당Die Linke, 독일 흑인 이니셔티브Initiative Schwarze Menschen in Deutschland(ISD)에서도 약 10년 전부터 독일 헌법을 상대로 이와 같은 요구를 해오고 있다. 언어학자 아나톨 슈테파노비치Anatol Stefanowitsch는 다음과 같이 단언한다. "'인종'이라는 용어가 특히 문제가 되는 이유는 우리가 문장에서 사용하는 모든 명사가 지칭되는 것이 실제로 존재한다는 전제를 항상 수반하기 때문이다. 그렇지 않다면 '인종'이라는 단어처럼 문장을 해석하기가 어려워진다. 우리가 '어떤 사람도 인종으로 차별받아서는 안 된다'라고 말함으로써 인종이라는 것이 존재하고 이것이 당연히 문제라는 사실도 함께 말하는 것이다."[50]

아프리카계 미국인 저자 바바라 필즈Barbara Fields와 카렌 필즈Karen Fields는 피부색과 인종차별주의의 관계에 대해 다음과 같이 비유한다. 즉 '인종'과 인종차별의 관계는 마녀와 마녀사냥과의 관계와 같다는 것이다. 마녀는 한 집단의 사람들을 적대자로 만들기 위해 고안된 것이다. 하지만 이 발명의 결과는 실재적이고 잔인하다.

동시에 인종차별적 근거는 자기 부담을 덜기 위해 사용된다. 말하자면 인종차별적 근거는 차별하는 사람이 행하는 인종차별을 차별받는 사람의 피부색으로 변환시킨다. '이 사람은 피부색 때문에 무시당했다'. 언뜻 보기에 이 문장은 말이 되는 것 같지만 잘못된 문장이다. 즉 '이 사람은 인종차별 때문에 무시되었다'가 맞다. 이는 우리에게 깊숙이 내재화된 속임수로 지금껏 회자되어온 '인종'에 대한 내러티브를 통해서 비로소 가능해진다. 그리고 이것은 가장 잔인한 어른 동화 중 하나다.

피비린내 나는 유대인에 관한 어른 동화

1144년 영국의 노리치 시에서 윌리엄William이라는 어린 소년이 숲에서 죽은 채 발견되었다. 소년의 시신은 훼손된 상태였고 가해자는 보이지 않았다. 기독교를 믿는 주민들은 노리치에서 비교적 큰 공동체를 꾸리며 살았던 유대인들을 범인으로 지목했다. 지역 정부가 아무것도 증명할 수 없었고 제시된 증거도 무용지물이었기 때문에 이러한 공개적인 비난은 수그러들었지만 이는 의식 살인Ritual Murder에 대해 최초로 문서화된 반유대주의적 비방이었다. 그리고 이를 계기로 나비의 날갯짓이 오늘날까지 계속되어 은밀한 유대인 엘리트들이 아이들의 피를 마신다는 음모론이 퍼지고 있다. 그런데 어떻게 이러한 소문이 우리가 살고 있는 지금까지 이르게 되었을까?

윌리엄이 살해된 지 몇 년 후 몬머스의 토마스Thomas of Monmouth 라는 수도승이 노리치에 왔다. 그는 주민들이 사건이 일어난 장소에 관해 이야기하고 소년의 살인에 대해 보고하는 내용을 기록했다. 몇 몇 사람들은 유대인들이 소년을 십자가에 못 박고 소년의 머리에 가 시관을 씌우고 옆구리를 칼로 찌르는 것을 목격했다고 주장했다. 말 하자면 노리치의 기독교인들은 예수의 죽음을 재현한 것이라고 이 야기했다. 얼마 후 이 수도승은 『노리치 윌리엄의 삶과 수난The Life and Passion of William of Norwich』이라는 소위 성인 전기Hagiography를 펴 냈다. 몬머스의 토마스 수도승은 성인 이야기 장르에 정당성을 부여 하기 위해, 그리고 소년의 순교를 수단으로 성대한 성인 숭배 만들기 를 원했기 때문에 예수와 윌리엄을 유사하게 그렸다. 그리고 성모 마 리아가 여러 번 나타나 자신에게 성인 전기를 쓰도록 위임했다고 주 장했다.

소년의 살인을 바라보는 그의 해석은 처음부터 지극히 반유대적 이었다. 그는 소년이 유대인의 유월절쯤에 살해되었다는 정황을 근 거로 유대인이 예수의 죽음을 재현하려는 의도로 의식 살인을 했다 고 보았다. 하지만 노리치 주교도 유대인의 죄를 전혀 확신하지 못했 다. 나중에 윌리엄을 성인으로 기리기 위해 지어진 예배당이 기부금 부족으로 철거되었음에도 이제 이 사건은 성직자가 기록한 문서적 출처를 갖게 되었다. 몬머스의 토마스가 기록한 이 글은 중세 유럽 전 역에 소년의 의식 살인 전설을 널리 퍼뜨렸고 유대인이 기독교를 파 괴하기 위해 예수의 죽음을 끊임없이 재현한다는 생각을 굳혔다. 계속해서 반복적으로 수정되고 지역에 맞게 각색된 이 이야기를 통해 전체 종교 공동체를 메시아의 적으로 만드는 새로운 차원에 도달했다. 말하자면 참담한 결과를 초래하는 어른 공포 동화가 만들어졌다. 그런데 왜 하필 유대인이었을까?

역사학자 캐롤 이안쿠Carol Iancu는 자신의 저서 『반유대주의의 기초 신화Les mythes fondateurs de l'antisémitisme』에서 '가장 오래된 증오'의 역사를 추적한다. 이것은 한 민족이 자신의 사회 이야기를 나머지 다른 민족과 다르게 엮는 것에서 시작되었다. 히브리인들은 유일신 신앙의 삶을 살았다. 고대 이집트인과 그리스인의 시각에서는 유대인이 신을 반대하는 것으로 보였기 때문에 자신과는 다른 존재로 부각할 수밖에 없었다. 유대교처럼 당시의 메타 서사와 모순되는 서사는 자신들의 종교 서사가 지닌 의미성에 의문을 제기하게 했다. 그래서 지배 세력은 자신의 마스터 스토리를 잃지 않기 위해 유대인의 이름을 더럽혀야 했다. 다른 한편으로 지그문트 프로이트는 자신의 저서 『문명 속의 불만Das Unbehagen in der Kultur』(1930)과 『인간 모세와 유일신교Der Mann Moses und die monotheistische Religion』(1939)에서 유대인에 대한 기독교인의 오랜 적대감을 공격성의 원천—그는 이것을 '사소한 차이의 나르시시즘'[51]이라고도 불렀다—으로 설명했다. 이에 따라 다수는 자신과 근본적으로 크게 다르지는 않지만 '종종 정의할 수 없는 방식으로 다른' 소수에게, 또한 "생업에서 자신을 주장할 수 있는 능력, 허락된다면 모든 문화적 성과에 귀중한 기여를 하는 능력을 보여주는"[52] 소수의 구성원에게 등을 돌린다.

기독교인은 예로부터 유대 민족을 신을 살해한 자라고 비난했다. 특히 중세의 반유대주의는 신학적으로 동기유발이 되었다. 이를테면 「마태복음」(27장 25절)에서 한 무리의 유대인들이 본디오 빌라도 앞에 서서 예수를 십자가에 못 박으라고 요구하며 다음과 같이 말하는 반유대적 구절을 찾을 수 있다. "그 피를 우리와 우리 자손에게 돌릴지어다." 이 구절은 후손과 모든 종교 추종자도 포함하고 있기에 광범위하다. 역사학자들은 예수 그리스도의 죽음에 대한 책임이 유대인에게 있다는 비난을 반박해왔다. 십자가형이 유대인의 형벌이 아니라 로마인의 형벌이었기 때문이다. 그런데도 유대인이 그리스도를 죽인 자라는 신화는 하나님의 아들을 죽일 각오가 되어 있는 민족은 무엇이든 할 수 있다는 것을 사람들에게 계속해서 확신시키기 위해 자주 사용되었다.

「요한복음」(8장 44절)에서 반유대적인 또 다른 이미지를 찾을 수 있다. 이 구절에서 예수는 한 무리의 바리새인들에게 "너희는 너희 아비 마귀에게서 났으니."[53]라고 말한다. 이 구절은 아마도 성경에서 가장 치명적인 구절이라고 볼 수 있다. 왜냐하면 이 진술은 나중에 유대인을 마귀와 연관시키기 위해 계속해서 인용되었기 때문이다. 12세기와 13세기 사이의 중세 시대에, 유대인에 대한 이와 같은 악마화는 기독교 예배와 설교에서 수용되고 재현되었다. 또한 부모가 아이들에게 들려주는 민속 동화에서도 유대인에 대한 비방을 찾을 수 있다. 유대인이 신을 죽인 자라는 허구와 유대인에 대한 적대화는 유대인에 대한 세 가지 공포 이야기의 토대가 되었다. 바로 의식 살인, 피의 비방Blood Libel, 우물 독살이 그것이다. 1235년 독일 풀다Fulda에서 피를 마시는 것에 대한 첫 번째 비난이 등장했다.

이제 여러분은 당연히 이런 궁금증이 생길 것이다. 피를 마시는 것이 예수 죽음의 재현과 무슨 관계가 있을까? 유대인이 코셔Kosher 식사법(유대인의 식사법. 여러 규정이 있지만 돼지고기를 피하고 도축한 고기의 피를 빼야 한다는 것이 대표적이다. — 편집자)을 따른다는 것을 안다면 세상 사람들은 어떻게 그들이 피를 마신다는 생각을 할 수 있었을까? 역사학자 미리 루빈Miri Rubin은 가능한 답을 제시한다. 즉 1215년에 중세의 가장 큰 교회 공의회인 제4차 라테란 공의회가 열렸는데, 이 공의회에서 이른바 화체설Transubstantiation이 교회 교리로 확립된 것이다.[54] 화체설에 따르면 그리스도의 피와 살은 사제에 의해 축성된 성찬인 빵과 포도주의 형태로 물리적으로 현존한다. 우리가 4장에서 살펴보았듯이 선언Declaration을 통해서 현실을 바꾸는 것이다. 우리는 말로 달걀을 익힐 수는 없지만 빵을 예수라고 선언할 수는 있다. 어쨌든 당대의 기독교인에게 한편으로는 그리스도의 피를 마시고 다른 한편으로는 그리스도의 신성한 살을 소화하고 배설한다는 생각은 어느 정도 적응 시간이 필요했다. 이러한 혼란스러운 내러티브와 교회 교리를 아주 경건하게 믿지 않는다는 두려움은 익숙한 적대자에게 투영되었다. 사람들이 혐오를 느끼거나 두려워하는 행위, 즉 의식 살인을 하며 예수를 나타내는 몸에서 피를 마시는 변태적 행위를 한다고 생각하는 유대인에게 말이다.

역사학자 개빈 랭뮤어Gavin I. Langmuir는 기독교인이 자기 정체성의 근간이었던 신념을 의심하는 것을 두려워했기 때문에 반유대주의적 증오가 특히 강렬했다고 설명한다. 그들은 이러한 의심을 의식적으로 인정할 수도, 무의식적으로 떨쳐버릴 수도 없었다. 기독교인들은 유대인을 싫어했고, 자신이 기독교인이기 때문에 이 사실을 강조해야만 했었다. 그들은 유대인을 괴물처럼 그리는 허구 이야기를 만들고 이를 믿음으로써 그리스도에 대한 자신의 믿음을 지키고 싶었다. 그들이 지어낸 허구 이야기는 일종의 기독교적 신앙심의 표현이었고, 처음에는 소수의 기독교인 사이에서만 전해졌지만 곧 많은 기독교인이 공유하게 되었다. 이러한 허구 이야기는 특정 장소와 개인의 비합리적 신앙심에서 생겨날 수 있다. 그러니 몇몇 비합리적인 개인이 만들어낸 괴물 이야기에 많은 사람이 금방 매혹되자 곧 더 많은 기독교인이 이 이야기를 믿게 되었다. 그들이 비합리적인 사람들이라서가 아니라 자신이 속한 사회에서 전달하는 이야기를 믿었기 때문이다. 가톨릭 당국은 이러한 허구 이야기 일부를 비난하기는 했지만 몇몇 이야기들은 명시적 혹은 암묵적으로 승인했고 정부 역시 마찬가지였다.

유대인에 대한 허구 이야기는 광범위한 사회적 표현을 발전시켰고 유럽 역사와 문학, 예술에 수용되었다. 그리고 수백만 명의 평범한 이성적인 기독교인의 사고방식에 깊이 뿌리내렸다. 이에 따라 중세 후기에는 많은 사람, 특히 교육 수준이 낮은 사람들은 이러한 허구 이야기를 아주 쉽게 믿게 되었다. 그 결과 많은 기독교인은 유대인이 했다고 입증된 적도 없는 행위를 했다는 이유로 수천 명의 유대인을 살해하는 데 주저 없이 가담했다.[55] 적대화를 통해 불안한 서사적 자아의 가치를 올리고 문턱값의 빠른 극복과 확산을 통해 종교적이고 잔인한 부족주의를 장려하는 이야기의 영향력, 이 모든 것이 전부 여기에 모여 있다. 신앙심 깊은 기독교인으로서 유대인을 더 많이 미워할수록 더 경건하고 더 좋은 기독교인이 되는 것이었기 때문에 터무니없는 그러한 허구 이야기는 널리 퍼지게 되었다. 14세기에는 불가사의하고 치명적인 흑사병과 관련하여 유대인이 우물에 독을 넣어서 전염병을 유발했다는 주장이 퍼졌다. 이러한 주장이 확고해진 결정적 계기는 제네바 호수에서 체포된 유대인에게 고문을 가해 강요된 '자백'이었다. 고문 희생자 중 한 명이 스페인계 유대인과 프랑스 랍비가 우물 독살을 위해 은밀한 약을 만들어서 유럽 전역의 유대인에게 보냈다고 고통 속에서 말했다.

이 이야기는 급속도로 퍼져 나갔으며, 교활한 독살자라는 모티브와 초국가적 음모는 여전히 반유대주의 선전과 수많은 음모 이데올로기에서 찾아볼 수 있다. 특히 마틴 루터Martin Luther는 자신의 저술들로, 그중에서 특히 1543년에 펴낸 논문 『유대인과 그들의 거짓말 Von den Juden und ihren Lügen』로 다른 반유대주의와 함께 탐욕스러운 유대인이라는 고정관념을 퍼뜨리는 데 기여했다. "도둑이 10굴덴을 훔치면 교수형에 처해야 한다. 그리고 거리에서 도둑질을 하면 머리를 잃는다. 그러나 유대인이 고리대금으로 금 10톤을 훔치고 갈취한다면 그는 하나님 자신보다 더 귀한 사람이다."

계몽주의의 다른 인간 적대적 내러티브에서처럼 전환점이 도래하는 듯이 보였지만 반유대주의는 그 이후에도 사라지지 않았으며 새로운 주제, 즉 국가와 '인종', 나중에는 탐욕스러운 유대인이라는 반유대주의적 편견을 계속해서 끄집어내는 소위 자본주의 비판과 같은 주제로 보완되었다. 반유대주의를 조장하기 위해 만들어진 위서 '시온 장로 의정서The Protocols of the Elders of Zion'와 그 안에서 주장하는 세계 음모는 유대인을 적대화하기 위한 중세의 공포 동화에 또 다른 현대적인 거짓말을 추가했다. 마지막으로 인종이라는 허구와 반유대주의 내러티브가 최후의 극단, 즉 나치의 유대인 학살 이데올로기로 이어졌다. 이것은 아마도 가장 위험한 최후의 어른 동화일 것이다.

세상은 이야기로 만들어졌다

7

가장 깊은 동굴로 들어가기

우파의 영원한 유혹

와서 가져가라!

300명의 전사는 떼 지어 진격하는 적군에 맞서 인간 요새를 이루 듯 창과 방패를 들고 나란히 서 있었다. 그들의 도시국가, 나아가 나라 영토 전체로 통하는 유일한 병목 지역을 마지막까지 방어하는 것은 그들에게 주어진 신성한 임무였다. 이곳이 함락되면 그들의 나라는 정복당하고 그들의 아내와 아이들은 페르시아의 왕 크세르크세스 Xerxes의 노예가 되어야 했다. 크세르크세스는 이미 야만인 세계의 절반을 정복했고 이제 300명의 전사와 그들을 막아서는 모든 자들을 무자비하게 학살하고 굴복시키려고 했다. 그러자 세상에서 가장 강인하고 용감하며 전투적인 300명의 전사는 우박처럼 쏟아지는 화살과 칼을 맞으며 페르시아에 저항했다. 그리고 공격자들에게서 먼저 오만함을 빼앗은 다음 그들의 우월감과 용기마저 제압했다. 전장을 따라나선 한 꼽추가 그들을 배신하고 적에게 숨겨진 샛길을 알려주어 300명의 전사가 파멸하도록 하지 않았다면, 그들은 정말로 전투에서 승리했을 것이다.

이 얼마나 훌륭한 영웅 이야기인가! 다만 이슬람교를 연상시키는 페르시아군에 대항하여 그리스와 유럽 문명을 수호한 불굴의 스파르타군을 그린 이 무용담은 처음부터 끝까지 꾸며진 이야기다. 말하자면 스파르타인을 동경하는 왜소한 사람이 온라인포럼에서 읊어대는 인종차별적 전설이며 그 안에서 인종차별적 환상이 고대의 지식을 과시하며 업그레이드된다. 전설적인 300명의 전사는 실제로 존재하지 않았으며 그 시대의 스파르타도 크세르크세스에게 그렇게 불굴의 모습을 보이지 않았다. 실제로 크세르크세스는 그리스를 정복하기를 원했지만 이 이야기에서 보이는 것보다 훨씬 쉬운 게임을 했다. 즉 그는 싸움으로 갈라진 탐욕스러운 그리스 도시국가들을 차근차근 매수하여 그들끼리 서로 반목시켰다. 고대의 역사가 헤로도토스에 따르면 기원전 480년경 테르모필레 전투에서 페르시아인은 그 수가 훨씬 더 많았지만 그렇게 전설적으로 막강하지도 않았고 그리스 병력을 빠른 속도로 돌파하여 제압하지도 못했다. 이와 함께 스파르타인이 특별히 영웅적인 역할을 했는지는 전해지는 바가 없지만 일반적으로 그럴 가능성은 없다. 고대 그리스에서 스파르타인은 번번이 전투에서 패배했기 때문에 특별히 유능한 전사로 간주하지 않았다. 다만 기원전 404년 아테네와의 펠로폰네소스 전쟁에서—다른 것도 아닌 바로—페르시아의 금 덕분에 승리할 수 있었다. 그리고 오늘날 자주 회자하는 슬로건 '몰론 라베Μολών λαβέ'('와서 가져가라!', 즉 항복하느니 죽음을 각오하고 무기를 가져가라는 뜻)와는 달리 스파르타인은 자주 항복했다. 그들은 그 시대의 다른 도시국가들과 마찬가지로 타락하고 결함이 있고 기회주의적이었으며 결국 군사 강국으로서 몰락을 맞이했다.

프랭크 밀러Frank Miller가 1998년에 터무니없이 과장된 이 영웅 이야기를 『300』이라는 만화로 만들지 않았다면 오늘날 아무도 스파르타에 관해 이야기하지 않았을 것이며, '거대한 인종반전 Umvolkung'(나치가 제3제국 식민지 국민을 '게르만화'해야 한다는 명목으로 사용한 용어 — 옮긴이)이나 다른 공포 시나리오에 맞서는 문화 전쟁에서 스파르타가 전사 국가의 모범으로서 칭송되는 일도 없었을 것이다. 2006년 이 영웅 이야기는 할리우드에서 제라드 버틀러가 중심인물인 레오니다스 왕 역을 맡음으로써 어느 정도 믿음이 가는 우화의 등급으로 다시 한번 업그레이드되었다. 적어도 이것은 문화 쇼비니즘(자신이 속한 국가나 사회의 문화가 가장 우수하다고 믿는 사상 — 옮긴이) 메시지와 관련이 있다. 역사적 진실은 훨씬 더 세속적이고 인간적이다. 하필 동성애에 빠져 있고 크세르크세스와의 유일한 전투에서 패배한 국가인 스파르타가 동성애와 이슬람을 혐오하는 허세꾼들의 이념적 동경의 장소가 되었다는 것은 정말로 어처구니가 없는 일이다.

그런데 왜 스파르타인은 신우파New Right 세력에게 우상으로 여겨졌을까? 어째서 스파르타인이 영화 포스터와 책 표지를 장식하며 어째서 신우파의 '정체성 운동Identitäre Bewegung'은 검정 바탕에 노란색 원과 스파르타 문장인 11번째 그리스 문자인 Λ(람다, Lambda)를 사용하는 것일까? 기호학자 롤랑 바르트Roland Barthes는 신화가 역사를 자연으로 바꿀 수 있기 때문이라고 대답한다. 전투를 그린 우화가 우월성이라는 자연법칙이 되고 나아가 파시즘의 정의가 된다.

불굴의 스파르타인과 같은 신화는 현대 대중문화에서 파시즘적 사상의 적응력과 호환성을 드러낸다. 파시즘이 존재하지는 않지만 파시즘적인 미학은 존재한다. 이는 원시 파시즘 또는 부분적 파시즘, 즉 문화적으로 유사한 '순수한' 역사적 파시즘의 정신을 잠재 의식적으로 노련하게 전달한다. 이와 같은 파시즘의 파편들은 무수히 많은 문화 상품 속에 파묻혀 있으며, 이를 통해 이러한 문화 상품은 파시즘을 계속해서 매력적으로 만드는 두 가지 서사적 특성을 보이게 된다. 즉 파시즘은 긴급한 위협을 이유로 들어 영웅을 일반 사례로 상승시킨다. 그리고 동시에 파시즘은 모든 파시즘 영웅에게 자신을 변화시켜야 하는 임무를 면제해준다. 이를테면 스파르타인처럼 그저 싸우고, 싸우고, 또 싸워야 할 뿐이다.

생존을 위한 동맹

우리는 2장에서 신화 속 영웅이 일반적으로 비범한 존재라는 사실을 다루었다. 영웅이 선택된 이유는 그가 자기 자신과 온 세상을 구할 수 있기 때문이다. 반면 파시즘에서 영웅은 규범이다. 누구나 국가의 영웅이 될 수 있으며, 모두가 심지어 영웅이 되어야 한다. 누구나 비범하다, 아무도 특별하지 않다(물론 히틀러는 제외하고). 이는 움베르토 에코Umberto Eco가 자신의 저서 『영원한 파시즘Eternal Fascism』에서 설명한 것처럼 수많은 변증법 중 첫 변증법이다.

이러한 영웅주의는 필사적인 용기에 대한 갈망과 밀접한 관계가 있다. 이를 위해 파시즘적 영웅은 어쩔 수 없이 싸움이 필요하다. 다시 말해 언제나 전쟁이나 전투, 한마디로 말하면 폭력을 추구한다. 이에 대해 완전히 형이상학적 보상이 주어질 가능성이 있다. 현세적이고 민주적인 체제에서 인간은 기껏해야 행복해질 수 있다. 하지만 파시즘은 훨씬 더 좋은 것, 바로 구원을 제공한다. 그리고 이것은 우리를 다음 변증법으로 이끈다. 즉 한편으로 파시즘은 더 큰 확신을 하고 초월적 사명에 대한 믿음을 설파하지만, 다른 한편으로 그러한 믿음에 깊은 허무주의를 새겨 넣는다. 즉 다른 모든 믿음 체계와 가치로부터 등을 돌리게 한다. 이러한 점에서 파시즘은 견고하고 불변한 동시에 언제나 상황에 순응하고 적응한다. 파시즘 행동가들은 기회주의자인 동시에 광신자다.

종말론적 믿음을 따르는 파시즘은 실제로 미래를 계획하고 있지 않다. 좌파 운동이 더 나은 내일을 위한 프로젝트를 착수하는 것에 그 특징이 있다면 파시즘은 투쟁이 벌어지고 있는 오늘만, 그리고 재앙이나 구원이 있을 내일에 대해서만 알고 있다. 파시즘의 미래는 흑백 논리를 따르며 오직 순종하는 사람만이 경험할 수 있다. 파시즘의 더 나은 내일은 적이 소멸하는 내일이다. 파시즘은 구원론이 포함된 종말론적 음모 이야기에 그 핵심이 있다. 구원론은 황금시대를 약속하지만 오로지 잔인한 조치를 통해서만 ─ 자기 자신에게도 ─ 도래될 수 있다. 그렇기 때문에 파시즘 서사의 어조는 잔인한 동시에 눈물겹다. 앞으로 살펴보겠지만 예를 들어 나치는 영웅심의 일환으로 수많은 유대인을 죽이는 큰 희생을 치러야 했던 자신들을 스스로 불쌍히 여겼다.

이로써 우리는 서사 이론에서 이미 잘 알려진 결정적인 지점에 도달한다. 즉 강력한 적대자가 없으면 강력한 주인공도 없다. 전투에서 영웅이 되기 위해서는 막대한 위협이 필요하다. 무엇보다 먼저 세계와 질서가 무너져야 한다. 무너진 틈 사이로 악이 침투하며 오로지 영웅만이 악을 제지할 수 있다. 그래야만 파시즘이 원칙적으로 취하려는 특별 조치 ─ 모든 다원주의를 철폐하고 폭정을 휘두르고 적을 패배시킬 뿐만 아니라 '말살시키는 것(아돌프 히틀러)' ─ 가 정당화된다. 말하자면 모든 파시즘 서사의 가장 중요한 측면은 자신이 속한 사회 집단인 내집단의 꾸며진 우월성이 아니라 외집단, 즉 악마화된 타집단의 위험성이다. 파시스트는 우월한 민족 혹은 우월한 '인종'에 속할지는 몰라도 그 우월성은 불안할 정도로 연약하고 완전히 행사하지 못하면 곧바로 무너질 것이다.

다른 한편으로 파시즘적 사회 내부에서는 이러한 우월성에 대한 갈망이 소위 약자 ─ 그리고 여성 ─ 에 대한 억압으로 이어진다. 여기에는 두려움과 쾌락, 억압된 에로스의 변증법이 들어맞는다. 대부분의 파시즘적 시스템은 표면적으로는 오히려 쾌락에 적대적이었지만 동시에 여성 혐오적인 다산 숭배를 추종했다. 예를 들면 아리아 혈통의 여성이 '총통에게 아이를 선사'해야 한다는 것이다. 이것은 다시 어설픈 생기론Vitalismus— 독일 민족의 신체는 건강해야 한다 — 과 결합하였는데, 이는 동성애 혐오, 남성 몸에 대한 숭배 혹은 고대의 이상적 신체(이를테면 스파르타) 숭배 사이의 모순으로 귀결되었다. 또한 나치는 '정통의학Schulmedizin'을 유대주의적 혹은 마르크스주의적이라고 비방하고 자기 인종의 선천적인 강점에 대항하는 적대자로 만들었으며 전통적인 자연요법으로의 회귀를 촉구했다.

파시즘은 허구로 만들어진 무대처럼 과거 속에 고정된 것을 끄집어내어 원하는 시간과 장소에 따라 계속해서 새롭게 짜 맞춘다. 거의 숭배나 다름없이 전통과 연관시키는 것은 영원한 파시즘 서사를 역사적인 고색창연함으로 뒤덮어 가리기 위함이다. 이를 위해 고대 문화나 오랜 신화의 상징과 기호가 종종 사용되는데, 이로써 역사적으로 전개된 정통성이라는 인상이 생겨난다. 그래서 나치는 한편으로는 북유럽의 룬Runes 문자, 다른 한편으로는 인도의 스와스티카Swastika를 사용했다. 그러나 나치가 '독일적' 혹은 '아리아적'이라고 정의한 것은 거의 발명에 가까웠다. 이처럼 파시즘은 상징과 기호가 지닌 참 혹은 거짓이라는 근본적인 코딩을 가장 먼저 없앰으로써 모든 상징과 기호의 가치를 떨어뜨렸다. 이는 한편으로 비판을 면하기 위해서였지만 무엇보다도 오로지 아군과 적을 구별하는 자신의 우월한 기초 세계를 구축하기 위함이었다. 그 때문에 파시즘은 그 자체로 과학에 적대적이며 궁극적으로 매우 비합리주의라는 특성을 갖게 된다. 사고는 일종의 거세로 간주하기 때문에 파시즘은 문학적 규범도 없고 일반적으로 통용되는 이론을 거의 제시하지 못한다. 파시즘의 실용적인 상대주의는 어떠한 확정이나 정의에도 반대한다.

　말하자면 파시즘은 모든 파시즘 추종자를 영웅으로 만들고, 그들에게 모순적인 것을 약속하며 적을 눈에 띄게 표시한다. 구체적인 예로서 『나의 투쟁Mein Kampf』(1925)에 기록된 히틀러의 이데올로기를 살펴보면 움베르토 에코의 몇몇 변증법뿐만 아니라 우리가 이 책의 서두에서 제시한 여러 서사 구조를 발견할 수 있다. 작가이자 문예학자인 케네스 버크Kenneth Burke는 이미 1939년에 자신의 에세이『히틀러의 '나의 투쟁'에 나타난 수사법The Rhetoric of Hitler's 'Battle'』[1]을 쓰기 위해 히틀러의 나치즘적, 마법적 사고와 나치의 가장 중요한 내러티브를 분석했다. 이 과정에서 그는 히틀러의 '통합적인' 수사학의 몇 가지 토대를 확인했는데, 놀랍게도 그중 많은 것이 기독교적 가치에 기반을 두고 있었다. 첫째, 주인공의 자격이 출생에 따라 확정된다. 이를테면 어떤 집단은 선천적으로 존엄성을 가지고 태어난 것으로 정의되며 그들만이 이러한 내러티브를 위해 선택된 영웅이다. 반면, 이 원형에 맞지 않는 다른 모든 사람은 열등한 사람으로 간주한다. 두 번째 토대는 투영이다. 정치적, 경제적, 사회적 억압을 받는 사회에서 사람들은 자기 자신과 자신의 가치에 관해 의문을 품기 시작한다. 이 세상이 근본적으로 무언가 잘못되지 않았나? 나 자신의 현실과 사물을 바라보는 나의 인식이 잘못된 것은 아닌가? 히틀러는 대중의 자기 회의를 투사면으로 유도하여 부정적인 자극과 민심을 선동하는 비상사태를 만들었다. '타인'은 희생양이자 타고난 적대자가 되고 나아가 자기 세계를 불안정하게 만드는 원인이 된다. 이러한 갈등의 해결책은 아주 단순하다. 즉 모든 적대 관계를 물리치고 파괴하면 된다.

이러한 해결책을 완수하면 일종의 약속의 땅 형태로, 즉 다수의 도덕이 다시 가치를 얻는 실제 혹은 은유적 장소로서 보상이 주어진다. 하지만 이때 영웅 여정의 본질적인 순간은 왜곡된다. 왜냐하면 영웅 여정에서는 적수를 물리치는 것에 그치는 것이 아니라 자기 내면의 악마와 맞서고 근본적으로 자신을 변화시켜야 하기 때문이다. 그러나 『나의 투쟁』의 파시즘에서 말하는 약속은 자기 변화가 없는 상징적인 부활을 경험하는 것이다. 에너지가 외부로만 흐를 뿐 절대로 내부로 흘러들지 않는다. 따라서 내러티브로서 파시즘은 스토리텔링이 인간에게 근본적으로 의미하는 바와 정반대다.

영웅 여정의 변신에서 보이는 가장 중요한 특징은 주인공이 실수를 통해 배우고 성장한다는 것이다. 그러나 파시즘은 자신의 실수를 통한 배움을 거부하며 반격당하면 타인에게 책임을 돌리고 그러한 타격으로 인해 생겨나는 고통을 배양함으로써 주인공을 존재의 어두운 면으로 조종한다. 구원을 향해 전개되는 것처럼 보이겠지만 사실은 참담함이 정체된 상태다. 이러한 점에서 〈스타워즈〉의 요다는 "최고의 멘토는 실수다."라고 말했다. 파시즘은 자신을 정당화하기 위해서 영웅 여정이나 생산적인 스토리텔링보다 부정적인 것을 훨씬 더 필요로 한다. 다원화된 주인공들이 적대감을 극복하기는커녕 오히려 더 키우는 곳에서 파시스트들은 자신을 스스로 성장시키기보다는 극복할 수 없는 최고의 적대자를 필요로 한다.

총체적 적대자

"나치 시스템 안에서 반유대주의의 역할을 내가 과대평가한 것은 아닐까? 나치가 너무 끔찍하다는 이유에서?"[2] 유대인 문헌학자 빅토르 클렘페러는 나치가 통치하던 12년 동안 아리아인 아내의 남편으로서 ─ 그의 아내는 이혼하지 않고 그의 곁에 머물렀다 ─ 살아남은 후 이렇게 자문한다. 그는 『제3제국의 언어 : 어느 문헌학자의 일기』라는 일기 형식으로 쓴 매우 인상 깊은 자신의 전기에서 이른바 제3제국의 언어인 '링구아 테르티 임페리Lingua Tertii Imperii'를 분석했다. 그에게 나치의 특수한 반유대주의는 나치 이데올로기의 징조일 뿐만 아니라 그것을 이해하는 열쇠였다. 클렘페러에 따르면 반유대주의는 "나치즘 전체의 핵심이자 모든 관점에서 결정적인 순간을 형성했다. […] 반유대주의는 처음부터 끝까지 가장 효과적인 당의 선전 도구이며 인종 교리를 가장 효과적이고 대중적으로 구체화한 것으로, 독일 대중에게 인종 이론과 동일하다. […] 그리고 과학적인, 정확히 말하자면 사이비 과학적인 인종 이론을 근거로 나치의 오만함, 모든 제압, 모든 폭정, 모든 잔인함, 모든 대량학살의 요구를 정당화한다."[3]

영웅은 언제나 선하고 그의 적수는 언제나 악하다. 그리고 적대자가 비인간적인(나치 용어로는 '인간 이하') 적으로 이루어진 인종 전체인 경우에는 자신의 영웅심이 더욱 빛을 발하며, 모든 잔인함이 야만적인 것에서 필요에 의한 것, 심지어 용감한 것으로 기울어진다. 이에 따라 클렘페러는 다음과 같은 결론을 내린다. "다른 파시즘에 비해 나치즘의 특징은 반유대주의로 범위가 좁혀지고 극단화된 인종 이념, 말하자면 반유대주의 속에서 활성화된 인종 이념에 기반을 두고 있다. 나치즘은 이러한 인종 이념에서 모든 독을 끌어낸다."[4]

반유대주의가 과거에는 '모든 시대와 모든 민족에게 사회적, 종교적, 경제적으로 뒷받침된 혐오감'[5]으로서 존재했다면, 나치는 자신의 목적을 위해 반유대주의를 세 가지 차원으로 더욱 확대했다. 즉 나치는 포스트모더니즘 사회에서 거의 발현하지 않는 유대인에 대한 시대착오적 증오로부터 가장 먼저 국가 교리를 만들었고, 중세 때 일부 지역에 발발했던 박해 행위를 도처에 편재하는 굴욕과 말살의 프로그램으로 만들었다. 그런 다음 산업 중심 국가의 모든 기술적, 조직적 술책을 동원하여 이러한 프로그램을 극대화하자 충동적으로 폭발하는 증오감이 냉정한 말살로 바뀌었다. 그러나 가장 중요한 사실은 유대인에 대한 증오가 유대 혈통에 대한 생물학적 내러티브로 귀결되었다는 것이다. 클렘페러는 이런 내러티브가 "분리를 영속화한다."고 쓰고 있다. "그러므로 유대인에 대한 증오는 근절될 수 없다. 왜냐하면 유대인의 옷, 유대인의 관습, 유대인의 교육, 유대인의 신앙을 사람이 바꿀 수는 있지만 유대인의 혈통은 그렇게 할 수 없기 때문이다."[6]

클렘페러는 특히 이러한 특수한 아리안족의 반유대주의의 이론적 뿌리를 추적하면서 알프레트 로젠베르크Alfred Rosenberg의 『20세기의 신화Der Mythus des 20 JahrhundertsMythus』(1930)와 휴스턴 스튜어트 체임벌린 Houston Stewart Chamberlain의 『19세기의 기초The Foundation of Nineteenth Century』(1899)를 거쳐 조세프 아르튀르 드 고비노Joseph

Arthur de Gobineau라는 프랑스인까지 거슬러 올라간다. 그는 자신이 저술한 네 권의 에세이 「인간불평등론Essai sur l'inégalité des races humaines」(1853/ 1855)에서 섞이지 않은 순수혈통의 게르만 민족이라는 우월한 아리아 인종이 처음으로 위협받고 있으며, 그것도 '인간'이라고 부를 수 없는 열등한 셈족 혈통에 의해서라고 기술하고 있다. 후에 나치가 자신들의 '연구'를 통해 임마누엘 칸트와 다른 독일인들에게 이와 같은 아리아인화Arisierung 사상이 있다고 간주했지만, 클렘페러는 고비노를 '혈통 교리에 대해 책임이 있는 유일한 창시자'[7]라고 본다.

그리고 독일인들은 기꺼이 이에 동참했다. 각자 모두가 패전과 경제 위기, 바이마르 공화국의 혼란으로 인해 쇠약해진 자신의 서사적 자아를 치유하고 이를 통해 개인적으로나 사회적으로 자신의 가치를 끌어올릴 수 있었다. 클렘페러가 무수한 사례를 통해 입증하듯이 모든 일상생활, 아주 작은 모든 행동이 치명적인 적과의 싸움 속에서 전투가 되었다. 클렘페러에 따르면 "유대인은 히틀러의 국가에서 가장 중요한 사람이다. 그는 가장 대중적인 터키인의 머리이자 희생양이며 가장 대중적인 적수이며 가장 명백한 공통분모이며, 가장 다양한 요인들을 가장 잘 묶을 수 있는 쬠쇠다. 총통이 모든 유대인 말살에 정말로 성공했다면 그는 새로운 유대인을 발명해야 했을 것이다. 왜냐하면 (…) 암흑의 유대인이 없었다면 북유럽 게르만의 빛나는 인물이 절대 존재하지 않았을 것이기 때문이다."[8]

그런데 이와 같은 서사적 극단주의가 어떻게 영향력을 가질 수 있었을까? 중세의 반유대주의와 똑같이 가장 먼저 자신의 강박증과

세상은 이야기로 만들어졌다

신경증, 두려움이 유대인에게 투영되고, 이러한 투영이 허구적 구조에 의해 정당화되었다. 유대인을 '일하기 싫어하는' 은행가와 사기꾼이라고 깎아내려 규정함으로써 이들을 사회적 불의의 화신으로 간주하고 그에 대한 책임을 물었다. 자기 삶에 대한 좌절감은 자신이 주장하는 불이익에 대한 책임이 다른 민족에게 있다는 망상으로 이어졌다. 이처럼 흘러든 내러티브 논리로 나치 반유대주의는 두 가지 이유에서 매우 왜곡된 성공을 거두었다. 즉 나치 반유대주의는 자신이 직접 지정한 주인공을 모든 인본주의적 속박에서 면제시키는 동시에 그들에게 최고의 우월성과 독선에 대한 내러티브를 제공했다. 클렘페러는 고비노의 정신적 뿌리가 프랑스와 프랑크족 귀족, 인도 선사시대의 게르만족, 그리고 잘 알려진 낭만주의 모티프 ─ '이성의 폐위, 인간의 동물화, 권력 사상 예찬, 맹수와 금발의 야수 미화'**9** ─ 로 이루어진 자기 서사의 조잡한 혼합에 있다고 본 것처럼 나치 반유대주의가 촉발된 지점을 독일 낭만주의와 독일의 전형적인 본질에서 찾는다. 클렘페러에 따르면 히틀러는 파시즘적 국가 원수로서 독일인을 ─ 파시즘 내러티브를 구성하는 변증법 중 하나로 ─ '유대인'과의 싸움에서 '영웅'으로 개체화시키는 동시에 '민족'으로 집단화시킴으로써 근대를 향한 결정적인 발걸음을 내디뎠다. 또한 무엇보다도 그는 무수한 적을 다수의 얼굴을 가진 하나의 적으로 축약함과 동시에 셀 수 없을 정도로 많은 악마처럼 보이게 했다. '세계유대주의 Weltjudentum'는 '유대인의 살인 욕망'에 의해 촉발되었다. 하지만 이는 자신의 이해관계나 세계관에서가 아니라 "타고난 본능, 북유럽 게르만 인종에 대한 유대 인종의 '한없이 깊은 증오'"[10]에서 생겨나는 것이라고 클렘페러는 쓰고 있다. 이와 관련하여 클렘페러는 요제프 괴벨스Joseph Goebbels의 말을 인용하고 있는데, 이에 따르면 유대인은 문화에 대한 혐오감, 즉 "자신들의 유목민적 세계관을 훨씬 뛰어넘는다고 느끼는 문화에 대한 혐오감 때문에 […], 그리고 그러한 문화가 자신들의 기생적 행동을 더 이상 자유롭게 허용하지 않는다는 이유에서"[11] 아리아인을 말살시키려고 했다는 것이다.

말하자면 나치는 자신보다 가치가 낮아서 소유물과 정의를 누릴 자격이 없는 생물학적으로 '다른 사람들', 그리고 잘못된 신을 믿고 잘못된 규칙을 따르는 종교적으로 '다른 사람들'을 하나의 총체적 적대자로 통합시키고, 이 적대자를 모든 적대감의 최고의 화신, 최종적 화신, 무한한 화신으로 보았다. 나치가 거론한 '유대 전쟁'은 자신들에게 강요되었을 뿐이고 처음부터 그에 응사했을 뿐이라는 것이다. 이는 우리가 극우 내러티브에서 종종 접하는 자기희생 논리다. 더 나아가 자신이 말살되지 않기 위해 총을 쏴야만 했다는 것이다. 자비를 베푼 사람은 유대인의 공모자가 되었고 유대인을 죽인 자만이 정당했다. 이렇게 히틀러의 말살 계획에 끝없는 서사적 소재를 제공한 인간 혐오 이데올로기가 영구적으로 가동하기 시작했고 그 소용돌이는 점점 더 빨라졌다. 나치는 총체적인 주인공 대 총체적인 적대자라는 변증법으로 최초의 서사적 대량학살 무기와 같은 것을 만들어냈다.

'포스가 함께 하길':
스파르타·스타워즈·디즈니 월드

스파르타 신화도 결코 예외가 아니다. 파시즘은 오래전부터 우리가 알아차리지 못하는 방식으로 미학적으로 형상화되었다. 전설과 신화의 프레임이 씌워진 대중문화산업의 제작물인 스타워즈 시리즈는 파시즘의 미학이 어떻게 우리의 일상 코드와 광범위한 참조의 당연한 부분이 될 수 있었는지를 매우 전형적으로 보여준다. 서부극을 우주로 확장한 〈스타워즈〉 시리즈, 사무라이 영화, 플래시 고든, 기사의 무용담, 그리고 제3제국. 조지 루카스 감독은 내용으로나 시각적으로나 나치즘과 제2차 세계대전에서 영감을 얻었다.[•] 영화에 등장하는 몇몇 카메라 앵글은 나치 선전, 더 정확히 말하자면 레니 리펜

[•] 조지 루카스 감독의 동의하에 역사학자 낸시 R. 레아긴 Nancy R. Reagin과 재니스 리들Janice Liedl이 출간한 저서 『스타워즈와 역사Stars Wars and History』(2013) 참조. 이 저서는 제3제국과의 역사적 관련성을 추적하며, 무엇보다 팰퍼틴 수상과 아돌프 히틀러의 정치적 부상 사이의 유사점을 밝히고 있다. 스톰트루퍼Stromtrooper라는 용어 또한 히틀러의 준군사조직인 돌격대(슈투름압타일룽Sturmabteilung)에서 글자 그대로 채택되었으며, 헬멧의 전형적인 형태도 마찬가지였다. 또한 스타워즈 공식 사이트에 있는 역사학자 콜 호튼Cole Horton의 블로그 '세계대전부터 스타워즈까지From World War to Star Wars' 참조. 선전 미학에 관해서는 www.starwars.com/news/from-world-war-to-star-wars-propaganda, 스톰트루퍼에 관해서는 www.starwars.com/news/from-worldwar-to-star-wars-stormtroopers 참조. 〈스타워즈〉의 전투 장면은 제2차 세계대전 중 미국과 일본 간의 공중전 장면을 기반으로 삼았다(www.starwars.com/news/from-world-war-to-star-wars-dogfights).

슈탈Leni Riefenstahl의 영화 〈의지의 승리Triumpf des Willens〉(1935)를 강하게 연상시킨다.[•] 또한 의상 디자이너 존 몰로John Mollo는 〈스타워즈〉 의상의 기원을 다음과 같이 설명한다. "조지 루카스 감독은 제국의 사람들이 능률적이고 전체주의적이며 파시즘적으로 보이고 선한 사람들인 반란군은 서부극과 미 해군 사람들처럼 보이기를 원했다."[••][12]

물론 디자인을 채택하고 다양한 미학을 리믹스하는 행위는 상업화된 양산품이 그러한 미학적인 것을 단순히 인용하고 제시된 내용에 대한 비판적 평가가 명확하게 인식될 수 있다면 문제가 될 필요가 없다. 그러나 때로는 무해한 의도라도 자세히 살펴보면 그 결과가 아

[•] 〈스타워즈 : 에피소드 4— 새로운 희망Star Wars: Episode IV—A New Hope〉(1977)의 마지막 장면에서 루크 스카이워커와 한 솔로가 자신들의 영웅적인 행동에 대해 레아 공주로부터 훈장 메달을 받는 장면은 레니 리펜슈탈의 선전 영화 〈의지의 승리〉(1935)에 기록된 뉘른베르크 나치 전당대회에서 따온 것이 분명하다.

[••] 피에트 제독을 연기한 케네스 콜리Kenneth Colley는 자신이 어떻게 이 역할에 캐스팅되었는지에 대해 다음과 같이 말했다. "내가 어빈Irvin[케쉬너Kerschner, 〈스타워즈 : 에피소드 V— 제국의 역습Star Wars: Episode V—The Empire Strikes Back〉의 감독]의 사무실로 들어갔을 때 그가 나에게 이렇게 말한 것을 기억한다. '나는 아돌프 히틀러에게 두려움을 심어줄 사람을 찾고 있어요!' 그리고 그는 나를 머리끝에서 발끝까지 유심히 살펴보더니 이렇게 말했다. '네, 당신인 것 같아요.'" 케네스 콜리는 자신이 맡은 인물에 대해 이렇게 말한다. "게슈타포Gestapo(나치 독일의 비밀국가경찰 —옮긴이)나 최소한 파시즘을 연상시키는 인물이었다. 그래서 나 역시 그렇게 역할에 접근했다."(콜 호튼Cole Horton의 '세계대전에서 스타워즈까지: 제국군 장교From World War to Star Wars: Imperial Officers', 2014년 8월 20일, www.starwars.com/news/from-world-war-to-starwars-Imperial-offcers 참조)

연실색할 정도다. 이를테면 심지어 디즈니의 〈라이온 킹The Lion King〉과 같은 어린이 영화에서도 하이에나의 행진 장면과 적대적인 사자 스카가 식인 풍습을 가진 독재자로 묘사되는 모습에서 레니 리펜슈탈의 연출을 그대로 사용하고 있음을 발견할 수 있다. 무엇보다도 문화 산업이 파시즘의 미학과 모티브를 다루는 방식은 서사적 축약을 원하는 우리의 성향을 보여주는데, 특히 악을 묘사해야 할 때 그러하다. 이야기하는 원숭이는 역사적 유추를 할 때 종종 악과의 연관성을 뛰어넘어 복잡하고 정치적인 총체적 그림을 인식하지 못한다. 인간은 역사적 고유성을 인식할 수 있기에 악마화된 사람을 나치와 파시즘과 같은 모든 불쾌하고 나쁜 것에 수시로 비교해왔다. 세속화된 사회의 스토리텔링에서는 초월적인 악, 바로 히틀러가 이를 대체한다.

프랑스의 철학자 프랑수아 드 스메François de Smet는 나치즘이 어떻게 현대의 관념 세계에 침투할 수 있었는지 조사했다.[13] 이 과정에서 그는 무엇보다도 '고드윈의 법칙Godwin's Law'에 대해 이야기한다. '고드윈의 법칙'이란 '온라인 토론의 길이가 길어질수록 상대를 나치나 히틀러에 비유하는 발언이 나올 확률이 '1에 가까워진다.',[14] 즉 그럴 확률이 점점 높아진다는 법칙이다. 고드윈의 법칙은 미국의 변호사 마이크 고드윈Mike Godwin이 1990년에 만든 이론이다(그러나 독일계 미국인 철학자 레오 스트라우스Leo Strauss는 이미 1953년에 이러한 현상을 히틀러 귀류법Reductio ad Hitlerum이라고 설명한 바 있다). 스메에 따르면 "고드윈의 법칙은 우리의 뿌리 깊은 동물성, 강한 힘에 대한 사랑, 권력에 대한 억압된 의지, 부끄러운 순응적 태도를 상기시킨다. 말이 지닌 힘은 강력할 수 있다. 하지만 나치즘, 파시즘, 고드윈의 법칙은 희화화되어 우리를 가두고 위협이 어디에서 오는지 우리가 인식하지 못하도록 막을 것이다."[15] 그리고 역사학자 가브리엘 로젠펠드Gavriel Rosenfeld는 자신의 논문「히틀러 이전의 '히틀러'는 누구였는가? 역사적 유추와 나치즘을 이해하기 위한 투쟁, 1930 - 1945Who Was 'Hitler' Before Hitler? Historical Analogies and the Struggle to Understand Nazism, 1930 - 1945」에서 어떻게 히틀러가 오랜 시간 동안 모든 악의 새로운 원형이 되었으며, 나아가 히틀러와의 비교를 통해 가장 잘 파악할 수 있는 모든 정치적 혹은 역사적 사건들의 표준이 되었는지 설명한다. "오늘날에는 평론가들이 히틀러를 역사적 유추로 사용하는 것이 바람직한지에 대해 논쟁을 벌이는 반면, 1930~40년대에는 히틀러를 설명하기에 어떤 역사적 유추가 적합한지에 대해 논의했다. 그 시기에 영어권 작가와 독일 작가들은 역사 속의 다양한 악당 집단을 식별하고, 이를 바탕으로 나치의 위협을 설명할 수 있다고 믿었다. 이러한 악당 인물에는 폭군, 혁명가, 정복자가 광범위하게 포함되었다. 그러나 제2차 세계대전이 끝날 무렵 전례 없는 나치 범죄가 폭로되면서 이러한 유추가 부적절하다고 느껴졌고 많은 평론가를 세속 역사에서 종교 신화로 도피하게 했다. 이 과정에서 히틀러는 서구 문명 안에서 새로운 악의 원형으로 규정되었고 나아가 전후 시대의 주도적인 비유로 정형화되었다."[16]

악을 정형화함으로써 악이 미화되는 것은 문제이다. 이를테면 우주를 배경으로 펼쳐지는 파시즘적 등장인물이 팬들이 감탄하는 우리

세상은 이야기로 만들어졌다

대중문화의 당연한 일부가 될 때처럼 말이다. 〈스타워즈〉 등장인물은 말 그대로 번역하면 '나치 돌격대'라는 뜻을 가진 '스톰트루퍼' 헬멧을 착용하고 장교는 게슈타포처럼 보인다. 〈스타워즈〉 등장인물들은 수많은 티셔츠에 화려하게 장식되어 있고 중독성 강한 재미있는 영상물 속에서 화려한 춤을 추기도 하며 어린이에게 인기 있는 카니발 의상이 되기도 한다. 디즈니랜드 테마파크의 제국군 스톰트루퍼 퍼레이드를 생각해보면 그 심연은 더욱 명확해진다. 디즈니랜드조차 자신의 웹사이트에서 마법 같은 잠자는 숲 속의 미녀 성Sleeping Beauty Castle 앞에서 펼쳐지는 이러한 동화 같은 행진을 '복종과 힘의 위압적인 과시'[17]라고 묘사한다. 온 가족을 위한 파시즘이자 완벽한 휴가!

영화평론가 린제이 엘리스Lindsay Ellis는 이러한 현상을 '코스프레 파시즘Cosplay Fascism'[18]이라고 부른다. 말하자면 혼란에 빠뜨리는 시각적 왜곡으로, 레이디 가가Lady Gaga, 마릴린 맨슨Marylin Manson 또는 람슈타인Rammstein에게서 보이는 파시즘 모티브의 대중문화화와 유사하다. 동화 세계를 모방한 테마파크라는 매우 인공적인 배경 앞에서 대중문화에 대한 우리의 둔감함을 잠깐 느낄 수 있다. 낯설게 하기Verfremdung 효과로 파시즘의 역사를 놓치게 하는 이러한 연출 속에서 우리는 부분적으로 불쾌감을 인지하기는 하지만, 이를 소비하고 싶은 매혹을 느끼기도 한다. 왜냐하면 우리는 어릴 때 자연스럽게 악당을 연기하거나 물리치고 싶어 하기 때문이다.

그러나 형식과 코드의 미묘한 혼합은 광범위한 관심의 레이더 아래에서 훨씬 더 악의적으로 발생한다. 파시즘 미학은 특히 온라인상에서 대중문화적으로 코드화되고 양식화되며 금기를 깨기 위해 인용되는데, 이때 종종 아이로니컬하게 사용되거나 신랄하게 미화된다. 또한 파시즘 미학은 네트워크와 토론 포럼에서 매우 특수한 도그 휘슬(Dog Whistle : 개 호루라기) 문화•를 확립했다. 도그 휘슬 문화는 모호한 밈Meme이나 주장된 아이러니에 기반을 두고 있으며 파시즘 이데올로기의 전형이라고 볼 수 있다. 2019년 뉴질랜드 크라이스트처치Christchurch의 이슬람 사원 두 곳에서 총격 테러가 발생하여 51명이 살해당했다. 총격범은 테러 전에 작성한 선언문에서 컴퓨터 게임 '스파이로 드래곤 3 ─ 드래곤의 해Spyro the Dragon 3-Year Of The Dragon'를 통해 민족주의를 배웠고 배틀로얄Battle Royale 게임인 '포트나이트Fortnite'가 자신을 살인자로 훈련시켰다고 적었다. 이로써 그는 테러 때마다 따라다니는 비디오 게임에 대한 미디어 비평 담론의 예측을 조롱했다. 의심스럽게 보이지 않는 상징을 아이로니컬하게 사용하여 파시즘 이데올로기를 표현하는 또 다른 예들로 페페 더 프로그Pepe the Frog•• 밈이나 프라우드 보이스Proud Boys를 들 수 있다. 프

• 단어 그대로 번역하면 '개 호루라기'라는 뜻을 지닌 도그 휘슬은 정치에서 잘 발견된다. 로널드 레이건Ronald Reagan 대통령은 도그 휘슬의 달인이었으며, 트럼프 대통령을 기점으로 도그 휘슬 정치는 새로운 절정기를 맞이했다. 도그 휘슬이란 일반 대중에게는 즉각적으로 들리거나 보이지 않고 특정 지지층만 알아들을 수 있는 표현과 비유적 언어를 사용하는 것을 말한다. 예를 들면 트럼프는 '배드 옴브레(Bad Hombres : 나쁜 남자들)'라는 발언으로 라틴아메리카 주민을 인종차별적으로 비방했다.

•• '페페 더 프로그'는 미국의 만화가 맷 퓨리Matt Furie의 웹코믹 『보이스 클럽 Boy's Club』에 등장하는 의인화된 개구리 캐릭터다. 이 개구리 모티브는 이미지보드

라우드 보이스는 폭력적, 극우적, 반유대적, 동성애 혐오적인 트럼프 지지자들로 구성된 단체로 2021년 1월 워싱턴 국회의사당 공격에 가담하기도 했다. '프라우드 보이스'라는 이름은 디즈니의 〈알라딘Aladdin〉 뮤지컬 버전을 위해 작곡된 노래 '프라우드 오브 유어 보이Proud of Your Boy'에서 따왔다. 이 노래는 아그라바 왕국의 선량한 도적 알라딘이 어머니에게 자랑스러운 아들이 되겠다는 내용을 담아 부르는 노래다. 프라우드 보이스의 창립자가 딸의 학교 공연에서 한 소년이 이 노래를 부르는 것을 보았다고 한다. 이 노래와 공연을 남자답지 못하고 수치스럽게 느꼈던 그는 아이러니하게도 이 디즈니 노래를 따서 자신이 설립한 단체의 이름을 지어야겠다고 생각했다. 이 노래는 전설적인 뮤지컬 작사가 중 한 명인 하워드 애쉬먼Howard Ashman이 쓴 곡인데, 하워드 애쉬먼은 유대인이자 동성애자였다.

마이크 피엘리츠Maik Fielitz와 홀거 마크스Holger Marcks는 자신들의 저서에서 디지털 파시즘에 관해 기술하고 있다. "고전적인 파시스

Imageboard 웹사이트인 포챈4Chan에서 변형되어 인종차별적, 반유대적 밈을 생성하고 퍼뜨리는 데 사용되었으며, 처음에는 도그 휘슬의 성격을 지니고 있었다. 말하자면 아무것도 모르는 사람에게는 익살스러운 개구리만 보이지만 내막을 아는 사람은 그 안에 숨겨진 코드를 인식했다. 2016년 미국 대선에서 극우 성향의 '대안 우파Alt-Right'와 공화당은 트럼프를 지지하고 클린턴을 비방하기 위해 이 개구리 캐릭터를 사용했다. 그 이후로 이 개구리 캐릭터는 반명예훼손방지연맹Anti-Defamation League에 의해 공식적으로 인종차별적 증오의 상징으로 분류되었다. 이 개구리의 원작자인 맷 퓨리는 자신의 창작물을 극우 단체가 남용하지 못하도록 노력하고 있으며, 이러한 노력은 다큐멘터리 〈필스 굿 맨Feels Good Man〉(2020)에서 알 수 있듯이 복합적인 성공을 거두고 있다.

트는 그들이 입는 검은색이나 갈색 셔츠로 식별이 되지만 디지털 파시즘은 소셜 미디어의 기능 방식에 기인하는 온라인 문화의 알록달록한 셔츠 속에 위장된다. 이러한 점은 디지털 파시즘을 특별한 도전으로 만든다. 왜냐하면 디지털 파시즘은 온라인이라는 특성으로 말미암아 지극히 유동적이고 양면적이기 때문이다. 즉 대응책이 목표로 삼을 수 있는 명확한 조직적 중심이 없다."[19]

    탈중심화된 파시즘이 기술적으로 촉진됨으로써 디지털화된 사회는 근본적인 딜레마에 빠지게 된다. 이에 대해 피엘리츠와 마크스는 다음과 같이 설명한다. "극우주의의 동력이 된 동일한 플랫폼들이 이제는 민주주의를 수호할 것이라 예상된다. [···] 동시에 그 플랫폼들은 극단주의자와 심지어 테러리스트, 즉 자유민주주의의 공공연한 적들도 사용하는 가상 조직구조를 제시한다. 이와 동시에 — 디지털 가능성이 상징하는 모든 자유에도 불구하고 — 궁극적으로 민주주의적 자유에 어긋나는 역학이 생성된다. 디지털 파시즘은 그러한 역학이다."[20] 이와 관련하여 우리는 많은 곳에서 인용되는 이탈리아 작가 이그나치오 실로네Ignazio Silone의 발언을 생각해보지 않을 수 없다. "파시즘이 회귀한다면 파시즘은 '나는 파시즘이다!'라고 말하지 않을 것이다. 파시즘은 이렇게 말할 것이다. '나는 반파시즘이다!'" 이 특수한 이데올로기는 언제나 자신을 새롭게 이야기할 수 있으며 다양한 시대마다 주어진 서사적 상황에 적용할 수 있다. 필요하다면 자신과 정반대의 것이 되면서도 말이다. 파시즘을 트로이의 카멜레온이라고 말할 수도 있을 것이다.

트럼프와 같은 원시 파시스트 :
거짓말·신화·허구

30,573번의 거짓말과 오도된 주장들. 〈워싱턴 포스트Washington Post〉 지에 따르면 도널드 트럼프는 재임 기간 이토록 많은 거짓말과 허위 주장을 했다.[21] 무지에서 나온 실수도, 부정확한 내용도, 오해도 아 니라 30,573개의 주장에서 〈워싱턴 포스트〉 지는 트럼프의 거짓말 을 확인할 수 있었다. 최근의 조사에 따르면 트럼프는 임기를 시작했 을 때 하루 평균 다섯 개의 거짓말을 했고 재임 시절에는 거의 다섯 배에 달하는 거짓말을 했다. 역사학자 티머시 스나이더Timothy Snyder 는 자신의 에세이 『폭정 : 20세기의 스무 가지 교훈On Tyranny: Twenty Lessons from the Twentieth Century』에서 다음과 같이 설명한다. "사실을 포기하는 것은 곧 자유를 포기하는 것이다. 아무것도 사실이 아니라 면 누구도 권력을 비판할 수 없다. 비판할 근거가 없기 때문이다."[22] 정치적 현실을 허구화한 트럼프의 악명 높은 행위는 원시 파시즘의 전형적인 예다. 그는 진실조차 자신에게 굴복할 정도로 자신이 강하 다는 것을 추종자에게 전달함으로써 힘을 과시한다. 트럼프는 거짓 말에 새로운 힘을 부여했다. 그는 자신의 거짓말이 드러나자 앞선 거 짓말을 사실로 만들기 위해 거짓말을 계속 이어갔다. 그가 자신의 주장을 직접 철회하지 않는 모습에서 슈뢰딩거의 고양이Schrödingers Katze(오스트리아의 이론물리학자 에르빈 슈뢰딩거가 양자물리학에서 양자 중첩과 예측 불가능성을 나타내기 위해 실행한 유명한 사고실험 ― 옮긴이)를 연상할 수

있다. 즉 입증되지 않은 진실과 반박되지 않은 거짓말은 동시에 존재할 수 있다. 중요한 것은 결국 무엇이 사실인지가 아니라 거짓이 야기할 수 있는 나쁜 결과다.

블라디미르 푸틴, 자이르 보우소나루, 레제프 타이이프 에르도안 역시 진실을 다루는 데 있어 트럼프와 유사성을 보인다. 그들은 모두 자신의 언어로 현실을 복종시킨다. 그래서 그들은 결코 패배를 인정하지 않으며 끝까지 지지 않기 위해 규칙을 조작하려고 시도한다. 2020년 대통령 선거에서 게임이 끝나기도 전에 자신을 승자로 선언한 트럼프처럼 말이다. 그리고 그는 대선에서 패배한 지 한참이 지났는데도 여전히 그러하다. 모호함과 자만심의 순간에는 자신이 원하는 무엇이든 될 수 있으며 심지어 미국의 왕이 될 수도 있다. 제이슨 스탠리Jason Stanley는 이에 대해 다음과 같이 요약하고 있다. "파시즘적 지도자는 진실을 권력으로 대체할 수 있으며, 궁극적으로 아무 의미 없는 거짓말을 할 수 있다."[23]

이와 같은 공격적인 허구는 모든 대중 영합주의자에게 마치 도핑과 같다. 표면적으로 보면 독재자들이 안정과 유지에 관심이 있는 것처럼 보이지만 그들의 진정한 관심사는 혼란을 일으키고 열린 담론을 불가능하게 만드는 것이다. 그 후에는 비판적 내용의 뉴스가 '가짜 뉴스'로 간주되고 그 대신 거짓말쟁이의 선전이 뉴스로 탈바꿈한다. 반파시스트에게 파시스트의 낙인이 찍히고, 때로는 몹시 격분한 군중에게 '사랑해요I love you'라는 트윗을 남긴다. 원시 파시스트가 자신에게만 유일하게 유효한 현실을 구현할 때까지 모든 것이 왜곡된다.

배후에 아주 깊이 숨어 있는 '대안적'(현실과 맞지 않는) 서사를 종종 '음모 이론' 혹은 '음모 서사'라고 부른다. 파시스트는 내집단의 이익을 위해 특정 외집단을 불신하게 만들거나 비방하기 위해 의도적으로 그러한 대안적 현실 버전을 사용한다. 결국 중요한 문제는 사실인지 아닌지가 아니라 진실한 정보를 부정하는 것이 집단이나 정당, 부족에 정서적, 정치적, 경제적 이득을 가져다주는지의 여부다. 원시 파시즘적 부족주의에서는 진실은 좋은 것이 아니며 강하게 만드는 것이 진실이 된다. 티머시 스나이더는 이렇게 설명한다. "듣고 싶은 말과 실제 사실이 다를 수 있음을 부정할 때 우리는 폭정에 굴복하게 된다. 이렇게 현실을 부정하는 것이 아주 자연스럽고 편안하게 느껴질 수 있다. 그러나 그 결과 개인으로서 자신을 포기하고 나아가 개인주의에 기반을 두는 모든 정치 체제가 붕괴된다."**24**

트럼프는 영웅주의와 희생 사이의 파시즘적 변증법에 따라 자신을 남성적이고 우월하게 드러내 보이는 동시에 끔찍한 적대자들로부터 정치적으로나 수행적으로 제외되는 희생자의 인상을 제시한다. 이를테면 군중들에게 힐러리 클린턴을 가두기를 원하는지 묻고 이슬람교도의 입국을 금지하며, 멕시코인을 강간범으로 묘사하고 중국인을 질병 보균자로 묘사한다. 트럼프에게 정치적 상대는 틀릴 뿐 아니라 나쁜 존재이며, 당선되어서는 안 되며 감옥이나 더 나쁜 곳에 가야 한다. 트럼프의 이상화된 이전 미국은 자랑스러운 백인 '프라우드 보이스'를 위해서만 존재한다.

레오 뢰벤탈Leo Löwenthal은 이미 1949년에 자신의 저서 『거짓 선지자. 파시즘 선동에 관한 연구Falsche Propheten. Studien zur faschistischen Agitation』에서 그러한 대중 영합주의적 공격의 심리학적 원인을 조사했다. 그는 거짓말하는 선동가를 잘 받아들이는 사람들에게서 나타나는 '세상에 대한 적대적 행동'[25]을 관찰한다. 뢰벤탈에 따르면 그들은 한편으로는 자신의 소외와 무력함, 다른 한편으로는 상대의 행위 능력과 (감지된) 일관성으로 말미암아 자신들의 적이 이러한 이야기의 주인공이고 적의 상대인 자신은 적대자라고 믿는다. 그들은 자신의 욕구와 소망을 들어주고 자신을 다시 주인공으로 만들어줄 새로운 옹호자와 대변인이 필요하다. 즉 더 이상 꿰뚫어 보기 어려운 큰 게임에서 강력하고 행위 능력이 강하고 긍정적으로 서사되는 인물을 찾는다. 그들은 많은 것을 얻을 수 있는 영웅 여정을 극찬하며 그 모범을 자신에게 보여주면서도 동시에 그러한 영웅 여정에 내재한 모든 힘겨운 요구를 면제시켜줄 사람을 찾고 있다. 원시 파시즘 선동가의 결정적 매력은 그를 따르는 추종자들이 바뀔 필요가 없다는 것이다. '나는 내 모습 그대로 유지하고 싶어요. 당신은 할 수 있어요!'라는 어느 다이어트 식품 브랜드의 광고 문구처럼 선동가도 이렇게 약속한다. '세상은 계속 굴러갈 것이고 소수자가 권리를 얻을 수 있으며 여성은 해방될 것이고 특권이 재분배될 것이다'. 그러한 선동가와 함께라면 모든 것이 사람들이 생각하는 이전 그대로 유지된다. 한마디로 말하자면 '미국을 다시 위대하게Make America Great Again' 만들 수 있다.

이러한 약속은 아주 기분 좋고 매혹적이어서 사회 변화라는 반대 구상이 매력적으로 느껴지지 않을뿐더러 그렇지 않아도 부담스러운 자기 삶의 현실에 대한 공격이자 무리한 요구처럼 느껴진다. 하지만 선동가의 도움을 받아 심지어 자신을 변화의 희생자로 연출시킬 수도 있다. 제이슨 스탠리는 특히 자기희생과 관련하여 미국 공화당과 독일을 위한 대안(Alternative für Deutschland, AfD) 당 사이에서 유사성을 끌어낸다. 미국이 노예에게 저지른 만행에 대해 과거사 청산을 논의하는 가운데 트럼프 지지자들은 자신을 역사의 희생자로 꾸미려고 한다. 스탠리에 따르면 이와 유사하게 독일을 위한 대안당은 독일의 나치 과거사 정리를 독일 국민의 희생으로 묘사함으로써 지지표를 얻으려고 한다. 이러한 삐뚤어진 파시즘 해석에서 보면 오늘날의 독일인은 실제로 유대인의 희생자다. 왜냐하면 자신들의 만행을 상기하는 것이 자신의 과거를 신화화하는 데 방해가 되기 때문이다. 독일을 위한 대안당 지도자 중 한 명인 비외른 회케Björn Höcke는 2021년 초 드레스덴에서 열린 연설에서 '무엇보다도 가장 먼저 우리를 조상의 위대한 업적과 접하게 하는 기억 문화'[26]의 필요성에 대해 열성적으로 말했다. 스탠리에 따르면 '기억 문화'에 대한 회케의 진술은 하인리히 힘러Heinrich Himmler에 대한 메아리다.[27] 하인리히 힘러는 1937년에 다음과 같이 썼다. "우리는 약 1천 년의 과거가 없을 뿐 우리는 문화가 없는 야만 민족이 아니며 그렇기 때문에 먼저 문화를 세워야 한다는 것을 우리 군사와 독일 민족에게 분명히 말하고 싶다. 우리는 우리 민족이 자신의 역사를 다시 자랑스럽게 여기도록 만들고 싶고 우리 민족에게 분명히 이렇게 말하고 싶다. 독일은 2천 년밖에 안 된 로마보다 더 영원하다!"[28]

이러한 파시즘 내러티브는 수많은 원시 파시즘 형태에서 찾을 수 있다. 트럼프의 경우 '미국을 다시 위대하게'라는 내러티브를 들 수 있다. 폴란드계 영국인 사회학자이자 철학자인 지그문트 바우만 Zygmunt Baumann은 우리가 돌아가야 하는 황금빛 과거에 대한 회상을 이상적인 상태가 파시즘적 과거로 투영되는 것이라고 정의한다. 파시즘적 과거는 단일 신화의 더 나은 세계, 또 다른 세계다. 대중 선동가들은 서사적 피리를 불면서 어떻게 해야 그 세계에 도달하는지, 그 과정에서 누구를 물리쳐야 하는지, 그리고 선동가가 정확히 어떻게 이를 달성하려고 하는지에 대해 노래한다. 말하자면 선동가는 엄청나게 강력한 것, 즉 '좋은' 스토리를 제공한다. 동시에 원시 파시스트는 이와 반대되는 모든 내러티브에 공격적인 공세를 가한다. 타인의 이데올로기와 가치는 잘못되었을 뿐만 아니라 사람을 현혹하고 진정한 동기와 음모를 숨기기 위해 고의로 조작된 거짓이다. 선동가는 완전한 불신에 관한 이야기를 제외한 모든 이야기에 대해 완전한 불신을 뿌리며, 전체 서사 영역, 말하자면 집단적 서사 의식을 부정한다. 어떤 것도 진실이 아니며 모든 것이 속임수다. 그 대신 선동가 자기 자신은 종종 오해를 살 수 있는 이중적인 모습으로 자신의 신뢰성을 내보인다. 즉 그는 자신을 가장 진실한 정치인으로 연출하는데, 그 이유는 바로 자신이 때때로 거짓말을 하고 심지어 거짓말한 것을 들키기 때문이다. 그가 대변하는 마스터 스토리는 주장과 현실이 순수하게 일치하지 않는다. 말하자면 그의 진실은 감각적인 것, 좀 더 나은 표현으로 말하자면 당위적이다. 어떤 것이 반드시 사실일 필요는 없으며 그저 사실이어야 하는 것이면 된다. 이로써 오로지 진실만을 말하고 사람들을 위해 최선을 원한다고 주장하지만 궁극적이고 당위적인 진실을 소유하지 못한 다른 모든 사람은 자동으로 사기꾼이 된다. 좋은 것을 위해서라면 수사학적 수단을 가리지 않을 준비가 된 선동가는 자신의 거짓말을 통해 추종자들에게 신뢰할 수 없는 사람이 아니라 경탄할 만한 가치가 있는 사람이 된다.

국가는 붕괴 직전에 있고 글로벌 엘리트는 국가를 착취하며 진보 세력은 문화를 파괴하고 이주 정책은 인구를 외지인으로 '대체'하려고 하며 (국내의 '선한' 기업과는 달리) 사악한 배후 세력에 의해 조종되는 국제 기업이 국민을 착취하는 것 등등, 이 모든 것이 위협이다. 원시 파시즘이 그리는 세계는 죽어가는 세계다. 그러한 세계는 구세계의 잔해 위에서 새롭고 더 강하게 거듭날 필요가 있다.

우리는 다음 절에서 트럼프가 지지자들의 좌절된 아메리칸드림을 정확히 어떤 새로운 내용으로 이야기했는지 살펴보려고 한다. 기본적으로 그와 그가 구축한 미국식 원시 파시즘은 절대 특별하지 않다. 그리고 그가 들쑤시고 조장한 야만적인 동화와 수시로 인용되는 음모 신화 역시 새로운 것은 아니다.

음모 서사 :
상호작용하는 파시즘 동화

남자는 자신이 옳은 일을 하고 있다고 확신했다. 한 가정의 아버지였던 그는 자동 소총으로 무장하고 피자 가게에 쳐들어갔다. 이 피자 가게의 지하실에 아이들이 감금되어 고문과 성폭행을 당하고, 영원한 젊음을 유지하기 위해 아이들의 피를 마시는 행위가 이루어진다는 것이었다. 그는 아무 영문도 모르는 손님과 식당 직원을 총으로 위협하며 꼼짝 못 하게 했다. 그런 다음 그는 지하실로 통하는 문을 찾았다. 그러나 몇 분 후 그는 그만둘 수밖에 없었다. '코밋Comet'이라는 피자 가게에는 지하실이 없었기 때문이다. 마침내 남자가 체포되었을 때 우리 시대의 가장 위험한 음모 서사 중 하나는 다행히도 더 확대되지 않고 무혈로 끝났다.

이 남자는 큐어넌QAnon 음모론을 믿었다. 큐어넌은 미국 정보국 내부 실정을 잘 알고 있다고 스스로 과시했던 한 포럼 회원의 프로필 이름에서 따온 것이다. 큐어넌의 주장에 따르면 민주당이 워싱턴 D.C.의 한 피자 가게 지하에서 아동을 상대로 악마 같은 가학적인 조직적 범죄를 저지르고 있다는 것이다. 힐러리 클린턴을 비롯한 다른 유명 정치인들이 노화를 방지하기 위해 할리우드 스타들이 사용하는 대사 물질인 아드레노크롬Arenochrome을 얻기 위해 어린이를 납치하여 고문한다는 것이다.

이는 무고한 사람을 무참히 죽이는 극악무도한 악의 역할이 분명하게 지정된 스플래터 영화에서나 나올 법한 무용담이다. 이러한 신화 같은 이야기는 — 만약 사실이라면 — 그 내용을 알고 있는 사람을 주인공으로 만들고 자동 소총으로 무장한 남자를 가만히 있게 하지 않았을 것이다. 여기서 또 한 번 13세기의 아동 의식 살해와 피의 비방에 대한 반유대주의적 공포 동화의 서사적 메아리가 들리지 않는가?

과거에도 항상 사실과 함께 소문과 신화, 비방이 무성하게 확산했다. 그러한 거짓말들은 지어낸 소문 이상인 것처럼 점점 자기주장과 닮은 척을 하면서 '음모 서사'가 된다. 주라라의 인종차별적 여행기나 노리치의 윌리엄에 대한 반유대주의적인 허구적 성인(聖人) 이야기처럼 말이다. 20세기의 가장 치명적인 음모 서사로 '시온 장로 의정서'라는 위서를 꼽을 수 있다. 이 의정서의 초판은 1903년 러시아 제국에서 처음으로 러시아어로 출판되었으며 나치의 이념적 지주 역할을 했다. 이 문서는 유대인이 어떻게 세계를 지배하려고 하는지에 대한 허구를 담고 있다. 그 내용은 완전히 지어낸 것이며 다양한 출처에서 모아 조각조각 붙여 만든 것이다. 러시아 제국 시대에 이 의정서의 저자들은 니콜라이 2세 황제에게 자유주의적이고 심지어 혁명적인 집단으로 인식되는 러시아 유대인에게 지나치게 체제를 개방하는 위험을 알리고자 했다. 당시 러시아 정보기관인 오크라나Okhrana의 정보원이었던 프랑스인 마티유 골로윈스키 Mathieu Golowinski가 이 의정서의 유력한 저자로 꼽힌다. 의정서의 일부는 1868년에 출판된 반유대주의 소설 『비아리츠Biarritz』에서 가져왔는데, 이 소설은 우체국 직원이었던 헤르만 괴체Hermann Goedsche가

존 레트클리프 경Sir John Retcliffe이라는 필명으로 저술했다. 괴체는 이 소설에서 이스라엘 12지파 장로들이 프라하 유대인 공동묘지에 은밀히 모여 세계의 모든 금을 소유하는 것을 목표로 삼아 세계 정복을 논의하는 내용을 이야기한다. 또 다른 부분은 모리스 졸리Maurice Joly가 1864년에 익명으로 출판한 풍자 작품 『마키아벨리와 몽테스키외의 지옥에서의 대화A Dialogue aux enfers entre Machiavel et Montesquieu』의 내용을 표절했다. 이 책은 자유주의를 옹호하는 작가 몽테스키외와 폭정을 지지하는 철학자 마키아벨리가 지옥에서 벌이는 논쟁을 묘사하고 있다. 시온 장로 의정서에서 폭정을 지지하는 마키아벨리의 주장은 '시온 장로', 즉 세계를 정복하려는 유대인 지도자들의 주장으로 탈바꿈한다. 시온 장로 의정서는 1920년에 프랑스어로 번역되면서 단숨에 세계적인 베스트셀러가 되었다. 미국에서도 자동차 제조업자인 헨리 포드Henry Ford가 수십만 부를 발간했고, 이를 통해 시온 의정서 영어판은 전 세계적으로 가장 유명해졌다. 오늘날까지도 반유대주의자들은 이 텍스트를 근거로 내세운다.

　과거에는 개인이 이러한 불가해한 소문을 효과적으로 추적하는 것이 거의 불가능했다. 하지만 오늘날에는 모든 유형의 콘텐츠를 게시할 수 있는 무수히 많은 포럼과 플랫폼을 지닌 인터넷이 은폐된 지식을 위한 인큐베이터가 되었다. 이제는 누구나 직접 '검색'하고 정보를 교환하며 새로운 사실을 발견할 수 있다. 다른 사람들이 잠든 사이에 즐겁게 함께 사유하고 내부 정보를 조심스럽게 시사하며 '깨어 있는' 지식인으로서 자기 서사가 가능하다. 말하자면 소셜 미디어는 필수적인 공감 공간을 제공한다.

큐어넌은 영화 〈매트릭스〉의 키아누 리브스가 하는 것과 같은 영웅 여정을 제공한다. 가장 먼저 '깨어나야' 한다. 즉 모든 것이 거짓말이라는 것을 깨달아야 한다. 이를 위해 주인공 키아누 리브스가 두 개의 알약 중 하나를 선택해야 하는 영화 속 장면처럼 빨간 알약의 순간, 말하자면 결정을 내려야 하는 갈림길에서 계기가 될 만한 강렬한 사건이 주로 사용된다. 공식적 지식과 그에 따른 거짓말을 따르는가, 아니면 진실을 받아들일 준비가 되어 있는가?* 진실을 따르는 사람은 다른 사람들에게는 아직 감추어진 무언가를 이해하고 있기 때문에 그들보다 지성적으로나 감정적으로 더 우월한 선택된 집단에 속한다.

오늘날에는 과거에 비해 음모 신화에 빠져들기 훨씬 더 쉬울 뿐만 아니라 이를 보다 대중 문화적이고 매력적으로 느낀다. 심지어 이러한 파시즘적 내러티브에 동참하는 것이 흥미진진하게 보인다. 마치 컴퓨터게임을 하듯 수수께끼를 풀 수 있다. 그리고 이 모든 (사이비) 회의주의에도 불구하고 우리는 항상 같은 적대자를 마주한다. 즉 자

• 영화 〈매트릭스〉에서 멘토인 모피어스가 주인공 네오에게 이렇게 말한다. "네가 노예란 진실, 네오. 너도 다른 사람과 마찬가지로 모든 감각이 마비된 채 감옥에서 태어났지. 불행히도 아무도 매트릭스가 뭔지 말로는 설명할 수 없어. 직접 봐야만 해 … 이제 마지막 기회다. 다시는 돌이킬 수 없어. 파란 약을 삼키면 여기서 끝나. 침대에서 깨어나 네가 믿고 싶은 걸 믿으면 돼. 빨간 약을 삼키면 이상한 나라에 남게 되고 내가 토끼 굴이 얼마나 깊은지 보여주지."

유주의 성향의 엘리트와 유대주의, 변화와 소외의 행위자들. 우리는 그들이 극악무도하며 어린아이의 피에 애착을 느낀다고 생각한다.•

큐어넌의 창시자 큐Q는 '딥 스테이트Deep State'라는 상상 속의 권력 집단에 대한 정보를 제공하고 인터넷 곳곳에 암호화된 메시지를 남긴다. 그중에는 예를 들면 도널드 트럼프가 트위터에 남긴 엉뚱한 오타 문자인 '코브피피Covfefe'가 있다. 큐어넌 추종자들은 자신의 음모론을 이어가며 두 가지 거대한 사건을 극적으로 기대한다. 첫째는 '폭풍The Storm'이다. 이는 트럼프가 교황이나 오프라 윈프리, 오바마를 비롯하여 아동의 피를 마시는 엘리트 집단을 폭로하는 순간이다. 그 다음은 '거대 각성The Great Awakening', 즉 지금까지 눈이 멀었던 사람들도 무슨 일이 실제로 일어나는지를 마침내 보게 되는 순간이다. 이러한 방식으로 자기 자신을 주변 인물로 인지하는 세상에서 영웅으로 변모할 수 있다.

지금까지 디지털 인큐베이터의 역할은 여전히 과소 평가되고 있다. 이제는 '유튜브의 과격화'가 진정한 연구 대상이 되었다. 유튜브가 지닌 새로우면서도 위험한 문제는 토끼 굴 입구를 의식적으로 찾을 필요가 없다는 것이다. 지금까지 이데올로기에 감명받지 않은 사람들도 유튜브에서는 간혹 무해한 관심 주제를 통해 이데올로기에

• 트럼프의 외적 원시 파시즘과 그 추종자들을 불러 모으는 디지털 파시즘을 조합하면 미 국회의사당 습격 사건을 설명할 수 있을 것이다. 이에 대해서는 8장에서 보다 자세히 다룰 것이다.

말려들 수 있다. 이를테면 여러분이 감기에 걸려서 생강차 레시피를 찾는다고 상상해보라. 여러분은 뉴욕의 스타 셰프나 스칸디나비아 지역의 인플루언서가 제시하는 생강과 꿀, 레몬의 완벽한 조합을 찾을 때까지 몇 가지 영상을 시청한다. 이를 학습한 알고리즘은 이제부터 유튜브 시작 페이지에 더 많은 민간요법 레시피를 당신에게 제시한다. 물론 주제별로 분류된 이러한 영상 중에서 당연히 특히 인기 있는 요리법만 보여준다. 생강으로 중증의 질병을 치료했다고 주장하는 어느 여성의 영상이 나타날 수도 있고 생강의 성욕 촉진 효과에 대한 정보를 제공하는 대중 과학적인 영상이 뜰 수도 있다. 조금 더 보게 되면 주제가 교차적으로 연결된 영상들도 추가로 등장한다. 예를 들면 물로 몸에 쌓인 독소를 제거하는 법, 비강 스프레이 의존도, 항생제 내성, 또는 제약업계 로비에 대한 불평을 다루는 비디오가 뜨기도 한다. 그다음에 유튜브에 접속하면 빌 게이츠와 세계보건기구 WHO와의 연관성을 분석한 영상이 뜨고, 그 사이에 게임용 의자에 앉아서 '잘 생각해봐! 우리는 여기서 오로지 사실만을 전달하잖아!'라고 외치는 남자들의 영상 두 개가 뜬다. 간호사가 빈 중환자실을 촬영하며 '환자들은 모두 어디에 있지?'라는 코멘트를 하는 영상, 그리고 갑자기 켄 옙센 (Ken Jebsen, 독일의 유명한 음모론자 — 편집자)이 배트맨의 광기 어린 적수 조커로 분장한 비디오가 뜬다. 여러분은 그저 조커 분장 때문에 이 영상을 클릭하거나 조회 수가 4백만이라 궁금해서 클릭하기도 한다. 게이츠 재단이 코로나를 만들어냈을까? 코로나가 존재하기는 하는가? 이제 두 개의 영상만 더 있으면 디지털 토끼 굴 아래로 깊숙이 들어간다. 그리고 여러분은 코로나 팬데믹이 의문시되고 정치인이 유괴한 아동을 고문하는 그곳에 도달하게 된다. 이 모든 것이 여러분의 감기와 약간의 생강차에서 시작되었다.

무수한 영상의 정글 속으로 깊이 들어갈수록 맞춤형 알고리즘은 더 급진적이고 더 극단적이며 더 비현실적인 형편없는 영상을 제안한다.[29] 우리는 조회 수가 높은 콘텐츠를 볼 가치가 있다고 생각하며, 왜 수백만 명의 사람들이 그 영상을 시청했는지 알고 싶어서 똑같이 클릭한다. 앞에서 언급한 문턱값 모델을 생각해보라. 저널리스트 제이넵 투펙치Zeynep Tufekci는 다음과 같이 간략히 설명했다. "우리는 자연적인 인간의 욕망, 즉 '장막 뒤'를 보고 싶은 욕망, 우리를 사로잡는 무언가에 더 깊이 파고들고 싶은 욕망을 디지털 기술을 이용해 충족시키고 있다. 우리는 클릭하고 또 클릭하면서 더 많은 비밀과 더 깊은 진실을 밝혀내는 흥미진진한 감각에 사로잡힌다. 유튜브는 시청자를 극단주의의 토끼 굴로 인도하고 구글은 광고 수익을 올리고 있다."[30]

사실상 급진화는 자동화된 광고 자금조달을 통해 돈벌이 사업이 된다. 유튜브뿐만 아니라 특정 이데올로기의 신봉자들에게도 수익성이 있기에 비디오 플랫폼은 음모 이야기꾼을 위한 유용한 모집 수단이자 자금조달 수단이 된다. 탐사 저널리즘 사이트인 벨링캣Bellingcat에서 극우주의 대화방의 메시지를 정성 분석Qualitative Analysis한 결과 대화방 구성원들이 극우 신념으로의 전환을 의미하는 이른바 '빨간 알약'의 원인으로 유튜브를 가장 자주 언급했다는 사실을 발견했다. 특히 6시간 분량의 다큐멘터리 영화 〈아돌프 히틀러 ― 한 번도 이야기되지 않은 위대한 이야기Adolf Hitler-The Greatest Story NEVER Told〉가 개인적인 빨간 알약으로 자주 언급되었다.**31** 한편 유럽의 리서치 단체 복스폴VOX-Pol은 극우주의자들과 연결된 트위터 계정 29,913 개를 분석한 결과 이 계정들이 유튜브로 가장 자주 연결되었으며 2 위의 페이스북 사이트보다 3배 더 자주 연결되는 것으로 확인되었 다.**32** 거의 모든 유명한 원시 파시스트들은 유튜브 플랫폼을 사용한 다. 예를 들어 2009년부터 유튜브 플랫폼에 모습을 보이기 시작한 자 이르 보우소나루Jair Bolsonaro 브라질 대통령은 현재 유튜브에 340만 명의 구독자를 보유하고 있다. 그는 자신의 선전과 음모 이론을 구독 자들과 함께 공유하고 있으며, 특히 나치즘 또는 '문화 마르크스주의 Cultural Marxism'(그것이 정확히 무엇이든지 간에)가 좌파에 의해 수립되었 다는 내용을 공유한다. 처음에 그의 영상을 보는 사람은 소수의 시 청자에 불과했다. 그런데 유튜브 알고리즘이 최적화되고 브라질에 서 우익 사상이 대중화되자 그의 채널은 월 3천만 조회 수까지 달했 다.**33** 그의 선동적 행위, 좌파와 동성애자, 토착민을 비롯한 일반적인 소수자에 대한 그의 혐오는 유튜브 비디오 플랫폼의 새로운 추천 시 스템과 완벽하게 조화를 이루었다.

2019년 〈뉴욕 타임즈〉 지 기자인 맥스 피셔Max Fisher와 아만다 타웁Amanda Taub은 유튜브가 어떻게 브라질을 급진화시키고 보우 소나루를 대통령 당선으로 이끌었는지를 조사했다. 그들은 기타 교 습 영상을 찾던 한 브라질 소년이 유튜브 추천 시스템을 통해 어떻게 1년 만에 음모 영상을 접하게 되었는지를 자세히 설명한다.**34** 그들은 알고리즘화된 급진화 논리를 데이터로 뒷받침하기 위해 수천 개의 영상 대본을 분석한 미나스제라이스 연방대학교Federal University of Minas Gerais에 도움을 요청했다. 그 결과 이 대학 연구원들은 브라질의 우익 유튜브 채널이 다른 채널보다 빠르게 성장했음을 발견했다. 여론 조사에서 보우소나루의 인기가 떨어지기 시작하면서 유튜브에서 그를 긍정적으로 묘사하는 사례가 늘어났다. 트위터가 트럼프의 홍보와 지지층 모집 수단이었던 것처럼 보우소나루는 유튜브를 그와 같은 수단으로 이용했다.

이처럼 반사실적으로 논리를 펴는 대부분의 극단적인 움직임은 서로 닮았다. 또한 생각이 다른 사람들인 '크베어뎅커Querdenker'(독일에서 코로나를 부인하는 사람들이 스스로 칭하는 말)와 같이 비교적 자발적이고 언뜻 보면 정치적으로 매우 이질적인 것처럼 보이는 집단에서도 내용적, 구조적 원시 파시즘을 재생산한다. 이러한 집단의 특징으로는 엘리트에 대한 공격적인 증오, 민주주의 경멸, 반유대주의, 민족주의, 진실을 찾는 데에는 별로 관심이 없고 오히려 젠체하는 듯한 회의주의, 대중 영합주의, 과학에 대한 적대감, 민주주의 시스템 때문에 생겨난 무기력 상태에서 깨어나야 한다는 요구를 들 수 있다. 크베어뎅커의 시위와 일반적인 현실을 공개적으로 거부하는 그들의 행위는 코로나 팬데믹 속에서 사람들이 고통스럽게 상실한 통제력을 되찾기 위한 수단이다. 이야기하는 원숭이는 적어도 자기 효능감을 얻는 데 도움이 되는 이야기에 편안함을 느낀다. 음모 이야기의 토끼 굴은 사회학자 레오 뢰벤탈이 말한 '이념적 노숙자'라는 용어를 빌어 '서사적 노숙자'라고 부를 수 있는 고통받는 사람들에게 안식처가 되어준다. 이들에게 주어지는 이야기와 그 안에 내재한 설명은 그들이 사는 세상에서 '함께 어울리면서 남보다 앞서 나가는 것to get along and get ahead'에 (더 이상) 도움이 되지 않는다. 자신이 속한 문화 및 환경의 전통적인 내러티브로부터 소외되면 처음에는 불안으로 이어지고, 그다음에는 대안적 실마리에 개방적인 태도를 갖게 되며 마지막에는 자신이 항상 속아왔다는 편집증적인 확신으로 이어진다. 그리고 '주류 미디어Mainstream Media'와 사악한 엘리트로부터 일단 등을 돌리면 다시 다가가기가 지극히 어렵다.

이는 단순히 길 잃은 소수 영혼만의 문제가 아니다. 그들은 눈부시게 빛나 보일 수도 있고 때로는 아주 재미있게 보일 수도 있다. 말하자면 '음모 이론'으로 요약될 수 있는 거의 모든 이야기와 소문의 핵심에는 적어도 반민주적인 성향이 내재해 있다. 그런 이야기들은 '시스템'과 '엘리트'를 싸잡아서 비난하고 있기 때문이다. 또한 대부분 원시 파시즘적 요소까지 포함하고 있다. 이러한 이야기에 내재한 내러티브는 몇 가지 점에서 유사하다. 즉 (민주주의적으로 정당한) 엘리트는 부패하고 사악하며 사람들을 해치고 싶어 한다는 것이며, 종종 소수의 유대인이나 유대인 자체에 책임이 있다는 것이다. 또한 민주주의 시스템은 원칙적으로 작동하지 않으며 범죄 에너지와 착취를 조장한다는 것이다. 공격적이며 심지어 전투적인 저항도 그들에게는 정당하게 보인다. 나아가 급진적인 원시 파시스트와 음모 신봉자의 관점에서 보면 (폭력적인) 저항도 완전히 신성한 의무다. 말하자면 의

무감은 윤리적 근거가 부재한 내러티브에 의해 왜곡될 수 있다. 독일 역사에서 이를 경고하는 훌륭한 사례를 찾아볼 수 있다.

8

마지막 시련

독일과 미국은 어떤 스토리를 만들었는가

왜곡된 의무

1943년 10월 4일. 연사가 연단에 올라가 청중을 유심히 살펴보면서 목을 가다듬는다. 다부진 체구의 남자가 입은 휘황찬란한 제복에는 빛나는 여러 개의 훈장이 달려 있다. 둥근 안경 뒤에 숨겨진 그의 작은 눈은 마치 등 뒤에서 비웃음을 당하는 부엉이 모습 같다. 그는 그르렁거리는 목소리로 연설하고, 그가 하는 모든 말은 레코드판에 녹음되고 있다.* 연사가 폴란드의 포젠Posen(폴란드어로는 포즈난Poznań) 시청 안뜰에서 전사자에게 바치는 헌사로 강연을 시작하자 죽은 듯한 적막이 흐른다.[1] "1942년 6월 우리가 함께한 이후 지난 몇 달 동안 많은 동지가 독일과 총통을 위해 목숨을 바쳤습니다."[2]

---

* 1942년 말부터 힘러의 연설은 더 이상 속기로 받아 적지 않고 레코드판에 녹음되었다. 이 녹음은 포젠 연설 위키피디아 항목에서 찾아볼 수 있다.

연사의 이름은 하인리히 힘러Heinrich Himmler다. 나치 친위대 제국 지도자인 그는 92명의 친위대 장교 앞에서 이 연설을 하며, 이틀 후에는 수십 명의 제국 지도자와 지방 장관들 앞에서 또 다른 연설을 한다. 그는 동부 전선의 위태로운 상황, 영국과 미국의 전쟁 준비 태세, 슬라브 인종의 열등함, 전쟁 포로와 민간인에 대한 가혹함에 대해 장황하게 이야기한다. 그런 다음 그는 목소리를 낮추어 말한다.

또한 나는 매우 중대한 문제에 대해 여러분 앞에서 솔직하게 말하고 싶습니다. 이 문제는 우리 사이에서만 말해야 하며 공개적으로는 이야기하지 않을 것입니다. 〔…〕 내가 히고자 하는 말은 바로 '유대인 소개(疎開)', 즉 유대 민족의 절멸입니다.[3]

이 문장과 이어지는 몇 문장은 이른바 포젠 연설을 유명하게 만들었다. 힘러는 당시 독일 제국에 편입되어 있던 폴란드 도시 포젠의 시청에서 살인에 앞장선 이들에게 유대인 절멸 의무를 이행해야 한다고 설명한다. 그런 다음 그가 말하는 내용은 처절함, 격정, 광기 그 자체다.

이것은 말하기 쉬운 것 중 하나입니다. 모든 당원이 여러분에게 '유대인은 절멸될 것이다'라고 말할 것입니다. 〔…〕 우리는 우리 민족에 대한 사랑에서 이러한 가장 어려운 임무를

해냈습니다. 그리고 우리는 이에 따라 우리 내면과 영혼, 인격에 어떠한 손상도 입지 않았습니다. [4]•

이틀 후 그는 이렇게 덧붙였다. "이 민족을 지구상에서 사라지도록 하기 위해 어려운 결정을 내려야만 했습니다. 이 임무를 수행하는 것은 지금까지 우리가 겪은 가장 힘든 일이었습니다."[5]

이 시기에 나치는 이미 수세에 몰린 상황이었다. 과거를 거슬러 볼 때 1943년은 그 이전에 신화적 승리를 거둔 독일군에게 전세가 역전된 해로 여겨진다. 그해 1월 카사블랑카 회담Casablanca Conference에서 연합군은 유일한 전쟁 목표, 즉 독일의 무조건적 항복을 결정했다. 1943년 2월 2일 스탈린그라드 전투에서 소련이 승리하면서 독일은 동부 전선에서 패배를 맞이하게 된다. 그 후 얼마 지나지 않아 프랭클린 루즈벨트Franklin D. Roosevelt 미국 대통령은 전쟁과 대량 학살에 책임이 있는 모든 독일인을 기소할 것이라고 발표했다. 7월 7일 연합군이 시칠리아에 상륙하고 9월 7일 독재자 베니토 무솔리니Benito Mussolini가 몰락한 후 이탈리아가 연합군과 휴전을 선언했을 때 나치

• 안타깝게도 포젠 연설의 역사에는 수많은 거짓말들도 포함되어 있다. 무엇보다 악명 높은 홀로코스트 부정론자 데이비드 어빙David Irving은 유대인 학살에 관한 구절이 다른 타자기로 작성되어 삽입되었고 다른 글꼴로 번호가 매겨졌다고 주장하거나 힘러가 유태인 '절멸'을 은유로만 사용했다고 주장한다. 또한 홀로코스트를 부정하는 주장 중에는 1945년 이후 연합군이 임명한 음성 모방자가 첫 연설을 했다는 아주 창의적인 내용도 있다. 그 외에도 홀로코스트를 부정하는 많은 주장들이 존재한다.

친위대 지도자들은 전쟁 시작 이후 처음으로 자신들에게 닥칠 불길한 운명을 예감했다.

힘러는 나치 친위대 제국 지도자로서 최고의 사령관이며 그의 위에 있는 사람은 히틀러뿐이다. 힘러의 지휘하에 1943년까지 수백만 명의 유대인이 살해되거나 추방되었다. 그 이후 몇 달 사이 유대인 학살은 계속 증대되었고 최고조에 이르렀다. '유대인'의 완전한 말살은 그간의 범죄를 은폐하기 위해서도 가장 중요한 전쟁 목표가 된다. 이를 위해서는 단호하고 냉철한 수천 명의 나치 친위 대원이 필요하다. 그리고 그들이 더 쉽게 살인하게 만드는 이야기, 이것이 그들이 생각할 수 있는 유일한 방법이라고 여길 수 있는 이야기가 필요하다. 힘러는 큰 희생을 감수하며 이행해야 하는 의무에 관한 내러티브를 선택한다. 그리고 그것은 효과가 있었다. 트레블링카Treblinka와 아우슈비츠Auschwitz의 가스실은 마지막 순간까지 가동되었다. 군사적 패배를 피할 수 없었음에도 전쟁이 끝날 때까지 수백만 명의 유대인이 더 목숨을 잃었다. 나치 친위대는 의무 이행이라는 서사를 맹목적으로 따랐다.

그런데 어떻게 힘러의 연설이 원하던 효과를 불러일으킬 수 있었을까? 더 포괄적으로 말하자면 나치는 어떻게 완전히 패배했던 1945년까지 거의 아무도 거역하지 않는 체제, 최악의 상황에 대비하여 엄격하게 훈련된 체제를 구축할 수 있었을까? 더 높은 목표를 위해 모든 인간성을 망각한 이러한 군사적, 범죄적 준비 태세는 어떠한 자기 서사를 기반으로 삼았을까? 이러한 질문에 접근하기 위해 우리는 1933년까지 독일의 이른바 딥 스토리Deep Story가 무엇이었는지 밝혀

보고자 한다. 사회학적 개념을 이해하기 위해 가장 명확한 딥 스토리를 지닌 다른 시간대의 다른 나라로 먼저 가보려고 한다. 바로 판타스틱한 나라 미국이다.

딥 스토리Deep Story와 무한한 허구의 나라

사회학자 앨리 러셀 혹실드Arlie Russell Hochschild는 자신의 저서『자기 땅의 이방인들 : 미국 우파는 무엇에 분노하고 어째서 혐오하는가 Strangers in Their Own Land : Anger and Mourning on the American Right』(2017)에서 노동자 계급Working Class에 속하는 미국 유권자들이 자신의 경제적 이익에 반하는 것을 알면서도 도널드 트럼프에게 투표하기로 한 이유를 탐구한다. 혹실드는 티파티 운동Tea Party Movement(2009년 미국의 여러 길거리 시위에서 시작한 보수주의 정치 운동—옮긴이)의 중심지인 루이지애나 출신 사람들과의 질적 인터뷰를 기반으로 삼는다. 루이지애나는 오바마의 이른바 사회주의에 대해 조치를 취하기 위해 2009년에 설립된 극보수적인 우익 포퓰리즘 세력의 집결지였다. 혹실드는 이들을 관찰하면서 '딥 스토리Deep Story'라는 개념을 개발했다. 독일의 사회학자 클라우스 되레Klaus Dörre는 이 용어를 '티펜게쉬히테Tiefengeschichte'라는 독일어 단어로 옮겼다.• 한 국가 자체에 대한

• 되레는 자신의 저서『대기 줄에서 : 노동자와 급진적 우파In der Warteschlange :

사회문화적 서사인 딥 스토리는 사회의 역사적 스토리를 의미하는 것이 아니라 사회에서 공유되는 내러티브를 의미한다. 말하자면 문화적 정체성, 근본 가치, 한 사회 혹은 민족의 집단적 희망이나 불안에 대한 일련의 스토리라고 할 수 있다. 혹실드는 다음과 같이 설명한다. "딥 스토리는 어떤 느낌이 드는 이야기다. 말하자면 감정이 상징의 언어를 사용하여 들려주는 이야기다. 이러한 이야기는 판단도, 사실도 제거하며, 어떤 느낌인지를 이야기해줄 뿐이다. 이러한 이야기는 정치적 스펙트럼의 양쪽에 있는 사람들이 모두 한발 물러서서 반대편에 있는 사람들이 어떤 주관적 프리즘으로 세상을 바라보는지 탐구하게 한다. 나는 이와 같은 이야기가 없다면 좌파든 우파든 누구의 정치적 입장도 이해할 수 없으리라 생각한다. 왜냐하면 우리가 모두 딥 스토리를 가지고 있기 때문이다."[6]

딥 스토리의 유형은 다양하다. 말하자면 혹실드가 인터뷰한 미국 루이지애나의 공화당원이나 클라우스 되레가 인터뷰한 독일을 위한 대안당에 표를 던지는 노동자와 같은 몇몇 사회 집단에는 그들만의 고유한 내러티브가 존재한다. 이 두 집단은 기다리는 줄에 서 있다가 새치기당하는 이야기를 비유적으로 전한다. 혹실드는 다음과 같

Arbeiter*innen und die radikale Rechte』(2020)에서 특히 독일 우익의 딥 스토리, 우익이 시간이 지나면서 어떻게 급진화되었는지의 문제를 심층적으로 다루었다. 이 과정에서 그는 혹실드와 마찬가지로 노동자들이 왜 과거의 공화당이나 현재의 독일을 위한 대안AfD과 같은 극우 정당에 공감하는지를 이해하기 위해 대기 줄이라는 비유를 사용한다.

이 설명한다. "나는 내가 인터뷰한 사람들의 삶 속에 자리한 희망, 두려움, 자부심, 수치심, 비참함, 걱정을 은유적 형식으로 표현하기 위해 딥 스토리를 구성했다. 그리고 티파티 운동을 하는 나의 친구들이 이 스토리가 자기들의 경험과 일치한다고 생각하는지 알아보려고 친구들에게 시험해보았다. 친구들은 일치한다고 생각했다. 이 스토리는 마치 연극처럼 다양한 장면에서 펼쳐진다."[7]

이러한 내러티브의 공통분모는 한 나라를 파악하고 그 안에서 정치를 수행하기 위해 이해해야 하는 그 나라의 딥 스토리로 이어진다. 딥 스토리는 나라마다 역사적으로 성장한 어른 동화이며, 많은 사람이 어느 정도 의식적으로 동의하는 스토리다. 이러한 스토리는 일종의 자기 확인이 될 수도 있고 사회적으로 설계된 유토피아일 수도 있으며, 자신이 어떤 사람이 되고 싶은지 함께 나아가야 할 방향은 어디인지에 대한 이상일 수도 있다. 기본적으로 한 나라의 딥 스토리는 그 나라 자체의 광고 슬로건이라고 생각할 수 있다.

미국의 경우 사회경제적 역사에서 딥 스토리가 잘 드러난다. 우리는 이 책의 서두에서 딥 스토리를 자기 주도적인 자아실현자의 서사로서 거론했다. 즉 전통적으로 가난뱅이에서 시작하여 백만장자가 되는 '행복 추구'에 따라서, 충분히 노력하면서 열심히 꿈을 좇는다면 누구나 자기의 행복을 만들어갈 수 있다는 서사다. 이는 신자유주의적 인간상이며 나아가 미국의 원초적 서사다. 그런데 이러한 서사는 오늘날 실제로 어떤 역할을 하고 있을까?

혹실드는 트럼프 지지자들과 인터뷰하면서 언덕으로 이어지는 긴 대기 줄의 이미지를 만들어낼 수 있었다. 말하자면 트럼프 지지자들은 모두가 자의식을 갖고 자기 차례가 오기를 성실하게 기다리면서 신교도 특유의 직업윤리와 개척 정신, 규칙 준수를 통해 아메리칸 드림American Dream이라는 동경의 산을 오르려고 한다. 하지만 미국의 사회경제적 구조상 이러한 대기 줄에서 백인이 훨씬 앞에 서 있다는 것은 안타까운 사실이다. 반면 백인이 아닌 사람, 소외되거나 차별을 받는 사람은 저 뒤쪽에 있기에 약속된 산꼭대기까지 험난한 길을 오르는 데 훨씬 더 오랜 시간이 걸린다. 이와 같은 소수자들이 공격적으로 지원을 요구하기 시작하면 백인 노동 계층에게는 마치 언제나 자기 뒤에 서 있던 사람들—흑인, 이민자, 여성—이 갑자기 자신들, 즉 충성스럽고 참을성 있게 기다리는 미국인을 지나쳐 앞으로 나아가는 것처럼 보인다. 혹은 더 나쁘게 표현하자면 그 사람들이 국가와 기관의 평등 프로그램의 도움을 받아 침투한 것처럼 보인다. 이를테면 공공 기관이 일정한 다양성 할당량을 충족시키기 위해 소외층 지원자를 선호하는 경우처럼 말이다.

백인 노동 계층의 주관적인 관점에서 볼 때 그러한 편애는 불공평할 뿐만 아니라 근본적으로 집단적 이상에 대한 배신, 즉 사회적 지위와 출세를 스스로 얻을 수 있고 또 얻어야 한다는 능력주의 동화에 대한 배신이다. 트럼프는 아메리칸 드림이라는 국가적 서사를 활성화하고 노동 계층에게 대기 줄의 맨 앞자리를 약속함으로써('미국을 다시 위대하게Make America Great Again') 노동 계층의 이러한 딥 스토리를 복고적인 대중 영합주의의 수단으로 사용했다.

그와 같은 실존적 실망과 대중 영합주의적 선동은 새로운 것이 아니다. 이미 1949년에 사회학자 레오 뢰벤탈은 이러한 현상을 우리가 현재 사용하는 말로 묘사했으며, 그러한 고통스러운 경험을 부패의 원인으로 설명한다. 트럼프와 같은 선동가들은 끊임없이 이러한 부패를 악용한다.

> 선동가는 일상적인 삶의 경험을 접목한다. 인간은 어릴 때부터 문명을 이유로 본능을 억압해야 하는 부담을 받는다. 이러한 요구를 따르기 위해 인간은 끊임없이 자기 자신을 부인하고 희생을 치러야 하며 궁극적인 보상에 대한 약속을 통해서만 위안받는다. 그러나 대부분 사람의 삶에서 〔…〕 자신의 꿈이 이루어지지 않았으며 지금도 이루어지지 않고 있음을 깨닫는 순간이 찾아온다. 〔…〕 이러한 가치의 모호성을 점점 더 인식함에 따라 환멸의 느낌은 패배의 느낌과 결합된다.[8]

성실하게 줄을 서며 아주 천천히 앞으로 나아가고 있는데 갑자기 새치기당한다면 어떨까? 개인적으로나 정치적으로나 얼마나 패배한 기분이 들까? 그래서 버락 오바마의 대통령 임기는 힐러리 클린턴이 2016년 선거 운동 기간에 거론한 '뒤처진' 사람들과 '개탄스러운' 사람들(이 발언은 힐러리에겐 치명적인 실수가 되었다) 계층에게는 자기애에 대한 극심한 모욕이었다. 말하자면 갑자기 한 흑인이 아메리칸 드림이라는 언덕에 나타난 것이다. 대기 줄에서 기다리는 사람들의 관점에서 볼 때 그 흑인은 그들 앞으로 끼어들어 앞으로 나아간 것임이 분명했다(아이러니하게도 미국의 딥 스토리와 정확하게 부합하는 출세다). 그리고 그 흑인은 대기 줄에서 기다리는 사람들에게는 순전히 조롱처럼 들렸을 내러티브를 사용하여 성공했다. 예스 위 캔Yes We Can! 이 슬로건은 실제로 이룰 수 있는 것이 얼마나 적은지를 매일 경험해야 할 때 특히 고통스럽다.

반면 오바마는 검소한 배경 출신의 소년에서 정상에 오르며 자신의 아메리칸 드림을 분명하게 실현할 수 있었다. 그러나 대기 줄에서 기다리는 사람들의 눈에는 그가 이러한 자신의 서사를 이루기 위해 분명히 속임수를 쓴 것처럼 보였다. 도널드 트럼프가 이른바 버서Birther 음모 이론(오바마가 미국 출생자가 아니라서 대통령이 될 자격이 없다는 거짓말)의 최초 확대 재생산자였다는 사실은 너무나도 당연했다.• 또한 트럼프는 특히 2016년 선거 운동 기간에 (이른바 이메일 스캔들부터 피자게이트에 이르기까지) 힐러리 클린턴에 대한 모든 선동적 거짓말을 부추겼다. 최초의 흑인 대통령에 이어 미국 최초의 여성 대통령이 당선될 수 있다는 사실은 인종차별적이고 여성 혐오적이며 지속해 자신이 불리하다고 느끼는 미국인들의 딥 스토리에 또 한 번의 깊은 모욕이 되었

• 트럼프가 대선 경선에 나가기로 결심한 것은 오바마가 워싱턴의 주요 기자들이 매년 함께 모이는 자리인 연중 만찬Correspondent's Dinner의 청중 앞에서 트럼프를 음모 신봉자라고 조롱했기 때문이라고 한다. 그것이 사실인지 아닌지는 알 수 없지만, 이 이야기는 우리가 여기서 설명하고 있는 모욕과 복수의 사회심리적 지렛대의 훌륭한 표명이 될 것이다.

을 것이다. 그렇기 때문에 복수의 챔피언을 위한 판이 마련되었다.

도널드 트럼프는 미적으로나 정치적으로나 사람들의 온갖 불쾌감을 자아냈다. 그의 넥타이는 항상 몇 센티미터 길게 늘어졌고 그의 블레이저는 항상 몇 치수가 커서 마치 블레이저가 그를 입고 있는 것처럼 보였다. 그의 양복 색상은 어딘가 모르게 길을 잃은 것 같았다. 그의 용모에서는 엘리트적인 분위기를 전혀 찾아볼 수가 없었다. 누가 봐도 그는 이상한 평등사상으로 대기 줄의 규칙을 갑자기 무효화시킨 사회 기득권층에 속하는 사람이 아니었다. 뉴욕 출신의 작가 프란 레보비츠Fran Lebowitz는 이와 관련하여 다음과 같이 요약했다. "트럼프는 가난한 사람이 생각하는 부자의 모습이다. 그들은 그를 보며 이렇게 생각한다. '내가 부자였다면 저런 멋진 넥타이를 매고 있었을 텐데. 왜 내 넥타이는 400에이커만큼 많은 폴리에스터로 만들어지지 않았을까?' 그가 자기 집에서 보여주는 모든 것─황금 수도꼭지─, 당신이 복권에 당첨된다면 당신은 바로 그것을 살 것이다."[9] 트럼프는 미국식 출세를 구현하는 데 성공했다. 리얼리티 스타, 레슬링 선수 같은 정치인, 무능한 관료주의자가 대통령이 된 것이다! 이로써 그는 '가난뱅이에서 백만장자로'라는 미국 전체의 내러티브에 완벽하게 들어맞았다(물론 그가 이미 백만장자에서 시작했더라도 말이다).

미국의 마케팅학 교수 로널드 힐Ronald Hill은 2015년 1월부터 2020년 12월까지 트럼프의 트위터 피드Twitter-Feed에서 3만 개의 트윗Tweet을 분석했다. 로널드 힐은 트럼프의 정치적 부상이 그의 트윗 덕분에 영웅 여정으로 읽힐 수 있다는 인식에 도달했다.[10] 그의 관찰에 따르면 트럼프의 영웅 여정은 스스로 구원자 행세를 하며 외국인과 민주당 세력으로부터 공화당 국민을 보호하겠다고 약속하는 부유한 부동산 기업가에서부터 시작한다. 이에 따라 그는 이른바 '러시아 사기극Russia Hoax', 러시아 매춘부가 그의 요청에 따라 그에게 소변을 누었다는 추문과 같은 수많은 모험적 도전에 직면해야 했다. 이러한 그의 영웅 여정은 2020년 대선에서 패배함으로써 일단락되었지만, 트럼프 지지자들이 그의 지시에 따라 워싱턴 D.C.의 국회의사당을 습격했을 때 절정에 도달했다. 트럼프는 2021년 1월 다음과 같은 트윗을 작성했다. "워싱턴은 대담한 급진좌파 민주당에 선거 승리를 빼앗기지 않기를 바라는 사람들로 넘쳐나고 있다. 우리나라는 참을 만큼 참았고 더 이상 받아들이지 않을 것이다! 우리는 대통령 집무실에서 여러분의 말에 귀 기울인다(그리고 여러분을 사랑한다)." 로널드 힐은 이 메시지만으로도 영웅 여정의 중요한 요소를 포함하고 있다고 분석한다. 이를테면 '급진좌파 민주당'이 적대자로 선언되고 선거 승리를 훔친 민주당의 위반 행위가 거론된다. 또한 무기를 잡으라는 호소('우리나라는 참을 만큼 참았고')가 등장하고 영웅과 지지자들과의 동맹이 체결된다('우리는 여러분의 말에 귀 기울이고 여러분을 사랑한다'). 그리고 이러한 유형의 연설이 매우 효과적인 이유는 미국 자체가 하나의 영웅 여정이기 때문에, 즉 열린 마음으로 현실에 창의적으로 대처하는 사람들이 건설한 나라이기 때문이다.

저널리스트이자 작가인 커트 앤더슨Kurt Andersen은 자신의 저서 『판타지랜드 : 가짜가 진짜를 압도하는 세상, 그 도발적인 500년의 이야기『Fantasyland: How America Went Haywire: A 500-Year History』에서 미국을 '환상의 산업 단지Fantasy-Industrial Complex'[11] [12]로 만든 역사적 발전을 추적한다. 이에 따르면 판타지랜드는 스스로 허구를 작동시키고 대안적 현실을 제공하는 국가를 의미한다. "우리가 꿈꾸는 가짜를 서로에게 파는 것은 미국 전역에서 미국식 생활 방식의 일상이자 일부가 되었다."[13] 앤더슨은 자신의 현실을 개인적으로 꾸며내는 것이 어떻게 수용이 가능한 사회적 관행이 될 수 있었는지 설명한다. 17세기에 신대륙을 여행한 이주민들은 영웅 여정의 근본적인 추진력, 즉 변화를 통해 자신의 상황과 삶의 조건을 개선하는 행위를 따랐다. 또는 서부 세계를 그린 공상 과학 시리즈 〈웨스트월드〉에 등장하는 안드로이드 매이브가 이렇게 말한 것처럼 말이다.• "그래서 나는 빛나는 바다를 건너 도망쳤어. 그리고 마침내 단단한 땅에 다시 발을 내디뎠을 때 내가 가장 먼저 들었던 것은 그 빌어먹을 목소리였어. 그 목소리가 뭐라고 말했는지 알아? 이렇게 말했어. 여기는 신세계야. 그리고 이 세계에서는 네가 원하는 사람이라면 누구든지 될 수 있어."

미개척 대륙의 경우 많은 신규 이민자는 정신적 진보를 한 걸음

• 〈웨스트월드〉 시리즈의 전제는 매우 주목할 만하다. 머지않은 미래를 배경으로 게스트Guest들은 믿을 수 없을 정도로 진짜 같은 인간 사이보그로 구성된 테마파크 웨스트월드에서 살인, 강도, 강간을 포함하여 카우보이 놀이를 할 수 있다. 인공지능은 현실에서는 할 수 없는 서사를 통해 테마파크 게스트들이 완벽한 몰입을 경험할 수 있도록 설계되었다. 이 우주에서 가장 눈에 띄는 인물 중 하나는 술집 마담인 메이브이다. 그녀는 테마파크가 개시될 때 자신의 살롱에서 게스트를 맞이하고 게스트가 여행하는 동안 계속해서 이러한 진술의 일부를 반복한다.

더 이루었다. 말하자면 영국 출신의 개신교 이민자들과 청교도들은 자신들의 신앙이 유럽에서 위협받는다고 여겼기 때문에 구대륙을 떠났다. 그들은 미국에서 기독교 유토피아를 세울 수 있기를 기대했다. 개척민들은 오늘날까지 미국 내러티브의 명성과 미학, 역동성을 특징짓는 일련의 내적 서사를 함께 가지고 왔다. 여기에는 엄청난 낙관주의(새로운 나라에서 일이 긍정적으로 전개될 것이라는 확신이 있을 때만 떠났다)와 경제적 번영에 기여한 개신교의 직업윤리와 기업윤리가 포함되었다. 그 외에도 자신의 순례를 막강한 유럽 교회로부터의 전향으로 인정하는 청렴 의식, 마지막으로 과학적 입증을 거부하는 세계 인식과 함께 나타나는 과종교성Hyperreligiosity도 이러한 서사에 해당되었다.[14]

　우리는 이 순례자들을 낙관적이고 실행력이 강하고 주술적 사고를 하며 자신의 개인적인 세계관이 옳다고 생각하는 자아실현자 집단으로 생각할 수 있다.* 이러한 사회학적 연금술에 그들의 상상력

---

* 영국 투자자들은 사람들이 미국 여행에 매력을 느끼도록 하기 위해 책, 여행기, 소책자 제작을 의뢰했다. 이주를 공공연하게 광고하고 미국으로 가는 계약 하인 Indentured Servant에게 뜬구름 같은 약속을 해주었다. 앤더슨은 영어를 사용하는 최초의 미국인들이 순진한 천성을 지녔거나 절망에서 벗어나기 위해 특히 쉽게 믿고 잘 속는 경향이 있다고 가정한다. 그리고 한 걸음 더 나아가 "미국 사회는 광고를 순순히 믿는 사람들로 일종의 자연 선택이 이루어져 형성되었다."고 말한 역사가 대니얼 부어스틴Daniel Boorstin의 말을 인용한다. 앤더슨은 다음과 같이 설명한다. "서구 세계 최초의 대규모 광고 캠페인은 미국 건립을 위해 충분한 얼간이와 몽상가를 끌어들이는 것을 목표로 삼았다."

을 자극한 또 다른 핵심 성분이 추가되었다. 바로 금이다. 무한한 금에 관한 이야기는 개척자들을 점점 더 서쪽으로 유인했다. 무한한 가능성을 말해주는 동화는 귀금속과 땅이라는 직접적인 성공 피드백을 제공하면서 강력한 자기 암시가 되었다.

그러나 이러한 개인적, 집단적 행복의 약속은 다른 사람들, 즉 자유와 출신을 박탈당한 흑인과 사회가 무너지고 자원을 착취당한 토착민과 같은 사람들의 자기 서사가 파괴되는 결과를 초래했다. 6장에서 설명한 것처럼 이주자들의 자기 서사는 인종이라는 것을 만들어냄으로써 보완되었다. 인종 내러티브 논리에 따르면 어떤 사람들은 아무것도 갖지 못하는 것이 아주 당연했다. 그들은 완전한 사람이 아니기 때문에 금도, 석유도, 자유도 갖지 못한다는 것이다. 또는 콜슨 화이트헤드Colson Whitehead가 자기의 소설 『언더그라운드 레일로드 Underground Railroad』(2016)에서 묘사한 당시의 인종차별주의자를 생각하게 한다. "만약 검둥이에게 자유가 주어졌다면 그들은 사슬에 묶이지 않았을 것이다. 레드맨Redman(원주민 남성을 모욕적으로 부르는 말―옮긴이)이 그의 땅을 계속 유지해야 했다면 그 땅은 여전히 그의 소유가 되었을 것이다. 백인이 이 새로운 세계를 차지할 운명이 아니었다면 그 세계는 지금 그의 것이 되지 않았을 것이다."**15**

미국은 역사가 아주 짧기에 자국에 대해 특히 좋은 이야기를 전하는 나라이기도 하다. 미국은 기존의 자기 서사를 더 발전시키거나 수정할 필요 없이 완전히 재창조할 수 있었다. 그렇기 때문에 19세기 미국은 신화와 전설을 특히 잘 받아들였다. 그 안에서 모르몬교와 같은 새로운 종교가 발명되었다. 그리고 1969년 인간이 처음으로 달에 착륙하여 미국의 기술과 과학에 대한 성공 스토리를 이루어냈음에도 오늘날 많은 미국인은 여전히 달 착륙을 믿지 않는다. 이처럼 오늘날까지 미국 사회 전반에 걸쳐 앤더슨이 '환상의 산업 단지'라고 부른 환영 같은 장면들이 발견된다. 이를테면 서커스 감독 피티 바넘P. T. Barnum*의 전시회에서 꿈의 공장 할리우드까지, 라스베이거스Las Vegas에서 어디에나 존재하는 텔레비전에 이르기까지 현실과 허구의 구분은 개인의 성공과 행복에 반드시 중요한 것은 아니다. 이러한 아메리칸 드림과 같은 동경의 장소 중 디즈니랜드만큼 눈부시고 아름다운 곳은 어디에도 없을 것이다.

1970~80년대에 이탈리아의 기호학자이자 작가인 움베르토 에코Umberto Eco와 프랑스의 미디어 이론가이자 철학자인 장 보드리야르Jean Baudrillard는 미국을 광범위하게 연구했다. 이 두 사람은 로스앤젤레스의 디즈니랜드를 방문한 후 깊은 인상을 받았고, 이를 미국

---

* 서커스 감독이자 홍보 PR의 귀재인 피니어스 테일러 바넘Phineas Taylor Barnum은 떠들썩한 반쪽 진실을 잘 다루는 아주 유명한 인물 중 하나다. 커트 앤더슨은 그를 '인포테인먼트Infotainment의 창시자'라고 부른다.
유명한 쇼맨 바넘은 1841년에 뉴욕의 미국 박물관American Museum을 인수하여 19세기 최대 규모의 전시관 중 하나로 만들었다. 바넘은 새로운 전시회를 열 때마다 신문 기사, 익명의 독자 편지(기본적으로 인터넷이 존재하기 전의 가짜 리뷰), '센세이션!' 문구가 휘황찬란하게 쓰인 포스터를 다량으로 투입하여 홍보했다. 또한 그는 미국을 판타지랜드로 완벽하게 요약하는 문장을 썼다. "지어낸 어떤 말이 충분히 흥미진진하고 아무도 그것이 사실이 아님을 증명할 수 없다면 미국인인 내게는 그것이 사실이라고 믿을 권리가 있다."

의 하이퍼 리얼리티Hyperreality에 대한 구상으로 발전시켰다. 하지만 이 둘은 각기 다른 결론에 도달했다. 에코에 따르면 하이퍼 리얼리티는 '진짜와 꼭 같은 복제'[16]를 만들어 내거나 사실이고 진짜인 것을 얻기 위해 '절대적 거짓'[17]을 만들어야 한다. 한편 보드리야르는 하이퍼 리얼리티가 '원본이나 사실성이 없는 실재'[18]이며 따라서 근본적으로 다르다고 설명했다. 이 두 사람 모두 자신들의 글에서 프랑스의 철학자 루이 마린Louis Marin[19]을 언급하고 있는데, 그는 두 사람보다 먼저 디즈니랜드를 방문했고 이곳을 '퇴폐한 유토피아'라고 묘사했다. 루이 마린에 따르면 "퇴폐한 유토피아는 신화의 형태로 현실화된 이데올로기다."[20] 그렇기 때문에 디즈니랜드는 유토피아인 척하고 있을 뿐이다. 하지만 실제로는 깊은 숙고를 통해 이데올로기적으로 잘 연출된 현장으로 방문객들에게 신화를 팔려고 한다. 이러한 이유에서 에코는 예를 들어 디즈니랜드 초입에 들어선 상점가가 환상적인 외관의 이미지를 보여주고 우리를 마술처럼 보이는 세계로 장난스럽게 유인한다고 설명한다. 그러나 가게 안에 들어가 보면 슈퍼마켓으로 가장되어 있을 뿐이다. 디즈니는 공원 밖의 현실을 날조하는 것이 아니라 "날조되고 있는 것은 우리의 구매 욕구이며, 이러한 의미에서 디즈니랜드는 그야말로 소비 이데올로기의 정수다."[21]

에코는 온갖 기술적 책략과 무대 장치를 갖춘 디즈니랜드가 환상을 직접 만들어내는 것은 아니라는 결론에 도달한다. 오히려 환상을 향한 우리의 욕구를 성공적으로 일깨운다는 것이다. "하지만 디즈니랜드는 위조된 자연이 공상을 향한 우리의 욕구에 훨씬 더 잘 부합한다는 사실을 알려준다. [⋯] 디즈니랜드는 기술이 자연보다 더 많은 현실성을 줄 수 있음을 말해준다."²² 디즈니랜드는 현실보다 더 현실적인 환상의 세계를 만들어낸다는 것이다. 에코는 '총체 연극Total Theatre'에 대해 말하면서 하이퍼 리얼리티라는 개념으로 우리의 상상력을 자극하는 이러한 본연의 현실을 '진짜 같은 가짜'라고 설명한다.

장 보드리야르는 한 걸음 더 나아간 분석을 했다. 먼저 그는 무엇보다 디즈니랜드가 일종의 미국 사회 축소판 혹은 코믹 버전으로서, 미국의 종교적 자유분방함과 모순적 가치를 농축시켜 놓은 장소로서 성공했다고 설명한다. 그에 따르면 디즈니랜드는 판타지랜드 안에 존재하는 일종의 압축된 판타지랜드로 볼 수 있다.

> 디즈니랜드는 '실제의' 나라, '실제의' 미국 전체가 디즈니랜드라는 사실을 감추기 위해 존재한다[⋯]. 디즈니랜드는 우리가 나머지 다른 세상을 사실이라고 믿게 만들기 위해 상상적 세계로 제시된다. 그런데 사실은 로스앤젤레스 전체와 그 주변의 미국도 더 이상 실제가 아니며 하이퍼 리얼리티와 시뮬레이션Simulation의 영역에 존재한다. 중요한 것은 더 이상 사실성(이데올로기)의 거짓 재현이 아니라 사실성의 원칙을 감추기 위해 실재가 더 이상 실재가 아니라는 사실을 숨기는 것이다. ²³

우리가 스토리로 구성된 한 나라의 모든 역사적, 사회적, 경제적 순간—역사적 자기 발견, 주술적 사고, 신자유주의, 무엇이든 믿을 수 있는 권리, 이러한 내러티브 메커니즘의 정치적 이용(또는 착취)— 을 수용하고 현대의 도핑, 즉 인터넷을 덧붙인다면 기라성 같은 동화, 말하자면 내러티브의 빅뱅이라는 최종 결과를 얻게 된다.

이러한 관점에서 본다면 트럼프가 '대안적 사실Alternative Facts'에 대해 거론한 켈리엔 콘웨이Kellyanne Conway를 백악관 고문으로 둔 것은 더 이상 환상적이지 않고 오히려 불가피한 것으로 보인다. 또한 인터넷에서 떠돌던 이야기로 시작된 큐어넌과 같은 제임스 본드 스토리가 대중 운동이 될 수 있었던 것, 그리고 현실 조작자들이 자신들의 자기 서사가 부정적 결과를 초래할 것이라는 진실을 믿기보다 선거의 승리를 빼앗겼다는 스토리를 믿는 것도 마찬가지다. 이처럼 한 사회의 딥 스토리와 이야기를 하고 이야기를 지어내는 원숭이의 서사적 자아는 함께 결합한다.

미국을 바라보는 놀랍기도 하고 경악스럽기도 하며 때로는 악의적인 시선은 현실 부정을 향한 그러한 발전이 이곳 독일에서도 가능하지 않겠냐는 우리의 궁금증을 자아낸다. 한나 아렌트가 자신의 유명한 인용문에서 밝히고 있는 내용을 보면 이러한 물음에 확실히 긍정하는 대답을 한 듯 보인다. "아마도 독일의 현실도피가 지닌 가장 두드러지면서도 가장 경악스러운 측면은 사실을 단순한 견해인 것처럼 다루는 태도일 것이다."[24] 이제 우리는 독일의 딥 스토리를 찾아보려고 한다. 히틀러가 자신의 목적을 위해 딥 스토리를 사용하기 전까지 역사적으로 지배적인 독일의 자기 서사는 무엇이었을까?

1933년까지 독일의 딥 스토리

프랑스의 사회학자 피에르 부르디외Pierre Bourdieu의 저술 이후로 적어도 우리는 엘리트가 남들과 다른 독특한 특징, 그 유명한 '구별 짓기'를 통해 사회 관습에 어떻게 영향을 미치는지 알고 있다. 말하자면 행동 방식, 의사소통, 권력 구조, 가치 체계, 그리고 무엇보다도 사회적 분위기는 무엇이 옳고 무엇을 표준으로 간주할지 결정한다. 프랑스, 오스트리아 또는 영국처럼 군주제에 의해 형성된 사회에서는 오늘날까지 에티켓이나 조서, 심지어 연애 행위에서도 궁정 예법의 잔향을 인식할 수 있다. 궁정에서는 실용주의나 효율성보다는 정교함과 외교적 태도가 필요했다.

반면 18세기와 19세기 독일에서는 두 가지 환경, 즉 아카데미와 군대, 다시 말해 정신과 복종이 주도권을 쥐고 있었다. 둘 다 감정과 여성이 없는 곳이다. 우리가 독일인을 전형적으로 감성, 따뜻한 마음, 유머가 부족한 사람이라고 간주한다면 이는 그러한 지배적 환경이 전통적으로 이와 같은 정서를 그다지 장려하지 않았다는 사실과 관련이 있을 수 있다. 아카데미는 독일을 수많이 인용되는 시인과 사상가의 나라로 만들었지만 디오니소스적인 정신, 풍족함, 쾌락주의가 존재하는 곳은 아니었다. 18세기 독일 낭만주의의 감수성도 지성적인 것이었다. 말하자면 경쾌한 방종이 아니라 정신에 의해 억제된 갈망이다. 이러한 사회적 분위기는 의무감, 근면, 경건한 성과 중심주의에 대한 종교적 자기 서사에 의해 형성된 개신교 유산의 틀 안에 존재했다. 변화 의지 없이 겸손하게 의무를 이행하는 행위, 극적 전개나 영웅 여정이 없는 근면한 생활은 사회적 이상으로 간주되었다. 자기 이야기의 영웅이 되어서도 안 되고 두각을 나타내서도 안 되었다. 아무도 엑스칼리버를 손에 넣지 않았다.

개신교 유산과 대학 외에도 미국에 필적하는 18세기와 19세기 독일의 가장 최근의 딥 스토리 중 하나는 고도로 기능적인 프로이센 군대와 이곳의 금욕적인 사명감이었다. 의무를 다하는 것— 위계질서와 엄격한 규칙 준수 —은 일반 대중에게 품위와 덕성의 전형이 되었다. 동시에 다른 유럽 국가들과 달리 식민지 보유국이 아니라는 열등의식으로부터 철저히 위장된 민족 우월주의에 대한 열망이 생겨났다. 눈에 띄게 더 커 보이려는 열성적이고 과시적인 노력의 이상은 점차 더 위험한 것으로 바뀌었다. '규율 없이 제멋대로인 이웃들이여, 우리가 얼마나 모범적인지 보아라'라는 생각이 '독일적인 것으로 세상이 치유되어야 한다'는 지나치게 자신감 넘치는 생각으로 발전했다.

그러나 이러한 모범성과 품위의 가치를 그 자체로 인정할 수 있으려면 공공연하게 인식되어야 한다. 이를 통해 사회적 인식의 상호성이 생겨난다. 말하자면 각자가 자신의 의무를 다했는지 인식할 수 있듯이 누구나 다른 사람들이 그들의 의무를 어느 정도 수행했는지를 본다. 하지만 자신의 미덕을 뚜렷하게 드러내고 과시하는 것은 의무를 다하지 않는 것과 똑같이 사회적 관습을 깨는 행위다. 말하자면 중요한 것은 자신의 성공이나 긍정적인 자아실현, 집단을 위해 자신이 뒤로 물러나는 겸손함이 아니라 야망 없는 야망, 사회적 제재에 대한 두려움에서 생겨나는 공명심이다. 여기서 '공명심 Ehrgeiz'의 어원을 자세히 살펴보면 매우 흥미롭다. 그러한 사회에서는 서로가 서로에게 영원한 교정 수단이 된다. 만약 그 시대에 이 모든 것을 포함하는 소셜 미디어 프로필을 작성해야 했다면 우리는 1933년까지의 독일의 딥 스토리를 불완전하나마 다음과 같이 제안할 수 있다. "나는 내 의무를 다하고 있을 뿐이다." 또는 "우리는 각자의 의무를 다하기만 하면 된다."

이러한 독일의 자기 서사는 바이마르 공화국 시기에 깊이 손상되었다. 무엇보다 세계대전 패배와 그에 따른 정치적 결과로 말미암아 전통적으로 군국주의적이고 민족주의적인 의미에서의 의무를 이행할 수 없었다. 경제학자 존 메이너드 케인스John Maynard Keynes는 1919년 자신의 저서 『평화의 경제적 결과The Economic Consequences of the Peace』에서 베르사유 조약에 따라 독일인에게 부과된 가혹한 배상금은 그들이 저지른 '전쟁 범죄'에 대한 도덕적 판단과 함께 위태로운 참담함을 초래하리라 예측했다. "그러면 반동 세력과 혁명 세력 사이에 결정적인 내전이 벌어질 것이다. 이 내전에 비하면 독일이 일으킨 지난번 전쟁의 공포는 아무것도 아닐 것이다[…]."[25]

저널리스트이자 작가인 제바스티안 하프너Sebastian Haffner는 자신의 저서 『어느 독일인 이야기. 회상 1914~1933 Geschichte eines Deutschen. Die Erinnerungen 1914~1933』(2000)에 등장하는 자전적 화자를 나치 정권과 '결투'를 벌이는 영웅으로 만들었다. 그 이유는 화자가 자신을 '개인'으로 보고 개인의 저항을 특히 영웅적이라고 생각했기 때문이다. 그러나 무엇보다 주목할 점은 바이마르 공화국과 권력 장악에 대한 그의 서사적 분석이다. 그는 프로이센 관료의 자녀로서 제1차 세계대전을 흥미진진한 게임이자 환상의 세계처럼 이야기한다. "대략 20대 안팎의 젊은 독일인들은 자기 삶의 모든 내용, 그러니까 좀 더 깊은 감정, 사랑, 증오, 환희, 슬픔뿐만 아니라 모든 화젯거리와 자극의 소재까지도 공적인 영역에서, 말하자면 거저 받는 데 익숙해져 있었다[…]."[26] 이와 함께 특정한 서사적 고정점이 만들어졌다. 즉 해방, 또는 극단적 적대주의를 통해 다른 민족들을 비인간화시키는 것으로서의 최종 승리Endsieg가 그것이다. 1923년의 인플레이션, 빈곤과 굶주림의 경험은 독일을 특히 집단적으로 '모든 환상적인 모험'에 대비하게 만들었다. 사람들은 '유치한 집단 취기'[27]를 통해 고난과 굴욕에서 해방되기를 원했다. 수많은 독일인은 조국과 가족을 위해 '책임감 있게 행동하는' 의무를 지킬 수 없게 되었다. 상처받은 자기 이미지를 회복하는 유일한 자극제는 전투적인 것이었다. 생산적인 딥 스토리는 존재하지 않았다. 그리고 바로 이러한 틈새를 히틀러가 메웠다.

하프너에 따르면 1933년 히틀러가 집권했을 때 먼저 '역겨움의 마법'이 독일인들을 매료시켰고, 그 후에는 사회 전체가 이 내러티브를 따랐다. 심지어 원래는 이러한 내러티브에 반대했던 많은 사람까지 말이다. "신화시대에, 전쟁에서 패한 부족이 누가 봐도 믿을 수 없는 자기의 부족 신을 버리고 승리한 적의 부족 신을 수호신으로 받아들일 때 일어났을 법한 과정이었다. 지금껏 믿고 따랐던 성(聖) 마르크스는 도움이 되지 않았다. 누가 보더라도 성(聖) 히틀러가 더 강력했다."[28] 마침내 그들은 다시 강력한 내집단, 즉 신화를 갖게 되었다. 그리고 무엇보다도 의무라는 오랜 딥 스토리를 위한 목표를 갖게 되었다. 동참을 원하지 않았던 사람은 내적으로 또는 외적으로 망명을 했다. 1934년에서 1938년까지 독일에서는 '유년기의 회상록, 가족 소설, 전원시'가 호황을 누리기도 했는데, 하프너는 이러한 현상을 다가오는 전체주의의 공포로부터의 서사적 도피로서 관찰한다. "행진과 집단 수용소, 군수 공장과 나치 선전 신문 〈돌격대Stürmer〉 상자의 한가운데서 아주 끈질긴 내면성과 시간 초월성을 지닌 문학이 대량으로 만들어졌다."[29] 동시에 그는 조용히 또는 큰 소리로 저항할 용기가 있는 사람이 얼마나 적은지, 사회의 모든 집단이 얼마나 빨리 체념했는지에 대해 한탄한다. 나치 체제가 맨 처음 확립되었을 때 복종적인 민족에게 깊이 내면화된 무조건적인 순종 의식은 큰 득이 되었다. 하프너는 전 세계의 많은 국가에서 점차 확산하고 있는 민족주의가 궁극적으로 독일인을 참을 수 없는 잔인함으로 이끌고 있다고 설명한다. 그리고 이를 독일인들의 특별한 '이타심', 즉 윤리와는 상관없는, 의무감으로 바꾸어 말할 수도 있다고 본다.

바이마르 공화국까지 효력을 미쳤던 독일인의 딥 스토리는 나치즘에서 소생된 후 왜곡되었다. 복종과 철저함은 파시즘적인 말살 광기를 가동했다. 히틀러와 힘러는 충성 외의 모든 것은 반역이며 적을 철저히 말살해야 하며 자신의 의무를 충실히 다해야 한다는 의식을 전하기 위해 자신의 추종자들에게 어떻게 이야기해야 하는지를 정확히 알고 있었다.

그렇다면 그 이후에는 어떻게 계속될 수 있었을까?

드라마는 억압을 씻어낸다

카를과 잉가는 1935년 베를린에서 결혼식을 올린다. 춤과 케이크로 시작된 결혼식은 모든 것이 순조로웠다. 눈부신 햇빛이 빛났고 가족들은 풍성한 결혼식을 즐기고 있었다. 그러나 결국 초대된 손님 중 절반이 죽는다. 나머지 절반이 지지했던 불량 정권에 의해 죽임을 당한 것이다.

텔레비전 시리즈 〈홀로코스트〉(1978)만큼 이야기가 지닌 엄청난 변화의 힘을 보여주는 사례는 드물 것이다. 독일과 오스트리아, 특히 마우트하우젠 강제수용소에서 촬영된 이 시리즈는 각각 약 2시간 분량의 4개 에피소드(마빈 촘스키가 감독하고 메릴 스트립이 잉가 헬름즈 바이스 역으로 출연)로 구성되었으며 미국에서 대단히 큰 성공을 거두었다. 그러나 이 시리즈가 독일 연방공화국에서 방송되었을 때 큰 논란을 불러일으켰다. 미국 NBC 방송사는 ABC 방송에서 노예 이야기를 다룬 시리즈 〈뿌리Roots〉(1977)가 성공을 거두자 이에 잇따라 〈홀로코스트〉를 제작했고, 이 역시 성공적이었다. 독일 공영방송 아에르데ARD는 1979년 1월 이 시리즈를 방송하기로 했고, 그 이후 전화 캠페인이나 역사학자와 동시대의 목격자들과 후속 토론이 이어졌다. 〈홀로코스트〉는 바이에른 방송Bayerischer Rundfunk을 제외한 ARD의 모든 지역 방송의 종합편성에서 오후 9시에 동시에 방송되었다. 당시 바이에른 기독사회당CSU 총리였던 프란츠 요제프 슈트라우스Franz Josef Strauß는 독일인의 강제추방Vertreibung도 함께 보여주어야 한다고 요구했다. 역사학자 볼프강 벤츠Wolfgang Benz는 방송국 책임자들이 〈홀로코스트〉 방영이 '극우주의자들의 봉기로 이어질 수 있다'는 두려움 때문에 '이파리처럼 떨었다'고 회상한다.[30] 그리고 실제로 극우주의자들이 두 차례에 걸쳐 송신탑을 습격했다.

그러나 〈홀로코스트〉 시리즈는 에피소드마다 41퍼센트에 이르는 전례 없는 시청률을 기록했다. 각 에피소드가 끝난 후에는 학자와 동시대의 목격자, 홀로코스트 생존자들의 토론이 이어졌고 시청자 질문에 대한 답변이 밤 12시 반까지 계속되었다.

미디어 역사학자 불프 칸슈타이너Wulf Kansteiner에 따르면 그 효과는 가히 혁명적이었다. "그것은 전환점이었다[…]. 역사 방송이 끝난 후 보통 100~200명의 시청자가 전화를 걸어온다. 〈홀로코스트〉의 경우에는 수만 명이었다."[31] 당시 담론을 지배했던 주요 인쇄 매체의 반향은 엄청났다. 역사학자 옌스 뮐러— 바우제네이크Jens Müller— Bauseneik가 요약한 바와 같이 "1979년 1월 중순, 독일 텔레비전에서 〈홀로코스트〉 방영이 예고되었을 때 눈사태처럼 보도가 쏟아지기 시작했다."[32] 작가이자 감독인 엘마 휘글러Elmar Hügler는 1979년 2월 〈디 차이트〉 지에 실린 비평에서 "이 드라마의 효과를 적어도 개인적으로 해석하지 않은 언론인이나 비평가는 없었다."[33]고 쓰고 있다. 모든 주요 일간지는 이 시리즈에 대해 여러 번 다루었다. 〈슈피겔〉 지와 〈슈테른〉 지는 〈홀로코스트〉가 방영된 후 일주일 동안 각각 잡지의 커버스토리를 〈홀로코스트〉에 내주었다. 또한 목격자 진술과 가해자 프로필을 기반으로 절멸 수용소의 공포를 묘사한 자체 시리즈를 제작했다. 〈디 차이트〉 지는 〈홀로코스트〉 시리즈를 둘러싼 논의와 이후 독일인이 과거를 받아들이는 과정을 조명한 여러 개의 광범위한 문서를 인쇄했다.

밀러-바우제네이크에 따르면, 〈홀로코스트〉 시리즈 자체가 "집단학살을 어떻게 재현하고 상업화할 것인가에 대한 도덕적, 윤리적 문제, 독일과 다른 중부 유럽 국가의 사회적 기억문화에 미치는 영향, 역사학과 다큐멘터리 영화 전문제작자의 자기 이해에 미치는 결과"[34]에 대한 격렬한 논쟁의 대상이 되었다.

휘글러에 따르면 〈홀로코스트〉 시리즈는 무엇보다 '통속적', 즉 '일상적'이었기 때문에 영향력이 강했다. "왜냐하면 [이 시리즈의] 메시지에는 시청자의 감각을 흔드는 친숙한 제스처가 담겨 있기에 이를 통해 시청자의 이성에 도달했다."[35]

시사평론가이자 영화감독인 유타 브뤼크너Jutta Brückner는 〈홀로코스트〉 시리즈에 대해 그동안 침묵해왔던 강제수용소에 대한 금기를 깨트린 것이라고 평가했다. "이 시리즈는 친숙한 영화 형식의 언어로 동일화라는 익숙한 패턴의 드라마 기법을 사용했으며 가스실로 들어가는 과정을 보여주었다. 이를 통해 〈홀로코스트〉는 마침내 독일 시청자들이 역사적으로 아주 뒤늦게 유대인의 운명에 눈물을 흘리게 했다.**36** 바로 이러한 이유로 방영에 앞서 많은 비판이 쏟아졌다. 〈슈피겔〉 지는 다음과 같이 판단했다. "〈홀로코스트〉에서는 가족 앨범 형태로 역사를 팔고 집단학살이 오락거리 차원으로 축소된다."**37** 오스트리아 일간지 〈디 프레세Die Presse〉는 〈홀로코스트〉 시리즈를 '공포와 죄책감에 투기하는 상업적 상품', '할리우드 방식에 따라 촬영한 공포물'이라고 표현했다.**38** 비평가들은 한 가지 점에서는 옳았다. 즉 나치에 의해 추방된 유대인 바이스 가족에 대한 허구 이야기는 장르의 모든 극적 기법을 동원한 진정한 '연속극'이었다.

헬름스 집안과 바이스 집안의 결혼식(이 결혼은 나중에 '인종 오염'으로 간주가 되었다)을 보여주는 첫 장면에서 이미 독일계 유태인, 나치, 나치에 반대하는 사람들, 정치에 관심이 없는 순진한 사람들, 나이 든 장교들 사이의 시대적 갈등이 몇몇 주인공을 통해 나타난다. 이야기가 진행되면서 유대인 등장인물들은 최악의 운명으로 고통받고 온갖 괴롭힘을 겪으며 추방, 고문, 강간, 살해당한다. 실제 현실에서 그랬던 것처럼 이에서 벗어난 사람은 거의 없었다. 〈홀로코스트〉의 독일 버전 책임자였던 귄터 로르바흐Günther Rohrbach는 미국 버전의 결말 부분을 8분 정도 단축했다. 즉 이스라엘 건국을 경험한 루디 바이스의 희망찬 결말 대신에 독일 버전은 연합군에 의해 집단학살 혐의로 기소되어 독극물을 마시고 목숨을 끊으며 '연대책임Kollektivschuld'에 대해 이야기하는 완고한 가해자 에릭 도르프에 대한 내용으로 끝난다. 로르바흐는 이렇게 말한다. "미국 버전 결말은 나에게 너무 약했다. 마지막 화면에서 평화의 분위기가 흐른다고 해서 독일 시청자들은 자신의 책임을 회피해서는 안 된다. 그들은 마땅히 받아야 할 결말을 맞이해야 한다."**39**

독일이 유대인들에게 어떤 짓을 했는지가 가차 없이 드러났다. 희생자가 주인공이 되었고 이야기는 극도로 감정에 호소했다. 과거에는 희생자들의 이야기가 전혀 전해지지 않았고 쉽게 제쳐둘 수 있었기 때문에 희생자의 서사적 동일화가 거의 불가능했지만 이제는 직접 그들의 운명과 직면하게 되었다. 대량 학살에 대한 책임은 더 이상 히틀러와 그의 일당에게 전가되지 않았고 텔레비전을 통해 개인의 영역으로 침투했다. 많은 시청자는 가족들끼리 처음으로 "왜 아무 조치도 취하지 않았던 거야?"라고 묻기 시작했다.

수많은 독일 사람은 제2차 세계대전에서 독일이 범한 범죄에 대해 처음으로 자기 비판적인 태도를 취했다. 불프 칸슈타이너는 이렇게 확신한다. "〈홀로코스트〉 시리즈는 독일어권 국가뿐만 아니라 전 세계적으로 홀로코스트에 대한 기억을 완전히 바꾸어 놓았다. 오늘날 우리가 당연하게 여기는 많은 것들이— 빼곡한 추모 공간, 홀로코스트 주제를 상세하게 다루는 역사학과 문화학 — 그 이후에야 비로소 전개되었다."**40** 역사학자 하이데마리 울Heidemarie Uhl은 2004년에 (오스트리아의) 집단기억 '변형'**41**에 대해 말하기도 한다. 엘마 휘글러는 〈홀로코스트〉 시리즈가 "다큐멘터리는 물론이고 지금껏 어떤 영화도 이루지 못한 관심과 경악의 가능성을 만들어냈다."**42**고 말했다.

그런데도 일부 반응은 충격적일 정도로 반성의 여지가 없어 보였다. 많은 사람이 히틀러와 파시즘을 지지하거나 '폭격 홀로코스트

Bomben-Holocaust'나 전쟁 상대국이 저지른 또 다른 잔학 행위와 같은 반대 내러티브를 내세웠다. 이러한 사실은 이 드라마가 도덕적 분수령으로서 얼마나 막대한 영향을 미쳤는지 보여준다. 사람들이 이 드라마와 그 안에서 묘사되는 범죄에 대해 어떤 입장을 취하는지는 중요하지 않았다. 즉 무관심 자체가 불가능했다. 드라마는 수십 년간의 억압을 누그러뜨리고 씻어냈다.

그렇다면 그들은 자신과 자신의 과거를 받아들이고 극복하는 과정에서 어떤 이야기를 했을까? 많은 연구에서 입증된 바와 같이 독일인들은 제2차 세계대전의 패배와 무조건 항복, 나치 체제의 붕괴와 여러 범죄의 폭로, 무엇보다 유대인 집단학살의 폭로에 대해 인간의 정신건강 무기 중 가장 강력한 수단으로 반응했다. 즉 그들은 갑자기 아무것도 모른다는 태도로 일관했다. 연합국의 심문뿐만 아니라 테오도르 호이스Theodor Heuss, 리하르트 폰 바이츠제커Richard von Weizsäcker, 헬무트 슈미트Helmut Schmidt와 같은 전후 정치인들의 공개 인터뷰에서 반복적으로 주장되었던 내용은 나치 지도부가 극악범죄를 능숙하게 감추는 재주가 있다는 것이었다. 유대인 추방은 거짓 진술에 따른 것이며 소문만 무성할 뿐 확실한 정보가 없었다는 것이다. 자기의 행동을 합리화하려는 이러한 모든 주장은 역사 연구로 폭로되었다. 1950년대와 1960년대에 알렌스바흐Allensbach 여론조사 기관에서 정기적으로 실시한 설문조사에서 조사 대상 독일인의 25~40퍼센트만이 동유럽 정복 지역에서 벌어진 유대인 대량 학살을 아주 잘 알고 있다고 응답했다. 그러나 2007년에 발표된 베른바르트 되르

너Bernward Dörner의 연구에 따르면 늦어도 1943년 여름까지 대다수의 독일인은 정확한 조직상 및 기술상의 과정에 대한 세부적 지식이 부족했는데도 나치 통치 영역에 살던 모든 유대인이 죽임을 당할 것이라고 예상했다. 그리고 이미 2001년 『히틀러를 지지하다 : 나치 독일의 동의와 강제Backing Hitler : Consent and Coercion in Nazi Germany』의 저자인 캐나다의 역사학자 로버트 젤라틀리Robert Gellately는 다음과 같은 결론에 도달했다. "독일인들은 아주 많은 것을 알고 있었고 그것을 아주 일찍 알았으며 우리가 때때로 생각하는 것보다 훨씬 더 많은 것을 알 수 있었다."[43]

이러한 기억의 억압은 전쟁의 패자들이 나라를 재건하는 데 도움이 되었다. 하지만 승전국들은 '다시는 절대로 안 된다'며 못을 박았다. 이에 따라 서독과 이후에 수립된 동독은 모든 형태의 파시즘을 배제해야만 존재의 권리를 보장받을 수 있었다. 이렇게 두 개의 상반된 내러티브가 동시에 전개되었다. 즉, 하나는 '우리는 아무것도 몰랐다'라는 내러티브, 다른 하나는 '다시는 절대로 안 된다'는 내러티브다. 후자의 내러티브는 국가 이성으로서 서독의 정치적, 도덕적 관점으로 유입되었다. 전자의 내러티브는 68세대(1968년 전후 유럽에서 전개된 혁명 운동 속에 성장한 세대를 말한다. '노동자 해방'에서 '만민의 해방'으로 나가지 못한 구좌파와 구분하기 위해 신좌파라 명명하기도 한다. 서독의 경우 이 운동의 결과로 1969년 사회민주당의 빌리 브란트가 총리에 올라섰고 이는 전후 최초의 정권 교체였다. 정권 교체 이후 노동자의 기업 경영 참여, 무상 대학 교육, 100만 난민 수용 등 수많은 진보적 정책이 실현되었다. ― 편집자)가 국가와 법을 상대로 계몽 운동을 강행했음에도 끈질기게 지속되었다. 1970년 빌리 브란트 총리가 바르샤바 게토의 희생자 추모비 앞에서 무릎을 꿇고 참회를 표했을 때 서독인의 절반은 이를 과도하다고 여겼다. 〈홀로코스트〉 시리즈 가 1979년 서독에서 대성공을 거두고 수백만 명의 독일인들이 자신의 나라에서 일어난 일을 화면에서 접했을 때 비로소 이 끔찍한 사건이 화제가 되기 시작했다. 그러나 얼마 지나지 않아 이러한 불행한 이야기를 그만 다루라는 목소리도 커져 나갔다.

한편으로는 엄청난 억압의 힘과 다른 한편으로는 깊은 죄책감이 이 두 내러티브를 합쳐놓은 딥 스토리를 서독에 불러일으켰다. 즉 우리가 모두 전혀 알지 못했던 이런 일들이 다시는 절대로 일어나서는 안 된다는 것이다. 새로운 시대의 출발로서 모순 아닌가? 어떤 사회도 스스로에 대해 그렇게 이야기할 수는 없다.

특히 1949년 독일 분단 이후 분열은 더욱 심화했다. 이때부터 '사회주의 형제 국가' 동독은 한편으로는 서독처럼 격렬하게 파시즘적 과거를 부정하려고 하고, 다른 한편으로는 모스크바를 지향함으로써 사회 정의에 대한 자기 서사를 촉진했다. 서독에서는 경제 기적이라는 새로운 내러티브가 생겨난 반면— 이와 비슷한 호경기가 여러 유럽 국가에서 동시에 발생했는데 유독 독일인만 이를 특히 높이 평가한 것을 보면 암묵적으로 민족주의적인 특징이 보인다 — 동독 사람들은 사회주의의 성공을 내세웠다.

소련의 점진적인 붕괴와 체제 투쟁을 통한 공산주의의 패배로 말미암아 1989년 독일 통일이 이루어졌고 이로써 이러한 내러티브의 경쟁은 끝이 났다. 동독은 서독의 내러티브로 방향을 바꾸어야 했다. 이는 어느 정도의 적당한 성공을 통해서만 실현될 수 있는 요구다. 자기만의 온전한 내러티브를 갖고자 하는 동독의 소망은 오늘날까지 끊임없이 새롭게 표명되고 있다. '삶의 성취도 인정'에 대한 여론조사든 극단적인 선거 행태든 서독으로 인식되는 국가와 그 기관에 대한 큰 불신에서든 말이다. 독일은 오늘날까지도 자국의 딥 스토리를 찾는 과정에 있는 듯하다.

진정 독일적인 유일한 것

독일의 '주도문화Leitkultur'에 대한 논쟁은 딥 스토리의 빈틈에 규칙적으로 나타난다. 이제는 주도문화 논쟁이 몇 년마다 자기 서사를 재창조하고 발견하는 고유한 정치적 장르가 되었다. 아이러니하게도 기존의 오래된 것에 전적으로 의존하고 새로운 것에 대해서는 전혀 보고하지 않으면서 말이다. 또한 새롭게 탄생한 각각의 자기 서사는 그 시대의 산물이자 그 시대에서 촉발된 사회적 분위기를 반영한다. 주도문화 논쟁은 정치적 담론의 제임스 본드James Bond 시리즈다. 말하자면 제임스 본드 시리즈가 자유주의적인 현대 남성의 불안에 대해 일상적으로 반복하여 성찰하듯이, 모든 주도문화 논쟁은 007 요원처럼 사회가 교체 가능하다는 두려움에서 작동한다. 자신이 속한 내집단의 특성에 대한 탐색은 자신에 대해 아직 스스로 정의할 수 없는 것을 보존하고 보호하려는 사회적 갈망을 보여준다. 따라서 문화적 정체성에 대한 탐색은 정체성을 수립하게 만들며 때로는 매우 감정적이다. 이미 쿠르트 투홀스키Kurt Tucholsky는 이와 관련하여 다음과 같이 직설적으로 말했다. "독일인은 자신을 찾으려고 할 때만큼 자제력을 잃는 경우는 없다."

아이러니하게도 정말로 전형적인 유일한 독일적인 것은 정말로 전형적인 독일적인 것이 무엇이냐는 질문인 듯하다. 어디에선가 과도한 관료주의, 질서에 대한 애착, 규칙을 잘 지키는 태도가 눈에 보이거나 누군가 고루하게 행동하거나 유머 감각이 없거나 그저 어리석은 행동을 하면 민족적인 것이 갑자기 중요해진다. '전형적인 독일의 특징'이라는 꼬리표는 대체로 더 다채롭고 더 인색하지 않고 더 느슨했으면 하거나, 아니면 단순히 다른 방식을 원하는 사람이 있는 곳에서 나타난다. 그리고 이로써 갈피를 잡을 수 없는 이러한 자기 절제 자체가 전형적인 독일의 특징이 된다.

아마도 세상 사람들은 지금도 독일인을 부지런하고 시간을 엄수하며 조금 무뚝뚝하고 계획성 있게 자신의 삶을 살아가는 꿀벌로 생각할 것이다. 하지만 독일인의 이미지도 어느 정도 달라졌다. 독일인은 여전히 무뚝뚝하고 유머가 없다고 여겨지기는 하지만 실용적인 옷차림에 4개 국어를 사용하는 외교 사절단은 동시에 정중한 관광객처럼 보이고 외교 수단이 뛰어난 정치인은 훌륭한 유럽인처럼 보이기도 한다. 독일은 너무 질서정연해 보이기도 하지만 독일의 수도 베를린은 창의성이 넘치는 매우 흥미진진한 대도시다. 이러한 양면성 때문에 전형적인 독일의 특징이 무엇이냐는 질문은 반복적으로 대두된다. 일부 사람들은 소위 독일적 특징을 보호하고자 일단 그러한 특징의 범위를 국한한다. 그들은 우리의 존재가 독일적인 특징이며 다른 사람들은 이에 동참할 수 없다고 말한다. 그러나 동시에 다른 많은 사람은 민주주의, 풍요로움, 관용, 앙겔라 메르켈, 평화를 전형적인 독일의 특징이라고 여긴다.

정체성, 특히 집단적이고 민족적인 정체성은 언제나 일종의 구조물이라고 볼 수 있다. 또한 딥 스토리는 궁극적으로 하나의 이야기, 그것도 아주 강력한 이야기와 다름없다. 우리가 무엇을 생각하는지에 따라 우리의 존재가 결정되며, 자기실현적 예언이 될 수 있는 우리 자신에 대한 기대가 달라졌다. 예부터 계속되는 인습적인 문화적 클리셰는 과거에는 들어맞았더라도 지금은 점점 더 들어맞지 않는다. 그런데도 들어맞는 것이 있다면 우리는 그것 중 많은 것을 높이 평가한다. 에라스무스 교환학생 프로그램으로 공부하고 돌아온 학생들이나 이주를 시도했다가 다시 돌아온 대부분의 사람은 '독일에서는 적어도 모든 것이 순조롭게 움직인다'고 말한다. 에스컬레이터와 수공업 장인에 대한 신뢰성은 신성하게 느껴질 정도다. 그러나 그러한 긍정적인 측면을 전형적인 독일의 특징이라고 부르는 것은 정체성 마조히스트인 독일인에게는 당치도 않은 생각일 것이다. 오히려 정말로 전형적인 유일한 독일적 행동 방식은 사람들이 부정적으로 생각하는 모든 것을 '전형적인 독일의 특징'이라고 혹평하는 것인 듯하다. 이는 자신들의 경직성에 대한 반사적인 불평으로 궁극적으로 독일인의 무력한 정체성 탐색을 보여줄 뿐이다. '전형적인 독일의 특징'이 그 어느 때보다 확실치 않기 때문에 사람들은 가장 작은 공통분모에 의견을 일치시키며 독일과 많은 독일 사람이 오래전부터 얼마나 자유로웠는지를 잊는다.

이처럼 독일의 주도문화는 찾아보기가 어렵지만, 분명히 몇 년에 한 번씩 새롭게 소환될 것이다. 스위스의 작가 아돌프 무슉Adolf Muschg은 '우리에게 주도문화가 필요한가?'라는 질문에 다음과 같이 대답한다. "서구 사람들은 주도문화가 필요하지 않다. 서구가 하나의 주도문화다." 이와 마찬가지로 독일 사회에도 주도문화가 필요하지 않으며, 독일 사회가 기본법을 정신적인 기둥으로 삼는 민주주의 사회로서 스스로 문화적으로 주도한다고 말할 수 있다. 주도문화라는 용어는 원래 독일계 시리아 정치학자 바삼 티비Bassam Tibi에게서 유래되었는데, 그에 따르면 이 용어는 1998년 민주주의, 다원주의, 계몽주의 및 인권에 대한 지지를 통해 두각을 나타낸 유럽의 합의된 가치를 의미한다.[44] 독일 정치인들은 이러한 개념을 받아들이고 대중화시켰지만 티비에 따르면 주도문화에 대한 문제를 민족적인 의미로 끌어내림으로써 '가혹하게 왜곡'했다.[45] 티비는 독일 주도문화 이념을 가차 없이 거부하고 자신이 촉구한 유럽 주도문화와 반대되는 것으로 간주한다.[46] 후에 철학자이자 전 독일 사회민주당SPD 문화부 장관인 율리안 니다 뤼멜린Julian Nida-Rümelin은 다음과 같이 말한다. "보수주의자들이 제공하는 주도문화의 구상은 실제로 동화를 의미한다. 다시 말해 인정을 의미하는 것도, 존중을 의미하는 것도 아니다. 말하자면 동화를 통해 통합 문제를 해결하는 것을 의미한다."[47] 주도문화 개념이 정치적인 담론, 대부분 보수적인 담론에서 사용되는 방식은 명확하게 정의될 수 있는, 기본법을 능가하는 사회적 (공동) 존재의 문화적 윤리를 암시한다. 이러한 문화적 윤리는 보편적으로 통용되기도 하고 동시에 절대적으로 독일적인 것이 되기를 원하기도 한다. 근본적으로 생각해볼 때 주도문화는 일부는 단순히 사회적 계약이고 다른 일부는 습관이며, 또 다른 일부는 의도적이고 역사적으로 발생한 사회학적 자기 서사의 빈틈이다.

이제 독일은 범유럽적 서사를 찾으려고 노력하고 있다. 물론 이러한 범유럽적 서사는 유럽 친화주의자와 유럽 적대자 사이에서 강력하게 양극화되어 있다. 그 외에도 특히 '우리는 해낼 수 있다Wir schaffen das!'라는 메르켈의 이야기는 독일 사회의 서사적 취약성을 보여주었다. 메르켈의 발언은 비평가들에 의해 '지금 하라!'는 고압적인 의미로 해석되었고 대부분 심하게 축약되고 왜곡되어 재현되었다. 2015년 여름 8월의 마지막 날, 무엇보다 메르켈은 많은 난민을 수용하는 데 필요한 구체적이고 부분적으로는 신경을 지치게 할 정도로 세분화된 관료주의적, 정치적 조치에 대해 몇 시간 동안 연설했다. 독일인들이 자신의 강점을 자각하고 이러한 도전을 낙관적으로 받아들이기를 바란다는 맥락에서 이루어진 메르켈의 확신에 찬 호소는 ("…우리가 이러한 일에 접근하는 동기는 …")[48] 강력한 자기 서사의 결실을 보지 못했다. 독일인들은 자기 자신에 대해 너무 의심이 많으며, 자신이 누구인지 마지막으로 정확히 안다고 생각했던 시간의 메아리는 너무 어둡다는 것이다.

덧붙여서 말하자면 인류 역사상 끔찍한 범죄 중 하나를 계획하고 실행했던 포젠 연설의 연사였던 하인리히 힘러는 자신만의 이야기를 거의 끝까지 믿었다. 1945년 4월 14일, 그는 노동수용소와 강제수용소의 수감자들을 살려두지 말라고 명령했다. 독일이 이미 붕괴 직전이었는데도 그 결과는 대량 학살과 죽음 행진으로 이어졌고, 이 과정에서 무수한 사람들이 목숨을 잃었다. 동시에 힘러는 협상을 위해 중개자를 통해 연합군에게 접촉을 시도했다. 이러한 은밀한 접촉이 연합군에 의해 공개되자 분노한 히틀러는 국가사회주의 독일 노동자당NSDAP을 비롯하여 모든 당 및 국가 관직에서 그를 경질시켰다. 자신의 권력과 외부 세력을 피해 도주하던 힘러는 결국 독일 북부의 작은 마을인 마인슈테트Meinstedt 부근에서 영국군에게 체포되었다. 처음에 그는 평범한 하사인 척했지만 이후 자신의 진짜 신분을 드러냈고, 1945년 5월 23일 뤼네부르크Lüneburg에서 청산가리 캡슐을 먹고 자살함으로써 영국 정보국의 심문을 피했다.

그러나 다른 많은 나치 당원은 전부는 아니지만 법적 소송에 직면해야 했다. 이 과정에서 그들은 국가 관료와 군대의 적극적인 권리, 즉 명령에 따랐을 뿐이라는 핑계를 하나같이 내세웠다. 다시 말해 아무리 잔인하더라도 자신의 의무를 다해야 했다는 것이다.

9

칼을 움켜쥐다

별로 강하지 않은 성별

사과 · 뱀 · 여자

남자에게는 한 가지 문제가 있었다. 즉 그의 상사이자 집주인이 다른 모든 것은 너그러운데도 한 가지 명확한 규칙을 세운 것이다. 그는 남자와 남자의 아내가 즐기는 나체주의 문화에 반감을 보이지도 않았고, 그들이 땅에서 자라는 과일과 채소를 원하는 대로 먹어도 싫어하지 않았다. 그는 그들에게서 임대료를 원하지도 않았다. 다만 나무 한 그루는 금기였다. 그 나무의 열매에 손을 대면 안 되었다!

그러나 어느 날 말을 하는 뱀이 여자에게 금단의 열매를 먹으면 집주인처럼 지혜로워질 것이라며 그녀를 유혹했다. 남자도 아내의 설득에 따라 사과를 맛보았다. 갑자기 그들은 벌거벗은 자신들의 모습이 이상하게 여겨졌다. 집주인이 그들을 방문했을 때 그들은 부끄러워서 몸을 숨겼다. 그러자 집주인은 그들이 무슨 일을 했는지 알아차리고 그들을 낙원에서 내쫓았다. 그는 남자에게 이렇게 말했다. "네가 네 아내의 말을 듣고 내가 너에게 먹지 말라고 한 열매를 먹었으니 이 땅은 너 때문에 저주받았다." 그리고 남자와 여자의 관계도 최초의 내러티브를 얻게 되었다. 바로 죄악의 유혹이라는 내러티브다. 하지만 정확히 무엇을 위해서일까?

인간은 그림을 그리기 시작하자마자 성행위를 묘사하기 시작했다. 이를테면 지금까지 입증된 가장 오래된 에로틱한 그림은 2만 년 전으로 거슬러 올라간다. 외딴 프랑스 동굴에서 알몸, 생식기, 성행위 등 모든 형태의 성교 그림이 발견되었다. 섹스, 무엇보다도 섹스에 대한 갈망은 신화와 문학, 예술, 문화 곳곳에 늘 존재한다. 심리학자이자 작가인 디터 둠Dieter Duhm은 "『길가메시 서사시』부터 카프카의 『성Das Schloss』에 이르기까지 문학사는 도달할 수 없는 성적 열매라는 주제에 의해 보이지 않게 지배되고 있다."[1]고 쓰고 있다. 욕망의 대상은 종종 멀리 떨어진 땅에 있으며 악마와 괴물이 이를 지키고 있다. 그것을 얻으려면 수많은 위험을 무릅쓰고 장애물을 극복해야 한다. 마치 난세포를 향해 달려가는 정자처럼 말이다.

인간은 이러한 갈망, 현실 상태(분리)와 당위 상태(결합) 사이의 갈등과 계속해서 씨름해야 하는 듯하다. 그리고 이러한 맥락에서 반복적으로 나타나는 것이 있다. 즉 여성에게 책임이 있다는 비난이다. 여성의 죄는 아담과 이브 이야기의 배후에 존재하는 진정한 내러티브로 서사적 무의식 속에 깊이 스며드는 여성 혐오 선전이다. 즉 이러한 여성 혐오 선전에 따르면 교활한 여성을 막을 방법이 없기에 여성은 호르몬에 사로잡혀 나락으로 떨어지는 남성에게서 이득을 본다.

여성은 불가사의한 조종자이며 영웅을 고통스럽게 만드는 원인이다. 더 나아가 모든 사람의 고통의 원인이다. 이 고통은 이브에서 시작된다. 즉 이브는 규칙을 어겼고 이로 말미암아 아담 역시 낙원을 떠나야 했으며 나아가 우리 모두 낙원을 떠나야 했다. 금단의 열매라는 비유를 인식하고 이를 영원한 본능의 유혹과 연결 지어 생각하면 수천 년 동안 이어져 온 성 불평등에 대한 서사적 열쇠를 찾을 수 있다.* 즉 여성은 위험하다는 것이다.

아일랜드의 작가 잭 홀런드Jack Holland는 자신의 저서 『판도라의 딸들, 여성 혐오의 역사 : 세상에서 가장 오래된 편견A Brief History of Misogyny: The World's Oldest Prejudice』(2007)에서 여성 혐오의 또 다른 신화적 기원인 판도라의 전설을 해체한다. 판도라의 전설에 따르면 그리스의 불의 신이자 대장장이의 신 헤파이스토스가 제우스의 지시에 따라 진흙으로 지상 최초의 인간 여성을 만든다. 숨이 멎을 정도로 아름다운 판도라에게 아프로디테는 치명적인 매력을 부여해주었다. 제

---

* 우리는 '남성성'과 '여성성' 또는 '남성'과 '여성'에 대해 집중적으로 글을 쓰면서 사회적 성 또는 연출된 젠더 수행성Gender Performativity에 대해, 그리고 이것이 공공 영역에서 혹은 청중에 의해 어떻게 읽히는지에 대해 끊임없이 토론을 해야 했다. 예를 들어 우리는 디즈니 만화영화의 주인공(〈라이온 킹〉의 스카, 〈알라딘〉의 자파, 〈포카혼타스〉의 래드플리프 주지사)이 기묘하게 코딩되어 있음을 발견한다. 남성 악당을 더 악의적이고 더 종잡을 수 없거나 더 일탈적으로 그리기 위해 '여성화'하여 연출하기 때문에 우리는 '남성성'과 '여성성'이라는 이분법적 논리를 피할 수 없다. 우리가 이에 관해 이 책에서 설명하는 이유는 이러한 이분법적 논리를 규범으로 지지해서가 아니라 이러한 논리가 우리의 이성애 중심 사회에서 과거에도 그리고 지금도 지배적이기 때문이다.

우스는 판도라를 이용하여 불을 훔친 프로메테우스에게 복수하고자 했다. 제우스는 절대로 열지 말아야 할 상자*와 함께 판도라를 지상으로 보낸다. 그러나 그녀는 프로메테우스의 동생과 결혼한 후 상자를 열어보았고 결국 상자 안에 담긴 모든 고통과 질병, 그전에는 알지 못했던 죽음을 세상에 퍼뜨렸다. 마지막 순간에 그녀는 상자를 닫았고 희망은 상자 바닥에 남을 수 있게 되었다.

판도라 이야기는 신화가 다음과 같은 사실을 우리에게 얼마나 명료하게 이해시키는지를 다시 한번 보여준다. 즉 여자가 사람들이 말한 대로 행동하지 않아서 모든 것이 잘못된다는 것이다. 홀런드는 다음과 같이 설명한다. "그리스인들은 인간의 유한한 운명에 대한 책임을 판도라에게 돌렸을 뿐만 아니라 나아가 여성을 남성 명제에 대한 반명제, 즉 확고한 경계 안에서 억제해야 하는 '타자'로 정의했다. 가장 결정적인 것은 그리스가 이원론적 현실관, 즉 여성이 수시로 변하고 근본적으로 비열한 이 세계를 대표하도록 영원히 운명지어져 있다는 관점을 위한 철학적–과학적 토대를 마련했다는 것이다."[2]

판도라 신화로 여성 혐오의 원초적 내러티브가 마련되었으며, 오늘날까지 많은 이야기가 이 내러티브에 기반을 두었다. 판도라는(물론 이브와 함께) 영웅(당연히 남성 영웅)이 자신의 임무를 제대로 완수하지 못하도록 만드는 혼란스럽고 파괴적인 자연의 힘을 상징하는 수많

• 상자는 잘못 번역된 것으로 원래는 항아리였다. 이것이 성적 비유로 정확히 무엇을 의미하는지 여러분이 직접 판단해보길 바란다.

은 여성 인물 중 최초의 여성이다. 쾌락, 사랑, 간계 또는 성적 거부를
통해서 말이다. 이러한 가정은 서사적으로 다양한 형태를 취했는데,
어떤 형태든 항상 남성을 유혹하고 조종하는 순간들이 포함되어 있
었다. 말하자면 여성이 자신의 섹슈얼리티Sexuality를 무기로 사용하
여 이성애 성향의 강직한 영웅을 파멸로 몰아넣는다는 것이다. 이를
테면 세이렌은 선원들을 유혹하고, 아름다운 서큐버스는 잠자는 남
자의 꿈에 나타나 정자를 갈취하며, 중세의 마녀는 잘못되는 모든 일
에 책임을 져야 했다. 여성 캐릭터가 위험하고 무질서한 타자의 역할
을 맡을 필요가 없는 경우엔 반대로 악의 없이 남성 영웅을 지원했다.
조지프 캠벨의 고전적인 영웅 여정에서 전형적으로 나타나는 특징은
영웅이 자신에게 중요한 정보와 도움을 제공하는 모성적 여신을 만
난다는 것이다. 이를 바탕으로 현대의 여성 캐릭터는 종종 지나치게
격정적인 영웅을 규제하는 어머니 역할을 맡는다.

　여성 혐오의 두 번째 원초적 내러티브는 손에 넣기 힘든 성적 자
원이자 동시에 스스로 자신의 섹슈얼리티를 상품화하는 여성에 대
한 것이다. 줄리아 로버츠와 리처드 기어가 주연을 맡은 로맨틱코미
디의 고전 〈귀여운 여인〉(1990)은 이러한 내러티브를 놀라울 만큼 노
골적으로 우리에게 보여준다. 즉 아름다운 매춘부가 부유한 남자로
부터 구원받고 남자의 지위와 부를 대가로 남자에게 독점적으로 자
기의 몸을 허락한다. 이러한 소재는 이미 수없이 가공되었으며 덜 외
설스러운 근원을 가지고 있다. 즉 〈귀여운 여인〉은 뮤지컬 〈마이 페
어 레이디〉를 현대화시키고 성적 측면을 강조시킨 버전이라고 볼 수

있다. 〈마이 페어 레이디〉에서 영국의 음성학 교수인 헨리 히긴스는 꽃을 파는 수수한 소녀 일라이자 둘리틀을 공작부인으로 만들 것이라고 내기를 한다. 일라이자는 그의 교습에 불평하기는 하지만, 남자를 통해 고귀한 여자로 거듭난다는 반복적인 주제는 여전히 남아 있다. 이 뮤지컬은 조지 버나드 쇼George Bernard Shaw의 희곡 『피그말리온Pygmalion』(1913)을 각색한 것으로, 오비디우스의 『변신 이야기The Metamorphoses』 중 피그말리온에 관한 이야기를 기반으로 한다. 오비디우스는 주로 여성과 교류 없이 지내는 무수한 남성들에 대해 이야기하는데, 그중 무엇보다도 프로포에티데스로 불리는, 즉 아마투스라는 도시에서 온 프로포이토스의 딸들에게 반감이 있는 키프로스의 뛰어난 조각가 피그말리온의 이야기를 묘사한다. 프로포에티데스는 부끄러움을 모르는 음탕하고 무절제한 여성으로 묘사된다. 그들은 사랑의 여신 비너스를 숭배하기를 원하지 않았기에 매춘부처럼 남자에게 몸을 바쳐야 하는 형벌을 받게 되었다.

피그말리온은 방탕한 프로포에티데스를 너무 혐오한 나머지 여자 없이 혼자 살며 조각 작업에 열중한다. 그러던 어느 날 하얀 상아로 완벽한 여성의 형상을 조각하고 그녀의 아름다움에 반하게 된다. 그때부터 그는 조각상을 사랑스럽게 어루만지며 선물을 주기도 한다. 이 조각상은 그에게 말대답하지도 않고 최고로 충실하면서 성적인 것으로 부담을 주지도 않는 그의 지극히 개인적인 러브돌이다. 언젠가 그는 비너스 여신에게 자기의 아내가 될 사람이 이 조각상과 똑같게 해달라고 부탁했는데, 얼마 후 이 조각상은 정말로 생명을 얻게 된다.* 이 모든 이야기의 공통점은 한 남자가 자신의 낭만적인 상상과 사회경제적 필요에 따라 오로지 자신을 보완해주고 도와주기 위해서 존재하는 여자를 만든다는 것이다. 말하자면 이상적인 뮤즈에는 복종을 통해 충만함을 발견하는 여성성이라는 내러티브가 숨겨져 있다.**

알렉스 가랜드 감독의 영화 〈엑스 마키나〉(2015)에 나오는 인간 로봇 에이바 역시 이러한 여성 캐릭터의 전통을 따르고 있다. 더 정확히 말하자면 에이바는 그러한 모든 여성 캐릭터를 교묘하게 해체한 형태다. 주인공인 젊은 프로그래머 케일럽은 은밀하게 인공지능을 연구하는 괴짜 발명가 네이든의 자택에 머물게 된다. 네이든은 자신의 연구에 대해 케일럽에게 털어놓으며 인간형 로봇 에이바에게 이른바 튜링 테스트를 모방하여 만든 테스트를 수행하려고 한다. 튜링

- 이러한 맞춤형 여성은 문학사와 예술사, 영화사에서 다양하게 변형되어 나타난다. 〈프랑켄슈타인의 신부Bride of Frankenstein〉에서는 말 그대로 조립되었고, 스파이크 존즈 감독의 영화 〈그녀〉(2013)에서는 육체가 없는 프로그램화된 존재로 나타난다. 발레리 패리스와 조너선 데이턴 감독의 〈루비 스팍스〉(2012)에 등장하는 작가는 자신이 꿈꾸던 여성이 자신의 글에 따라 원하는 대로 변신한다는 것을 알게 된다. 이를 통해 그는 여성 혐오적 암흑을 보여주게 된다. 그가 쓴 글대로 자유를 사랑하는 성격의 그녀가 그와 멀어지자 그는 자신이 그녀를 조종할 수 있음을 증명해 보이려고 한다. 이러한 힘은 그가 그녀에게 부서질 정도로 벽을 향해 뛰어오르게 하고 내내 '사랑해'라고 외치게 하는 장면에서 절정에 이른다.

- ** 이상적인 뮤즈에 대한 현대적 버전은 영화 평론가 네이선 라빈Nathan Rabin이 만든 캐릭터인 매닉 픽시 드림 걸Manic Pixie Dream Girl이다. 그녀는 자신의 활기차고 충동적이며 천진난만한 방식으로 수심이 가득하고 침울한 주인공—대부분의 사람에게 잘 이해받지 못하는 천재—에게 근심 없는 긍정적인 삶의 자세를 가르치는 역할을 한다(참고로 앞에서 언급한 루피 스팍스는 이러한 구상을 해체한 것이다).

테스트란 인공지능이 자신의 우수한 지능을 인간에게 성공적으로 설득할 수 있는지를 결정하는 테스트다. 하지만 영화에서 드러나듯이 테스트 대상은 에이바가 아니라 케일럽이다. 즉 네이든은 갇혀 있는 인공지능이 낭만적인 케일럽을 조종하여 자신의 탈출을 돕는 조력자로 만드는 과정을 관찰하려고 한다. 그녀는 두 남자에게 치명적인 상처를 입힌 후 자신의 목표인 자유를 얻게 된다. 길들인 것처럼 보였던 여성이 결국 통제할 수 없는 파괴적인 힘을 가진 여성이 된다.

이러한 팜므 파탈Femme fatale, 단어 그대로의 뜻인 '치명적 여성'은 남성을 위험에 빠뜨리는 또 다른 여성성의 표현이다. 예를 들면 매혹적인 춤을 대가로 세례자 요한의 머리를 요구하는 헤로디아의 딸 살로메의 모습에서, 또는 자신의 애인과 함께 미케네의 왕인 남편 아가멤논을 죽인 클리타임네스트라의 모습에서 팜므 파탈을 발견할 수 있다. 팜므 파탈은 특히 1950년대에 흑백 영화에서 새로운 명성을 얻었다. 느와르 영화에서 부상한 팜므 파탈은 제2차 세계대전이 끝난 후 여성에 대한 남성의 두려움을 반영했다. 역사학자 리처드 린지먼 Richard Lingeman의 저서 『40년대 느와르The Noir Forties』(2012)에 따르면 귀환 병사들의 관점에서 볼 때 남자들이 없는 동안 남자가 하던 일을 도맡아 하게 된 여자들이 자신을 지켜주는 사람이 없어도 어느 정도 자유로운 여장부가 되어 있었다.[3] 귀환 병사들이 느꼈던 또 다른 큰 두려움은 남편이 나라를 위해 영웅적으로 헌신하는 동안 아내가 부정을 저지를 수 있다는 두려움이었으며, 특히 여자들이 새로 느끼게 된

자주성과 그들이 일과 돈 관리를 좋아하게 된 것을 두려워했다.•

　이러한 두려움은 방탕하고 종종 물질주의적이며 항상 사람을 조종하는 팜므 파탈로 이어졌다. 쾌락주의적이고 성적으로 자유분방한 여성인 팜므 파탈은 남성을 상징적으로 파괴할 수 있다. 왜냐하면 팜므 파탈은 대체로 아이가 없거나 아이를 갖지 않으려고 함으로써 남성의 생식과 불멸을 허용하지 않기 때문이다. 심지어 동화나 디즈니 영화에서도 팜므 파탈의 에로티시즘이 반드시 나타나지는 않지만, 사악한 여왕들이나 〈백설 공주〉, 〈잠자는 숲속의 미녀〉, 〈라푼젤〉에 등장하는 적수를 보면 일반적으로 음험한 여성들에게 자식이 없다는 사실을 발견할 수 있다. 이러한 동화 세계에서 공주가 되는 것은 전적으로 추구할 만한 가치가 있지만 고독한 여왕이 되는 것은 절대로 그렇지 않다.•• 말하자면 이러한 이야기는 전적으로 사회적 자원으로

• 1920년대 바이마르 공화국의 이른바 신여성도 이와 유사했다. 1919년 독일 여성들은 투표권을 가졌다. 신여성은 나이트클럽을 자주 드나들었고 단발머리에 실용적인 옷을 입었으며 성에 대해 진보적인 관념을 가졌다. 작곡가 프리드리히 홀랜더Friedrich Hollaender는 이러한 해방적인 자기주장을 '남자들 꺼져라Raus mit den Männern'(1926)라는 자신의 노래로 표현했다. 이 노래는 레즈비언 카바레 가수인 클레어 발도프Claire Waldoff가 공연했다. 바이바르 공화국 시대의 영화에서 신여성, 말하자면 팜므 파탈을 원형적으로 대표하는 인물은 여배우 루이즈 브룩스Louise Brooks로, 그녀는 프랑크 베데킨트Frank Wedekind의 동명 희곡을 바탕으로 한 영화 〈판도라의 상자〉(1929)에서 매혹적이고 방종한 룰루 역을 연기했다.

•• 그러나 이러한 클리셰는 영화 〈겨울왕국〉(2013)으로 해체되었다. 새로운 디즈니 공주 캐릭터들의 도전 과제는 부족의 우두머리로서 책임을 받아들이는 것이었다. 이를테면 〈모아나〉에서 또는 가이 리치 감독의 리메이크 작 〈알라딘〉(2019)에서 자스민 공주가 술탄(!)이 되려고 하는 것처럼 말이다.

서 섹슈얼리티에 관한 문제이기도 하며 나아가 권력에 관한 문제이다.● 오스카 와일드Oscar Wilde의 말을 인용하자면 "섹스를 제외한 세상의 모든 것은 섹스에 관한 것이다. 섹스는 권력에 관한 것이다."**4**

우리의 일부일처제 문화는 섹스 자원의 부족에 그 근본적인 책임이 있다고 볼 수 있다. 일부일처제는 사람들이 정착하면서 발명되었을 개연성이 높다. 거의 모든 생물학적, 심리학적 증거들이 세상의 다른 모든 생명체가 일부다처제 성향을 보이는 것처럼 인간도 일부다처제로 발전했음을 보여준다. 그러나 유목 생활에서 농업 생활방식으로 이행되면서 일부일처제가 다양한 이유에서 더 합리적이었다. 무엇보다도 일부일처제는 부상하고 있는 더 큰 사회를 안정시키는데 결정적으로 도움이 되었다. 그 이후 국가는 가혹하고 완강하게 일부일처제를 강행했고, 특히 여성, 퀴어Queer, 논바이너리Non-Binary(성별을 남성과 여성 둘로만 분류하는 기존 이분법적 성별 구분에서 벗어난 종류의 성 정체성이나 성별을 지칭하는 말—옮긴이) 들이 일부일처제로 고통을 받았다.

다행스럽게도 오늘날 적어도 서구 사회에서는 성적 자유가 증가하고 있다. 그럼에도 불구하고 배타성과 '정조'에 대한 오랜 내러티브는 우리가 젠더 관계에 관해 이야기하는 방식을 계속해서 결정하고 있다. 18세기에 등장한 낭만적인 사랑의 이상은 누구나 사랑을 할 수

● 2009년 라이베리아Liberia에서는 실제로 여성들이 성관계를 거부함으로써 내전을 끝내려고 시도했으며, 2017년에는 지역 의원인 미시 음보코Mishi Mboko가 여성들에게 남성이 투표하기 전까지 성관계를 거부하라고 촉구했다.

있다고 인정했지만 사랑의 성공을 성적 배타성과 계속해서 연결했다. 자신의 사랑을 신중하게 선택하고 그 사랑에 충실해지라는 내러티브는 사랑과 성에 대한 우리의 관념과 동시에 가장 인기 있는 이야기의 지배적인 원형이 되었다. 일부일처제는 모든 장르와 연령대에 걸쳐 서사적 사랑을 결정한다. 최초의 동화에서 시작하여 디즈니와 '금지된 사랑'을 거쳐 셰익스피어에 이르기까지, 할리우드에서 현재의 흥행 차트에 이르기까지 우리가 사랑에 대해 말하는 것은 99퍼센트 일부일처제(혹은 그것의 실패)에 관한 이야기다.

다른 관계 유형은 최근 몇 년 동안 어느 정도 미디어 출현이 증가하고 있으며, 〈유미허〉(2017)와 같은 드라마 시리즈 또는 우디 앨런의 〈내 남자의 아내도 좋아〉(2008)와 같은 영화에서 구조적으로 더 개방된 삼각관계가 다루어지기도 했다. 하지만 성적, 정서적 배타성이라는 규범은 거의 모든 문화와 사회 계층에 걸쳐 아주 분명하게 남아 있다. 동시에 관계 실패의 위험은 엄청나게 높다. 40퍼센트 이상의 이혼율은 서구 사회에서 지극히 정상적인 것으로 여겨지며, 외도는 규칙을 위반하는 실질적이고 공격적인 행위로서도, 서사적 토포스Topos로서도 여전히 강세다. 그리고 서구의 '결혼 시장'에서 선택의 자유가 널리 퍼져 있는데도 거짓과 속임수, 실존적 위기나 내적 소외 없이 수십 년 동안 일부일처제 관계를 정말로 행복하게 유지하는 사람들은 소수에 불과하다. 그 대신 우리는 일련의 일부일처제에서 다소 성공적인 에피소드도 잇달아 보게 되며, 내면의 화자와 서사적 자아는 친밀감과 로맨스에 대한 일관적이고 자율적인 경험을 구성하기 위해 온갖 노력을 한다. 다시 말해 우리는 사랑을 할 때도 어른을 위한 동화라는 함정에 빠질 수 있다는 사실을 인정하지 않으려고 집단으로 사랑에 고통받고 우리 자신과 파트너에게 거짓말을 하고 있다. 우리는 사랑의 행복에 이르는 유일한 참된 방법에 관한 이야기를 아주 오랫동안 해왔다. 그래서 우리는 그 이야기를 굳게 믿을 뿐만 아니라 그 이야기의 명백한 몰락을 외면하기까지 한다. 그리고 예나 지금이나 여성은 주로 가정 폭력뿐만 아니라 남성의 우월함과 지배에 대한 모든 서사적 왜곡으로 고통받고 있다.

서구 민주주의 사회의 계몽된 많은 사람은 남성은 생물학적 프로그램에 따라 '방탕한 생활'을 하거나 심지어 자기의 정자를 가능한 한 널리 퍼뜨려야 하지만 여성은 알맞은 남편감에만 자신을 맡기고 그에게 영원히 충실하기 위해 자기의 난세포와 난세포로의 접근을 감시하고 제한해야 한다고 믿는다. 이는 오늘날까지 생물학적 사실을 여전히 은폐시키는 오래된 성적 내러티브의 잔재이다. 여성은 최소한 남성만큼 여러 파트너를 갖기를 원하는 성향을 지니며 성적으로 정력적이다. 다만 수천 년 동안 온갖 권력과 잔인함으로 이러한 성향을 강제로 빼앗겼을 뿐이다. 세이렌, 마녀, 매춘부에 대한 모든 여성 혐오적인 이야기는 여전히 작용하고 있다. 여성을 숨겨진 동기를 가진 음흉한 존재로, 남성을 본능에 의해 조종되는 꼭두각시로 보는 관념은 동화와 신화, 대중문화, 저널리즘 등 다방면에 퍼져 있다.

한 가지 예를 들어보자. 옛날 옛적 영국에 왕자와 공주가 살고 있었다… 메건과 해리, 그리고 그들이 버킹엄 낙원에서 추방되는 이야

세상은 이야기로 만들어졌다

기는 이렇게 시작된다. 수천 년 동안 이어진 옛 제도에 맞서 싸우는 새로운 세대의 궐기로서 메건 마클Meghan Markle과 해리 왕자의 이야기를 구성하기 위해 다른 많은 마스터플롯을 선택할 수도 있다. 이를테면 귀족 제도를 거역하고 결국 군주제 전통에 따라 부과된 역할을 포기하는 영국의 로미오와 미국의 줄리엣이라는 플롯, 아니면 독립적인 남자가 되기 위해 해방을 추구하는 한 왕자의 영웅 여정이라는 플롯, 또는 공주가 된 독립적인 여자가 다시 독립적인 여성이 된다는 반전 플롯을 따를 수 있다. 또는 2장에서 설명한 커트 보니것의 여섯 가지 원형 개념에 따라 백만장자에서 거지로 몰락하는 이야기, 즉 너무 불행해서 왕자와 공주라는 자리에서 물러나고 싶은 두 사람의 이야기를 택할 수도 있다. 그러나 영국의 황색 언론은 오래된 극작법 중 하나를 택했다. 바로 여성에게 책임이 있다는 내러티브다. 이러한 성차별적 내러티브는 헤드라인을 장식한 한 단어의 응축물, 즉 메그시트Megxit(메건이 주도한 해리 왕자 부부의 왕실 탈퇴—옮긴이)에서 뚜렷이 드러난다. 해그시트Hagxit도, 해리베데르치Harrivederci(해리Harry와 '안녕'이라는 이탈리아어 아리베데르치Arrivederci를 조합한 단어—옮긴이)도 아니었다. 메건은 최근 몇 년 동안 영국 왕실에 가장 큰 위기를 가져다준 이름으로 사용되어야 했다.

여성에게 지정된 내러티브 패턴에서 벗어나는 것 자체가 고유의 내러티브가 되기도 한다. 이러한 여성 캐릭터의 현대적 형태는 결혼이나 가족, 관계를 파괴하는 캐릭터다. 이를테면 데릴라가 삼손의 머리카락을 자른 것처럼 우리는 오노 요코에게서 남편(존 레논)

의 창조적 천재성을 강탈한 악마적 여성의 진화로 볼 수 있는 반 뮤즈Antimuse의 모습을 보게 된다. 자유로운 영혼이었던 존 레논은 그녀와 결혼한 후부터 갑자기 달라지기 시작하고 정신이 흐려진다. 오노는 오늘날까지 비틀스 해체에 대한 비난을 받고 있지만 존 레논의 음악을 창의적인 방향으로 전환시킨 계기를 주었다고 알려져 있으며 그녀의 협업과 창의적인 영향이 없었다면 음악사에서 가장 비중 있는 노래 중 하나는 존재하지 않았을 것이다. 마이클 엡스타인 감독은 다큐멘터리 영화 〈존 & 요코 : 어버브 온리 스카이John & Yoko: Above Us Only Sky〉(2018)에서 지금껏 보지 못했던 영화 소재를 사용하여 '이매진Imagine'이라는 노래와 동명의 앨범이 탄생한 과정을 조명하고, 이 과정에서 막대한 기여를 한 오노의 명예를 회복시킨다. 한편 오노 요코는 2007년에 자신의 앨범 '그래, 나는 마녀야Yes, I'm a Witch Too'를 발표하며 자신의 대중적 이미지를 유머러스하게 반영했다.

이러한 내러티브의 문제점이자 잠재력은 환상적인 수익을 창출할 수 있다는 것이다. 미디어, 특히 황색 미디어와 소셜 미디어 플랫폼은 여성 혐오로 너무나 많은 돈을 벌고 있다. 여성 혐오를 줄이는 것이 오히려 미디어가 해야 할 가치 있는 일인데도 말이다.

이와 같은 내러티브는 거의 모든 장르 전반에 걸쳐 계속되고 있다. 팝 가수 브리트니 스피어스에 대한 다큐멘터리 영화 〈프레이밍 브리트니 스피어스〉(2021)는 그녀가 어린 시절부터 팬들과 비평가, 음악 산업, 기자들, 재판 등 모든 차원에서 착취당하고 버림받는 과정을 추적한다. 또한 저스틴 팀버레이크가 자신의 노래 '크라이 미 어리버'의 뮤직비디오에서 스피어스를 악랄하고 부정한 적대자로 묘사하고 그들의 관계가 끝난 것에 대한 책임이 그녀에게 있다고 주장함으로써 그가 경제적, 예술적으로 어떻게 이득을 보았는지 규명한다. 이 뮤직비디오는 이 다큐멘터리 영화의 주인공 중 한 명이 말했듯이 '남자의 복수 판타지'다. 팀버레이크는 이 뮤직비디오에서 스피어스를 연상케 하는 여성의 집에 침입한다. 뒤이어 검은 머리의 여성이 따라오고 둘은 집주인의 침대에서 노닥거리면서 자신들의 모습을 영상으로 찍는다. 이 노래의 프로듀서인 팀발랜드는 도중에 운전사 역할로 나온다. 검은 머리의 여성은 집에서 나가고 팀버레이크는 숨어서 전 애인이 돌아오기를 기다린다. 스피어스를 닮은 여성이 통화를 하며 집에 들어왔을 때 그녀는 그의 존재를 눈치채지 못하고 샤워하러 간다. 그는 그녀가 샤워하는 모습을 몰래 지켜본다. 그런데 그녀는 갑자기 혼자가 아니라는 느낌에 수건으로 몸을 감싸며 침실로 들어가 불안한 듯 소리친다. 팀버레이크는 좋은 남자이고 뮤직비디오는 예술적 자유의 범주에 해당하기 때문에 우리는 그가 이 비디오에서 분명 알프레드 히치콕의 〈사이코〉(1960)를 본땄다는 사실을 받아들인다. 이 고전 영화에서 관음증자 노먼 베이츠는 처음에는 마리온 크레인을 관찰하다가 그 후 샤워 중인 그녀를 찔러 죽였다. 그러나 당시의 여론에 따르면 스피어스는 그때 어차피 나쁜 여자였기 때문에 그런 뮤직비디오라는 벌을 받아 '마땅하다'고 여겨졌다. 하지만 그런 시나리오는 인간이 이별 후에 공개적으로 광고할 수 있는 것 중 가장 무서운 것이 아닐까? 당시 대중의 반향이 특별히 크지 않았다는 사실은 우리가 여성 혐오적 내러티브를 얼마나 내면화했는지를 여실히 보여준다. 말하자면 우리는 여성 혐오 내러티브 자체를 종종 전혀 인식하지 못한다.

이와 같은 내러티브에는 구조적으로 여성 혐오적인 두 가지 지점이 항상 존재한다. 즉 하나는 감정적이고 에로틱한 조작이 이루어진다는 것이고, 다른 하나는 적응이나 순응을 원치 않는 여성 때문에 관련된 모든 사람에게 부정적인 결과가 따른다는 것이다. 이는 두 가지 면에서 비열하다. 즉 남성에게는 여성이라는 존재에 대해 경각심을 일깨우고, 여성에게는 자주성과 자신감을 느끼지 못하도록 방해한다. 그러니 여성에 대한 차별은 서사적 도식의 차원으로 점점 더 깊어진다. 우리가 영웅 여정을 떠올릴 때 여성 영웅이 아니라 주로 남성 영웅을 떠올린다는 사실을 어떻게 생각하는가?

남성 영역으로서 신화와 영웅 이야기

소위 세계 종교의 메시아적 영웅이든, 그리스와 로마 신화의 서사적 영웅이든, 게르만이나 켈트 초기 문화의 전설적 영웅이든 모두 한 가지 공통점이 있다. 즉 이 영웅들이 모두 남자라는 것이다. 조지프 캠벨이 『천의 얼굴을 가진 영웅』에서 기술했듯이 거의 모든 문화와 시대에 걸쳐 영웅 여정은 당연히 남성적으로 표현된다. 영웅 여정 안에서 여성은 주인공의 주의를 흐리거나 시험에 빠뜨리는 존재, 심지어 적대자로 등장한다. 하지만 영웅으로 그려지는 경우는 거의 없다.• 왕의 딸인 프시케가 사랑의 신 큐피드를 찾는 것과 같은 극히 드문 예외에서 보이듯이 말이다. 프시케 이야기는 2세기에 로마 누미디아 지방의 작가 아풀레이우스Apuleius가 자기의 소설 『변형담 Metamorphoses』•• 에서 처음으로 묘사했으며, 그 이후로 계속해서 제기되어 다루어지고 각색되고 노래로 불렸으며 그림으로도 그려졌다. 이 이야기가 오늘날까지 우리를 매혹하는 이유는 바로 마침내 여성이 자율적 행동을 하는 남성과 같은 초인적 테스트를 통과해야 하기 때문이다. 하지만 프시케 이야기에서도 처음에 인간 왕의 딸 프시케를 특징짓는 것은 무엇보다 그녀의 아름다움이다. 그것도 부정적인 의미에서 말이다. 프시케는 너무 아름다워서 사람들이 미와 사랑의 여신인 비너스를 더 이상 숭배하지 않게 된다. 질투를 느낀 비너스는 자기의 아들 큐피드에게 프시케가 나쁜 남자와 사랑에 빠지도록 하라고 명령한다. 말하자면 비너스의 저주는 유독한 관계이며, 여자들의 싸움터는 다시금 남자가 된다. 그러나 프시케는 (다른 신이 그녀의 아름다움에 반했기에) 악을 피하게 되고 큐피드와 사랑에 빠지며 둘은 함께 아이를 낳는다. 결국 화가 난 비너스는 프시케에게 몇 가지 시험을 치르게 한다. 그중 하나는 저승으로 가 화장품을 가져오는 것이었다.

• 적어도 이 책에서는 '적대자'라는 단어의 여성형은 사용하지 않는다.

•• 수많은 서사 이야기의 제목이 그 안에서 묘사되고 있는 변형, 즉 변신에 따라 지어진 것은 변형의 수단으로서 영웅 여정 이론의 관점에서 볼 때 분명 우연이 아니다.

나중에 치명적인 독으로 드러난 이 화장품 덕분에 프시케는 큐피드를 되찾게 된다. 결국 그녀는 이 시험을 통과한 후 신들의 제왕인 주피터로부터 암브로시아 한 잔을 받아 마신 후 불멸의 몸이 되어 신과 결혼할 자격을 얻는다. 마지막에 프시케는 볼룹타스Voluptas(쾌락)라는 이름의 아름다운 딸을 낳는다. 볼룹타스 역시 성차별 내러티브의 온갖 부담을 감수하게 된다.

오늘날 원더우먼, 라라 크로프트를 비롯하여 여러 여성 영웅이 존재하지만 그들은 아직도 예외적 경우일 뿐이며 대부분의 여주인공은 매우 성적인 방식으로 그려진다. 비이성애자 인물은 여성보다 훨씬 더 비중이 작다. 퀴어와 논바이너리는 오늘날까지 시사적으로 극단적인 예외이며 대부분 특정 장르, 즉 그들이 허용되는 영역의 표식으로 남아 있다. 말하자면 영웅 여정의 등장인물은 예전부터 다양하지 않았으며 이미 그 도식 자체가 성차별적이다.

작가 레나 리히터Lena Richter가 자신의 에세이 「퀴어를 생각하다. 퀴어 페미니즘적 관점에서 본 서사 구조와 세계관 형성Queer denken. Erzählstrukturen und Weltenbau aus queerfeministischer Perspektive」(2020)에서 설명하고 있듯이, 단일 신화는 깊은 가부장적 서사 패턴으로 읽힐 수 있다. 이에 따라 영웅 여정은 다른 문화적 규범과 마찬가지로 이성애 규범성Heteronormativity*, 자본주의, 식민주의, 유럽 중심주의와 같은

---

* 이성애 규범성은 이성애와 이분법적 젠더 질서를 규범으로 준수할 것을, 즉 모든 것을 이 단순한 분류 안에 집어 넣을 것을 요구한다. 이런 규범에 부합하지 않는

우리 사고의 다른 패턴에 의해 형성된다. 리히터에 따르면 이야기를 선택하고 전개하는 권한은 일반적으로 백인 이성애 남성에게 있다. 영웅 여정의 성공 원인이 그것이 인간의 정신에 최고의 서사적 경험을 제공했기 때문이었는지, 아니면 오직 남성의 정신에만 최고의 결과를 전해주었기 때문이었는지는 소급하여 추적하기가 어렵다. 그러나 리히터에 따르면 자본주의적이든 심리적이든 이익 개념과 꾸준한 발전에 대한 요구는 이미 "그 자체로 이성애 규범적 관념이다. 대부분의 퀴어는 […] 평생 차별을 경험하고, 앞으로 나아가기 위해 아주 많은 장애물에 직면한다[…]."⁵ 자기 안에 잠재된 정체성을 발견하고 그것의 도움으로 세상을 변화시키는 것은 아름답고 좋은 일이다. 하지만 애초부터 자기 정체성의 오명을 벗기 위해 힘겹게 싸워야 하는 사람들, 자신이 받아들여지지 않는다는 실존적인 원초적 경험을 하는 사람들은 모험에 뛰어들기보다 차라리 다른 길을 선택한다. 보호와 수용을 제공하는 공동체를 떠나는 것은 이성애 남성보다 퀴어에게 훨씬 더 위험한 일이다. 반면 자기의 몸 혹은 타인이 부여한 성역할에 대한 신체적 혹은 사회적 불편함은 퀴어에게 종종 발생하는 갈등이지만, 이러한 갈등은 내면을 향하며 외적으로 극복하기가 어렵다.

그렇다면 영웅 여정은 아무 문제가 없는 사람들의 특권일까? 미국의 영화 제작자 브릿 말링은 2020년에 '나는 강한 여주인공은 되고

것은 '비정상적'으로 평가될 수 있다.

싫지 않다I Don't Want to Be the Strong Female Lead'라는 제목의 기사에서 놀라운 비교를 하면서 영웅 여정에 대해 다음과 같이 설명한다.

> 내가 [진정 자유로운 여성을] 영웅 여정에 꿰맞추려고 할 때 그녀
> 는 신기루처럼 그림에서 사라진다. 그녀는 나에게 이렇게 말
> 한다. "브릿, 영웅 여정은 수백 년 동안 남성이 자신들을 신
> 화화하려고 쓴 서사적 선례야. 그 패턴은 자극적인 사건을
> 일으키고 긴장을 고조시키고 폭발적인 클라이맥스와 끝을
> 맺는 거야. 무엇이 연상돼?" 나는 남성의 오르가슴이 연상된
> 다고 말한다.[6]

이제 이러한 통상적인 남성의 흥분 곡선이 우리가 2장에서 살펴본 곡선보다 훨씬 더 선형적이라는 사실을 눈여겨봐야 한다. 완벽한 비교가 될 수는 없지만 말링은 계속해서 문제를 지적한다. 즉 영웅을 영웅 여정의 의미에서 '남성적'으로 행동하는 여성 영웅으로 단순히 교체하는 것은 아무 효과가 없다. '여성적' 특성은—이분법적 젠더 논리를 따르려고 한다면—영웅 여정에서 전혀 요구되지 않는다. 그 대신 여성성은 남자다운 행동의 목표이자 대상이다. 그리고 레나 리히터에 따르면 비(非) 남성을 주인공으로 삼지 않으려는 문제와 더불어 우리의 내러티브 패턴의 두 번째 주요 문제는 바로 다음과 같다. "이로써 영웅 여정은 가부장적 요구, 즉 영웅을 사랑하는 여성에 대한 영웅의 권리를 지지한다."[7]

세상은 이야기로 만들어졌다

과학소설 작가 어슐러 르귄Ursula K. Le Guin은 자신의 에세이 「허구의 운반가방 이론The Carrier Bag Theory of Fiction」(1986)에서 영웅 여정이 처음에 어떻게 생겨났는지 그리고 영웅 여정이 수천 년 동안 어떤 다른 서사 방식들을 억압했는지에 대해 설명한다. 인류 초기의 채집인들은 먹을 것을 조달하는 일만 하면 됐고 아주 많은 시간을 가지기는 했지만, 흥미진진하고 긴장감 넘치는 극적인 경험은 거의 하지 못했다. 그래서 그들의 이야기는 위험한 매머드와 대담한 용사들에 대해 전하는 사냥꾼의 이야기 뒤에 가려져 있었다. 르귄은 '살육자 이야기Killer Story'와 '삶의 이야기Life Story'를 구분한다. 한편으로는 화살이 발사되어 과녁을 맞히는 것과 같은 선형적 갈등을 담고 있는 이야기, 다른 한편으로는 큰 소동을 중심으로 굽이굽이 흐르는 이야기. 이 이야기는 도구와 무기를 거부하고 에너지(음식의 형태)를 밖으로 내뿜기보다는 그것을 담을 수 있는 용기와 가방을 칭송한다. 르귄은 살육 이야기에 대한 불편한 심기를 자신이 여성이라는 사실과 명시적으로 연결 지으며, 소설 특히 과학소설에서 운반가방에 상응하는 것을 찾는다. 그녀는 서사를 갈등으로 환원하는 것은 '불합리하다'고 느낀다. 그리고 영웅을 무대에 세우기보다 가방 안에 집어넣으면 "토끼나 감자처럼 보인다. 이것이 내가 소설을 좋아하는 이유다. 즉 소설은 그 안에 영웅 대신 사람들을 담는다."[8]

18세기 말에 소설은 문학 장르로서 점차 대중화되었고, 신흥 부르주아 계급은 종교 및 저널리즘 저술의 주요 매체로 소설을 택했다. 그러면서 '독서 중독'이라는 키워드 아래 특히 여성이 이 새로운 장르가 가져다주는 개인주의에 매료되어 건강에 해로울 정도로 독서에 얽매이는 것은 아닌가 하는 논쟁이 벌어졌다. 교육적 동기를 가지고 같은 구절을 반복해서 다루던 '정독Intensive Reading'이 가득 찬 호기심에 점점 더 변화무쌍한 문학을 추구하는 '다독Extensive Reading'으로 바뀌었듯이 책을 읽는 독자층도 달라졌다. 즉 여성 독자들이 점점 더 늘어났다. 그리고 19세기에 사람들의 문해력이 급증하면서 점점 더 많은 독자에게 더 복잡하고 모호하며 '더 여성적인' 이야기들이 제공되었다. 르귄에 따르면 이 이야기들은 "끝이 없는 시작, […] 갈등보다 훨씬 더 많은 속임수로, 덫과 기만보다 훨씬 더 적은 승리로 가득 찬"[9] 이야기들이다.

그러나 르귄의 논제는 대답할 수 있는 것보다 더 많은 질문을 던진다. 아이들과 함께 남아 있던 채집인들도 사냥꾼들의 이야기를 따라잡기 위해 신화나 신들의 이야기를 만들지는 않았을까? 두 손이 자유로울 수 있도록 채집한 식량과 아이들을 넣을 수 있는 운반가방의 발명이— 이와 동시에 여성들은 아이들을 즐겁게 해주기 위해 노래를 부르거나 이야기를 들려주어야 했을 것이다— 이야기하는 원숭이의 발전에 결정적인 기여를 하지 않았을까? 최초의 스토리텔링은 동굴 벽화와 오늘날의 내러티브 도식이 시사하는 것보다 사냥 이야기의 영향을 훨씬 덜 받지 않았을까?

미국의 작가 게일 캐리거Gail Carriger는 자신의 저서 『여성 영웅의 여정 : 작가와 독자, 대중문화의 팬을 위해The Heroine's Journey: For Writers, Readers, and Fans of Pop Culture』에서 남성 영웅 여정과 여성 영웅

여정을 구분함으로써 영웅 여정의 대안이 어떤 모습일지 설명한다. 물론 이는 주인공의 생물학적 성별에 관한 것이 아니다. 캐리거는 어슐러 르귄의 운반가방 이론을 접목하며(이 이론을 거론하지는 않음) 두 가지 유형의 여정*을 다음과 같이 요약한다. 여기서 우리는 그녀가 한 형식이 다른 형식보다 더 낡고 지루하다고 간주한다는 사실을 피할 수 없이 알게 된다(하지만 오디세이아의 팬인 우리는 이러한 견해를 공유하지 않는다).

> 남성 영웅 여정을 한 문장으로 요약하면 다음과 같다. 점차 고립되어가는 주인공은 당당하게 맞서며 악당을 뾰족한 물건으로 찌르고 마침내 악당을 무찌르고 명예와 영광을 얻는다. 이와 대조적으로 여성 영웅 여정을 한 문장으로 요약하면 다음과 같다. 점차 인맥을 넓혀가는 여주인공은 좋은 친구들과 활보하며 그들과 함께 악당을 물리치고 승리를 이끈다.[10]

이러한 정의에 따르면 원더우먼은 분명히 남성 영웅에 속한다. '갓 킬러God Killer'라는 검을 가진 고독한 여전사 원더우먼은 자신의 여정 끝에 적수를 칼로 파멸시킨다. 반면 마법을 배우는 해리 포터는 지식

• 그 외에 여성으로도 남성으로도 분류할 수 없는 영웅 여정도 있다. 캐리거는 이에 대한 예로 영화 〈블랙 팬서〉를 거론한다. 또한 우리는 새로운 스타워즈 3부작 〈깨어난 포스〉, 〈라스트 제다이〉, 〈라이즈 오브 스카이워커〉의 여주인공 레이를 떠올릴 것이다.

과 우정, 결속을 동원하여 적수를 무찌르며 여성 영웅의 여정을 완성한다.

캐리거는 여성 영웅 여정과 남성 영웅 여정을 다음과 같은 점에 따라 구분한다.

목표 : 남성 영웅에게는 적수를 혼자 물리치는 것이 중요하며, 여성 영웅에게는 재결합, 가족의 발견, 고향, 구원이 중요하다.[11]

접근 방식 : 남성 영웅은 공격적이고 끊임없이 움직이며, 정체 상태는 죽음과 다름없으며 언제나 정복 태세를 취한다. 그래서 에로틱과 감정이 주의를 산만하게 하는 부정적인 것으로 평가된다. 말하자면 그러한 것은 영웅의 발전을 가로막고 중요한 임무를 완수하지 못하게 만든다. 키르케와 세이렌은 오디세우스의 여정을 늦추었다는 점에서 적대자이다. 반면 여성 영웅은 소통과 정보 조달을 통해 느리지만 확실하게 전진한다. 캐리거는 여성 영웅을 건축 기술자 또는 지휘자에 비유한다. 고립은 여성 영웅의 적대자이고 외로움은 여성 영웅을 약하게 만드는 크립토나이트이므로 여성 영웅은 언제나 조화의 태세를 취한다.

강점 : 남성 영웅은 결정적인 도전 과제를 개별적으로 극복한다. 그는 자신의 독립성을 입증할 수 있을 때가 가장 영웅적이라고 생각한다. 물론 멘토와 동맹자가 있기는 하지만 변화는 고독한 과정이다. 카우보이는 혼자 석양 속으로 말을 타고 간다. 반면 여성 영웅의 강점은 동반자의 수와 사회적 관계를 감당하는 능력에서 나온다. 여성 영웅

이 가장 돋보이는 순간은 우정, 가족, 사랑 또는 다른 형태의 유대 관계에서 그녀의 통합적인 힘이 드러날 때이다. 여성 영웅이 도움을 더 많이 요청할수록 그녀는 더 강해진다. 캐리거는 다음과 같이 쓰고 있다. "그리고 여러분이 이와 같은 구상에 놀라서 몸을 움찔한다면 여러분 자신이 강함에 대해 어떻게 정의를 내리고 있는지, 그리고 여러분 주변의 이야기들이 그것에 어떤 영향을 미쳤는지를 곰곰이 생각해보는 것이 좋을 것이다."[12]

우리는 우리의 이야기와 도식이 점차 자유로워지고 더욱 다양해지고 있음을 알고 있다. 우리의 시각은 점점 부드러워지고 동시에 점점 더 깨어나고 있다. 그러나 잘 알고 있듯이 젠더 정의를 더 많이 실현하기 위한 이러한 힘겨운 길을 모두가 좋아하는 것은 아니다. 많은 남성은 서사적 우월성을 아주 느리게, 하지만 아주 확실하게 재분배하는 것에 매우 공격적인 반응을 보인다. 그래서 여성의 주도권 요구에 대한 실망감을 다루는 특별하고 극단적인 여성 혐오 내러티브가 현재 매우 빠르게, 그리고 매우 폭력적으로 확산하고 있다.

비자발적 독신자Incel와 그들의 여성 혐오

최근 몇 년 동안 여성에 대한 혐오 폭력 사건이 전 세계적으로 증가했다.[13] 뉴질랜드 크라이스트처치와 독일 할레에서 발생한 습격 사건의 동기는 인종차별과 반유대주의와 함께 뿌리 깊은 여성 혐오였다. 할레 테러의 범인은 자신의 범행 장면을 인터넷으로 실시간 생중계하면서 자신의 차에서 '알렉 미나시안Alek Minassian'이라는 노래를 틀었다. 이 노래에는 다음과 같은 가사가 나온다. "내가 보행자를 치는 동안 창녀 같은 계집들이 내 거시기를 빨아."[14] 여성 혐오 테러리스트의 이름을 제목으로 하는 이 노래는 2018년 토론토에서 알렉 미나시안이 차량을 돌진하여 치밀하게 여성들을 습격한 사건을 노골적으로 떠올리게 한다. 같은 해 플로리다 주 탤러해시의 요가 학원에서 또 다른 범인이 총기를 발사했다. 2019년 여성 행진의 날에 또 다른 남성이 유타 주 프로보에서 열린 집회에서 "내 눈에 보이는 소녀들을 최대한 많이 죽이겠다."[15]며 총기 난사를 계획했다. 2021년에는 애틀랜타에서 한 총격범이 의도적으로 마사지숍에 들어가 여성들을 향해 총격을 가해 아시아계 여성 여섯 명이 살해당했다.

범인들은 대부분 과격한 성향의 동성애자나 트랜스젠더, 또는 페미니즘 자체를 비난하는 남성들이다. 그들은 자신을 방어전의 영웅으로, 과거의 더 나은 질서를 사수하기 위한 전사로, 문화 자유화를 표방하는 부당한 체제에 대항하는 억압받는 반군이라고 생각한다. 그리고 그들은 성적으로 암울한 자기 서사를 명시적으로 드러내는 이름을 스스로 부여했다. 바로 비자발적 독신자Involuntary Celibate의 줄임말인 인셀Incel이다.* 그들이 여성에 대한 증오를 서사적으로 정

---

* 첫 번째 아이러니는 인셀 개념과 운동이 양성애자 여성으로 거슬러 올라간다는 점이다. 두 번째 아이러니는 인셀이 각성의 순간으로서 빨간 알약의 비유를 인용

당화시키는 단순한 허구는 다음과 같다. 즉 여성은 외로운 남성의 존재적 비참함에 대해 책임이 있다는 것이다.

베로니카 크라허Veronika Kracher는 자신의 저서 『인셀 : 온라인 숭배의 역사와 언어, 이데올로기Incels : Geschichte, Sprache und Ideologie eines Online-Kults』에서 이러한 인셀 이데올로기에 대해 자세히 설명한다. 인셀 이념을 추종하는 사람들은 다음과 같은 가정에서 출발한다.

> 섹스는 음식과 물처럼 기본 권리이며, 남자는 남자이기 때문에 여자의 관심과 여성 파트너를 받을 권한이 있다는 통상적인 가부장적 내러티브에 의해 뒷받침된다. 여성은 자립적인 주체로서가 아니라 남성의 욕망과 환상, 이념의 투영면으로 여겨진다. 그러한 남성들은 '성스러운 창녀'라는 이분법을 바탕으로 여성의 관심과 애정을 갈망하기 때문에 여성이 남자에게 관심과 애정을 주는 것을 잠재적으로 거부하기만 해도 그러한 여성은 자동으로 처벌받아야 할 증오 대상이 된다.[16]

인셀은 '여성 선택Female Choice'의 80대 20 법칙에 사로잡혀 있다. 이 생물학적 이론에 따르면 상위 20퍼센트의 매력적인 이성애자 남성이 모든 여성의 80퍼센트를 성적으로 차지하고, 나머지 80퍼센트의

하고 있는 〈매트릭스〉 3부작은 두 명의 트랜스 여성 감독에 의해 제작되었다는 점이다.

남성은 아무 기회도 얻지 못한다.[17] 이러한 인셀 내러티브 논리에 따라 여성은 이러한 권력 불균형을 악용하며 매력적이고 낭만적이지 않은 남성을 차별하고 필요에 따라 도구로 이용하는 특권을 누린다. 인셀의 관점에서 보면 여성은 남성이 간절히 원하는 것에 대한 접근을 통제함으로써 남성보다 훨씬 강력하며, 그렇기 때문에 페미니즘의 필요성도 남성에게는 거짓이다. 또한 이와 같은 가정에 따른 성적 전략은 남성의 재정적 착취로 이어지는데, 이를 알파펔 베타벅Alpha Fuck, Beta Buck(알파 남성은 섹스를 하고 베타 남성은 여성에게 재정을 지원한다는 뜻)이라는 공식으로 요약할 수 있다.

인셀 커뮤니티 내에는 주관적으로 느끼는 자신의 신체적 비(非)남성성에 따른 특징적인 하위 그룹이 존재한다. 이를테면 사랑을 하기에 키가 너무 작은 하이트셀Heigtcels, 대머리인 볼드셀Baldcels, 두개골이나 턱 형태로 괴로워하는 스컬셀Skullcels, 너무 가늘어서 여성스러워 보이는 손목을 가진 리스트셀Wristcels 등이 있다.[18] 그런데 여기에서 정확히 적대화되고 있는 대상은 누구인가?

인셀이라는 용어는 1997년 한 여대생이 개설한 '알라나의 비자발적 독신 프로젝트Alana's Involuntary Celibacy Project'라는 이름의 온라인 자조모임 커뮤니티에서 처음 만들어지긴 했지만, 디지털상에서 나타나는 체계적으로 구축된 여성 혐오의 흔적은 그보다 더 일찍 찾아볼 수 있다. 이를 위해서는 소위 마노스피어Manosphere라는 초기 인터넷의 여성 혐오 하위문화의 기원을 살펴봐야 한다. 1990년대 초에 포럼이나 채팅, 유즈넷Usenet 이용자들에게는 특정한 동질성이 눈에 떠었다. 그들은 특히 기술적인 관심이 많은 백인 남성들이었고 그러한 의사소통 공간에 접근하기 위해 필요한 기술에 대한 충분한 학문적 배경과 자원을 가지고 있었다.[19] 오늘날 온라인에서 토끼 굴 아래로 미끄러져 내려가는 과격한 젊은 남성 집단은 마치 결투 동맹처럼 행동한다. 허무주의적 숙명론과 글로벌 네트워크라는 멀티미디어 수단으로 무장한 그들은 의식과 담력 테스트, 의사소통 코드를 개발한다. 그들은 특정 미학을 장려하며 현실 도피주의와 경쟁, 세상을 승자와 패자로 나누는 내용이 담긴 특정 게임을 한다. 분노와 절망이 뒤섞인 채 그들은 자신이 살고 있는 세상의 부당함을 서로 확인한다. 자신이 처한 비참함은 스스로 만든 허구의 정체성을 확립시킨다. 본래 주인공이 되고 싶었던 적대자들의 분노는 절대 사라지지 않는다.

그들의 내러티브를 촉진하는 중요한 동기는 자유화된 우리 사회에서 그들이 자신을 서사적 갈등의 희생자로 느낀다는 것이다. 인셀의 관점에서 남성이 특권을 누린다는 이념은 현대의 동화일 뿐이다. 왜냐하면 그들의 가장 큰 특권, 즉 섹스에 대한 접근이 거부당하고 있기 때문이다. 이러한 배신에 대한 깊은 쓰라림은 우리가 이미 파시즘 내러티브를 통해 알고 있듯이 자기 피해의식으로 표현된다. 사회학자 마이클 키멜Michael Kimmel은 자신의 저서 『화난 백인 남성Angry White Men』(2013)에서 다음과 같이 쓰면서 이러한 사실을 확인한다. "백인 남성은 여전히 이 세상에서 대부분의 권력과 통제력을 쥐고 있음에도 이 특수한 백인 남성들은 자신을 피해자라고 느낀다."[20] 파시즘 연구가 제이슨 스탠리(7장 참조)처럼 키멜 역시 이러한 피해의식을 신화적인 가부장적 과거를 고집하는 현상과 연결한다. "또한 이러한 생각은 과거 세계에 대한 향수를 어느 정도 반영하며, 왜 그들이—주말 전사Weekend Worrier로서 숲으로 후퇴하든 아마겟돈을 위해 무장하든— 남성다움(보다 일반적으로 정체성)에 대해 자신들이 '보존'해야 할 것, '되찾아야' 할 것, 또는 '복구시켜야' 할 것으로 이야기하는지에 대해 설명한다. [⋯] 사람들에게 '정당한' 자리를 되돌려주는 것이 그들의 임무다. 이 세상은 [⋯] 백인 남성들이 열심히 일하고 노력하면 필연적으로 경제적 사다리의 어딘가에 자리를 잡을 것이라고 믿고 자랐던 세상이다. 그것은 [⋯] 능력주의 사회의 이상이다. 그리고 남성들이 실패하면 굴욕을 당하며 그들의 분노를 표출할 곳은 그 어디에도 없다."[21]

　호주의 사회철학자 케이트 만Kate Manne은 자신의 저서 『남성 특권 : 여성 혐오는 어디에서 비롯되는가Entitled : How Male Privilege Hurts Women』(2020)에서 실현될 수 없는 기대를 남성에게 거는 가부장적 구조가 그 좌절감을 어떻게 여성에게 겨냥하는지에 대해 설명한다. 남성의 자기혐오와 실망감은 여성에게 모든 혜택이 주어진다는 가정과 여성 혐오로 이어진다. 여성이 적대자가 되면 남성은 자신을 용감한 반군으로 여긴다. 마치 남자 다윗과 여자 골리앗처럼 말이다. 자신의 불행을 옳다고 생각하는 순교자의 역할은 일종의 자기효능감을 허용한다. 사회학자 하인츠 부데Heinz Bude가 자신의 연구에서 기술한[22] 이와 같은 '경쟁 후 격분 장애Postkompetitive Verbitterungsstörung'는 인셀 이데올로기나 자칭 '거대 대체론(Great Replacement. 세계를 좌우하는 극소수의 권력 집단이 아프리카와 중동의 이민자들을 유럽에 유입시켜 백인을 몰아내려 한다는 주장—옮긴이)'에 대한 뉴라이트New Right의 신화와 같은 원시 파시즘 내러티브를 조장한다. 그들이 주장하는 굴욕은 급진화 과정을 촉발하며 폭력적인 행위로 치달을 수 있다. 온라인 포럼에서는 전 세계적으로 조직된 릴레이 경주가 이어지며, 이 경주에서 자신이 진정한 남자임을 가장 많이 증명해 보이는 사람이 횃불을 차지한다. 마크 햄Mark Hamm과 라몬 스파이Ramon Spaaij는 자신들의 저서 『외로운 늑대 테러의 시대The Age of Lone Wolf Terrorism』(2017)에서 '확률론적 테러리즘Stochastic Terrorism'이라는 개념을 정립했다.[23] 이에 따르면 사회적이고 고전적인 대중매체의 도움으로 우발적 행위자가 저지르는 폭력 행위나 테러 행위가 선동될 수 있으며, 그 때문에 이러한 테러 행위가 확률론적으로 예측이 가능하기는 하지만 개인적으로는 예측할 수 없다.[24] 흥미롭게도 단독 범인에 관한 이야기는 남성 영웅 여정에서 나타나는 영웅의 외로움이라는 개념을 떠올리게 한다.

현재의 폭력과 살인 속에서 나타나는 모든 이데올로기—이슬람주의, 극우주의, 네오파시즘, 인셀 등 — 는 특정 집단과 관련된 인간 혐오, 말하자면 여성에 대한 증오를 공유하고 있다고 말할 수 있다. 다시 말해 이를 여성 혐오 테러라고 이야기할 수 있는데, 이러한 여성 혐오 테러에서는 여성을 죽이기에 이르는 적대감이 단순한 부수 현상이 아니라 자신의 이데올로기를 지키기 위해 필수적으로 요구된다.

현시대의 이야기 중에서 영화 〈조커Joker〉(2019)만큼 부정적인 관심을 끌었던 이야기는 거의 없다. 이 영화는 얼마 지나지 않아 여러

인셀 포럼에서 자신들의 절망감을 정확하게 묘사했다며 찬사를 받았다. 베로니카 크라허는 앞서 언급한 책에서 다음과 같이 설명한다. "인셀 커뮤니티 내에서 영화 〈조커〉가 호평을 얻은 이유 중 하나는 모든 것을 허무주의적인 위트로 받아들이는 조커 특유의 특성 때문이다."[25] 말하자면 조커 캐릭터는 조소적인 인터넷 유머 뒤에 숨어서• 자신들의 거품 속에서 증오와 자기혐오를 키우는 남성들을 위한 신랄한 투영면이 되었다. 해고당한 광대이자 실패한 스탠드업 코미디언인 반영웅Anti-Hero 아서 플렉은 영화 내내 굴욕과 무시를 당한다. 그가 꿈에 그리던 여자는 그를 거부하고 사람들은 그를 대놓고 조롱하고 흠씬 두들겨 팬다. 그는 자신을 공격적으로 경멸하는 여피들에게 총격을 가함으로써 비로소 자신에게 권능을 부여하고 남자가 되기 시작한다. 크라허에 따르면 "여피는 헤게모니적 남성성에 부합하는 남성들이며, 결국 조커는 자신의 아버지 같은 존재인 토크쇼 진행자를 그의 토크쇼에서 공개적으로 살해한다."[26] 끊임없는 비하와 수모를 연출함으로써 공격성은 자기주장이 되고, 조커는 비로소 살인자로서 자신의 서사 여정의 영웅이 된다. "냉소주의, 숙명론, 허무주의는 애티튜드Attitude가 된다. 왜 감정이 나타나는지, 왜 에너지가 넘치는지는 전혀 중요하지 않다!"[27]고 크라허는 설명한다.

인셀의 증오 이데올로기에 담긴 아이러니는 다음과 같이 말할 수 있다. 즉 그들의 말이 옳기는 하지만 단지 최초 출발점에서만 옳다는

• 이는 7장에서 언급한 '페페 더 프로그'에서와 같은 냉소적인 기법이다.

것이다. 실제로 섹스는 불평등하게 분배된다. 생물학자 마이케 슈토베로크Meike Stoverock은 자신의 저서 『여성 선택 : 남성 중심 문명의 종말Female Choice. Vom Anfang und Ende der männlichen Zivilisation』(2021)에서 일반적으로 이분법적인 성적 존재 사이에서 자연적인 번식 프로그램은 50대 50이 아니라 80대 20이라고 쓰고 있다. 다시 말해 수컷의 20퍼센트가 암컷의 80퍼센트를 얻는다. 그렇기 때문에 이러한 결핍 현상은 실제일 뿐만 아니라 자연적으로 그렇게 설계되어 있다. 거의 모든 종의 수컷은 희소한 자원으로서의 섹스와 번식을 쟁취하여 지켜야 한다는 원초적 경험을 하는 한편, 거의 모든 종의 암컷은 구애하는 수컷에게서 성폭력과 생명을 위협당하는 억압을 경험한다. 오로지 이야기하는 원숭이인 인간만이 이러한 잔혹성을 이야기로 승화시켰다. 우리는 여성 혐오 내러티브가 여성 혐오 그 이상의 것을 담고 있음을 알고 있다. 즉 여성 혐오 내러티브는 성적 결핍 현상(적대자와의 경쟁 결과로서)을 여성(과 적대자)에 대한 폭력적 억압을 정당화하는 것으로 해석한다. 누군가는 경쟁적 일부일처제라는 잔인한 현실에 관해 책임을 져야 한다. 바로 이러한 이유에서 우리의 내러티브 도식은 가부장적인 특성을 지닌다. 말하자면 젠더 간의 성적 갈등의 수단으로서 폭력을 서술하고 있다. 이러한 내러티브 진지전을 해결하려면 어떻게 해야 할까?

먼저 진정한 젠더 관계와 우리의 문화적 부담에 대한 끊임없는 성찰이 필요할 것이다. 우리는 우리 자신이 매우 자유롭다고 생각하지만 우리의 섹슈얼리티와 사랑은 우리 눈에 '자연스럽게' 보이는 수천 년 된 프로그램과 내러티브를 바탕으로 하고 있다. 그러한 프로그램과 내러티브는 어릴 때부터 우리에게 주어져 있었고 우리 이야기의 가장 깊은 층까지 엮여 있기 때문이다. 1960~70년대의 '성혁명 Sexual Revolution'은 어느 정도의 법적, 사회적 자유화를 달성하기는 했지만, 우리의 충동과 감정을 완벽하게 다스릴 수는 없었다. 그런데도 성혁명의 초점은 명백히 여성을 억압에서 해방하는 데 있었다. 하지만 그다음 단계를 위해 이제는 남성도 영웅 여정이나 일부일처제 이상과 같은 문화적 구성물이 자신에게 어떤 권한과 제약을 동시에 부여하는지 더 많이 인식해야 할 것이다. '온전한 남성'이 아니라는, 혹은 아주 남자답지 못하다는 원초적 두려움은 그 뿌리가 깊다. 남성에게서 많은 문제해결 능력을 앗아가고 남성을 범죄와 폭력에 취약하게 만드는 가학 및 피학적이며 일차원적인 남성성 내러티브는 소수의 남성이 많은 사람을 지배하기 시작했던 우리 정착 문화의 기원에 깊이 뿌리를 두고 있다. 그들은 자신들의 통치를 확실하게 굳히기 위해(6장에서 기술한 내용과 군주제 내러티브를 떠올려보라) 남성 신하들을 노동과 전쟁을 위한 기능적인 기계로 훈련시켰다. 그에 따른 장기적인 끔찍한 결과는 7장과 8장에 기술되어 있다.

이스라엘의 사회학자 에바 일루즈에 따르면 자유화와 해방으로 인해 불안이 증가하면서 과장된 남성성, 즉 끊임없이 자기 자신을 확인하고 공격적인 행동으로 성장하는 남성 자기 서사의 한 형태가 생겨났다. 이러한 서사가 가장 직접적으로 묘사되는 것이 포르노그래피 Pornography다. 포르노그래피는 디지털화와 그에 따라 극도로 단순화된 제작 및 배포를 통해 명백히 여성 혐오적인 차원을 다시 한번 배가시켰다. 오늘날 인터넷에 접속하는 모든 14세 청소년은 온갖 성적 표현이 난무하는 폭력적인 이야기들을 소비할 수 있다. 반면 '페미니스트 포르노'라는 방편으로 모욕적인 남성의 시선과 주도적이고 자유로운 여성의 시선을 대비시키려는 최근의 시도들은 여전히 상업적 돌파구를 찾고 있다. 포르노그래피를 자세히 살펴보면 대다수의 포르노가 우리가 이 장에서 파악하고 있는 내러티브를 정확히 재현하고 있다. 즉 여성을 물건이나 함정으로, 남성을 지배자나 기계로 간주하며, 성을 투쟁으로, 쾌락을 자원으로 여긴다.

그렇기 때문에 남성을 그러한 지배적 위치에서 벗어나게 할 새로운 남성성 내러티브가 절실하게 모색되고 있다. 여성들은 오랫동안 자신의 서사적 자율성을 얻기 위해 적극적이고 창의적으로 투쟁해왔지만, 남성들은 예나 지금이나 특권 자체를 먼저 생각하는 문화적 방어 태세를 취하고 있는 듯하다. 남성들은 자신에게 주어진 특권이 중요한 이득을 가져다주기 때문에 그것을 지키려고 하는가? 그리고 그들은 어떤 조건에서 자신의 특권을 기꺼이 포기할 수 있을까?

변화의 길은 궁극적으로 대안적 내러티브를 통해서만 이어질 수 있다. 지배적인 남성성을 뛰어넘는 다양한 대안들이 많이 이야기될수록 젠더 관계는 더 빠르고 더 창의적으로 변할 것이다. 따라서 젠더를 유동적으로 서술하는 것이 첫 번째 과제일 것이다. 이 과제는 우리 문화 상품의 주류를 비롯하여 광고와 소셜 미디어에서 느리지만 확실하게 인지되고 있다. 특히 성교육에서는 이러한 방식으로 적대감을 없애고 사람들에게 자기 삶의 주인공이 될 수 있다는 자신감을 전달해주는 것이 중요하다.

〈오티스의 비밀 상담소〉(2019) 시리즈와 같은 현재의 하이틴 작품들에서는 청소년기의 성적 혼란에서 나타날 수 있는 다채로운 갈등들이 매우 의식적인 서사적 방식으로 해결되고 있다. 다양한 연구와 교육 실제에서 보여주듯이 아이들은 일반적으로 자신에게 부과되는 이성애 규범적인 논리를 뛰어넘어 모든 욕구와 방향에 대해 개방적이고 관용적이다. 그렇기 때문에 이 장에서 설명되는 모든 문제가 언젠가 과거의 일이 될 것이라고 꿈꿔볼 수 있다. 파시스트 같은 형제를 죽이지 않고 왕국을 구하는 '라이언 퀸Lion Queen'에 대한 이야기도 성공적일 수 있을 것이다. 또한 '정글북'에 퀴어와 논바이너리 동물들이 등장하여 소년 모글리가 고전적인 여성 영웅 여정을 할 수 있도록 도우며 여성을 그저 부재하는 갈망의 캐릭터로만 여기지 않도록 할 수 있을 것이다. 그리고 미래의 월트 디즈니는 더 이상 강력한 젠더가 필요하지 않은 이야기를 쓸 수도 있을 것이다.

10

귀로
: 인류 종말은 텔레비전에서
방송되지 않는다

기후 스토리가 실패하는 이유

영화 스토리의 참패

"미래 : 극지방 만년설이 녹아내리고 대륙은 물에 가라앉았다. 살아남은 소수의 사람이 새로운 세계를 창조했다."[1]

1995년 당시 1억 7,500만 달러로 영화 역사상 가장 비싼 제작비가 들었던 영화 〈워터월드〉[2]는 이렇게 시작한다. 첫 장면에서는 궁색하게 조립된 쌍동선이 망망대해에 떠 있고, 배 위에는 가죽옷을 입은 남자가 자신의 소변을 받아서 즉석에서 정화한 다음 그 물로 목을 축인다. 어쨌든 재앙의 원인과 결과는 아주 뚜렷하게 나타난다. 그러나 분명히 기후 연구에서 빌려온 녹은 빙하라는 주제(디스토피아 정도의 해수면 상승)는 영화 도입부 이후에는 전혀 언급되지 않는다.

종말 이후 워터월드에서 살아가는 케빈 코스트너는 기후 위기로 인해 여정을 떠나는 유일한 영웅이 아니다. 롤란트 에머리히 감독의 〈투모로우〉(2004)에서 젊은 제이크 질렌할과 그의 친구들은 지구 온난화로 발생한 강추위를 피해 도서관으로 피신한다. 〈설국열차〉(2013)에서 프롤레타리아 계급의 주인공들로 가득 찬 기차는 영원한 겨울을 멈추지 않고 달린다. 〈인터스텔라〉(2014)에서 매튜 맥커너히는 황폐해진 지구를 대체할 새로운 행성을 찾아 인간의 음모와 웜홀Wormhole을 뚫고 장대한 여정을 시작한다. 그러나 엄밀히 말하면 이 모든 영화는 지구 온난화를 해결해야 할 문제로 다루지 않고, 단지 그 결과를 배경으로 사용하여 가족사, 모험, 반란 등의 다른 이야기를 들려준다. 말하자면 생태 위기는 그저 서사적 무대를 제공할 뿐 실제로 다루어지지 않는다. 왜냐하면 액션 장르의 오래된 훌륭한 도전들, 이를테면 총을 쏘고 날고 싸우고 경쟁하는 것이 플롯 포인트Plot Point이기 때문이다. "미래 : 극지방 만년설이 녹아내리고⋯."와 같은 가능한 한 짧은 도입부 후에 집단을 구하는 개인의 고전적인 영웅 여정이 뒤따른다. 집단이 자신을 스스로 구하는 일은 일어나지 않는다. 영화 〈워터월드〉는 막대한 제작비를 투입하기는 했지만 내러티브의 완결성은 떨어진다. 종말 시나리오는 무수히 많이 존재하며 그중 일부는 임박해 있는 기후재앙의 현실을 직접적으로 지적하기도 한다. 그러나 기후재앙 자체에 관한 이야기는 거의 하지 않는다. 미래지향 판타지의 하위 장르인 이른바 기후물(클라이파이Cli-Fi)이 존재하기는 한다. 기후물은 지구 온난화의 결과들을 주로 다룬다. 킴 스탠리 로빈슨Kim Stanley Robinson의 『미래부The Ministry for the Future』(2020)와 같은 소설은 상당한 성공을 거두었다. 그러나 기후물 장르의 영역은 아주 좁다. 한편 〈밤쉘 : 세상을 바꾼 폭탄선언〉(2019), 〈어시스턴트〉(2019), 〈프라미

싱 영 우먼〉(2020)과 같은 영화들은 2018년의 미투#MeToo 논쟁을 다룬다. 또한 표현의 문제와 인종차별에 대한 우리의 담론은 〈블랙 팬서〉(2018)나 〈문라이트〉(2016)와 같은 영화에서 재현된다. 그러나 기후를 핵심 주제로 다루는 제작물은 대부분 다큐멘터리 영화에 그친다. 스트리밍 공급업체는 사용자 데이터 평가를 기반으로 시청자가 현재 무엇을 보고 있는지 알 수 있다. 넷플릭스 시리즈 〈라그나로크〉(2020)는 기후를 둘러싸고 한 10대 청소년이 지역 기업을 상대로 벌이는 투쟁을 그린 몇 안 되는 예외로서 주목할 만한 작품이다. 그러나 이 시리즈 역시 이미 첫 번째 에피소드에서 생태적인 것에서 공상적인 하이틴물로 변한다.

물론 마이클 크라이튼의 악명 높은 베스트셀러『공포의 제국State of Fear』(2004)도 거론할 만한 가치가 있다. 이 소설은 매우 성공적이었고 저자 마이클 크라이튼은 당시 대통령 집무실에서 조지 W. 부시 미국 대통령과 무려 1시간 동안 대담을 나누었을 정도였다. 조지 마셜 George Marshall이 자신의 저서『기후 변화의 심리학 : 우리는 왜 기후 변화를 외면하는가Don't Even Think About It : Why Our Brains Are Wired to Ignore Climate Change』(2021)에서 설명하고 있듯이, 이 소설은 '과학적' 증거 자료로서 상원 위원회에 제출되었고 크라이튼은 미국 국무부의 초청으로 전 세계에서 기후 위기에 관한 강연을 했다. 그는 어떻게 그렇게 할 수 있었을까? 바로 흉악한 음모에 맞서 싸우는 주인공에 대한 흥미진진한 (해피엔딩) 이야기를 만들어냄으로써 가능했다. 이로써『공포의 제국』은 기후 위기에 관한 가장 성공한 소설이 될 수 있었다.

다만 한 가지 함정이 있다. 즉 이 이야기가 의도적으로 자연재해를 일으키고 기후 위기에 따른 공포 상태를 이용하여 생태 독재 체제를 수립하는 테러리스트를 중심으로 돌아간다는 것이다. 게다가 이 책에는 인간이 만든 기후 위기가 거짓말이라는 것을 증명하는 상세한 기술적, 사실적 내용이 담긴 부록이 포함되어 있다.*

이 예에서 우리는 기후 변화를 주제로 한 픽션이 지닌 첫 번째 어려움을 인식할 수 있다. 즉 적대자가 없다는 것이다. 또는 보다 정확하게 말하자면 적대자가 너무 많다. 기후 위기는 우리 모두에게 어느 정도의 책임이 있기 때문이다. 물론 더 많은 책임을 지고 있는 석유 재벌, 육가공 회사, 로비스트들도 있고, 배기가스를 거의 배출하지 않는 남반구의 가난한 사람들도 있다. 그러나 기후를 오염시키는 가장 큰 요인조차 시스템 안에서, 심지어 대부분 민주주의 안에서 움직이며 자기의 행동을 정당화한다. 그렇다면 상황이 그렇게 나빠지지 않을 것이라는 의견에 지금까지 어느 정도 동의한 집단, 또는 바로 이러

---

* '기후 변화Climate Change'라는 개념의 생성은 그 자체로 허위 정보의 작은 스토리라고 할 수 있다. 영화 〈바이스〉(2018)는 위협적인 지구 온난화를 자연스러운 이미지로 포장하고, '포커스 그룹'이라는 테스트 그룹에서 무해하게 들리는 어휘들을 테스트하는 딕 체니를 중심으로 공화당 정치인들의 음험한 날조에 관해 이야기한다. 그러나 조지 W. 부시 대통령에게 메모를 전달하며 부시 대통령이 '지구 온난화'보다 더 자연스럽게 들리는 '기후 변화'라는 단어를 사용하고 학계에서 이에 대해 일반적으로 의견이 분분하다는 뜻을 내비치도록 조언한 사람은 공화당의 정책 고문인 프랭크 런츠였다. 프랭크 런츠는 2017년의 산불로 로스앤젤레스의 자택이 거의 전소될 뻔했을 때 공식적으로 사임했다. 그 이후로 그는 기후 보호를 위해 전념하고 있다.

한 적대자의 부재로 스스로 자신의 존재를 위협하는 집단을 어떻게 적대자로 만들 수 있을까?

이러한 문제로 인해 직접적으로 잠재적 주인공의 약점이 생겨난다. 우리가 기억하는 바와 같이 주인공은 언제나 착하고 적대자는 언제나 나쁘다. 그렇다면 우리는 모두 주인공이 되어야 할까? 아니면 적어도 과학자들과 활동가들이 주인공에 적합할까? 그들의 영웅 정신은 무엇일까? 끊임없이 정보와 경고를 주는 것? 그것은 흥미진진한가? 집단의 행동 변화나 초국가적 노력을 둘러싼 영웅 여정을 어떻게 이야기해야 할까?

너새니얼 리치Nathaniel Rich는 자신의 저서 『잃어버린 지구Losing Earth』(2019)에서 1978년에서 1982년 사이의 시간을 추적하면서 당시 저명한 행동가들의 삶을 생생하게 담아냈다. 그 당시에는 인간이 만든 지구 온난화가 전례 없는 정치적 의제로 떠올랐고 효과적인 대응책을 포착할 기회가 있었다. 그러나 장기적인 생계 기반을 다지기보다 단기적인 경제적 성공을 궁극적으로 선호했던 당시 정치인들의 기회주의와 석유 로비의 선전 활동은 모든 노력을 좌절시켰다. 환경 운동가와 기후 위기를 경고하는 활동가들은 계속 싸워나갔지만 성공할 수 없었다. 명백히 드러난 바와 같이 전통적인 영웅 정신을 가진 영웅은 이 문제를 해결할 수 없다. 그보다는 문제를 다음 단계의 행동 차원으로, 다시 말해 정치적 혹은 집단주의적 차원으로 끌어올리기 위해 다른 사람들과 집중적으로 협력해야 한다. 이는 우리에게 익숙한 흥미진진한 디스토피아적 내용과 비교하면 매우 장황하게 들릴 수 있을 것이다.

〈킹콩〉(1933)이나 〈폼페이 최후의 날〉(1962), 〈타워링〉(1974), 〈그 날 이후〉(1983) 또는 바로 앞에서 언급한 〈투모로우〉(2004)와 같은 고 전적인 재난 영화조차도 최대치의 스펙터클을 통해 우리에게 나쁜 시청 습관을 들이게 했다. 덧붙여 말하자면 가장 마지막에 언급한 영 화 〈투모로우〉에서는 세상이 수십 년에 걸쳐 서서히, 하지만 치명적 으로 온난화되는 것이 아니라 불과 몇 분 만에 얼어붙는다. 얼음은 사 람들을 향해 하얀 발톱을 뻗어서 도망칠 수 없게 만든다. 이러한 시나 리오는 영화에서 해안 지역이 서서히 가라앉는 소재보다 훨씬 더 효 과적이다. 이로써 실제 재앙의 완전히 정반대가 제시된다.

어쨌든 이 영화는 적어도 단기적으로는 실제로 효과가 있었다. 당시 수행된 연구에 따르면 사람들은 〈투모로우〉를 본 후 기후 보호 캠페인에 더 많은 관심을 보였다.[3] 하지만 이러한 재난 영화의 몰락 을 어떻게 뛰어넘어야 할까? 또한 그러한 영화가 현시대의 기후 변화 에 대한 인식을 어느 정도 높일 수 있을까? 영화관과 텔레비전에서 지구가 스펙터클하게 파괴되는 모습이 너무 자주 비춰 재앙 이미지 는 낡은 소재가 되었다. 주목 경제는 냉혹하며, 기후 변화에 관한 정 부 간 협의체(IPCC, Intergovernmental Panel on Climate Change)가 이산화탄 소 배출 결과에 대해 새롭게 경고하는 모든 내용이 별로 인상적이지 않다는 현재의 두려움도 전적으로 정당화되고 있다. 서서히 밀려드 는 홍수는 쓰나미의 엄청난 물 더미에 비하면 아무것도 아니다. 프랑 크 쉐칭Frank Schätzing의 소설 『변종Der Schwarm』(2004)의 드라마 버전에서 곧 그런 쓰나미의 모습을 보게 되겠지만 말이다(여기에서도 원인은 근본적으로 아주 다르다). 현실의 기후 변화에는 중요한 시각적 모티프, 즉 대재앙이 쏟아붓는 인상적인 장면과 강렬한 이미지가 빠져 있다. 천천히 녹아내리는 빙하, 멸종해가는 종, 가라앉는 섬 국가 등은 화면에 나타나지 않는다. 특히 모든 세계가 기후 종말론에 감정적으로 동조하고 있으며, 이는 마치 "암흑 낭만주의 이후 연속적인 날카로운 음조로 종말의 주문을 외우는 것"[4] 같다. 문예학자 에바 호른Eva Horn은 자신의 저서 『재앙으로서의 미래Zukunft als Katastrophe』(2014)에서 이렇게 표현하고 있다. 우리 마음속에는 집단으로, 시간대별로, 대중문화적으로 이용이 가능한 재난 이미지가 저장되어 있지만 그 원인에 대해서는 궁극적으로 관심을 두지 않는다. 호른은 영화와 책이 재앙적인 '미래를 현재로서' 묘사할 것을 촉구한다.

그런데 이를 위해 영화보다 문학이 더 나을까? 문학은 소위 복잡성과 강력한 이미지에 예속되어 있지 않다는 우월한 특성을 사용할까? 이언 매큐언Ian McEwan의 『솔라Solar』(2010) — 폭발적 상황을 자기의 경력을 위해 사용하는 늙은 백인 과학자라는 인물을 통해 보여주는 풍자적 이야기 — 와 같은 기후 변화를 다룬 소설을 읽어보면 여기에서도 인간이 만든 기후 위기가 우리가 익숙히 잘 알고 있는 극적인 내러티브를 위한 조력자 역할에 그친다는 것을 알게 된다. 또는 마이클 크라이튼의 경우처럼 학문적으로 불가능한 주장으로서 해체되기도 한다. 적어도 마야 룬데Maja Lunde의 3부작(『벌들의 역사The History of Bees』, 『바다의 종말The End of the Ocean』, 『최후의 야생마The Last Wild Horses』)는 생태계의 재앙을 소설에서 성공적으로 다룬 문학으로 꼽을 수 있다.

인도의 작가 아미타브 고시Amitav Ghosh는 자신의 에세이 「대혼란의 시대 : 기후 변화와 생각할 수 없는 것The Great Derangement. Climate Change and the Unthinkable」(2017)에서 공상과학물을 '고급 문학High Literatur'에서 분리함으로써 고급 문학이 미래의 과학 문제로부터 얼마나 멀리 떨어졌는지를 설명했다. 이에 따라 자연이라는 토포스Topos는 과학과 그 문학 장르인 SF에만 맡겨지게 되었다. 그러면서 미래를 이야기하는 소설들이 틈새 자리를 잡게 되었다. 이처럼 의기양양한 장르적 지위를 차지한 SF는 오늘날까지 문학과 영화에서 볼 수 있으며, 여기에서는 우리가 생각하는 것보다 위협적인 현실과 환상적인 허구 사이의 결합이 훨씬 더 밀접하게 나타난다. 이를테면 미국에서 가장 영향력 있는(그리고 가장 미움 받는) 기후 과학자 중 한 명인 마이클 만Michael Mann은 그 자신의 투쟁을 무엇에 비유하는 것이 좋겠냐는 질문에 놀랍게도 『반지의 제왕』(1954/55)'이라고 대답했다. 마이클 만에게 선과 악은 어둠의 땅 모르도르에서처럼 명확하게 구분된다. 과학자들은 간달프에 해당하며, 비옥한 땅을 산업적으로 황폐화하고 꺼지지 않는 불로 생명체를 노예로 만드는 사우론의 공포 정치는 환경오염이 폭발적으로 발생한 첫 번째 시대에 대한 자본주의 비판적인 해석으로 읽을 수 있다. 실제 기후 위기를 그렇게 단순히 설명할 수만 있다면 말이다!

그러나 이야기의 기능은 매체를 불문하고 기후 위기라는 주제와 매우 심도 있게 결합할 수 없다. 문예학자이자 문화학자, 인지 과

세상은 이야기로 만들어졌다

학자인 프리츠 브라이하우프트는 자신의 저서 『나도 그렇게 생각한다 : 공감의 두 얼굴Die dunklen Seiten der Empathie』(2017)에서 이야기에 대한 정서적 반응을 '감정적 리턴 티켓Emotionale Rückfahrkarte'을 가지고 있는 공감으로 묘사한다. 그러나 절박한 문제를 자기 서사의 위기로 만드는 사람은 청중에게 이러한 리턴 여정을 허용하지 않는다. 즉 엔딩 크레딧이 다 올라간 후에도 문제가 지속된다. 그렇기 때문에 할리우드는 실제 위기를 이야기하는 것보다 허구적 위기를 만들어내는 데 항상 더 성공적이었다. 실제로 존재하는 갈등은 이미 한참 지난 일로서 다큐멘터리 형식으로 이야기되거나 특히 단순한 줄거리로 압축될 수 있는 경우에만 각색될 수 있다. 그 어느 것도 기후 위기가 택할 수 있는 사항은 없다. 우리는 허구 시나리오에 관한 이야기를 들을 때보다 기후 위기에 대해 들을 때 훨씬 더 마음이 불편하다. 우리는 잘못이 있는 사람을 명확하게 특정할 수 없으면— 반대로 언제나 개인 자신에게도 잘못이 있으면— 자신을 등장인물과 유쾌하게 동일화하지 못한다. 생활양식상으로 적대자에 속하는 사람은 주인공과 동일화를 시키지 못한다. 그 대신 양심의 가책이나 억압이 생겨날 위험이 있다. 이는 영화관을 방문할 때마다 독이 된다. 재앙을 막기 위해 우리는 무엇을 해야 할까? 소비를 덜 하고 비행기를 덜 타고 이산화탄소 배출을 덜 하면 될까? 우리를 나락으로 떨어지게 만드는 것은 한 번의 실수가 아니라 아무 행위도 하지 않는 것, 또는 상황을 그냥 지속시키는 무지함이다. 발터 벤야민Walter Benjamin은 "상황이 '그렇게 계속' 지속된다는 사실이 재앙이다."라고 말했다.

서사적인 측면에서 기후 위기를 파악하기는 매우 어렵다. 기후 위기는 인간이 만든 것으로 집단적이며, 악당이나 범죄 조직의 잘못이 아니라 자연에 대한 인간의 파괴적인 주도권에 기인한다. 기후 위기는 병든 한 시대의 탈선이 아니라 수 세기에 걸쳐 커져 나갔다. 특출한 악마도 없고 과격한 집단적 이념도 없으며 적대자로 적합한 공격적인 민족 국가도 없다. 그리고 기후 위기에서는 어떤 영웅이든 상대가 악한 정도만큼만 선할 뿐이며 주역을 배정하기가 어려워 보인다.

어느 경우든 이 문제는 집단적으로만 해결될 수 있다. 믿을 만한 영웅으로서 가장 적합한 사람들은 보다 지속 가능한 세상과 긍정적인 사회적 전환점을 위해 행동하는 사람들(과학자, 정치인, 활동가)이다. 그들이라면 사회 전체의 꾸준한 변화를 위해 투쟁할 수 있을 것이다. 이것을 어떻게 90분 만에 재미있게 만들 수 있을까? 그리고 창의적인 몇몇 사람들은 이렇게 묻는다. 다른 모든 사람은 아무 걱정 없이 외면하고 있는데 어째서 나는 힘든 시간을 보내야 하는가? 그렇다면 결국 논픽션만이 우리를 구원할 수 있을까?

우리는 왜 기후를 잘못 이야기하는가

우리는 세상에 대해 경험하는 모든 것을 기존의 이야기들로 분류한다. 우리가 얻는 정보는 서사적 원형에 따라 우리의 정신 속에 각각 분류되어 전송된다. 이 부분까지는 3장에서 이미 이야기한 바 있다. 여기서는 이를 선택적으로 인지하는 예를 살펴보려고 한다. 여러 연구에 따르면 날씨와 기온에 대한 우리의 지각은 기후 위기를 믿느냐 믿지 않느냐에 좌우된다. 기후 위기를 믿지 않는 사람들은 이를 믿는 사람들보다 기온을 더 낮게 진술한다. 날씨에 관한 최근의 경험에 대해 질문을 받은 일리노이 주 농부들은 기후 위기를 받아들였는지 아닌지에 따라 극단적인 기상 현상을 강조하거나 이를 대단하지 않게 여겼다. 우리가 속한 내집단이 기후 위기를 믿지 않는데 우리가 그것을 믿을 이유가 있겠는가?

법학 교수인 댄 카한Dan Kahan은 기후 위기 커뮤니케이션과 관련하여 다음과 같이 설명한다. "시민의 복지를 보호하는 민주주의 사회의 능력은 이러한 경험적 데이터와의 문화 전쟁에 대응할 방법을 찾는 데 달려 있다."[5] 댄 카한은 서사적 원형과 반복되는 요소들, 즉 "영웅과 악당의 정체성, 그들의 극적 투쟁 양상, 대결의 도덕적 이해관계가 서로 다른 문화 집단에서 어떻게 인식할 수 있고 반복되는 방식으로 [다양화되는지]" 설명한다.[6] 이에 따라 위기 커뮤니케이션 담당자는 서로 다른 집단의 서사적 틀에 상응하는 메시지를 구성하는 것이 바람직하다. 형식이 해당 집단에 문화적으로 적합해야 그 내용도 집단 내에서 주목받을 수 있기 때문이다.[7] 모든 집단은 유혹적으로 그럴듯하게 들리는 자기만의 서사를 지니고 있으며, 이러한 서사는 — 종종 체계적으로 습득된 원형과 마스터플롯의 도움으로 — 자기의 관점을 옳다고 생각하게 만든다.

1. 생태와 경제의 경쟁

생태와 경제는 서로 잘못된 방식으로 맞서고 있다. 첫째는 경쟁 마스터플롯이 갈등을 더 직관적으로 만들기 때문이며, 둘째는 장기적인 관점에서 우리에게 유익한 비용 – 편익 계산을 하는 것이 인지적으로 어렵기 때문이다. 자동차나 석유 분야와 같은 화석 연료 경제 부분이 가져올 단기적 손실이 큰 공포심을 불러일으키도록 묘사되고, 우리가 세상을 구함으로써 얻을 수 있는 미래를 이상할 정도로 축소한다. 현 상태Status Quo를 변화시키는 것은 우리에게 너무나 강력한 도전 과제이므로 추상적 차원의 긍정적 변화를 통해 얻는 이점이 매력적으로 느껴지지 않는다. '생존할 수 있는 지구가 더 이상 존재하지 않는다면 우리가 보호할 수 있는 경제도 더 이상 존재하지 않는다'라는 가장 단순한 주장도 원하는 효과를 얻지 못한다.

그 이유 중 하나는 대니얼 카너먼이 연구한 이른바 손실 회피Loss Aversion인데, 이는 사람들이 결정을 내려야 하는 상황에서 이익보다 손실에 훨씬 더 민감한 반응을 보이게 한다. 손실 회피는 특히 생태와 경제 사이의 경쟁으로 조장된다. 사람들은 둘 중 하나를 선택해야 한다고 생각하며, 자신에게 경제 쪽이 더 유리해 보이기 때문에 경제를 선호한다. 추상적인 기후 위기는 손실 회피의 완벽한 예이다. 현재의 손실과 미래 이익이 제한되어 있다는 사실은 매우 구체적인 고통이며, 그에 비해 미래는 본질적으로 항상 불확실하다. 그렇기 때문에 현

재를 무조건 만끽하려고 한다.•

이로부터 언론의 표현 문제가 발생한다. 말하자면 오랜 시간 동안(일부 지역에서는 오늘날에도) 인간이 만든 기후 위기에 대해 보고하면서 석유 로비의 중요한 대표자나 보수 정치인은 기후 연구가의 모든 진술에 발언권을 가졌다. 한쪽은 미래를, 다른 한쪽은 현재를 대변했다. 이런 식으로 양측과 그들의 주장은 사실적으로 동등한 가치가 있는 것으로 제시되었다. 기후 위기에 대한 이러한 이분법적 묘사, 즉 과학적 인식과 경제적 관점이 서로 대립하였고 양자 간의 합의가 거의 이루어지지 않았다는 묘사는 오랫동안 기후 담론을 마치 서로 다른 관점이 고르게 분포되어 있다는 견해에 바탕을 둔 대화라는 인상을 심어주었다. 영어권에서는 이와 같은 잘못된 균형을 거짓 균형False Balance이라고 부른다. 거짓 균형은 엄격한 균형이 편견을 타파하고 현실을 가장 진실하고 공정하게 묘사할 수 있다는 희망에서 비롯된다. 그러나 궁극적으로 거짓 균형은 사실에 대한 왜곡된 표현으로 이어진다. 말하자면 과학자들은 연구를 바탕으로 파괴된 미래에 대해 경고하며, 다른 쪽에서는 현재 속에서 계속해서 돈을 벌려고 한다.

그러나 한 차원 더 깊게 들어가 순전히 과학적인 관점에서 보더라도 경제와 생태의 균형에 관한 생각은 잘못되었다. 어느 정도 온전한 생태계가 없으면 경제 번영의 기회도 없다. 지나친 경제 변화를 요

• 우리가 미래보다 현재를 위험하게 과대평가한다는 점에 대해서는 12장에서 보다 자세히 설명될 것이다.

구하지 않기 위해 기후를 조금만 보호하겠다는 타협적 방안을 택하면 기하급수적으로 악화되는 위기를 해결할 수 없다. 반대로 멕시코 만류 Gulfstream 정체와 같이 돌이킬 수 없는 여러 세계 기후 변화의 경고등과 함께 이른바 '티핑 포인트Tipping Point'가 존재한다는 것만으로도 중도적인 내러티브는 현명한 방법이라고 볼 수 없다. 그러한 타협은 극한의 두려움 때문에 길 한 가운데로 다니는 자동차와 다를 바 없다.

2. 우리는 포기해야 하고 많은 것이 금지될 것이다 : 이카로스 플롯

포기! 금지! 절망! 포기 내러티브는 위기 극복을 위해 필요하다고 주장되는 부당한 자격 박탈에 대한 두려움을 주 무대로 삼는다. 프로메테우스가 인간에게 건넨 신성한 불, 다시 말해 사람들이 그토록 힘들게 얻은 모든 번영이 그들에게서 다시 제거되는 것이다. 이 내러티브는 — 모든 정치 영역에서 꾸준히 작용하는 것처럼— 합리적 규제를 독단적이고 과도한 명령이라고 손가락질하는 공포 이야기다. 우리는 2장에서 비극이나 파멸 이야기, 해피엔딩으로 끝나지 않는 이야기가 경각심을 일깨우는 역할을 한다고 이야기했다. 금지와 제한 조치가 잘못 취해지면 국가나 녹색당 정치인, 활동가들이 적대자가 된다. 그들이 야밤의 강도처럼, 더 나쁘게는 지나치게 엄격한 부모처럼 다가와 사회로부터 아름다운 것과 좋은 것, 호화로운 것을 전부 빼앗아서 사람들이 어쩔 수 없이 낙이 없는 은둔 생활을 하게 된다면, 이는 우리가 기술과 진보를 통해 가장 높은 번영 지점에 도달한 후 다시 추락한다는 두려움을 낳을 것이다. 그렇다면 우리는 태양이 너무 뜨겁다고 해서 우리가 직접 만든 날개로 더 이상 높이 올라가서는 안 되는 것일까?

물론 이러한 내러티브에서는 무절제하게 천연자원을 사용하는 사람들이 적대자가 되는 것이 아니라 과학자와 정치인, 활동가, 연구가들을 우리의 생활 방식과 풍요로움을 공격하는 사람들로 묘사함으로써 적대자의 역할을 뒤바꾼다. 이에 따라 아이러니하게도 간달프와 호빗은 우리가 살고 있는 현대의 작은 샤이어(『반지의 제왕』에서 호빗이 사는 가운데땅 북서쪽에 위치한 작은 땅—편집자)를 위협하는 사우론이 된다.

'포기'와 '금지'라는 한 단어 스토리는 서사적 해석 주권을 성공적으로 유지하기 위해—정치 소통뿐만 아니라 저널리즘 소통에서도—부풀려서 사용되는 반면, 실태는 그와는 정반대로 이야기된다. '포기'와 '금지'는 주목 경제의 관점에서 볼 때 효과적인 개념들이며, 황색 언론은 명목상 '금지'라는 것으로 어떻게 며칠 만에 성공적으로 여론을 조성할 수 있는지에 대한 여러 예들을 반복적으로 보여준다. 또한 '제한'이라는 개념이 얼마나 많은 사람을 궐기하도록 유인하고 정치적 에너지를 조종할 수 있는지를 보면 매우 놀랍다.● 우리의 정체성을 형성하는 생활 방식의 여러 측면(기동력, 식습관, 소비 선호도 등)을 규제하는 것은 자유에 대한 공격이자 나아가 자신에 대한 공격으로 인식된다.

● 예를 들어 인터넷에서 자동차 속도 제한에 찬성하는 반응을 보여 보라. 그러면 특히 독일 남성들이 고속도로에서 질주할 자유에 대해 얼마나 성토하는지를 보고 놀랄 것이다. 마치 고속도로에서의 자유가 그들의 영웅 여정에서 가장 중요한 묘약인 것처럼 보인다.

또한 이러한 이야기는 사람들에게 기후정책 행동의 중요성을 납득시키기 위해 사용할 수 있는 서사 지렛대를 아주 잘 보여준다. 즉 개인적으로 받아들이도록 하는 것이다. 이를 위해서는 불공정하게 느껴지는 제약들처럼 기후 위기를 적어도 개인적으로 받아들이게 하는 이야기를 찾아야 한다. 우리는 기후 재앙이 우리 모두에게 가져올 제약에 관해 이야기해야 한다. 그리고 진정한 적대자들 — 탐욕스러운 기업, 무책임한 정치인, 돈에 매수된 과학자 등 — 과 그들의 범죄 — 즉 우리의 가장 소중한 공동 자산인 지구를 남용하는 행위 — 를 분명하게 밝혀야 한다. 우리는 더 이상 기후 동화를 믿지 않고 우리 삶의 토대를 확실하게 보호하고자 하는 사람들로 구성된 강력한 내집단을 만들어야 한다. 모든 석탄 화력 발전소의 폐쇄, 새로운 풍력 발전소의 건설은 이성적이고 올바른 사람들의 영웅 여정에서 칭송받는 이정표가 되어야 한다. 부패한 타협을 이성적인 것으로 둔갑시키는 정치인, 다시 말해 길 한가운데에서 차를 조종하는 정치인에게서 '이성'이라는 개념도 탈환해야 한다. 우리는 적대자들 간의 이러한 파괴적인 불가침 조약에 맞서 평화로운 공동의 변화에 대한 긍정적인 이야기를 전해야 한다.

많은 사람이 자신이 주인공이 되어 항변하는 이러한 태도를 갖추면 정치적 관심과 자기효능감을 동원하는 감정이 생겨날 수 있다. 무엇보다도 이러한 감정이 우리를 저항군으로 만들 수 있기 때문이다. 구원 마스터플롯, 약자, 변신. 이것들은 우리가 유익한 반란을 이야기하도록 허용한다. 한 번쯤 프로도가 되어 자기 스토리의 영웅이 되어

보는 것이다.

3. 쾌락주의는 자유와 같다 : 신데렐라 이야기

그와는 반대로 반항적인 자기주장의 동화는 자신의 파괴적인 생활 방식을 영웅화할 때 더욱 아름다워진다. 이러한 이야기에서는 성숙한 시민이 자기 계발을 통해 비로소 자신이 누릴 수 있는 자유를 얻는다. 이에 따라 쾌락주의는 기후에 대한 기괴한 사실들로 이루어진 골리앗에 맞서는 어린 소년 다윗의 싸움이다. 기본적으로 여기서는 포기 담론의 반전이 다루어지고 있다. 이러한 내러티브를 지지하는 사람들은 예를 들면, 일과 근면을 통해 자신의 존재가 마땅히 인정받았다고 생각하기 때문에 자신이 현재 살고 있는 삶이 잘못될 수 없다고 믿는다. 이는 위장된 (자기) 정당성의 서사다. 즉 우리를 파괴적이고 낭비적인 인물로 묘사하지 않으며, 우리에게 자원과 환경을 누릴 권리가 있다는 감정을 서사화하는 것이다. 그러나 이러한 서사적 입장을 취하려면 기후 변화 — 특히 자신의 역할도 함께— 를 강력하게 부인해야 한다.

미국의 심리학자 피터 칸Peter Kahn은 '환경에 대한 세대 간 기억 상실environmental generational amnesis'이라는 개념을 사용한다. 이에 따르면 각 세대는 자신이 자란 환경 상태가 얼마나 오염되었는지에 상관없이 그것을 표준 상태라고 생각한다. 따라서 '자연'에 대한 정의는 상대적이며 세대마다 다르다.[8] 칸은 이렇게 말한다. "우리가 환경에 대해 생각하는 기준선이 바뀌고 있으며, 이 기준선이 하락하면서 우리는 그것을 보지 못한다."**9** 이렇게 인식이 왜곡됨으로써 자기의 행동 또한 당연한 중립점이 된다. 말하자면 자기의 행동을 지키려고 할 뿐만 아니라 보호해야 한다고 생각한다. 또한 자기를 영웅화시키는 쾌락주의로의 도피는— 공포관리이론Terror Management Theory에서 탐구된 것처럼— 파멸과 죽음에 직면하여 자존감을 보호하는 데 기여하는 내러티브로 전환하려는 경향과 완전히 양립할 수 있다. 지구 생태계의 붕괴가 다가오고 있는데도 개인의 자유를 최대한 누리는 것이 바람직하고 정당하다고 내세우는 내러티브는 역설적으로 특히 매력적이다.

4. 기술이 우리를 구해줄 것이다 : 가난뱅이에서 백만장자로

자신을 확고하게 믿는 사람은 언제나 해결책을 찾는다? 아무도 이러한 주문(呪文)을 완전히 피할 수는 없다. 이 주문이 근본적으로 매우 생산적이기 때문이다. 인간이 진보에 대해 어느 정도 낙관주의를 가지고 있는 데는 다 이유가 있다. 버락 오바마는 2008년 대선 토론에서 이렇게 말했다. "[기후 위기]는 단순한 도전이 아니다. 이것은 기회다."**10** 이로써 오바마는 인간이 자신을 지속해서 새로 발견하고 특히 위협과 위기에 직면했을 때 혁신적인 해결책을 찾는다는 내러티브를 사용한다. 그렇게 하지 않았다면 우리는 결코 지금과 같은 인류가 되지 못했을 것이다. 커뮤니케이션 전문가인 조지 마셜George Marshall은 우리가 그러한 것을 믿고 싶어 하는 이유를 다음과 같이 설명한다.

인지적인 관점에서 밝은 면Bright Side*은 감정적 뇌에 직접 호소하며 감정적 뇌의 편견을 용감하게 돌파한다. 밝은 면은 불확실성을 자신감으로, 단기적 희생을 부와 지위 형태의 즉각적인 보상으로 대체한다. 그리고 기후 변화가 가져오는 실패와 자기 의심의 타격을 기술과 경제 성장에 대한 과도한 의존으로 상쇄시킨다. [⋯] 밝은 면은 기업가와 정치인을 위한 선택의 내러티브이며 그들의 [⋯] 낙관적 편견을 반영한다.[11]

여기에 자신의 문제해결 능력에 대한 상습적인 과대평가가 추가된다. 카너먼이 연구한 것처럼 낙관주의 편향Optimism Bias은 지구 전체를 치유할 수 있다는 능수능란한 발명가의 허황한 생각을 부추긴다. 이러한 이야기에서 적대자는 세계적인 도전이 아니라 혁신을 통한 성공을 실제적인 측면에서부터 비판적인 측면까지 평가하는 사람들이다. 그들은 인류의 풍부한 착상을 믿지 않는 비관적인 방해자로 간주된다.

5. 아무것도 할 수 없다 :
백만장자에서 가난뱅이로 혹은 절반의 맨인홀 플롯

• 마셜은 원본에서 모든 나쁜 것에서도 긍정적인 면을 보는 이러한 인지 습관을 '브라이트 사이딩Bright-Siding'이라고 부른다. 즉 모든 부정적인 것이 파괴할 수 없는 낙관주의로 서서히 약해진다. 온전하게 뜻을 전달하는 독일어 대체 단어를 찾을 수 없어서 영어를 그대로 사용했다.

이 동화는 체념의 동화다. 한 명의 개인이 무엇을 할 수 있겠는가? 우리는 모두 운명이나 정치, 대기업이나 다른 어두운 세력의 노리갯감에 불과하지 않은가? 어차피 너무 늦었고 해결할 수 없는 위기로 우리 자신을 책망하기보다는 남은 세월을 즐겨야 하지 않을까?

우리는 반감을 품어보았자 세계적 위협에 맞서 행동할 수 없다는 무력감을 느끼면 해결될 기미가 보이지 않는 압도적인 문제에 대해 책임질 필요를 느끼지 않는다. 기후 보호와 관련하여 책임 내러티브가 매우 제한적으로만 적용되는 이유가 여기에서 또한 명확하게 드러난다. 즉 우리는 우리도 문제의 일부라는 것을 느끼고 인식하지만 책임을 질 만큼 충분히 개인적인 문제라고 느끼지 않는다. 인간이 만든 기후 위기는 너무 추상적이고 포괄적이라서 우리 스스로 무언가를 바꿀 수 있다고 느끼지 못한다.

미국의 생태철학자 티모시 모튼Timothy Morton은 기후 위기가 시간과 공간에 대한 우리의 상상력을 훨씬 넘어서서 우리가 기후 위기를 더 이상 정신적으로 파악할 수 없고 형이상학적 의미로만 규명할 수 있다고 생각한다. 우리는 온도계나 기상도를 가리키며 '저게 지구 온난화야!'라고 말할 수는 없다. 그렇기 때문에 모튼은 지구 온난화 현상을 독자적인 문제라고 정의하며 이를 '초객체Hyperobject'라고 부른다. 우리 자신도 그 일부이기 때문에 개별적인 측면만 이해할 수 있다. 마치 개의 털 속에 있는 벼룩이 개 전체를 이해할 수 없는 것처럼 말이다.

따라서 기후 위기는 저널리즘적인 묘사에서 오랫동안 주로 '맨인홀Man in Hole' 플롯으로 이야기되었다. 말하자면 현재 상태의 묘사

세상은 이야기로 만들어졌다

와 인간이 어떻게 구멍에 빠졌는가에 대한 이야기만 다루어질 뿐, 주인공이 어떻게 구멍에서 빠져나오는지에 대해서는 거의 다루어지지 않았다. 그렇다, 우리는 탄소 배출을 줄여야 하고 화석 연료 경제에서 벗어나야 한다. 하지만 이는 초객체처럼 복잡하고 거대한 단계들이다. 그렇기 때문에 우리가 상상할 수 있는 해피엔딩은 제공될 수 없으며, 따라서 희망도 없다. 서사 구조상에서 최저점에 놓인 우리는 모든 동력을 상실한다. 왜냐하면 성공할 수 있다는 희망이 사라지면 최악의 경우 문제를 제쳐두거나 아무것도 하지 않는 현상으로 이어지기 때문이다. 또는 더 단순한 기후 동화를 훨씬 더 잘 받아들이게 된다.

간단히 말하면 기후 위기 문제를 이해하기 쉽게 만들고 그 영향력을 전달하는 저널리즘이 여전히 필요하며, 이와 함께 행동 변화를 고무하기 위한 건설적이고 해결 지향적인 보도도 필요하다. 우리가 알고 있듯이 이야기는 무엇보다도 연출된 문제해결 능력이며, 우리에게는 그러한 능력이 매우 많이 필요하다. 종군 기자 빌 블레이크모어Bill Blakemore는 미국 언론에서 가장 단호한 기후 저널리스트 중 한 명으로 이렇게 말한 바 있다. "기후 변화는 방 안의 코끼리가 아니다. 기후 변화는 우리 모두가 그 안에 갇혀 있는 코끼리이다."[12] 모튼에 따르면, 우리가 기후 위기를 단순한 현상이 아니라 말 그대로 우리가 현재 처한 대상으로 본다면 사회와 환경 간의 관계가 더 명확해지고 눈에 보이는 피해를 우리 자신과 우리의 행동과 더 연관시킬 것이다. 그렇게 되면 우리가 기후 위기의 영향을 받는 환경의 일부임을 이해하게 될 것이다.

이러한 초객체는 저널리즘에서 감성적인 보도를 통해, 특히 이미지 사용을 통해 포착될 수 있다. 불타는 아마존 우림, 호주, 그리스, 캘리포니아, 캐나다의 화재, 다친 동물과 사람, 훼손된 건축물과 같은 시각적 인상은 일반적으로 우리가 인지하는 것과 다른 환경 및 기후 현실의 추상성을 실제 사례로 전달하기 때문에 정확하게 우리 마음에 와닿는다. 우리가 결과에 대해 논의하고 정치적, 개인적 결정을 내리기 위해서는 그러한 구체적인 이미지와 예시가 필요하다.

지금껏 설명한 이 모든 동화가 갑자기 생겨나는 것은 아니다. 이 동화들은 적어도 부분적으로는 수백만 달러 규모의 선전 활동, 특히 화석 연료 산업이 수십 년에 걸쳐―공개적으로 혹은 눈에 띄지 않게― 해온 선전의 결과다. 미국 최대의 석유 회사 중 하나인 엑슨 모빌ExxonMobil만 보더라도 기후 보호에 반하는 내러티브를 수립하는 데 여러 차원에서 결정적인 역할을 했다. 2017년의 상세한 하버드 연구에서 알 수 있듯이, 엑슨 모빌은 무절제한 이산화탄소 배출이 어떤 결과를 가져올지를 보여준 1970~80년대의 자체 연구를 의도적으로 공개하지 않았다. 그리고 이와 동시에 같은 결론에 도달한 다른 사람들의 연구 보고서를 대대적으로 공격했다. 특히 2번 동화에서 설명한 포기 내러티브의 개인화는 석유 산업이 주도했다고 볼 수 있다. 이를테면 영국의 석유 회사 BP는 '탄소 발자국'이라는 표현을 만들어서 비참한 환경에 대한 책임이 개인 자신에게 얼마나 많은지를 모든 사람에게 똑똑히 보여주고자 했다. 물론 맞는 말이다. 우리는 모두 이산화탄소를 배출한다. 하지만 문제를 해결하는 결정적인 차원은 개인 차원이 아니라 정치적 차원이다. 반면 탄소발자국과 같은 한 단어 내러티브를 통해 담론에서 정치적 요소가 배제되고 개인 차원으로 주의가 쏠리면서 정치적 차원에서는 계속해서 파괴적으로 작동할 수 있는 자유가 조성되었다. 앞에서 언급한 기후 연구가인 마이클 만은 2021년에 이러한 내러티브 전쟁에 대해 『새로운 기후 전쟁The New Climate War』이라는 제목의 책을 발표했다. 그에 따르면 오늘날까지 기후 보호에 대한 모든 접근 방식에 반대하는 로비가 무대 앞뒤에서 행해지고 있으며, 가장 최근에는 2021년 초 조 바이든Joe Biden 대통령의 그린 뉴딜Green New Deal에 반대한다. 그린 뉴딜을 반대하는 사람들은 우리가 6장에서 보았던 의심 많은 사람으로 그들은 상황을 계속해서 혼란스럽게 만든다. 하지만 그들은 환상적인 단편 이야기를 재미있게 엮은 모음집, 즉 성경으로 시작하는 훨씬 더 오랜 내러티브를 사용한다.

땅을 정복하라

"생육하고 번성하여 땅에 충만하라, 땅을 정복하라, 바다의 고기와 공중의 새와 땅에 움직이는 모든 생물을 다스리라."

이는 「창세기」 1장 28절에 기록된 '땅의 통치Dominium Terrae' 내용이다. 이 신학적 내러티브는 아마도 소위 기독교적 서양의 딥 스토리를 구성하고 있다. 즉 우리를 둘러싼 자원과 환경, 그러니깐 지구에서 발견하는 모든 것이 우리의 생계를 위해 존재한다는 생각의 뿌리다.

이미 1967년 미국의 중세학자이자 과학역사가인 린 타운센드 화이트Lynn Townsend White는 자신의 에세이 「생태 위기의 역사적 뿌리The Historical Roots of Our Ecologic Crisis」에서 기독교적 세계상과 인간상이 어떻게 지구를 착취하게 했는지를 설명하고 있다. 그는 13세기 영국 탄광에서 17세기 네덜란드 제방 건설에 이르기까지 기독교적 인간이 손실을 고려하지 않고 기술을 수단으로 어떻게 끊임없이 생태계에 개입했는지를 추적한다. 이러한 관점에서 보면 기후 위기는 무분별한 천연자원 착취의 오랜 역사에서 일시적인 최고점 혹은 최저점으로만 나타난다. 창조는 기독교인에게 신성한 기원임에도 자칭 기독교 국가의 대다수는 역사의 상당 부분에 걸쳐 파괴적으로 행동했다. 말하자면 그들은 '땅의 통치'를 단어 그대로 받아들였다.

그러나 집단적 과다 착취의 문제는 더 일찍 시작된다. 유목 문화에서 정주 문화로의 전환은 지금까지 관찰된 종에서 보이는 가장 극적인 행동 변화일 것이다. 이러한 이행 과정에서 많은 갈등과 내러티브들이 생겨날 수 있다. '땅을 정복하라'는 말은 히브리어 해석에서 순전히 농업적 의미로 읽히는 경우가 많다. 말하자면 땅을 개간하고 경작하여 열매를 수확한다는 의미이다. 땅을 자원이 아니라 어머니로 간주하는 범신론적 종교나 정령숭배 종교의 초기 신화 ─ 즉 모성적인 가이아Gaia 우주를 전제로, 우리가 그 일부이며 따라서 그 우주를 우리 자신처럼 보호하고 보존해야 한다 ─ 는 이와 같은 결정적인 지점에서 부분적으로 억압되고 부분적으로 반대 방향으로 발전되었다. 그 결과로 인간은 이미 한편으로는 주인공이었고, 다른 한편으로는 정복되어야 하는 세계였다. 그러므로 주변 세계, 즉 '환경'은 오늘날까지 대부분 사람에게 우리와 별개의 것이며, 다른 생명체들을 착취가능한 땅에 속한다고 여긴다.

미국의 인류학자 재레드 다이아몬드는 정착을 '인류 최악의 실수'[13]라고 말했다. 우리는 이 최악의 실수가 우리 자신에게 혹은 다른 모든 사람, 특히 동물뿐만 아니라 정복당하여 점차 멸종 위기에 처한 토착민에게 그 이상의 피해를 줬는지에 대해 논의해 볼 수 있을 것이다. 그러나 동시에 이 '실수'를 통해 많은 사람이 독보적인 발전을 이루었고 막대한 번영과 그들을 둘러싸고 있는 이 세계에 대한 더 큰 지식을 얻게 되었다.

지질학자들의 견해에 따르면 오늘날 우리는 이른바 인류세 Anthropocene, 즉 이 행성에서 인간이 강력한 영향력을 지닌—무엇보다도 온실가스 배출량의 증가, 해양의 과열과 쓰레기 투기, 계속되는 동식물 파괴를 통해— 첫 번째 시대에 도달했다. 따라서 이야기하는 원숭이는 이 행성에서 가장 똑똑하면서도 가장 멍청한 종이다. 말하자면 자신의 환경에서 무언가를 실제로 변화시킬 수 있는 많은 힘을 얻을 수 있었으면서도 자신의 생활 토대를 파괴하기 위해 이 힘을 사용하는 유일한 종이다.

이 중 대부분은 우리가 '경제'라고 부르는 것을 구실삼아 발생한다. 우리는 6장에서 경제에 대한 내러티브들을 다루었다. 우리는 그러한 내러티브들이 기후 위기의 진정한 책임자라고 볼 수 있다. 왜냐하면 그중 극소수만이 환경과 동물, 인간에 가해지는 피해를 포함하고 있기 때문이다.• 이러한 패권적 형태의 경제 활동은 본질적으로 부당하다. 왜냐하면 다른 사람의 부를 증식시키기 위해 누군가 혹은 무언가가 거의 항상 고통받기 때문이다.

'부Wohlstand'라는 대중적인 개념도 이미 개인이나 사회의 번영 Wohl이 재정적 발전에 직접적으로 그리고 일차적으로 좌우된다는 한 단어 내러티브를 암시한다. 건강, 정의, 참여, 온전한 환경과 같은 다른 요인은 부차적인 역할을 한다. 그리고 '상태Stand'는 지구의 자원을 착취하고 회복할 수 없을 정도로 파괴하는 경제 방식으로는 결코 도달할 수 없는 안정을 암시한다.

수십 년 동안 국민경제 내러티브의 가장 중요한 지표가 된 '성장'도 끝없는 증가에 관한 이야기를 전하고 있지만, 실제로 그 근간이 되는 자원은 줄어들거나 심지어 파괴되고 있다. 모든 서구 산업국가에서 한정된 원료와 자연에 막대한 해를 끼치는 대가로 얻은 경제 성장은 자연에서 이뤄지는 대부분의 재생적 성장과 정반대다.

우리는 이러한 방식으로 세계화된 경제의 전체 언어를 한 마디 한 마디 풀이할 수 있을 것이다. 이제 여러분은 내러티브의 배후를 스

• 경제학자 마아 괴펠Maja Göpel은 자신의 저서 『미래를 위한 새로운 생각Unsere Welt neu denken. Eine Einladung』(2020)에서 다음과 같이 지적한다. "우리의 경제 방식의 근본적인 변화는 우리의 선택적 인식을 의미론적으로 고착시키는 개념들을 비판적으로 검토하면서 지성적으로 시작한다."

스로 탐색하고 내러티브를 어떻게 이해하고 생각해야 하는지를 결정하는 수단을 충분히 잘 알고 있다. 이제 우리는 다른 시간으로의 서사적 출발이 어디에서 시작될 수 있는지 살펴보려고 한다. 우리는 어떤 이야기, 어떤 영웅을 따를 수 있을까?

영웅 그레타

2018년 8월 20일 당시 16세였던 한 소녀가 '기후를 위한 학교 파업'이라고 적힌 푯말을 들고 처음으로 스웨덴 의회 앞에 앉았다. 2019년 2월에 그녀는 다보스에서 열린 세계경제포럼에서 연설했고, 2019년 9월에는 뉴욕에서 열린 유엔 기후정상회담에서 세계에서 가장 영향력이 뛰어난 인물들 앞에서 연설했다. 〈타임〉 지는 2019년 말 그녀를 '올해의 인물'로 선정했는데, '올해의 인물' 역사상 최연소 인물이었다. 기후 보호에 여성 영웅이 있다면 바로 그레타 틴틴 엘레오노라 에른만 툰베리Greta Tintin Eleonora Ernman Thunberg가 여성 영웅 여정의 규칙을 증명해줄 수 있지 않을까?

그녀가 걸어온 길은 실제로 몇몇 지점에서 놀라울 정도로 단일 신화와 정확히 닮았다. 즉 어릴 때부터 아스퍼거 증후군으로 남다른 삶을 시작한 한 소녀가 자신이 태어난 망가진 세계에 의문을 제기하기 시작한다. 다른 모든 사람과 달리 그녀는 우리 시대의 모순에서 눈을 떼지 못한다. 그녀는 우리와 달리 감정으로 판단하는 것이 아니라 숫자로만 판단한다. 그리고 이 숫자들은 기후의 관점에서 충격 그 이상이다. 하지만 그녀는 다른 많은 사람처럼 무력감을 느끼고 체념하는 대신 유일하게 이성적인 행동, 즉 자신의 힘으로 할 수 있는 모든 것을 한다. 그녀는 가장 먼저 자기의 학력, 이어서 자신의 젊음, 사생활, 자유를 걸고 모험을 감행한다. 그레타 툰베리는 의회 앞에 앉은 첫날부터 전 세계를 위해 특정한 방식으로 자신을 희생한다. 그리고 그녀는 자신의 여정을 지속해서 이어갈 마음의 준비가 되었기 때문에 세상을 조금씩 변화시킬 수 있게 된다. 이미 2019년에 수만 명의 학생들이 처음으로 전 세계적인 학교 파업에 동참했고, 이들은 수년에 걸쳐 자신들의 방식대로 각국에서 활동하며 수백만 명의 지지자들을 동원했다. 그레타 툰베리의 뒤를 이어 집결된 청년 운동인 '미래를 위한 금요일Fridays for Future'은 이제 우리 시대의 가장 영향력 있는 운동 중 하나로 인식되어 각국에서 새로운 영웅을 만들어내고 있다. 그레타는 자기 자신뿐만 아니라 아주 많은 사람을 변화시켰다. 그렇다면 왜 하필 그녀일까?

세상에 공개된 그녀의 첫 번째 사진은 그렇게 크게 눈에 띄지 않는다. 한 소녀가 푯말을 들고 한 건물 앞에 앉아 있다. 이러한 사진이 뉴스 가치가 있겠는가? 그녀는 사실 학교에 있어야 한다. 이것이 첫 번째 갈등이다. 즉 자신의 미래를 위해 시위하려고 학교를 빼먹는 것이 정당화될 수 있을까? 이 질문은 이미 그레타의 여정을 시작하게 만든 방아쇠가 무엇인지 명확하게 보여준다. 즉 2018년 무더운 여름이 끝나갈 즈음 점점 위험에 처하는 미래에 대해 배우기 위해 다시 학

세상은 이야기로 만들어졌다

교로 돌아간다는 것은 말도 안 되는 행동이라는 것이다. 푯말을 들고 있는 그녀의 사진이 말해주는 것은 동참하는 행동이 필요하다는 것이다. 그리고 학교 파업에 동참하는 사람들이 정말로 문제인가 아니면 파괴적인 시스템에 기여하는 사람들이 오히려 문제인가라는 질문을 던지게 한다. 그레타 툰베리가 수억 명의 학생들이 당연하게 여겼던 일상에서 벗어남으로써 얻은 자기효능감은 전 세계 사람들에게 다른 세계가 가능하다는 사실, 그리고 이것이 기후를 구하는 것이 아니라 인류를 구하는 것임을 보여준다.

이야기꾼인 우리에게도 그러한 그레타의 순간, 말하자면 새로운 생태학 내러티브인 '그린 내러티브 뉴딜Green Narrative New Deal'이 필요한 것 같다. 우리가 앞 장에서 설명한 여성 영웅 여정은 기후 위기에 맞선 싸움을 첫째, 전통적인 서사 패턴에 대한 거부로서, 무엇보다도 우리 자신과의 싸움이 아니라 착취라는 진정한 적대자와의 싸움으로 이끌도록 고무한다. 둘째, 재난 영화의 완강한 남성 영웅보다 그레타처럼 사람들과 연결된 여성 영웅을 따르도록 고무한다. 나쁜 소식이라면 지금까지 우리가 이 싸움에서 지고 있다는 것이다. 하지만 좋은 소식은 우리가 아직 제대로 싸움을 시작하지도 않았다는 것이다. 실제로 재앙으로 위협받고 그 재앙을 위협적으로 느낀 (거의) 모든 사람은 인적 네트워크를 지닌 여성 영웅 여정의 주인공이 될 수 있다. 21세기를 살아가는 모든 서사적 자아는 인류의 이러한 실존적 위기를 긍정적인 서사에 쏟아부을 수 있어야 한다. 그에 대한 대안은 모른 체 하는 것 아니면 절망뿐이다. 하지만 그레타가 이끌어 온 길처럼 본보기가 되는 인상적인 이야기가 훨씬 더 많이 필요하다. 오늘날에는 작은 단계를 통해 세상을 구하는 것이 그 어느 때보다 중요하다.

지구가 암울해지면서 강력한 영향력을 지닌 새로운 장르가 등장한 것은 이번이 처음이 아닐 것이다. 1815년 4월 5일, 발리에서 동쪽으로 약 300킬로미터 떨어진 탐보라 산에서 기록상 가장 격렬한 화산이 폭발했을 때 거대한 먼지구름이 전 세계로 퍼져 태양을 어둑하게 만들고 기온을 3~6도 떨어뜨렸다. 그 결과 심각한 기후 변화가 일어났고, 1816년은 역사상 '여름이 없는 해'로 불렸다. 그해 5월 영국의 시인 바이런 경Lord Byron은 제네바에 거주하고 있었는데, 그곳에는 우연히 메리 셸리Mary Shelly도 그녀의 연인과 머물고 있었다. 그들은 제네바 호숫가에 위치한 두 개의 인접한 저택에 함께 앉아 있었다. 비 때문에 꼼짝없이 집안에 묶여 있을 수밖에 없었다. 어느 날 바이런은 지루함을 달래기 위해 무서운 이야기를 한 편씩 쓰자고 모두에게 제안했다. 바이런은 뱀파이어 이야기를 썼고, 셸리는 시체를 부활시키는 이야기가 가능할지 곰곰이 생각해보았다. 2년 후 그녀의 소설 『프랑켄슈타인 혹은 현대의 프로메테우스Frankenstein: or, the Modern Prometheus』가 출판되어 센세이션을 일으켰고, 그 후로 2세기가 넘는 동안 미래의 소재를 뚜렷히 보여주는 장르로 굳어졌고 우리는 이러한 소재를 통해 배움과 성장을 함께 했다. 그 장르는 바로 SF다. 그리고 아마도 오늘날의 SF는 행복과 정의를 찾고 발견하는 이야기일 것이다.

11

부활

지칠 대로 지친 원숭이

위기에 처한 자아

'어느 날 아침 그레고르 잠자가 불안한 꿈에서 깨어났을 때 그는 침대 속에서 이야기하는 원숭이로 변신한 자기의 모습을 발견했다.' 가장 유명한 포스트모던 이야기 중 하나인 프란츠 카프카의 『변신Die Verwandlung』(1915)은 이와 비슷한 문장으로 시작된다. 프라하 출신의 유대인 상인의 아들이었던 카프카는 인간이 세상과 자기 자신으로부터 소외되는 현상을 처음으로 매우 정교하게 관찰한 작가로 꼽힌다. 20세기 문학사, 말하자면 폴 오스터Paul Auster나 데이비드 포스터 월러스David Foster Wallace가 보여준 성공은 카프카가 없었다면 거의 불가능했을 것이다. 그레고르 잠자를 비롯하여 『심판Der Prozess』(1914/15)이나 『성Das Schloss』(1922/1926)에 등장하는 주인공(전자에서는 요제프 카Josef. K., 후자에서는 그냥 카 K.라고 불리는데, 이 이름에서 나타나는 자전적 소설의 특성은 특히 오스터에게 영향을 주었다) 또한 전형적인 '맨인홀' 스토리의 영웅이다. 그리고 그들 모두는 어둠이 드리워진 구멍에서 벗어날 수 없다. 그레고르는 거대한 벌레로 변하고, 주인공 카는 성문 앞에 머물러 있으며, 요제프 카는 도무지 이해할 수 없는 재판에 휘말린다. 카프카 문학이 주는 메시지는 불행에서 벗어날 출구가 없다는 것이다.

작가 월 스토가 자신의 저서 『셀피 : 서구는 어떻게 자신에게 집착하게 되었는가Selfie: How The West Becamed Self-Obsessed』(국내 출간 시 부제는 바뀌었다.—편집자)에서 설명하고 있듯이, 우리 시대가 처한 자기 서사의 위기는 많은 사람을 자살로 이끌고 있다. 자신에 대한 높은 기대, 다른 사람의 기대에 미치지 못하는 실망감, 수치심, 이러한 악순환을 끊고 싶은 충동. 이러한 슬픈 패턴은 누구나 잘 알고 있다. 0.1퍼센트의 사람들이 자살로 목숨을 잃고 100명 중 2명은 살면서 자살을 시도한다. 낮은 수치이기는 하지만 자기 보호가 사실상 우리의 가장 강력한 추진력이라는 점을 고려하면 엄청나게 높은 수치이다. 생존은 우리 존재의 주요 목적이다. 점점 더 많은 사람은 보조 약물의 도움으로 생존을 이어 나가고 있다. 이를테면 미국 인구의 8~10퍼센트가 항우울제를 복용하고 있으며 수백만 명이 약물 복용과 관계없이 우울해한다. 아마도 인류가 오늘날만큼 건강했던 적은 없었을 것이다. 그리고 이와 동시에 그 어느 때보다 과중한 부담을 느끼고 불행하다고 느낀 적도 없을 것이다. 이제 우리는 지쳐버린 원숭이가 되었을 뿐일까?

월 스토는 자살로 이어질 수 있는 자아의 치명적 위기가 조직적이라고 믿는다. 우리 사회는 타인의 거울에 비친 사회적 완벽주의를 조장하여 자기 서사에 균열을 일으키고 기대에 못 미치는 실망감을 느낀다. 자신을 그저 '맨인홀'로 인지하여 자기의 영웅 여정이 제대로 진척되지 않으면 자기 자신은 적대자가 된다. 3장에서 언급한 어빙 고프먼Erving Goffman의 무대 은유를 사용하여 말하자면 우리가 자기 서사로부터 쉴 수 있는 무대 뒤 공간은 더 이상 존재하지 않는다. 자본주의는 우리에게 쉴 새 없이 자기 최적화Self-Optimization를 요구하고, 정치적 해석 주권을 둘러싼 논쟁은 우리가 끊임없이 경계 태세를 취하게 하며, 내러티브 주도권을 얻기 위한 싸움은 우리를 지치게 한다. 우리는 끊임없이 명시적으로, 그리고 암묵적으로 내러티브를 체험하고 판단하고 우리의 자기 서사 안으로 분류해야 한다. 우리의 서사적 자아는 쉴 새 없이 도전받는다. 하지만 우리는 이와는 달리 자기 자신을 잊을 때 사실상 가장 행복하다.

우리가 행복에 관해 이야기하는 것

모든 것이 (다시) 하나의 내기로 시작된다. 말하자면 신과 악마 간의 내기. 이번에는 내기의 대상이 파우스트 박사의 영혼이다. 악마는 신의 피조물이 모든 세계의 최고가 아니라 결함이 있음을 증명하기 위해 경건한 남자를 유혹하도록 허락받는다. 인간이 악마의 유혹에 취약한 것은 바로, 이 때문이기도 하다.* 스위스의 경제학자 한스 크리스토프 빈스방거Hans Christoph Binswanger는 이 희곡의 의의를 경제적 의미에서 읽는다. "파우스트는 자신의 완성을 더 이상 내세에서 추구하지 않고 현세의 진보에서 추구하며, 따라서 자신을 제한하는 믿음과 전통의 사슬을 떨쳐버리는 '새로운 사람'이다."[1] 말하자면 자신의 이익을 위해 행복을 추구하는 진정한 효용극대화자라고 말할 수 있다. 문예학자 요제프 보글은 『타산과 열정 : 경제적 인간의 시학 Kalkül und Leidenschaft. Poetik des ökonomischen Menschen』에서 빈스방거의 이러한 논제에 대해 상세히 설명했다. 지금까지의 이야기에서 우세했던 보상적 인간Homo Compensator과 달리 보상의 목표는 지속해 자기 최적화로 교체된다. 등장인물은 '더 이상 욕구의 정도'에 따라서가 아니라 '무한한 욕망'[2]에 따라 움직인다. 이에 따라 메피스토는 파우스트에게 영혼을 대가로 무한한 기쁨과 깨달음을 약속한다. 이와 함께 파우스트는 잠재적으로 무한히 성장하는 경제의 상징이자 도구인 지폐를 발명하는데, 이는 모든 연금술사와 마찬가지로 파우스트가 찾는 '현자의 돌'의 일반화와 비슷한 것이다.** 빈스방거에게 이 모

• 괴테는 여기서 영혼을 두고 내기를 걸었던 구약의 「욥기」를 주요 모티브로 삼았다. 그러나 파우스트는 가난한 욥과는 달리 고전적인 이카로스 플롯을 따른다. 즉 파우스트는 악마와의 계약을 통해 처음에는 아주 높이 올라갔다가 매우 깊은 아래로 떨어진다. 반면 욥은 악마의 '시험'—이 시험으로 말미암아 그는 처음에는 자신의 모든 가축을, 그다음에는 열 명의 자식을, 마지막으로 건강을 빼앗긴다—을 통해 점차 최저점에 떨어진다. 그러나 이 최저점에서 계속해서 하나님의 편에 선 욥은 다시 갱생하고 새로운 가축과 자식, 건강을 되찾는다. 따라서 종잡을 수 없는 이러한 가학적인 경쟁 스토리는 '맨인홀' 서사 구조에 적합하다.

•• 이 등가물은 땅속에 묻혀 있다는 황제의 보물이 담보가 된다(정말 모험적인 이야기가 아닌가). 그렇기 때문에 이 표식 체계는 메피스토펠레스가 선전하는 것처럼 다른

든 것은 "다른 수단을 써 인공 금을 찾는 것이다. 이러한 추구는 여기에 헌신했던 사람들을 놓아주지 않는 병적 욕망으로 발전한다. 경제학의 연금술을 이해하지 못하는 사람은 현대 경제학의 거대한 차원을 이해할 수 없다."[3]

말하자면 파우스트는 자본과 그것이 주는 행복에 대한 약속으로 규정되는 새로운 시대의 전령이다. 그는 제방으로 둘러싸인 간척지의 통치자이자 해운회사와 무역상사의 소유주로서 자연과 자연이 만든 우연을 자신의 이익에 굴복시키는 현대 경제적 인간의 완성이다. 오직 두 명의 토착민만이 그의 영향권에서 오랜 자급자족 생활을 영위하고 있으며, 그렇기 때문에 파우스트는 그들을 내쫓고 싶어 한다. 메피스토펠레스는 파우스트를 위해 이를 강제로 해결한다. 여기에서 또 다른 중요한 경제적 변화가 이야기된다. 즉 일은 부지런함과 노력으로 생산적인 활동이 되며, 이는 최선의 경우 우리를 행복하게 만들어줄 수 있다는 것이다. 결국 파우스트는 거의 만족감을 느끼지만, 이는 그의 부와 감각적 즐거움 때문이 아니라 무한한 기업가적 프로젝트를 통한, 즉 오늘날 우리가 말하는 자기실현이나 몰입Flow을 통한 가치 창출과 무제한의 진보 때문이다.

헝가리의 심리학자 미하이 칙센트미하이Mihály Csiksentmihalys가 1970년대에 창시한 몰입 이론Flow Theory은 많은 경험적 연구를 바탕

어떤 체계보다 더 강력하다. "알파벳은 이제 불필요하다. 이 표식에서는 누구나 구원받는다."

으로 행복이 무엇이냐는 물음에 대해 괴테가 파우스트라는 인물에게서 발견한 대답과 똑같은 대답을 제시한다. 즉 인간은 수동적이고 쾌락주의적인 행동을 통해서가 아니라 오로지 자신의 활동을 통해서, 즉 창조와 생산성을 통해서만 지속해서 행복을 느낄 수 있다는 것이다. 그러나 바로 여기서 내러티브가 곤경에 빠진다. 말하자면 우리의 이야기는 주로 촉발 사건Inciting Incident에 의해서만 촉발되는 것이 아니다. 말하자면 결정적인 사건이나 때로는 위협적인 일이 발생할 때만 주인공들이 움직이지는 않는다. 또한 우리의 이야기는 선량한 상인이나 파우스트 박사와 같은 주인공이 무언가 또는 누군가를 더 많이 가지려고 할 때 자본축적이라는 경제 논리를 따른다. 그리고 이야기는 훨씬 더 치명적인 요소가 있다. 즉 이야기가 끝이 난다는 것이다. 행복하든 불행하든, 희극적이든 비극적이든, 희망적이든 달고 씁쓸하든 모든 이야기에는 끝이 있기에 분명한 종결이나 결승선, 적어도 이야기 하나가 끝났다는 것을 우리에게 전해준다. 그러나 인생 자체는 오로지 하나의 끝이 있으며, 이 끝은 대부분의 건강한 사람들에게는 추구할 만한 가치가 없다. 인생은 엔딩 크레딧 이후에 시작되는 것이자 첫 장면 이전에 일어난 것이며 플롯과 장르를 따르지 않는 것이다. 그리고 이에 대해서 지도해주는 이야기도 거의 없다. 예외적으로 자체적인 작은 하위 장르가 존재하기는 하지만, 이러한 하위 장르의 전제는 대서사시 **이후에** 서사 시간이 시작된다는 것이다.

그러나 우리에게 가장 확실한 행복을 제공하는 몰입에 관해 이야기하는 사람은 극소수다. 왜냐하면 몰입에는 표현할 수 있는 갈등,

해결되어야 할 갈등이 없기 때문이다. 갈등-해결-갈등-해결이라는 이분법적 되풀이는 긴장이 항상 즉시 해결되기 때문에 흥미진진하지 않다(그렇지 않으면 몰입이 되지 않을 것이다). 그렇기 때문에 우리는 갈등-투쟁-해결이라는 삼박자를 더 즐겨 듣는다. 그러나 이것이 우리의 단조로운 일상으로 전달되는 것은 필연적으로 불만족스럽다. 결국 인생에는 진실로 명백하고 불변하는 좋은 것이 거의 없다. 말하자면 우리는 어떤 실수를 하거나 노력하며 투쟁하지 않는다. 또한 잘못된 갈등을 선택하거나 그 갈등을 해결하려 하지 않는다. 그래서 우리는 처음 시작부터 파우스트처럼 악마의 계약을 맺고 많은 것을 정복하고 축적하지만, 결코 포만감을 느끼지 못한다.

섹스·거짓말·영화

우리의 서사적 피로감에는 몇 가지 원인이 더 존재한다. 오늘날의 기술 수단은 여러 차원에서 실제 삶보다 더 큰 이야기를 주로 우리 앞에 제시한다. 그러다 보니 자신의 삶을 그러한 큰 이야기와 비교하게 되고 결국 환멸을 느낄 수밖에 없다. 이는 액션 장면을 빠른 속도로 또는 느린 동작으로 볼 수 있거나 갑자기 분자 차원까지 확대해서 보거나 세상을 우주에서 바라볼 수 있게 됨으로써 우리의 인지를 90분 동안 배가시키는 현대 할리우드 영화에만 해당되는 것이 아니다. 사운드트랙Soundtrack과 오디오 디자인 또한 음향적으로 결합해 스토리텔링을 최대한 지원하는 반의식적인 비밀병기가 된다. 액션 영화의 급박한 장면을 눈으로 보지 말고 소리로만 들어보라. 아마 그 소리를 따라가지 못할 것이다. 그만큼 사운드트랙은 아주 빠르게 짜여 있다. 오늘날 〈테넷〉(2020)과 같은 스펙터클한 현대 영화에서 지극히 평범한 사람은 불과 몇 초 안에 수천 가지 초자연적인 내용을 보고 듣는데, 보는 사람을 감각적으로 지치게 만들 수 있다. 다른 한편으로 세련된 문장과 장대한 몸짓으로 가득한 매우 인상적인 문학이나 희곡을 제대로 수용하지 못함으로써 자기 삶에 대한 실망감이 생겨날 수도 있다. 로미오와 사랑에 빠지는 줄리엣처럼 한 번쯤 사랑에 빠지거나 셰익스피어처럼 감정을 표현하는 거창한 말을 한 번쯤 발견하고 싶지 않은 사람이 어디 있겠는가? 또한 우리는 모두 취향에 따라 제임스 본드 영화 최신작이나 멋진 사람들이 주연을 맡은 감각적인 예술 영화를 보고 난 뒤 어느 회색빛 수요일 저녁에 영화에 비해 황량해 보이는 자신의 인생에서 우리가 무엇을 잘못했는지를 곰곰이 생각해보는 그런 느낌을 알고 있지 않은가?

그러나 우리를 지치게 만드는 엄청난 삶의 크기가 영화 밖으로 나온 것은 이미 오래전부터다. 서사적 자아는 소셜 미디어라는 절반의 사적 영역에서 수년 전부터 새로운 유형의 비교 대상, 즉 새로운 유명인과 아이돌을 찾고 있다. 지금처럼 유명인의 전성기가 이렇게 짧았던 적은 없었으며, 2만 명의 팔로워를 가진 모든 인스타그램 스타가 꾸준히 방송하면서 사람들에게 그토록 많은 투사면을 제공한 적도 없었다. 말하자면 그들은 메릴린 먼로나 마돈나가 1년에 한 것보다 더 많은 소재를 1주일 동안 제공한다. 과거에는 스타와 일반인과의 간격이 지구와 별만큼 멀었지만, 오늘날에는 화폐 경제와 함께 우리 삶을 결정하는 관심 경제의 막을 투과하기가 점점 더 용이해졌다. 과거에는 관심이라는 자본이 장기적으로만 축적될 수 있었지만 그 대신 확실하게 이자를 받을 수 있었다. 이를테면 유명인은 서서히 유명해졌지만 그러한 유명세는 오랫동안 지속되었다. 반면 오늘날에는— 모두에게 잘 알려진 초대형 스타 '뎀스Thems', 알려지지 않은 많은 사람 '어스Us'와 함께— '후스Whos'라고도 불리는 미디어 중산층이 형성되었다. 그들의 내러티브는 꾸준히 생성 중이거나 이제 막 시작했거나 결정적인 방향 전환을 했다. 그들은 인스타그램의 요가 강사로, 틱톡의 코미디언으로, 전직 프로 운동선수나 미래의 정치인으로 시작한다. 그들 중 일부는 이미 다른 어떤 것으로 유명한 사람들이었지만 대부분은 그렇지 않다. 우리의 호감과 공감을 누구에게 투자할 것인지 그 어느 때보다 더 변덕스러워 보인다. 왜냐하면 오늘 누군가Who가 갑자기 떠서 그들Them이 되었다가도 내일이면 쓰레기가 되어 창밖으로 버려질 수도 있기 때문이다. 이러한 점에서 떠오르는 후즈Whos의 자기 서사의 일관성이 그 어느 때보다 더 면밀하게 관찰되고 있다. 경솔한 말, 잘못된 이미지, 방금 획득한 집단적 호감은 '쉣스톰Shitstorm(불쾌와 혼란이 폭풍처럼 몰아치는 상황—옮긴이)'이라고 부르는 것으로 바뀐다. 동시에 네트워크에서의 중재화 자체가 이미 배제하고 있는 '진실성', 즉 자기 서사와 타자 서사의 일치, 표현되는 가치와 실제 존재하는 가치의 일치와 같은 것이 점점 더 거세게 요구되고 있다. 막스 프리쉬Max Frisch는 자신의 소설 『나의 이름을 간텐바인이라고 하자Mein Name sei Gantenbein』(1964)에서 "조만간 모든 사람이 자신의 삶이라고 여기는 이야기를 만들어낸다."고 썼다. 하지만 오늘날 우리 자신에게 추가로 요구하는 사항은 '너 자신이 되어라, 진짜가 되어라!'라는 것이다. 그러나 우리를 둘러싸고 있는 세상은 전혀 그렇지 않다. 이는 피로감을 느끼게 하는 또 다른 원인이다.

한 가지 실험을 해보자. 여러분이 집 밖에 나가 있는 어느 날 당신에게 오는 모든 메시지— 광고든 공지든 뉴스든 상관없이— 를 세어보라. 그리고 깊이 생각하지 말고 그 메시지들을 '사실'과 '사실이 아님'이라는 범주로 분류해본다. 보통은 무의식적으로 흘러가는 이 과정을 아주 의식적으로 자각해보라. 아마 여러분은 최소한 두 가지 결론에 이르게 될 것이다. 즉 여러분이 종일 수없이 거짓말을 마주치고 있다는 것과 진실과 거짓을 구분하는 것이 매우 힘들다는 것이다. 거짓 내러티브 중 일부는 곳곳에 편재하고 매우 성공적이며 실체가 폭로되는 경우가 아주 드물어서 우리는 그러한 내러티브를 어느 정도 의식적으로 우리의 언어 사용 안으로 받아들였다. '독점 Exclusivity'은 우리가 무수한 변형으로 반복해서 짧게 마주치게 되는 하나의 예이다. 이를테면 광고 메일은 '당신만을 위한 독점적 제안!'을 약속한다. 그러나 우리는 이와 같은 메일을 자신 외에도 수백만 명이 받았을 것임을 당연히 알고 있다. 이처럼 21세기 자본주의는 자기애 자극과 자기애 상심의 상호작용을 끊임없이 만들어낸다. 말하자면 21세기 자본주의는 우리가 모두 '독점적 제안'을 받을 만큼 충분히 가치 있는

'소중한 고객'이라고 이야기하며 이를 구실삼아 충족해야 할 요구를 먼저 만들어낸다. 동시에 이렇게 일깨워진 욕망에 실망을 느끼게 만든다. 왜냐하면 21세기 자본주의는 이러한 개인주의적 요구를 전혀 충족시킬 수도 없고 충족시키려는 시도조차 하지 않기 때문이다. 우리가 오래전부터 광고와 소비로 가득 찬 세상에 익숙해져 있고 그러한 메시지를 믿는 사람이 거의 없음에도— 우리 자신에 대한 진실성 요구와 결합해— 실망과 피로감에 대한 무한한 근원이 생겨난다.

이러한 배척감은 그 어떤 선전보다 당연히 더 깊숙하다. 즉 과거에는 거대한 신화(종교, 이념, 가족사)가 평생 지속되었던 반면 오늘날의 평균적인 사람은 어른이 되기도 전에 무수한 일련의 탈주술화를 경험하기 때문이다. 막스 베버Max Weber가 세속화와 합리화의 맥락에서 '세계의 탈주술화Entzauberung der Welt'라고 간주한 것은 오래전부터 근본 사상이 되었다. 프랑스의 철학자 장 프랑수아 리오타르Jean-François Lyotard가 말한 모든 '메타 서사Metanarrative'는 실패한 것으로 간주한다. 우리가 살아가는 동안 모든 것이 점점 좋아지고 있다는 위대한 진보 서사— 20세기 대부분의 지배적인 서사— 는 최종적으로 완전히 소진되고 있으며, 모두에게 유익하다는 성장에 대한 신자유주의적 내러티브도 마찬가지다. 영화 〈월스트리트〉(1985)에서 주식 중개인 고든 게코 역을 맡은 마이클 더글러스는 "탐욕은 옳은 것이며 탐욕은 기능을 발휘한다."고 말했다. 오래전부터 부자들이 많은 돈을 벌면 그들의 재산이 천천히, 그러나 확실하게 가난한 사람들에게 흘러갈 것이라고 말해왔다. 오늘날 우리는 낙수 효과에 대한 이러한 이야기가 거짓말이며 실제로는 점점 더 많은 사람에게 안정성과 행복을 의미하지 않는다는 사실을 알고 있다. 이제 소외는 점점 증가하고 있다. 이에 대해 인류학자 애나 로웬하웁트 칭Anna Lowenhaupt Tsing는 자기의 에세이 『세계 끝의 버섯The Mushroom at the End of the World』(2015)에서 다음과 같이 정의하고 있다.

> 〔…〕 인간과 비인간 모두를 투자 자원으로 만들어 부의 축적을 이룬 역사. 이러한 역사는 투자자가 사람과 사물 모두에게 소외, 즉 삶의 얽힘이 아무런 문제가 되지 않는다는 듯이 홀로 설 수 있는 능력을 부여하도록 영감을 주었다. 소외를 통해 사람과 사물은 유동 자산이 된다. 〔…〕 소외는 삶의 공간의 얽힘을 비켜간다. **4**

그래서 우리는 분리되고 분리하면서 그에 대한 보상으로 상당한 행복을 기대한다. 그리고 어쩔 수 없이 실망감을 느끼게 된다. 우리는 기진맥진할 수밖에 없는 이중적 소외를 느낀다. 우리 내면의 이야기꾼들은 이로부터 어떤 이야기를 만들어낼까? 내면의 이야기꾼들은 나는 예외이며 내가 더 나은 대우를 받을 자격이 있기에 더 나은 결과를 얻을 수 있다는 증거를 찾는다.

피로감이 커질수록 우리는 정량화할 수 있는 경제적 향상이나 악화에 더 취약해진다. 심리학자 폴 피프Paul Piff의 유명한 '모노폴리Monopoly 게임' 연구는 2013년에 다음과 같은 결과를 보여주었다. 즉 두 명의 플레이어에게 완전히 다른 규칙이 부과되고 이를 통해 그들이 분명하게 불평등한 대우를 받으면 이기고 있는 플레이어의 내면의 화자는 '내 상황이 더 낫다'에서 '내가 더 낫다'라는 마음으로 바뀐다.

결론은 이러하다. 즉 시스템이 매우 불공정할 경우 우리는 반란을 일으키는 게 아니라 이야기를 지어내는 행위로 반응한다. 우리의 상황이 더 나빠질 때 우리는 반란이 아니라 계획적인 낙관론으로 반응한다. 미국의 노사관계를 집중적으로 다룬 작가 존 스타인벡John Steinbeck은 이미 1966년에 다음과 같이 썼다. "착취당하는 노동자는 자신을 착취당하는 노동자가 아니라 일시적으로 궁지에 처한 자본가라고 본다."[5]

오늘날 우리는 그 어느 때보다 경제와 그 이야기를 이해하지 못하면서도 그 어느 때보다 경제에 더 많이 의존하고 있는 듯하다. 숫자는 안정성을 암시하기 때문에 우리는 경제 세계에 대해 신뢰성, 합리성, 객관성에 관한 이야기를 주로 한다. 그러나 자세히 들여다보면 숫자는 단어만큼 상대적이다. 그런데도 우리 시대의 가장 강력한 내러티브 중 일부는 경제적 내러티브이며, 더 정확하게 말하자면 수학적 내러티브이다. 이러한 내러티브들이 잘못되거나 파괴적이지 않다면—그리고 우리가 수학에 좀 더 능하다면—그 자체로 문제가 되지는 않을 것이다. 그렇다면 우리는 호모 이코노미쿠스의 성장 내러티브가 지구의 파괴로 이어질 치명적인 하강의 소용돌이로 얼마나 우리를 몰아가는지도 이해하게 될 것이다.

그렇기 때문에 경제학자 케이트 레이워스Kate Raworth는 자신의 저서 『도넛 경제학 : 21세기 경제학자처럼 생각하는 일곱 가지 방법 Donut Economics: Seven Ways to Think Like a 21st-Century Economist』(2018. 국내에서는 부제가 바뀌어서 출간되었다. — 편집자)에서 다음과 같이 쓰고 있다. "경제 이론의 한 도표는 너무 위험하여 실제로 전혀 그려지지 않는다. 그것은 바로 국내총생산GDP 성장의 장기적 흐름이다."[6] 왜냐하면 세계 경제 성장률이 2050년까지 매년 3퍼센트씩 성장한다면 세계 경제 규모는 대략 2037년까지 2배가 되고 2050년에는 거의 3배가 될 것이기 때문이다. 또한 이것이 의미하는 바는 소비와 이산화탄소 배출 없이 성장을 창출하지 않는 한 —하지만 현재로서는 전혀 그러한 모습이 아니다 —자원과 환경에 대한 부담도 2배 또는 3배가 될 것이라는 점이다.

GDP와 유사하게 주가나 닥스DAX 또는 다우존스Dow Jones와 같이 이를 간략히 보여주는 지수들이 있다. 4장에서 설명한 것처럼 이러한 것들의 수학적 발전은 첫째, 이미 스토리와 특정 가치를 지닌 개념으로 설명되며, 둘째, 더 큰 내러티브로 조성된다. 닥스 지수가 상승하면 '경제가 잘되고 있는 것이다Es geht der Wirtschaft gut.' 이 단어들은 각각 따옴표로 표시되어야 하며 경고성 지적 혹은 경고성 질문과 함께 제시되어야 한다. '되다geht'(이것은 무엇을 의미하며 정확히 그 대상은 누구인가?), '비인칭주어es'(정확히 무엇이 작동하며, 그 결과는 무엇인가?) '정관사der'(경제라는 이름으로 대략 요약된 실체는 정확히 무엇인가?), '경제 Wirtschaft'(자본을 움직이는 모든 것의 총합을 나타내는 이 개념은 첫째, 완전히 축약된 것은 아닌가, 둘째, 국민경제의 작동과 매우 관련이 있고 아마도 훨씬 더 관련이 있는 영역을 배제하고 있지는 않은가? 예를 들어 경제보다는 평등의 관점에서 아무리 항의해도 여전히 '여성의 문제'인 무급 돌봄 노동을 생각해보라. 이는 사회 정의와 더 높은 만족감을 가로막는다. 아이들을 배려하지 않는 아동 문제에 대해서는 전혀 개의치 않아야 하는가?) '잘gut'(우리는 경제의 좋은 상태나 바람직한 결과를 무엇이라고 정의하며 또 그 이유는 무엇인가?) 등등. 지니 계수Gini Coefficient● 또는 국민총행복(GNH, Gross National Happiness)●●과 같은 사회적 성공에 대한 지표와 내러티브는 수십 년 전부터 돌파구를 찾고 있다.

이 끝없는 소비주의적 작동을 유지하기 위해 생존과 기본적인 욕구를 지향하는 실용적 소비는 오래전부터 쾌락주의적 소비로 변질하였다. 철학자 게르노트 뵈메Gernot Böhme는 자신의 저서『미학적 자본주의Ästhetischer Kapitalismus』에서 특히 미학적으로 소비가 이루어질 때 상품의 '연출 가치'가 본래의 '사용 가치'로부터 분리될 수 있다고 쓰고 있다. 필요한 만큼만 소비하는 것은 실행되지 않으며, 지속적인 성장이 목표라면 실행되지 말아야 한다. 뵈메에 따르면 거울의 대량 제조가 공장 생산의 전신이었던 것은 우연이 아니다. 말하자면 현재의 경제 구조는 생필품이 아니라 자기 자신을 점점 의식적으로 서사하는 인간의 사치품을 통해서 만들어졌다.

● 지니 계수는 소득이나 부의 분포를 측정한다. 지니 계수가 높을수록 불평등하다. 독일이 어느 수준에 있는지 알아맞혀 보라.

●● "정부가 국민의 행복을 만들어낼 수 없다면 정부가 존재할 목적이 없다." 부탄 왕국은 헌법에 명시된 이 문장으로 다른 양상의 자기성찰 기반을 마련했다. 경제적 요인과 함께 국민총행복에는 환경 매개변수, 정의, 훌륭한 행정도 포함된다.

우리 시대의 가장 강력한(그리고 가장 거짓된) 어른 동화는 구조적으로 볼 때 반영웅 여정Anti-Hero's Journey이다. 반영웅 여정은 사람들에게 모험도, 여행도, 변화도 없다고 약속한다. 아니 그 이상이다. 말하자면 우리가 일하고 돈을 모으고 불평하지 않고 무엇보다도 믿음을 가지면 모든 것이 그대로 있을 수 있고 아무것도 달라질 필요가 없다는 것이다. 하지만 이제는 많은 사람이 시스템이 부당하다는 것을 깨닫고 있다. 사람들은 경제가 성장하고 있지만 그 혜택을 받는 사람들은 극히 소수라는 사실을 알고 있다. 불공정하고 파괴적인 시스템에 가담하고 있다는 사람들의 불쾌감은 정치적 무력감과 자기효능감 결핍과 결합한다. 그렇다면 점점 더 세분화하는 사회에서 새롭고 조화로운 자기 서사는 어떤 모습일 수 있을까?

우리 시대의 이러한 질문에 대해 현재 가장 선호되는 대답은 놀랍게도 개인주의적 성향이다. '마음챙김'과 '자각'이 붐을 이루는 이유는 이것이 개인을 자립적인 존재로 서사하기 때문일 것이다. 물론 이러한 구상 속에서 우리는 모두 '치유'해야 한다. 이 말은 이미 외부로부터 상처를 받은 적이 있다는 뜻이다. 그러나 치유는 외부가 아니라 내부에 있다. 적대자는 기껏해야 '유독한' 관계에 불과하다. 시련은 언제나 자신의 심리적 행동 영역에 존재한다. 즉 우리는 소통하고 감사하는 법, 영향을 미칠 수 없는 것에 대해서는 근심하지 않는 법을 배워야 한다.

그래서 젊은 사람들은 뉴스도 보지 않고 자신을 자극하는 모든 것과의 접촉을 피한다고 당당하게 이야기한다. 이러한 금욕주의의 변종은 궁극적으로 서사하는 자아를 외부의 모든 서사적 갈등에서 분리하려고 한다. 이는 대부분 암묵적이지만 그만큼 효과적인 탈정치화라고 볼 수 있다.

당신은 어떤 별자리인가? 우리를 이 질문으로 이끄는 것은 무엇인가?

점성술과 또 다른 탈정치화

상당수의 사람은 점성술이 터무니없으며 기껏해야 사이비과학이라고 여긴다. 또 어떤 사람들은 점성술을 사기라고 부른다. 말하자면 별을 가지고 이야기를 지어내고 사람들은 그에 대해 돈을 지불함으로써 걱정을 돈으로 만들고 소원과 두려움을 착취하는 사기극이라는 것이다. 그러나 놀랍게도 많은 사람은—첨단 기술이 발달하고 계몽된 오늘날과 같은 시대에도 여전히—별이 전하는 메시지에 따라 어느 정도 자기 삶의 방향을 설정한다. 점성술은 비논리적이고 순전한 돈벌이 수단일지도 모른다. 그래도 점성술은 좋은 이야기이다. 그리고 오늘날에는 그 어느 때보다 점성술이 인기가 있다.

미국의 차니 니콜라스Chani Nicholas와 같은 대중적인 점성가는 인스타그램에서 수십만 명의 팔로워를 보유하고 있다. 점성술과 관련된 무수한 성공적인 팟캐스트, 도서, 웹사이트를 비롯한 다양한 채널들이 존재한다. 이 모든 것은 더 이상 종교를 믿지 않고 수많은 전통적 이야기들을 더 이상 믿지 않는 젊은 사람들을 대상으로 한다. 점성술은 우리가 이 책의 서두에서 제시한 내러티브, 이야기, 스토리라는 삼박자를 훌륭하게 보여주는 예이다. 인간을 지배하지는 않더라도 인간에게 영향을 미치는 우주의 광선Cosmic Ray에 대한 기본 내러티브는 아주 오래되었다. 이미 유목 문화의 초기 신화에서도 태양과 달은 포괄적인 자연 철학의 결정적인 행위자로서 나타난다. 약 2500년 전 고대 메소포타미아에서 천문학과 점성술의 첫 번째 증거, 즉 이러한 내러티브를 구체적으로 구현한 첫 번째 이야기(인과관계, 우주 행위자, 별자리가 한 세트를 이룬 이야기)를 찾을 수 있다. 이때부터 중세 말까지 이야기는 왕실 엘리트인 궁정 천문학자들의 의무였다. 그들의 임무는 별의 궤도를 관찰하고 계산하며 이를 전기적으로 해석하는 것이었다. 말하자면 천문학과 점성술은 서로에게 흘러 들어갔다. 대략 200년 전부터 비로소 별점Horoscope은 대중적인 것이 되었고 사람과 그의 별자리에 관한 이야기는 일반화되었다.

오늘날 적어도 서구 사회에서는 모든 사람이 자신의 별자리와 그 기본 특성을 알고 있을 것이다. 모두가 별점이 무엇인지 알고 있고 그에 대한 마음가짐이 있다. 정령 숭배의 미신(이를테면 검은 고양이나 불길한 숫자)과 달리 과학적으로 입증될 수 없는 점성술은 모든 계몽 단계에서 살아남았다. 아니, 오히려 더 발전하고 더 세분화하고 전문화되었다.

이즈음에서 저자인 우리에 관해 이야기해 보려고 한다. 우리는 둘다 전갈자리다. 그래서 우리 둘이 뜻이 잘 맞는 것일까? 원래 전갈자리는 오래도록 사이좋게 지내기에는 고집이 너무 세고 너무 열정적이며 야심이 너무 크다. 우리 둘 중 한 명은 전갈자리 사람과 매우 조화로운 관계를 지니고 있다. 또한 우리는 둘 다 많은 점에서 매우 다른 사람이다. 우리의 우정은 유사성보다는 보완성에서 비롯된다. 그리고 우리에게는 전갈자리의 전형적인 특성—심오함과 우울감, 모든 것을 다 알고 싶어 하는 분석적 성향, 완고함, 무정함—이 매우 제한적으로만 존재한다(우리가 어떤 특성을 인정하는지 맞혀보라). 우리는 둘 다 오히려 밝은 성격이며 조화를 추구하며, 논쟁을 벌이면 마음이 불편하다. 이러한 사실을 점성술 특성에 비추어 볼 때 어떻게 설명해야 할까?

아무것도 설명할 수 없다. 왜냐하면 점성술은 반증뿐만 아니라 검증도 피해 가는 자연 철학이기 때문이다. 그래야만 점성술은 이야기로서 2500년을 살아남을 수 있었고 계몽과 산업화(그리고 자연적인 지구 자전의 변화에 따른 별자리 이동)보다 더 오래 지속될 수 있었다. 그런데 점성술을 그토록 강력하게 만드는 것은 무엇일까? 그 비결은 분명하다. 바로 점성술이 정체성과 관계의 혼돈에 대한 서사적 해명을 제공하기 때문이다.

점성술은 우리의 자기 서사에 이음새 없이 매끄럽게 맞추어질 수 있으며 심지어 자기 서사의 중심이 될 수도 있다. 점성술은 어떤 재해석에도 충분히 열려 있는 동시에 지나친 분석에도 충분히 구체적이다. 종교와 마찬가지로 점성술은 일련의 지침과 구실, 이야기로 구성된 세트를 제공한다. 그 외에도(그리고 세계와 사회 질서에 대한 다른 많은 세속적 서사와 유사하게) 점성술은 사람들을 범주에 따라 분류하고 범주마다 일괄적으로 특성과 기회, 위험을 할당한다. 이 세상에서 집단을 범주화하고 분류하는 일이 점점 더 소멸하는 추세지만, 우리는 점성술과 관련하여 인간화된 동물 이미지(덧붙여 말하자면 동물 이미지는 문화마다 다르게 형성되고 해석된다)가 주는 모호한 내집단 일부로 남아 있다. 점성술은 우리 시대의 복잡성과 암호화에다 대략 계절에 기초한, 말하자면 우리 삶을 쉽게 이해할 수 있는 주기로 분류하는 단순한 해석 방식을 지속적으로 대응시킨다. 점성술은 인과관계를 제시함으로써 소외된 개인의 무력감을 희망과 만나게 한다. 자신의 기본 성향을 알아야 점성술이 작동할 수 있기 때문이다. 이는 오늘날의 많은 점성가가 청중에게 강력하게 요구하는 점이다.

물론 잡지에서 볼 수 있는 세 줄짜리 생일 별점과 한 개인에게 꼭 맞추어 여러 차원의 가상 증거를 사용하는 상세하고 '전문적인' 별점을 구분해야 한다. 이 둘의 공통점은 객관적 기준(생년월일, 별자리)과 신화적 또는 초심리학적 요소(행성의 속성, 행성 위치의 기능)를 매우 특수하게 서사적으로 혼합한다는 것이다. 또한 둘 다 원인과 결과 이야기로 상상에 따라 구성된다.

이처럼 서구 사회에서 20~50퍼센트의 사람들이 믿고 있는 점성술은 모든 합리성에 반대하는 다채로운 현대의 자아 서사의 일례라고 볼 수 있다. 오늘날에는 다른 사람과 자신을 범주로 분류하고 좋은 것과 나쁜 것의 조합을 발견하거나 피하며 모든 삶을 분명한 인과관계에 연결해 이야기하려는 욕구가 그 어떤 이성보다 더 강력해 보인다. 이와 동시에 많은 사람이 별점과 같은 것을 상황에 따라 능숙하게 아이러니하게 사용한다. 별점이 전부 맞지 않으면 어깨를 으쓱하면서 장난으로 받아들인다. 또 별점 내용 중 사실과 맞는 부분이 있으면 눈썹을 치켜세우며 뭔가 분명히 있다고 믿는다. 이처럼 별점을 읽을 때 우리는 거대한 확증 편향Confirmation Bias을 보인다. 즉 별점이 맞으면 옳다고 생각하고 맞지 않으면 무시한다. 어쨌든 별점의 전체 시스템을 온전히 믿는 사람은 거의 없지만 무언가가 있기는 하다고 생각한다.

하지만 사실을 말하자면 당연히 아무것도 없다. 태어날 때의 별자리나 그 이후의 삶의 어느 시점에서의 별자리는 이야기를 위한 좋은 극적 도화선이 될 수 있지만, 그러한 도화선이 되지 못하면 아무런 관련이 없다. 인력을 가진 달과는 달리 별은 너무 멀리 떨어져 있어서 지구에 그 어떤 영향도 미치지 않는다. 간접적으로도 말이다. 반면 조산사의 몸은 산모가 출산할 때 분명히 더 강한 영향력을 행사하지만 이러한 소재가 내러티브를 위해 사용되는 경우는 거의 없다. 한편 점성술에 대한 다양한 해석 체계와 범주화는 모두 인간이 만들었기 때문에 자의적이다. 고대 또는 중세의 어느 시점에서 시스템에 따라 궁정 점성가들이 왕의 오락거리와 자문을 위해 특정한 별자리를 지어냈다. 흥미로운 사실은 이때 그들이 무엇보다도 그리스와 로마 신화의 인물을 사용했다는 것이다. 이를테면 화성Mars은 이와 같은 이름을 지닌 전쟁의 신처럼 전투의 욕망과 불을 상징한다. 화성은 양자리에 태어난 사람을 논쟁적이고 의지가 강한 사람으로 만든다. 그리스인들은 자신의 신화를 믿었을까? 우리는 여전히 그 신화를 믿는가?

이를 믿는 대부분 사람은 삶의 조언을 해주는 현대의 점성술을 아이러니한 방식으로 사용하고 위급한 상황에는 의학처럼 경험적으로 더 탄탄한 지식 체계를 선호한다. 그럴지라도 점성술은 여전히 근본적으로 문제다. 점성술은 인간을 완전히 자의적이고 검증할 수 없는 기준에 따라 범주화시키기 때문에 사이비과학이고 편협하다. 이를 통해 점성술은 신기하게도 자기애적인 탈정치화로 이어진다. 즉 책임이 시스템에 있는 것도 아니고 나에게 있는 것도 아니다. 내가 태어난 시점의 별자리, 그것도 꾸며낸 별자리 앞에 있는 태양의 위치에 책임이 있다는 것이다. 누구나 자기 행동에 책임을 질 것인지, 아니면 별자리에 전가할 것인지 선택할 수 있다. 점성술을 믿기는 하지만 좀 더 성찰적인 사람들은 점성술이 유전자, 사회화, 환경과 함께 거대한 영향권 중 하나에 불과하다고 강조하면서도 이러한 설명으로 여전히 거짓으로 꾸며낼 수 있고 정치적으로 가공할 수 있는 의미 체계에 지위를 부여한다.

이로써 점성술은 우리의 자기 서사의 일부로서 세속화된 사회에서 더 대중적이고 이념적으로 해가 없으면서도 탈정치화된 어른 동화로 여전히 남아 있다. 점성술은 우리에게 기댈 곳을 제공할 뿐만 아니라 서사적 갈등과 실망감의 결과로 나타나는 피로감을 완화해주거나 적어도 설명해줄 수 있다.

그러나 점성술이 그러한 규명을 해주는 유일한 본보기는 아니다. 1792년 『올드 파머스 연감The Old Farmer's Almanac』을 시작으로 수 세기에 걸친 미국의 논픽션 베스트셀러를 살펴보면 밀교와 유사종교를 넘어 흥미로운 상수가 발견된다. 즉 엄격한 규범에 따라 자기 자신과 자신의 성공을 이야기한다는 점이다. 데일 카네기Dale Carnegie의 『인간관계론How to Win Friends and Influence People』(1936), 『베티 크로커의 그림 요리책Betty Crocker's Picture Cook Book』(1950) 또는 데이비드 루벤David Reuben의 『당신이 섹스에 대해 알고 싶었던 모든 것Everything You Always Wanted to Know About Sex: But Were Afraid to Ask』(1969), 이 책들은 모두 세상을 '정상'과 '비정상'으로 나눈다. 그리고 독자들이 두 범주 중 하나를 선택하도록 요구한다. 미국의 저술가 제스 맥휴Jess McHugh는 『아메리카논: 13권의 베스트셀러에 담긴 뜻밖의 미국 역사Americanon: An Unexpected U.S History in the 13 Best Selling Books』(2021)에서 가장 영향력 있는 책들을 추적한다. 그녀는 다음과 같은 결론에 도달한다. 즉 그러한 지도서는 지속해 시스템의 부담을 덜어주고 그 부담을 개인에게 향하게 한다. 그녀가 주는 메시지는 이러하다. 즉 벤자민 프랭클린Benjamin Franklin의 자서전도 이 도서 목록에 포함되어 있는데, 그가 자신의 힘으로 나쁜 상황에서 벗어날 수 있다면 여러분도 그렇게 할 수 있다는 것이다. 여러분이 천재가 아니더라도 말이다. 여러분은 그저 성공으로 가는 길 위에 있는 장애물을 상상하거나 자기 삶의 주인공으로서 이 장애물을 기회로 보아야 한다. 칼 마르크스는 생각하지 말라.

여기서 '성공'은 백인 남성 주인공이 이룬 성공으로 여전히 정의되어 있다. 『에티켓Emily Post's Etiquette』은 이성애 성향의 중산층 행동 방식과 관련되어 있었다. 그들의 행동 방식은 정상이고 나머지는 그렇지 않았다. 맥휴는 이 책들이 종교를 넘어 점점 세속화되어가는 사회에서 생겨난 공백을 메웠기 때문에 성공했다고 생각한다. 다른 어떤 '시민 종교Civil Religion'도 앞에서 언급한 연감과 조언서에서 보이는 정상성*의 이야기와 겨룰 수 없었다.

　오늘날까지—미국뿐만 아니라—그러한 책들이 시장을 지배하고 있다. 이 책들은 나는 왜 나인가, 나는 어떤 사람이며 다른 사람과 어떻게 다를 수 있는가에 대해 알려준다. 말하자면 이 책들은 내 안의 적대 관계를 직접 지정하면서 정치적인 차원을 거의 다 제쳐두기 때문에 영웅 여정을 완전히 개인적인 나의 문제로 만든다. 또한 이러한 시각에서 보면 마음챙김을 지향하는 새로운 경향은 지친 원숭이를 위한 탈정치적인 아편으로 읽을 수 있다.

　그러한 책들이 제시하는 모든 설명과 조언에는 한 가지 공통점이 있다. 바로 이 책들의 대상이 시스템이 아니라 개인이라는 것이다. 개인의 동기에 초점을 맞추고 심층적으로 분석하는 반면 시스템상의 원인은 심하게 과소평가되고 무시된다. 그렇다고 해서 그러한 (종종 서로 경쟁하는) 세계 해석과 자기 평가의 내러티브가 과잉 존재한다는 것이 우리의 실망과 피로에 대한 책임이 실제로 우리에게 있다는 것을 의미하지는 않는다. 내러티브들 사이의 갈등은 개인의 어떤 잘못된 행동이나 결핍의 결과라기보다는 사회학자 안드레아스 레크비츠Andreas Reckwitz의 책 제목처럼 '단독성들의 사회 Gesellschaft der Singularitäten', 즉 개인의 욕구와 삶의 현실을 가진 개인들로만 구성된

---

* '정상성'이라는 개념은 원래 저널리스트 요나스 샤이블레 Jonas Schaible가 확립했다. 하지만 오늘날 우리는 이 개념을 스스로 정의한 정상성을 생성하고 차별화하고 고착화시키는 것이 목표인 내러티브나 이데올로기를 설명하기 위해 매우 자주 사용하고 있다.

집합체의 정상적인 상태이다. 또한 갈등 구도도 점점 더 정치-집단으로 뚜렷해지고 있다. 즉 다수 집단 대 소수 집단, 소외 계층 대 특권 계층, 대중 영합주의자 대 민주주의자, 미디어 대 소셜 미디어, 미디어 간의 갈등이다. 오늘날 정치적 담론에 가담한다는 것은 지뢰로 가득하고 폭풍우가 휘몰아치는 경기장에 발을 들이는 것과 같다. 적어도 상하좌우가 명확히 구분되고 모든 것이 상당히 단순해 보였던 과거에 비하면 말이다.

오늘날 우리가 사회라고 말하는 다양한 이야기는 모순되는 울림을 제공한다. 이를테면 '자신에게 충실하되 자기 최적화의 명령에 굴복하지 말라!', '자신의 본래 모습을 유지하되 더 나은 버전의 자신이 되라!', '자신에게 아량을 베풀되 신중하라!', '혼자서 기후를 구할 수는 없겠지만 기후의 영웅이 되라!' 또한 우리는 이러한 모순을 피해 개인적으로 세상을 다르게 서사적으로 해석하고 모든 인지 부조화를 피할 수 있는 탈정치화된 이야기로 도피한다.

그러나 흥미롭게도 현대 문화는 이러한 상황에서 거의 아무런 위안도 제공하지 않는다. 이러한 상황조차 언제나 통제와 최적화 방식으로 대처하려는 시도를 넘어 ('암과의 싸움', '평생에 걸친 배움' 등) 현대 문화에는 해당 주체의 시각에서 무의미하게 보이는 이러한 불가용성을 다룰 만한 문화적 모델, 내러티브, 태도가 결여되어 있다. 예전에는 이 자리에 종교가 있어서 우발적인 사태를 극복하기 위한 수단을 제공했다. 거의 세속적인 현대 문화에서는 어느 정도 좌절하며 자신의 인생 계획이 실패했음을 확인하거나 개인의 불행에 책임이 있는 사람을 찾아서 (이는 음모론의 온상을 형성한다) 자신의 무력함을 투영시키는 것 외에는 주체에게 다른 선택의 여지가 거의 없다. 자기 결정적이고 성공적인 삶이라는 특히 까다로운 모델에 기반을 둔 후기 근대에 부정적인 불가용성과 화합할 수 있는 문화적 모델이 결여되어 있다는 사실은 고통스러울 만큼 현저하게 눈에 띈다.[7]

우리는 갈등과 실망, 불협화음을 견디기가 얼마나 어려운 일인지를 이야기 광장에서 생겨나는 소란에서 특히 분명하게 들을 수 있다.

이야기 광장

담론 상에서 제시되고 논의되는 모든 내러티브에 대해 어느 정도의 피로감이 퍼져 있다는 사실은 엄청난 경쟁의 결과이기도 하다. 내러티브들은 소셜 미디어와 그것의 가속화되는 네트워크 효과를 통해 이러한 경쟁에 내맡겨진다. 어떤 정황에 대해 상당히 설득력 있는 분류 —**테이크Take**—를 처음으로 제시할 수 있는 사람은 일단 한 주제에 대한 해석 권한을 지닌다. 이 해석 권한은 더 의미 있고 더 많은 정보를 지닌 **테이크Take**로 빠르게 대체될 수 있으며, 이는 융통성 있는 생각과 인지적 작업, 그리고 그에 따라 자신의 자기 서사를 맞추려는 의지를 요구한다. 말하자면 내러티브 시장의 중요한 측면은 시간성과 누적 생성이다. 내러티브와 이야기는 갑자기 생겨나는 것이 아니라 과정에서 발전한다. 즉 만들어지고 제공되고 다듬어지고 공유되

세상은 이야기로 만들어졌다

고 굳어지는 과정을 거쳐 특정한 수준의 합의에 도달한다. 가장 강력한 또는 가장 큰 집단의 사람들에게 최대의 사회경제적 혜택을 주는 마스터 스토리는 반대 내러티브에게 자리를 내줄 때까지 지속된다.

예를 들어 단독 범죄자가 불특정 사람들을 공격한 후에 언제나 가장 먼저 제기되는 질문은 '극단주의자의 범행인가 아니면 정신병자의 범행인가?'라는 질문이다. 이에 대한 대답은 사건을 어떻게 이야기할 수 있고 어떻게 이야기하는 것이 좋은지를 결정한다. 테러 공격으로? 집단 살해로? 살인으로? 범행 동기가 아직 완전하게 밝혀지지 않은 상황에서 범행 과정에 대한 세부 사항이 뉴스를 통해 새어 나오는 동안 대부분 다음과 같은 내러티브가 강력하게 형성된다. '우파/이슬람주의의 위험이 과소평가 되고 있다'(정부 비판 형태의 카산드라 Cassandra 내러티브) 또는 '너무 느슨한 추방 정책'(정부 비판 형태로 자극을 제공하는 적대화 내러티브). 다른 내러티브들은 예를 들면 '팬데믹은 우리 모두를 정신적으로 병들게 했다'(마음챙김 내러티브) 또는 '정신질환이 있는 사람들을 위해 충분한 일을 하고 있지 않다'(부족주의를 끌어들여 문제를 증폭시켜 정부를 비판)라는 내러티브로 나뉜다.

일간지와 같은 전통적인 대중매체는 전날의 사건을 이야기하기도 하고 분석하기도 하지만, 지금은 언제나 사건이 발생한 순간에 이야기가 시작되며 사건의 성질을 깊이 생각하기 어려운 속도로 빠르게 전개된다. 오늘날에는 사건을 전하는 뉴스와 그에 대한 반응이 훨씬 빠르고 다양한 방식으로 구성된다. 즉 우리는 책의 한 줄을 읽을 때처럼 실시간으로 서사한다. 이러한 내러티브는 행위자와 발신자,

수신자가 누구냐에 따라, 의도가 무엇이냐에 따라 서로 다른 속도로 그리고 서로 다른 영향력을 나타내며 전파된다. 우리는 일종의 고주파 이야기 시장에서 자신에게 가장 효과적인 이야기를 다른 사람들로부터 개인적으로 사들인다.

이처럼 빠른 속도로 진행되는 이야기 시장에서 보이는 사회적 마찰은 이야기를 다루는 방식이 세대마다 다르다는 데에 어느 정도 기인하고 있기도 하다. 말하자면 소위 베이비 붐 세대는 사건의 경과와 올바름에 대한 엄격하고 명확한 이야기, 다시 말해 전 세대에 해당되는 일종의 딥 스토리와 함께 성장했다. 적대자는 처음부터 분명했고 (냉전이라는 키워드) 그 후에는 굴복했다. 내러티브의 범위가 근본적으로 더 작았고, **게이트키퍼**Gatekeeper인 전통적인 매체를 통해 내러티브가 사회 전반에 걸친 중요성과 일관성을 지니고 나아가 보다 오래 지속될 수 있도록 규제되었다. 그 결과로 생겨난 자신감은 프랜시스 후쿠야마Francis Fukuyama의 (보편성에 대한 그의 주장으로 크게 오해된) '역사의 종말'*이라는 개념에서 정점에 달했다.

어떤 의미에서 보면 오늘날에는 인터넷과 소셜 미디어 덕에 수요에 따른On Demand 내러티브가 가속화하고 있다. 또한 디지털 공공이라는 틀 안에서 차별화되어가는 사회는 점점 더 많은 정체성과 감정

• 이 딥 스토리에 대한 조롱은 틱톡TikTok에서 유명해진 '오케이, 부머Ok, Boomer'라는 표현에서 대략 나타난다. '오케이 부머'는 지나치게 단순하다고 느껴지는 기성 세대의 세계관에 대한 반응으로서 젊은 세대의 한숨을 뜻한다.

을 순전히 기술적으로 제공하고 있다. 지금의 사회는 전 세계가 네트워크로 연결되어 있고 디지털 공공이라는 맥락에서 사회가 전달하고 확산하는 이야기를 많은 사람이 볼 수 있도록 제시한다. 이때 글과 이미지로 제시된 모든 이야기 사이의 갈등 또한 이러한 이야기 또는 자기 이야기의 일부이다. 예를 들어 표현의 자유에 대한 논의*, 이를테면 표현할 수 있는 통로가 좁아진다거나 취소문화Cancel Culture, 즉 합심하여 달갑지 않은 사람들을 담론에서 제거하는 일이 늘고 있다는 이야기는 해석 권한을 둘러싼 싸움을 말해준다.

특히 취소문화라는 개념은 담론이 지배적인 마스터 스토리로 결정된다는 권위주의적 생각에서만 내러티브로서 작동한다. 그렇지 않으면 한 편에서 다른 편에 대해 어떤 제약을 주장하거나 두려워할 이유가 없을 것이다. 이는 취소문화 개념이 작동한다는 것이 그러한 불균형을 전제조건으로서 인정한다는 것, 다시 말해 실제로 누군가가 서사적으로 다른 사람에 대해 결정하는 사회적 위계를 인정한다는

---

* 늦었지만 이제는 우리가 다음과 같은 말을 해야 할 시점이 왔다. "나는 당신 말에 동의하지 않지만 당신이 말할 권리를 위해 목숨을 걸고 싸우겠다." 계몽주의 철학자 볼테르Voltaire는 자유로운 표현 문화를 고무하며 이렇게 말했다. 그러나 이 문장은 전혀 그의 것이 아니다. 그가 표현의 자유를 위해 투쟁한 사실은 논란의 여지가 없지만, 이 말은 한 여성에게서 나온 말이며 『볼테르의 친구들The Friends of Voltaire』(1906)이라는 제목의 전기에 기록된 말이다. 영국의 작가 에블린 베아트리스 홀Evelyn Beatrice Hall은 S.G. 탈렌타이어S. G. Tallentyre라는 가명으로 이 책을 출판했으며 프랑스 철학자 클로드 아드리앙 헬베티우스Claude Adrien Helvétius에 대한 볼테르의 태도를 이 말로 요약했다. 결과적으로 이 말이 그에게서 나왔다는 것은 그의 스토리에 너무나 잘 맞아떨어졌다.

것을 의미하기도 한다. 그렇기 때문에 공중 사이에서 의견 교환의 자유에 대한 불신과 통제에 대한 두려움이 생겨난다. 취소문화의 서사적 틀은 자유로운 의견 표현과 예술의 자유에 대한 억압으로서 비판이나 항의, 보이콧Boycott이라는 프레임을 씌우고 자신이 피해자의 위치에 있음을 주장한다('오늘날 우리는 아무 말도 해서는 안 된다!'). 그리고 이와 동시에 취소 개념으로 반감을 산 비판가들, 즉 '취소cancel'하는 사람들이 기회주의적으로 자신을 피해자로 규정하고 지나치게 민감하게 반응한다고 비난한다.[*] 취소문화 내러티브에 담겨 있는 속박에 대한 잠재적 경고는 이 내러티브가 왜 그토록 효과적인지를 설명해준다. 말하자면 이 내러티브는 다른 사람에게 투영된 권위주의다.

해석 권한에 대한 합의와 그 과정에서 발생하는 논쟁은 우리가 이 책에서 이미 설명한 본질적인 질문, 즉 누가 자신의 이야기를 할 수 있고 해도 되느냐는 본질적인 문제를 중심으로 전개된다. 우리는 사회라는 집단으로서 어떤 현실 이야기에 동의하며 그 이유는 무엇

• 이 개념은 취소문화가 새로운 홀로코스트라는 스위스의 작가 아돌프 무슉Adolf Muschg의 주장으로 매우 엉뚱하게 악화했다. "하나의 잘못된 단어로 당신은 낙인이 찍힌다. 취소문화는 기본적으로 아우슈비츠의 한 형태다." 86세의 아돌프 무슉은 2021년 스위스 국영방송SRF의 프로그램 '슈테른슈툰덴Sternstunden'에 출연하여 이렇게 말했다. 이 시기에 무슉은 건강염려증을 앓고 있었다. 실제로 그는 존재하지도 않는 종양을 치료하기 위해 뇌수술을 받기도 했다. 이러한 맥락에서 우리는 이쯤에서 이 이야기를 그만하겠다. (텔레비전 프로그램 〈슈테른슈툰데 필로조피Sternstunde Philosophie: '아돌프 무슉-삶의 예술은 어떻게 흘러가는가?Adolf Muschg-Wie geht Lebenskunst?'〉, SRF방송, 2021년 4월 25일, www.srf.ch/play/tv/sternstunden-philosophie/video/adolf-muschg---wie-geht-lebenskunst?urn=urn:srf:video:a32e445a-a56e-4286-bbd1-32fc9910e586)

인가? 우리는 모두 자신의 서사적 자아를 정치적, 사회적으로 수행하고 구성하는가? 한 사람의 이야기가 다른 사람의 자기 서사를 제한하면 어떤 일이 일어나는가? 누가 언제 어디서 자기 이야기의 타당성에 대한 권리를 더 많이 갖는지를 결정하는 사람은 누구인가? 문화적 유형의 갈등은 종종 서사적 갈등인 경우가 많다. 왜냐하면 문화도 무엇이 선하고 진실이며 아름다운지에 대한 이야기이기 때문이다.

이야기의 과잉 공급은 사람들이 선택 가능성과 자유의 폭이 더 넓다고 생각하게 만들지만, 앞에서 언급한 피로감을 초래할 뿐만 아니라 서사를 단순화하려는 욕구를 촉발하기도 한다. 이는 머지않아 우리가 '서사 부조화'라고 부르는 것으로 이어진다. 인지 부조화와 유사하게 서사 부조화는 이치에 맞는 두 가지 내러티브가 서로 모순될 때 발생하는 긴장감이다. 이는 모호함을 제거하고 '우리가 동의할 수 있는' 내러티브를 내세우려는 시도로 이어진다(8장의 주도문화Leitkultur 내러티브 참조). 이제는 예전보다 훨씬 더 많은 사람이 현재의 만물 질서와 나아가 다수의 이야기를 쉽게 비판할 수 있게 되었다. 그 결과 현실을 어떻게 지정해야 하는지에 대한 합의가 더 이상 이루어지지 않고 사회가 적대적인 파벌로 회복할 수 없을 정도로 분열되고 있다는 두려움이나 내러티브가 생겨난다.

많은 서사물이 우리에게 감정적, 지성적으로 도전 정신을 일깨우고 있으며 우리는 훨씬 더 자주 그리고 더 빠르게 내러티브를 재정비해야 한다. 이와 동시에 우리는 우리 자신의 내러티브와 모순되는 내러티브를 허용하고 보호할 임무, 그리고 민주주의적 담론과 표현의 자유를 공격하고 나아가 관용 자체를 공격하는 내러티브를 거부하고 비판해야 할 임무를 그 어느 때보다 더 많이 띠고 있다. 1945년 칼 포퍼Karl Popper는 『열린 사회와 그 적들The Open Society and Its Enemies』에서 다음과 같이 썼다. "무제한 관용은 필연적으로 관용의 소멸로 이어진다. 우리가 심지어 관용적이지 않은 사람들에게까지 무제한 관용을 베푼다면, 그리고 비관용의 공격에 맞서 관용적인 사회 질서를 지켜낼 각오가 되어 있지 않다면 관용적인 사람들은 파멸할 것이고 관용도 그들과 함께 사라질 것이다."[8] 바로 그렇기 때문에 우리는 인간 혐오 내러티브, 원시 파시즘 내러티브, 음모론 내러티브가 영향력을 발휘하지 못하도록 이의를 제기해야 한다. 우리는 민주주의적 담론을 의도적으로 손상하는 것을 무시할 수 없으면서도 그러한 담론에 몸담음으로써 강력한 내러티브가 될 수 있는 여지를 마련한다. 이것은 우리 자유 민주주의의 딜레마이다. 그러나 누가 무엇을 할 수 있으며 누가 이를 결정할 수 있는지에 대한 문제는 최근 몇 년 동안 점점 더 중요해지고 점점 더 논란이 되고 있다.

정체성 정치 : 서사 부조화와 서사적 자아의 권리

모든 사람은 평등하다. 이는 인류의 가장 아름답고 가장 중요한 이야기다. 무엇보다도 미국에서 무장 군사작전을 지휘한 최초의 여성은 이 이야기를 실현하기 위해 싸웠다. 그녀는 바로 아프리카계 미국인

세상은 이야기로 만들어졌다

해리엇 터브먼Harriet Tubman이다. 노예 제도에서 벗어나 남부에서 북부로 탈출할 수 있었던 그녀는 이후 모세라는 코드명으로 다른 노예들을 탈출시켜 북쪽으로 데려왔다. 그녀는 연합군의 군인이자 스파이가 되었고, 이후에는 여성 인권운동가가 되었다. 남북전쟁 중에 그녀가 지휘한 가장 큰 작전은 1863년 콤바히Combahee 강 일대에서 흑인 노예 750명을 구출한 작전이다. 1974년 작가 바버라 스미스Barbara Smith는 바로 이 강의 이름을 따서 흑인 레즈비언 페미니스트 단체에 콤바히 리버 컬렉티브Combahee River Collective라는 이름을 붙였고, 이 단체는 1977년에 발표한 선언문을 통해 '정체성 정치'라는 개념을 만들었다.[9] 정체성 정치는 '인종적, 성적, 이성애적, 계급적 억압'에 맞서 싸우는 전략으로 사용된다.

민주주의 담론에서 자기의 뜻을 드러내고 싶은 사람은 기본적으로 정체성 정치를 하고 있다. 예를 들어 기독사회당CSU이 기독교 휴일에 춤추는 행위를 금지하는 것에 찬성한다면 기독사회당은 기독교인을 위한 정체성 정치를 하는 것이다. 다수 집단의 대표자들은 항상 담론에 반영된 자기 뜻을 보아왔기 때문에 정체성 정치가 어느 부분에서 자신들에게 작용하는지 알지 못한다. 이러한 점에서 볼 때 정체성 정치는 민주주의적 참여 노력과 정치적 자기 권한 부여를 의미하며, 이는 앞서 언급한 스미스의 선언문보다 훨씬 오래된 관념이다.

이른바 정체성 정치를 비판하는 사람들은—정체성 정치가 오늘날 모든 종류의 자유화, 인종차별 반대, 소외된 계층에게 권한을 부여하는 것에 대한 총칭으로 이해되는 바와 같이—무엇보다도 정체성 정치가 민주주의적 평등주의 사상, 말하자면 모든 목소리가 평등하고 모든 사람이 피부색이나 성별, 성적 취향, 계층에 상관없이 발언자로서 동등한 위치에 있다는 계몽주의적 관념에 반한다는 주장을 펼친다. 비평가들의 관점에서 볼 때 정체성과 관련된 특정 이해관계는 보편주의 사상과 모순된다. 즉 누군가가 자신의 성별이나 출신 때문에 우대받고 초청받고 일자리를 얻고 승진하고 눈에 띄게 된다면 어떻게 모든 사람이 평등할 수 있겠는가?

이러한 점에서 정체성 정치에 대한 비판은 옳다. 그렇게 비판해야 마땅하다. 하지만 이런 비판이 전제하고 있는 이상이 존재하지 않는다는 것을 인식하지 못한다. '모든 인간은 평등하다'는 이야기는 윤리적으로는 보편적으로 옳지만 많은 사람의 현실에서는 그저 허구에 불과하다. 지구에 살고 있는 수많은 사람은 여러 가지 측면으로 인해 다른 사람들보다 더 나쁜 대우를 받는다. 처음부터 비대칭이 존재한다. 즉 다수 집단과 생존을 위해 다수 집단에 적응해야 하는 소수 집단. 소외된 계층의 목소리는 언제나 억압되거나 무시되어 왔다. 비평가가 지키고자 하는 평등주의는 사회적으로 충분히 보호받지 못하는 이상이다. 왜냐하면 다수 집단에 이러한 비대칭은 눈에 보이거나 느껴지지 않기 때문이다. 그렇기 때문에 특권층 사람의 입장에서 볼 때 정체성 정치라는 내러티브는 이러한 숭고한 이상에 대한 공격으로 여겨진다.

바로 그렇기 때문에 정치적 서사 태도를 여러 방면에서 성찰하는 것이 매우 중요하다. 백인이 흑인에 관해 이야기하는지 흑인이 흑인에 관해 이야기하는지, 남자가 미투#MeToo에 관해 이야기하는지 여자가 미투에 관해 이야기하는지에 따라 담론상에서 차이가 생겨난다. 그리고 비학술인이 정치와 미디어 영역에서 수적으로 열세인 점은 큰 문제다. 여기서 중요한 것은 여러 집단과 그들의 발언을 서로 반목시키는 것이 아니라 개인에게 자신의 이야기에 대한 권한, 서사적 자아를 공공연하게 구성할 수 있는 권한을 부여하는 것이다.

자신에게 직접적으로 해당하지 않는 불의를 정확하게 묘사하는 것은 저널리즘적, 문화적, 정치적 도전이다. 이러한 필수적인 공감(앞에서 언급한 서사적 몰입Transportation, 즉 다른 사람의 낯선 삶의 현실에 대한 이해)의 계기를 만드는 것이 우리가 서로에 대해 전하는 이야기의 의미다. 다른 사람의 영웅 여정이 나와 상관없다고 느끼는 순간, 다른 사람이 경험하는 장애물과 도전이 나에게는 해당하지 않는다고 느끼는 순간, 나는 영웅의 변화 과정을 이해할 수 없게 된다. 내가 진정으로 상대방의 입장이 되어 생각하는 순간 상대방이 상처받는 것을 가만히 내버려 둘 수 없게 되며 나 또한 상처받게 된다.

여기서 딜레마를 인식할 수 있다. 즉 보편적 평등을 추구하려는 계몽사상과 일상적 현실 사이의 딜레마다. 역설적으로 일상적 현실에서는 기존의 불평등을 지적할 수 있도록 이질성과 차이를 분명하게 드러내기 위해 싸워야 한다. 우리를 구분하는 것을 지정함으로써 비로소 그러한 차이가 생겨난다는 내러티브가 존재한다. 이를테면 피부색의 과소대표Underrepresentation를 지적하는 사람들은 피부색과 같은 것을 유념하여 생각하기 때문에 진정한 인종차별주의자라는 것이다. 그러나 이러한 내러티브는 메신저와 메시지를 혼동한다. 정체성 정치(또는 그것으로 기술되는 내용)가 사회를 분열시킨다는 주장은 평등 **또는** 이질성, 평등주의 **또는** 정체성이라는 잘못된 이분법에 바탕을 두고 있다. 우리는 동등한 권리라는 맥락에서 사회의 다양성을 인정함으로써 평등에 도달한다. 이 두 개의 가치는 전혀 상충하지 않으며 하나가 다른 하나의 전제가 된다. 언젠가 사람들 사이에 더 이상 차이가 존재하지 않는다고 말할 수 있다면 그것은 진정한 평등이 아닐 것이다. 모든 사람은 다르지만 그 차이로 인해 불이익을 받는 사람은 아무도 없다고 말할 수 있다면 이것이야말로 진정한 평등일 것이다.

정체성 정치라는 개념을 논쟁으로 도입시킨 콤바히 리버 컬렉티브 선언문에는 다음과 같이 적혀 있다. "우리는 반친대, 여왕의 지위, 열 걸음 뒤에서 걷는 것을 거부한다. 인간으로서, 동등한 인간으로서 인정받는 것만으로도 충분하다."[10] 이 선언문에서 기본적으로 요구하는 것은 오늘날 정체성 정치 비판가가 요구하는 것과 같은 것이다. 계급의식이 있는 정체성 정치는 목표가 아니라 계몽의 자기 서사('모든 사람은 평등하다')를 사회적, 정치적 현실로 바꾸는 지렛대이다.

이야기에 지친 원숭이

가장 강력하게 양극화시키는 내러티브는 여전히 계급의식과 정의감, 자원의 분배와 접근, 성 역할, 다수 집단과 소수 집단과의 관계, 계속 재생산되는 인종차별과 반유대주의 내러티브다. 이러한 오래된 내러티브 패턴은 특히 더 민감한 언어비평에서 두드러지게 나타난다. 언어비평은 주기적 반복과 진부함으로 인해 때때로 우리를 지치게 만들 수 있다. 하지만 우리는 한 단어만으로도 전체 이야기를 할 수 있다는 것을 기억하고 있다. 그리고 사람들의 삶은 그들의 이야기에 의존한다.

이러한 내러티브들은 점점 복잡하고 특수하며 나아가 점점 세분화하고 있다. 그리고 수정되고 조정되며, 더 미묘하게 다루어지고 때로는 더 모순적이다. 하지만 우리 뇌는 계속해서 이야기 스캐너처럼 기능한다. 우리는 적대감을 형성하고 복잡성을 줄이려는 경향이 있다. 서사를 한다는 것은 생존을 위해 명료함을 만드는 것과 다를 바 없다. 그렇기 때문에 우리는 불협화음을 통해 생겨나는 긴장감을 견디기 어려워한다.

이러한 불분명함을 견디려면 명확하게 이야기하는 원숭이는 현실만큼 복잡하고 모호한 이야기를 허용하는 법을 배워야 한다. 이를 위해서는 모호함에 대한 관용, 즉 풀리지 않는 모호함, 다의적인 정보, 모순, 열린 결말을 견디는 능력이 필요하다. 안드레아스 레크비츠는 자신의 저서 『환상의 종말』에서 "자기 삶에 대해 모호함을 견디는 관용을 발휘하고 진보에 대한 현대의 믿음을 통찰하는 삶의 형식"이 필요하다고 말했다. 말하자면 "개인의 전기로 쉽게 옮겨질 수 있는"[11] 내러티브가 필요하다.

모호함에 대한 관용Ambiguity Tolerance이라는 개념은 아랍 연구가 토마스 바우어Thomas Bauer가 현시대를 분석하며 저술한 『세계의 명확화Die Vereindeutigung der Welt』(2018)를 통해 대중화했다.[12] 그는 이

책에서 사회적 부족주의와 예술과 문화의 동질화라는 특징으로 단일
화되어가는 현실에서 모호함과 모순에 가능한 한 침착하게 대응하는
우리의 능력이 줄어들고 있다고 지적했다. 아마도 프랑스의 철학자
장 프랑수아 리오타르는 '비교할 수 없는incommensurable' 세계 설명을
그 자체로 받아들이는 것이 중요하며 그런데도 그러한 세계 설명의
방식으로 작업하는 것이 중요하다고 말할 것이다. 말하자면 자신의
'언어유희'(비트겐슈타인Wittgenstein에게서 차용한 개념)를 그 자체로 반영
하고 서로 관련시키는 것, 간단히 말해 다른 사람의 영웅화와 적대화
를 우리의 것과 서로 맞추고 현실에 대한 우리의 서사적 연출을 함께
시도할 수 있는 공동 무대를 찾는 것이 중요하다.

정체성 정치 내러티브는 이에 대해 한 가지 모범을 보여주고 있
다. 즉 우리는 모든 사람이 평등하고 동시에 서로 다른 사람들이 서로
다른 욕구와 지위, 특권을 가지고 있다는 두 가지 사실을 동시에 견뎌
야 한다는 것이다. 우리가 인간으로서 우리의 영웅 여정을 자세히 살
펴보면 두 가지 사실이 눈에 띈다. 하나는 우리의 서사적 본능이 우리
를 한데 모이게 하고 따뜻한 불가에 둘러앉게 만든다는 것이다. 또 하
나는 이야기 속에 담긴 우리의 생각이 매우 보편적이어서 수천 년 동
안 여러 문화에 걸쳐 같은 패턴을 따른다는 것이다. 그것은 바로 생존
과 의미 발견이다. 생존과 의미 발견은 우리의 상황과 처지가 아무리
다르더라도 결국 우리를 서사적으로 연결하는 문제들이다. 그리고
이는 우리가 다시 모여야 할 인류의 가장 큰 불로 우리를 인도한다.

12

묘약을 들고 귀환하다

우리는 어떻게 세상을 구할 것인가

카산드라와 코로나

사람들은 나의 탄식을 비난하고
나의 고통을 조롱합니다.
나는 괴로운 가슴을 부여잡고
외로이 황야로 가야 합니다.
행복한 사람들에게 외면당하고
즐거운 사람들의 비웃음거리가 된 채!
당신은 내게 너무 과분한 짐을 내려주었습니다!
피티아, 짓궂은 신이시여!

당신은 왜 내게 열린 감각을 주어
나를 영원히 눈먼 자들의
도시로 보내 당신의 신탁을

알리도록 하셨습니까?

당신은 왜 내게 보는 능력을 주셨습니까?

나는 그것을 저버릴 수 없습니다.

정해진 운명은 반드시 실현되는 법인데,

두려워했던 일이 다가오고 있습니다.

[…]

내게 눈먼 상태를 다시 돌려주소서.

행복했던 어두운 감각을 다시 돌려주소서!

나는 당신의 목소리가 된 이래로

한 번도 기쁨의 노래를 부르지 못했습니다.

당신은 제게 미래를 주었습니다,

하지만 순간을 빼앗아 갔습니다.

즐거운 삶의 시간을 빼앗아 갔습니다.

그러니 잘못된 선물을 도로 가져가소서!

트로이의 왕 프리아모스의 딸 카산드라는 1802년 프리드리히 실러 Friedrich Schiller의 동명의 담시ballade에서 이렇게 한탄한다. 아폴론 신은 카산드라의 미모에 반해 그녀에게 예언 능력을 선물로 주었다. 그러나 카산드라가 아폴론의 구애를 거부하자 아폴론은 남성성을 드러내며 카산드라와 그녀의 후손에게 저주를 내렸다. 즉 더 이상 아무도 그녀의 예언을 믿지 못하게 한 것이다. 심지어 그녀는 에우리피데스

세상은 이야기로 만들어졌다

Euripides의 작품에서 이렇게 말했다. "이미 고통받고 불행한 사람들은 나에 대해 현명하다고 말하기 전에 미쳤다고 생각했다."

그런데 제우스에게 맹세코 그 모든 예언을 무시해서는 안 되었다! 먼저 카산드라는 자기 동생 파리스가 아름다운 헬레나를 강탈하고 이로 말미암아 트로이를 파멸시키기 전에 고향 사람들에게 그를 죽이라고 조언했다. 이 강탈 사건이 불씨가 된 트로이 전쟁이 끝나갈 무렵 카산드라는 (그리고 바다뱀에게 잡아먹힌 사제 라오콘과 함께) 트로이 목마와 그리스인의 간계에 대해 경고했지만 헛수고였다. 아무도 그녀의 말을 듣지 않았고 결국 트로이는 몰락했다. 그리고 그 이후 결국 카산드라도 부당하게 파멸하게 된다. 트로이를 정복한 후 로크리아의 아이아스가 아테네 신전에서 몸을 피하고 있던 그녀를 겁탈했다. 그리스 왕 아가멤논은 카산드라를 노예로 삼아 미케네로 데려갔다. 그곳에서 아가멤논은 목욕하다가 그의 아내 클리타임네스트라와 그녀의 연인 아이기스토스에 의해 칼에 찔려 죽었다. 이러한 자신의 운명을 잘 알고 있던 카산드라도 결국 클리타임네스트라에게 죽임을 당했다.

우리 시대의 카산드라는 기후 과학자이자 바이러스 학자이다. 이 두 분야(와 이와 관련된 모든 분야)는 과거에도 지금도 계속 경고를 보내고 있지만 아무도 귀담아듣지 않으며 이로 말미암아 기후와 코로나 사이의 경악할 만한 유사성이 줄줄이 나오기 시작한다. 팬데믹은 아무 대비도 하지 못한 상태에서 세계의 거의 모든 국가를 강타했다. 무엇보다도 2021년 여름 캐나다, 마다가스카르, 중국, 캘리포니아, 독일 서쪽, 지중해 주변, 러시아 등에서 관찰할 수 있는 기후 변화의 결과와 모든 산불, 침식, 가뭄, 허리케인, 홍수 등이 거의 무방비 상태의 사회를 덮친 것처럼 말이다.* 사실 이 두 가지 위기의 원인은 사람들이 생각하는 것보다 더 밀접하게 관련되어 있다. 마치 내러티브가 ㅡ 사실적 내러티브이든 거짓 내러티브이든 ㅡ 서로 닮아 있는 것처럼 말이다. 다만 그 규모와 범위만 비교할 수 없을 뿐이다. 스웨덴의 철학자이자 기후 활동가인 안드레아스 말름Andreas Malm은 2020년 4월 "기후 위기가 전쟁이라면 팬데믹은 총알이다."라고 말했다.

세계보건기구WHO는 SARS-CoV-2 병원체가 정확히 어떻게 그리고 언제 처음으로 박쥐에서 중간 숙주로, 그리고 사람에게 전이되었는지 큰 비용을 들여가며 조사했다. 2021년 1월 왕이(王毅) 중국 외교부장은 결과적으로 불분명한 조사 결과가 정치적 폭탄이라고 경고했다. 실제로 인수공통전염병이라는 가능성 있는 원인과 관련해서도, 첫 발병 사례의 대응 방식과 관련해서도 그들의 모호한 조사 결

---

* 그리고 독일의 저명한 문학 연구 프로젝트 또한 '카산드라'라는 이름이 붙여졌다. 이 프로젝트는 미국 방위고등연구계획국DARPA과 그 스토리넷Storynet과 유사하게 지난 몇 년 동안 당국과 협력하여 악성 내러티브를 사용하여 어떻게 지역 갈등을 예측할 수 있는지 알아보고자 했다. 이 프로젝트의 지도자인 위르겐 베르트하이머Jürgen Wertheimer 교수는 도이칠란트푼크Deutschlandfunk 라디오 방송국과 〈프랑크푸르트 알게마이네 차이퉁FAZ〉 지와의 인터뷰에서 귀중한 지식이 담겨 있음에도 사람들이 그들의 작업 결과에 그다지 귀를 기울이지 않는다고 호소했다. 카산드라 프로젝트는 2018년 알제리의 위기와 2021년 나고르노-카라바흐Nagorno-Karabakh 분쟁을 예측했다.

세상은 이야기로 만들어졌다

과는 이미 비난을 가져왔다. 중국 당국은 이미 2019년 12월과 2020년 1월에 '중국 바이러스'의 존재와 무엇보다 최초의 환자와 사망자 ― 그중에는 전염병계의 카산드라라고 할 수 있는 의사 리원량Li Wenliang도 있었는데, 그는 세상을 향해 경고하고자 했다 ― 를 단순히 부정함으로써 '중국 바이러스' 이야기를 일축하려 했지만 헛된 노력이었다. 중국 정부가 이 이야기에서 적대자가 되는 것을 원하지 않았던 탓에 귀중한 시간을 허비했다.

우한의 실험실 사고에서 팬데믹이 시작되었을 수도 있다는 가설이 사실인지 아닌지 우리는 지금까지도 모른다. 적어도 확실한 사실은 우한에서 발생한 바이러스가 국제 항공교통을 통해 이탈리아 북부와 바이에른에 상륙했다는 것이다. 2020년 2월 하인스베르크Heinsberg의 유명한 카니발 행사나 동계 스포츠의 성지인 오스트리아 이슈글Ischgl의 여러 아프레 스키 바Après-Ski-Bar에서 일어난 것처럼 전염성이 강하지만 뚜렷한 증상이 발현되지 않은 일부 환자들이 수백 명은 아니더라도 수십 명을 동시에 감염시켰다. 정부와 당국은 공식적으로 다른 이야기를 했지만, 무방비 상태에서 쏟아진 첫 보도들에 타격을 받았다. 독일 보건부 장관 옌스 슈판Jens Spahn(기독민주당 CDU)은 2020년 2월 12일에 여전히 이렇게 설명했다. "우리는 경계하고 주의를 기울이며 잘 대비하고 있습니다." 돌이켜보면 이 문장의 마지막 부분은 매우 심각하게 방심한 오판이었다. 또는 ― 사람들이 보건부 장관에게서 기대하는 것만큼 그에게 충분한 정보가 있었다면 ― 공포감을 퍼뜨리지 않기 위한 '선의의 거짓말'로 해석될 수 있다. 팬데

12장 묘약을 들고 귀환하다

믹이 얼마나 놀라울 만큼 서구 세계를 강타했는가? 이미 준비했어야 할 안전 대책은 제대로 취했는가? 거의 모든 정치인과 수많은 언론이 지금까지도 무지, 바이러스의 기습 공격, 사고로 발생한 전 세계의 집단적인 비운이라는 내러티브를 엮고 있다. 이는 첫 번째 거짓말이다.

이미 아시아에서 많은 사람의 목숨을 앗아간 사스SARS 전염병 — 다행히도 확산을 신속하게 막은 덕분에 유럽에서는 창궐하지 못했다 — 이 끝난 2001년에 많은 기관과 정부가 앞으로는 선제 조처하기로 결정했다. 2005년에 처음 생겨나 2017년에 업데이트된 독일 '국가 전염병 지침Nationale Pandemiplan'은 전 세계가 연결된 만큼 병에 취약해진 인간 사회에 대한 코로나 바이러스의 첫 공격의 결과이다. 과학적 연구로 뒷받침되는 이 지침은 명확하다. 이 안에는 취해야 할 모든 종류의 조치와 안전 대책이 포함되어 있다. 사람들은 그러한 조치를 잊었을까? 아니다. 오바마 행정부는 불과 몇 년 전 그러한 바이러스에 대응하는 방법에 대한 자세한 시뮬레이션을 수행했다. WHO는 2018년 전 세계적인 팬데믹을 유발할 수 있는 병원체에 '질병 엑스Disease X'라는 이름을 붙였다.

사람들은 계속해서 서로 다른 차원에서 병원체의 위험을 다루었다. 그러나 코로나가 창궐했을 때 거의 모든 서방 정부는 완전히 대비하지 않은 것처럼 보였다. 온갖 팬데믹 지침과 시뮬레이션, 사스를 통해 습득한 모든 교훈은 아무 소용이 없는 듯했다. 전염병, 특히 인플루엔자 바이러스로 발생하는 전염병을 우리가 왜 예상했어야 했는가? 왜냐하면 바이러스학 분야에서 연구하는 모든 학자가 수십 년은 아니더라도 수년 동안 다음과 같이 경고해 왔기 때문이다. 즉 인간 면역 결핍 바이러스HIV, 조류 독감, 에볼라, 사스에서 이미 발생한 것과 같은 새로운 인수공통전염병의 발발은 시간문제일 뿐이라고 말이다. 그 이유는 무엇보다 우리가 생태계를 공격적으로 착취하는 데 있다. 동물은 자연 서식지가 파괴되거나(이를테면 산림 벌채나 토양 밀봉, 천연자원 채굴, 독성 화학 물질 사용을 통해), 식량 기반 또는 생태 서식 공간Biotope의 다른 중요한 특징이 파괴될 때(사냥이나 인간이 데려온 또는 인간을 피해 낯선 서식지를 침범하는 천적 동물로 인해) 바이러스 운반체로서 인간에게 위험해지기 때문이다. 스트레스를 받은 동물은 더 많은 바이러스를 지니고 있으며 배설물이나 혈액을 통해 더 많은 바이러스를 환경에 내뿜는다.

신종 코로나 바이러스와 관련하여 2021년 1월에 포츠담 기후영향 연구소Potsdam Institut für Klimafolgeforschung에서 활동하는 수학자 로버트 베이어Robert Beyer가 이끄는 연구진은 지난 100년 동안 기후변화로 인해 40종의 박쥐가 원래의 서식지를 떠나 중국 남부의 윈난성 지역과 미얀마와 라오스 인근 지역으로 이동한 사실을 발견했다. 이 동물들이 SARS-CoV-2 바이러스와 유전적으로 매우 유사한 바이러스를 포함하여 약 100개의 새로운 코로나 바이러스를 가져왔기 때문에 이 지역들은 코로나 바이러스의 대규모 감염지가 되었다.

이러한 극적인 변화의 원인은 지구 온난화 때문이기도 하다. 하버드 대학의 기후, 건강 및 지구 환경센터 소장인 아론 번스타인Aaron Bernstein에 따르면 지구 온난화로 말미암아 "인간이 아닌 모든 생물은 더위를 피하고자 극지방으로 밀려든다. 그리고 이는 바이러스와 박테리아가 새로운 종을 엄습할 기회를 만든다."[1] 그다음에는 전 세계적인 팬데믹이 야기된다. 과거에는 박쥐 서식지와 아주 가까운 원시림의 몇몇 마을에 사는 주민들만이 지역에 한정되어 위험한 바이러스에 감염되고 최악의 상황에는 전멸했을 것이다. 그러나 인구 밀도가 높고 고도로 연결된 지금의 우리 세계에서는 바이러스가 거의 제한 없이 전파될 수 있다.

중국 도시 우한이 그 대표적인 예다. 2000년에서 2018년 사이에 우한과 중국을 세계 다른 지역과 연결하는 새로운 철도와 항공교통이 생기면서 우한의 인구는 세 배로 증가했다. 이탈리아 북부에 코로나 바이러스가 가장 먼저 창궐하여 최악의 피해를 본 것은 우연이 아니다. 수십억 달러 규모의 무역 및 투자 프로그램으로 두 나라 간의 교류가 배가되었다. 하루 여섯 편의 저가 항공편으로 밀라노와 중국을 오가는 중국인 노동자들이 중국 기업이 대거 인수한 롬바르디아 Lombardia 주의 섬유 산업체에서 일하는 것은 이제 더 이상 예외적 현상이 아니다. 또한 산업 중심지인 밀라노는 세계에서 스모그가 가장 심한 도시 중 하나이며, 이곳 사람들은 특히 폐 질환에 취약하다. 또한 롬바르디아는 인구 밀도가 높고 많은 개인 병원이 효율성 위주로 돌아가기 때문에 코로나 바이러스가 초기 단계에서 제지 없이 퍼져 나갈 수 있었다.[2]

그러므로 코로나 팬데믹이 자연재해처럼 갑자기 우리를 찾아왔다는 것은 많은 정치인이 퍼뜨린 두 번째 거짓말이다. 우리는 코로나

세상은 이야기로 만들어졌다

전염병을 어떻게 얻게 되었는지 아주 정확히 알고 있으며, 코로나 팬데믹을 유발하고 촉진하는 요인을 알고 있다. 그리고 코로나 팬데믹은 마지막 팬데믹이 아닐 것이다. 코로나 바이러스가 유래한 곳에는 더 많은, 그리고 분명 더 위험한 병원체가 기다리고 있다. 연구가들은 백만 개에 이르는 유사 바이러스가 존재한다고 가정한다. 박쥐에게서만 그중 3천 개의 바이러스가 확인되었다. 훨씬 더 치명적인 에볼라 바이러스를 생각하면 코로나는 비교적 위험하지 않은 바이러스다. 에볼라 바이러스는 인간이 오랫동안 환경에 스트레스를 가해 온 서아프리카 지역에서 발생한 인수공통전염병이다. 그동안 인류는 지구의 자연적인 생태계를 지나치게 많이 바꾸었고, 이로 말미암아 지금까지 알려지지 않았던 바이러스의 확산 가능성이 점점 커지고 있다.

인수공통전염병의 위험과 벌이는 우리의 모험적인 게임을 살펴보면 안드레아스 말름이 말한 것처럼 "마치 인간의 경제가 코로나 바이러스와 다른 병원체로 가득 찬 그릇을 들어 올려 모든 내용물을 스스로 쏟기로 한 것 같다."[3]는 인상을 얻을 수 있다. 우리가 수많은 곳에서 매우 방대하게 생태계를 침해하는 방식은 자기 파괴 그 이상이다. 100년 후 사람들은 이 코로나 팬데믹을 우리 문명의 전환점으로 여기거나 아니면 더 이상 아무도 되돌아보지 않을 것이다.

우리가 인류라는 종으로서 수많은 카산드라의 말에 귀를 더 기울여야 했다는 경험을 했으면서도, 다시 말해 그들에게 너무 자주 우리 신화의 단역 역할만 맡게 하는 경험을 무수히 많이 했는데도 우리는 왜 이로부터 올바른 교훈을 얻지 못하는 것일까? 왜냐하면 우리 안에는 카산드라의 말에 맞서는 훨씬 더 강력한 내러티브와 프로그래밍이 여전히 작동하기 때문이다. 아주 간단하면서도 우리를 일깨우는 대답이다. 우리는 이 책의 앞부분에서 유목민의 전근대 사회에서 생존에 적합한 이야기 형태를 우리에게 제공했던 내면의 화자와 부족주의, 인지 오류에 대해서 다루었다. 하지만 이 이야기들은 오늘날 전 세계의 수백만 명의 개인으로 구성된 포스트모더니즘 사회에서 우리에게 치명적으로 등을 돌린다. 그리고 그중 하나는 마시멜로와 관련이 있다.

현재와 미래의 트롤리 문제

지금 당장 마시멜로 한 개를 먹을 것인지 조금 참았다가 나중에 마시멜로 두 개를 먹을 것인지 단순한 선택을 해야 하는 네 살짜리 아이를 상상해보라. 마시멜로 두 개를 먹으려면 달콤한 마시멜로 두 개가 놓여 있는 테이블 앞에 15분 동안 가만히 앉아 있으면 된다. 아이의 모습은 카메라로 은밀하게 관찰된다. 대부분 아이는 어떻게 행동할까?

1970년대 초 스탠포드 대학교의 심리학자들은 이와 같은 실험을 여러 번 실시했다. 그들은 아이들이 더 큰 보상에 대한 희망을 품고 기다림의 시간을 비교적 잘 버틸 거라고 기대했다. 하지만 그 반대였다. 즉 아이들은 마시멜로를 즉시 먹을 수 없다는 좌절감으로 괴로워하는 듯 보였다. 먹고 싶은 유혹과의 싸움은 얼굴을 찡그린다거나 거친 몸짓을 보인다거나 노래한다거나 심지어 잠을 자려고 하는 등

(실제로 한 아이는 정말로 잠이 들었다) 각종 엉뚱한 동작으로 이어졌다. 연구팀은 미래의 보상에 비해 현재의 보상을 감정적으로 훨씬 더 높게 평가하며, 보상이 눈앞에 명확하게 제시될수록 인내심을 갖기가 어렵다는 결과에 도달했다.•

이러한 관점에서 경제학은 '시간 선호Time Preference'라는 개념을 발전시켰는데, 이는 우리가 미래의 소비보다 현재의 소비를 선호하는 이유를 설명해준다. 여기서 우리는 3장에서 다룬 내용을 다시 상기해볼 수 있다. 즉 우리의 유한성과 나아가 과거, 현재, 미래에 대한 우리의 감각은 언제나 비합리적인 결정을 내리도록 유혹한다.

아니면 그러한 결정들이 전혀 비합리적이지 않은 것일까? 미래의 소비는 결국 근본적인 불확실성 아래에 있다. 사람들은 자신이 내일도 그곳에 있을지 모르기 때문에 초조하고 조급하다. 기본적으로 우리는 호머 심슨과 같다. 호머 심슨은 이렇게 예리하게 말한다. "그

• 이 실험은 여러 차례에 걸쳐 반복되고 기록되었다. 그런데 또 다른 학자들은 결과가 조금은 잘못 해석되었다는 사실을 발견했다. 즉 실험에서 측정된 의지력은 학업 성취도와 연관되었기 때문에 의지력이 많을수록 더 좋은 성적으로 이어진다는 결론에 이르렀다. 그러나 가족의 소득 상황은 고려되지 않았다. 이 요인 또한 중요했을 것이다. 왜냐하면 실험에서 빈곤 가정의 아이들은 일찍부터 불안정감과 불확실함을 경험했기 때문에 즉각적인 보상을 손에 넣으려고 했다. 결론을 말하자면 자신의 미래를 불안해하는 사람은 자신이 당장 얻을 수 있는 것을 취한다. 반면 더 안정되고 확실할수록 더 쉽게, 더 잘 배울 수 있다. 덧붙여서 말하자면 무조건적 기본 소득에 대한 지금까지의 연구는 이 논제를 확인시켜준다. 자기 서사에서 재정적 불확실함을 배제할 수 있는 사람은 자신을 전기적 모험의 주인공으로 만들기 위한 여유를 더 많이 갖고 있다.

건 미래의 호머에게 문제야. 이봐, 나는 그 남자가 부럽지 않아."[4] 현상 유지라는 자기중심적 마력은 더 나은 미래를 약속하는 그 어떤 제안보다 언제나 더 커 보인다. 적어도 우리가 집단으로 하는 경우엔 말이다. 개인의 차원에서 사람들은 '안 좋은 날을 위해' 자신이 가진 것을 보관하고 저축할 정도로 매우 이성적일 수 있다. 파종과 수확, 풍년과 흉년이라는 인내의 역학을 가진 농업은 우리에게 미리 대비해야 한다는 교훈을 주었다. 그러나 집단의 차원에서 볼 때 타인에 대한 우리의 불신은 우리의 계획을 망쳐 놓는다. 이를테면 마시멜로를 먹으려는 다른 사람들이 자제력을 발휘해야 우리가 마시멜로를 얻을 수 있는 상황에서 그들이 정말로 그렇게 할지 확신할 수 없다면 우리는 우리 앞에 놓인 마시멜로를 먹고 싶은 유혹을 받는다. 그리고 기후나 팬데믹 상황의 건강처럼 마시멜로가 공동으로 관리되는 자산일 때 이를 무절제하게 사용하는 사람들이 언제나 존재할 것이다. 간단히 말해서 협력이 유익하다는 내러티브는 여전히 매우 설득력이 있을 수 있지만, 많은 경우 다른 사람의 이기심을 확신하는 이기적인 원숭이가 더 우세하다.

간접 민주주의에서 정치인들은 호머 심슨과 다르지 않다. 정치인들의 관심사 역시 대체로 단기적이며 다음 선거를 넘어서 내다보는 경우가 드물다. 그러나 그들이 의사 결정을 할 때 또 다른 차원이 추가된다. 우리의 대변인을 철도 기관사라고 생각해보자. 이 기차는 병목 구간을 향해 고속으로 질주한다. 그런데 그곳 철로에 다섯 명의 건설 노동자가 서 있다. 기관사는 그들에게 경고를 해보지만 소용이 없다. 청력 보호구를 착용한 노동자들은 다가오는 기차에 등을 돌리고 서 있다. 이때 기관사는 더 늦기 전에 다른 선로로 전환할 수 있는 스위치를 본다. 그러나 다른 선로에도 사람들이 서 있다. 하지만 두 명뿐이다. 이 두 사람에게도 경고할 수가 없다. 그렇다면 이 철도 기관사는 스위치를 전환하여 다섯 명의 목숨을 구하고 다른 두 명을 희생시켜야 할까? 기관사는 공리주의적 결정을 내려 세 명을 더 구하는 것을 자기 행동 원칙으로 삼아도 될까?

이러한 도덕철학적 문제를 '트롤리 문제'라고 부른다. 오늘날 정치인들은 현재와 미래 사이의 트롤리 문제에 직면하고 있으며, 스위치를 변환하는 데는 많은 돈과 에너지가 필요하기에 이 문제는 단순히 윤리적 문제만이 아니라 경제적 문제이기도 하다. 그들은 오늘 스위치를 변환해서 나중에 훨씬 더 적은 피해가 발생하도록 애쓰는가, 아니면 오늘 기차가 그냥 달리게 놔두어 비용을 아끼고 상황이 정말로 얼마나 나빠지는지 두고 보는가? 이 질문은 많은 논의를 불러일으킨 '예방의 역설Prevention Paradox'로 직접적으로 연결된다. 팬데믹 초기에 바이러스 학자들은 '예방의 역설'을 반복적으로 지적했다. 즉 예방 행동은 미래의 피해로부터 사회를 보호하지만 예방이 얼마나 필수적이며 얼마나 옳은지는 결코 증명될 수 없다는 것이다. 크리스티안 드로스텐Christian Drosten은 "예방에는 영광이 없다."[5]라고 말했다. 이러한 모든 요인이 조합된 후기 현대 사회는 현재 선호도를 강하게 발전시킨다. 집단으로 볼 때 우리는 미래의 호머다.

코로나와 기후는 또 다른 측면에서 놀라울 정도로 닮았다. 무엇보다 예방과 대립하고 있는 강력한 동화들, 특히 '보호'와 '경제'라는 대립 쌍이 그렇다. 말하자면 건강과 경제를 서로 신중하게 헤아려야 하며 둘 다 가질 수 없다는 이치에 대한 호소다. 사실 건강과 경제는 상호 의존적이다. 건강이 없다면 경제도 있을 수 없다. 또는 팬데믹 상황에서 기후 위기의 탄소 발자국과 짝을 이루는 '개인의 책임'이라는 내러티브를 생각해보자. 즉 '건강'처럼 공동으로 보호해야 할 자산의 경우 개인의 영향력이 너무 미미하여 개인의 책임이 충분하지 않다. 그러나 두 위기의 가장 중요한 공통점은 엄청난 위험과 이와 결부된 미온적 조치와 타협의 비합리성이다. 동시에 엄격한 예방조치와 이를 표방하는 사람들을 정치적으로 무력화시키기 위해 그들을 종종 '자유의 적'이라고 비방한다. 그렇게 되면 바이러스나 환경오염 대신 유난히 큰 소리로 경고하는 사람들이 적으로 여겨진다. 카산드라는 적대자가 된다.

이로 말미암아 우리는 기하급수적으로 악화하는 위기 속에서 인간의 가장 큰 문제에 이르게 된다. 즉 우리 뇌가 그러한 예외 상태에 대해 서사적으로 잘못 프로그래밍되어 있다는 것이다. 정확히 이러한 상황이 근본적으로 어떤 원칙과 작동 기제를 위반하고 있는가? 바로 영웅 여정을 위반하고 있다. 영웅 여정은 영웅이 항상 자신의 결정적인 행동을 촉발하는 계기, 그것도 대부분 중대하고 명료하고 수긍할 만한 계기를 기다린다는 사실을 묘사하고 우리에게 알려준다. 영웅은 결코 예방대책으로 모험을 떠나지 않는다. 상황이 나빠지기 전에 어느 정도 예방적으로 도전을 극복할 수 있다면 그것은 모험이 아닐 것이다. 이미 예견된 예방책으로 세상을 바꿀 수 있다면 그는 영웅이 아닐 것이다. 왜냐하면 그러한 사람은 자신을 변화시킬 필요가 없기 때문이다. 그 대신 그는 계기나 멘토, 친구들, 수단을 기다리며 무엇보다 적, 도전, 임무를 기다린다. 그러면 그는 비로소 주저하며 능동적인 태세를 취하게 되지만 그저 수준에 따라 행동할 뿐이다. 그는 종종 모든 것을 내동댕이치고 싶고, 오로지 생명을 위협하는 절박한 문제(종종 칼이나 총을 가진 악당으로 구현되는 고통스러운 절박함)만이 그를 다시 행동하게 강요한다. 말하자면 영웅은 문제해결을 예방적 변화가 아니라 최저점에서의 긴급한 변신이라고 이해한다. 진짜 영웅은 사건이 터지기 전에 행동하지 않는다. 오히려 대부분 사건이 제대로 터질 때까지 기다린다.

주저하는 영웅만이 진정한 영웅이다. 이 말은 역설적으로 들린다. 다른 모든 사람보다 더 멀리 뛸 수 있으려면 먼저 도움닫기를 해야 한다. 물론 이러한 영웅은 영리한 팬데믹 영웅과는 정반대다. 그는 딜레마에 직면하기 훨씬 전에 카리스마 넘치는 멘토인 바이러스 학자로부터 가장 정확한 조언을 구한 다음 행동할 것이다. 이는 위기에 대처하는 훨씬 더 나은 퍼포먼스일 수 있지만 그만큼 훨씬 더 지루한 이야기가 될 것이다.

이러한 영웅 여정은 궁극적으로 우리에게 어떤 교훈을 주는가? 주저하는 영웅에게 독보적인 것, 즉 잭팟이 터진다는 것이다. 현상 유지가 아닌 궁극적인 개선, 진정한 해피엔딩. 반면 무언가를 그저 저지하거나 보존하기만 하고 근본적으로 새로운 것을 전혀 초래하지 않는 예방은 매력적으로 보이지 않는다. 우리가 9장에서 만난 SF 작가 어슐러 르 귄은 잘못된 영웅적 이상을 다음과 같이 설명한다. "우리는 쓸데없는 영웅적 반항에는 찬사를 보내면서 참을성 있는 저항은 비웃는다."**6**

큰 위기는 우리가 정확히 반대의 것을 행해야 한다는 것을 보여준다. 이야기하는 원숭이는 속도와 질적인 면에서 발전하여 세계의 지배자가 되었다. 하지만 스스로 '만물의 영장'이라고 선언한 진화론적 해피엔딩으로 본래의 목표를 벗어난 것처럼 보인다.

인류의 유일한 불변성은 아무것도 있는 그대로 유지되지 않는다는 것이다. 우리는 혁신적이고 진화적으로 변화하고 있다는 사실을 알고 있다. 그리고 끊임없는 변화를 통해 눈에 띄지 않게 갑자기 큰 발전을 이루었다(때때로 우리는 카산드라의 말을 듣기도 한다). 이 책에서 우리는 바로 이것이 이야기가 존재하는 주된 정당성이며 이야기가 변화를 가능하게 한다고 주장했다. 그런데 하필이면 우리가 가장 좋아하는 이야기는 지혜로운 예방에 관해서는 분명히 실패한 듯하다. 그렇다면 우리의 구원을 위해 이러한 서사 프로그램을 여전히 사용할 수 있는 방법이 있을까?

상상은 근육이고 이야기는 바이러스다

미국의 경제학자 로버트 J. 실러Robert J. Shiller는 『내러티브 경제학 :

경제를 움직이는 입소문의 힘Narrative Economics: How Stories Go Viral and Drive Major Economic Events』(2020)에서 2009년부터 확산하고 있는 비트코인 내러티브를 예로 들어 설득력 있는 새로운 이야기가 사람들의 경제적 결정에 얼마나 빠르고 심오하게 영향을 미칠 수 있는지 설명한다.• 비트코인 내러티브의 서사적 틀은 쉽게 조망할 수 있다. 즉 비정통적인 디지털 원어민Digital Native인 젊은 세대가 글로벌 금융 엘리트와 겨루는 다윗과 골리앗의 이야기이다. 말하자면 융통성이 없고 부당하다고 맹렬히 비난받는 무능한 정부가 관리하는 인습적인 통화에 대한 반감, 아나키즘적 유토피아의 평등한 도구로서 암호 화폐를 영웅화하는 것, 전통적인 투자에서 분산형 디지털 통화로 과감히 전환하여 세계적 엘리트의 일부가 되는(적어도 그렇게 되고자 하는) 사람들에게 주어지는 마법 같은 부의 증식에 대한 약속이다. 몇 번의 클릭만으로 이러한 용감한 출발을 자기 서사로 흡수하는 것이 매우 빠르고 매우 쉬웠기에 수백만 명의 사람들에게 암호 화폐는 자기 충족

• 지금까지 성장과 자유 무역의 내러티브가 우리의 경제 이야기를 지배해왔다. 이에 대한 한 가지 예는 이른바 래퍼 곡선Laffer Curve이다. 래퍼 곡선은 1974년 미국의 경제학자 아서 래퍼Arthur B. Laffer가 고위 정치인 딕 체니Dick Cheney와 도널드 럼즈펠드Donald Rumsfeld에게 세율을 낮추면 어느 시점부터 세수가 줄어드는 것이 아니라 더 많아질 것임을 설명하기 위해 냅킨에 그린 것으로 전해진다. 이 두 정치인은 이 냅킨을 가져가서 로널드 레이건Ronald Reagan 대통령에게 보여주었다. 1980년대 레이건 대통령의 신자유주의 경제 정책은 이 냅킨에 그려진 래퍼 곡선의 직접적인 결과라고 할 수 있다. 오늘날까지 전 세계의 정치인들은 아직 증명된 적이 없는 이 논제를 반복하고 있다. 말하자면 이 논제의 바이러스가 풍토병이 되었다.

적 예언이 되었다. 실러에 따르면 "이러한 이야기의 일부는 거품이고 일부는 스릴러다."[7] 왜냐하면 암호 화폐를 발명한 사토시 나카모토 Satoshi Nakamoto는 2010년 이후로 더 이상 모습을 드러내지 않고 잠적하고 있기 때문이다.

이를 통해 그는 무한한 억측의 대상이 되었다. 실러는 "비전문인과 일반인들이 내러티브에 동참함으로써 비트코인에 대해 소속감을 느끼고 나아가 정체성을 구축할 수 있게 한다."[8]고 말한다. 탐정 놀이를 하듯 더 나은 미래에 참여함으로써 부자가 된다는 내러티브는 믿기지 않을 정도로 너무나 훌륭했다.

실러는 내러티브의 확산을 실제로 에볼라와 같은 바이러스의 확산과 비교한다(여기서 말해두어야 할 것은 그의 책이 코로나 직전에 출간되었다는 점이다). "내러티브의 전염은 만남이나 전화 또는 소셜 미디어를 통해 개인에서 개인으로 이뤄진다. 또한 다른 사람의 이야기를 읽고 보면서 언론 매체나 토크쇼를 통해 다른 매체로 전염되기도 한다."[9] 내러티브는 팬데믹의 물결처럼 사회 전반에 걸쳐 제공된다. 콩고의 에볼라 전염병의 경우 에볼라를 하찮게 보는 이야기나 심지어 '돈을 벌기 위해 에볼라를 만들었다'는 부정적인 음모론이 유포되고 이를 콩고 인구의 25퍼센트가 믿는 현상을 보면서 연구가들은 내러티브의 전염이 의학적 전염을 가능하게 만들었다는 사실을 증명할 수 있었다.

그렇다면 어떤 종류의 '생각 바이러스'—실러는 이를 전염병처럼 확산하는 이야기라고도 부른다—가 세상을 구할 수 있을까? 아마도 큐어넌처럼 상호 소통을 하며 '믿을 만하고 '비트코인처럼 흥미진진하고 자유로운, 그러나 생태학적으로 생산적이고 진보적인 바이러스일 것이다. '윤리적 소비'에서 경제와 윤리 사이의 연관성이 점점 증가하고 있으며, 또한 투자 자본을 지속 가능한 기금으로 재편성하는 소위 투자 회수Divestment가 수년 동안 논의되고 현실화되고 있다. 지질학적인 티핑 포인트Tipping Point처럼 사회적 티핑 포인트도 존재하는데, 사회적 티핑 포인트가 지나면 세상의 파괴를 계속해서 부작용으로 받아들이는 것이 더 이상 허용되지 않거나 윤리적으로 정당화될 수 없을 것이다. 우리는 이러한 티핑 포인트를 향해 노력해야 한다. 더 건강한 경제는 명예의 문제가 되어야 한다.

얼굴을 잃는 것보다
머리와 목을 위험에 빠뜨리는 것이 낫다

영국의 철학자 콰메 앤서니 아피아Kwame Anthony Appiah는 『명예 규칙 : 도덕적 혁명은 어떻게 일어나는가The Honor Code: How Moral Revolutions Happen』에서 사회가 도덕적으로 발전함으로써 특정 규범에서 어떻게 벗어났는지에 대해 세 가지 역사적 예를 들어 설명했다. 즉 그는 '명예' 회복으로서의 결투 이야기, 20세기까지 지속된 중국 여성의 전족 풍습, 노예제 폐지 이야기를 들려준다. 이 모든 역사적 사례의 공통점은 각각의 의식(儀式)이 사회의 서사 구조와 나아가 인간의 서사적 자아에 깊숙이 박혀 있다는 것이다. 아피아는 우리가 다른 사람에게 근거 없이 빚진 것이 무엇이냐는 질문에 대한 대답으로 명예를 이해한다. 더 쉽게 말하자면 명예는 우리가 왜, 무엇을, 누구에게 대가 없이 빚졌는지를 설명하기 위해 우리 스스로가 하는 이야기이다. 명예는 모든 문화와 시대를 통틀어 존중Respect에 대한 요구를 의미한다.

존중은 무엇을 의미하는가? 모든 차원에서의 불가침 조약, 평등주의적인 호의, 기본적인 인정을 받는 것(전쟁터나 경기장에서 경쟁적으로 달성하는 명예로운 영광과는 구분된다)을 뜻한다. 우리는 자기 자신에 대한 명예로운 이야기를 통해 사회적 존재로서 우리에게 매우 중요한 존경과 인정을 얻는다. 내가 나에 대한 온전한 내러티브를 견지할 수 있을 때만 나는 도덕적으로 '선'할 수 있다. 그러나 많은 문화권에서 명예와 도덕을 위반하는 사람은 '얼굴', 즉 '체면'을 잃게 된다. 이러한 체면 손상은 자기 정체성에 대한 서사적 지배권 상실에 대한 은유로서 이해할 수 있다. 다른 한편으로 수치심은 명예롭지 못한 행동, 즉 자신의 이야기를 좌절시키는 행동을 할 때 생겨나는 감정이다. 아피아는 이러한 윤리적 자기 서사의 일관성이 근본적이라고 생각한다. "진정으로 존경할 만한 사람은 자신이 숨 쉬고 있다는 사실만큼 자신의 명예로운 행동을 자랑스러워해서는 안 된다."[10]

그러나 누군가가 예를 들어 거짓말을 비난함으로써 이러한 일관성에 도전했을 때 여전히 19세기 영국에서는 신사들, 말하자면 상대의 명예 회복을 서로 부정하지 않는 영예로운 남성들 사이에서는 결투가 이어졌다. 내러티브 해석 주권을 둘러싼 공방전에서 도전자는 목숨을 걸고 그 해석 주권을 되찾으려 한다. 자기보존보다 규칙이 더 중요하다는 용감함이 담긴 자기 서사는 신사의 서사적 자율성을 보여주었다. 이러한 자율성은 도전자를 주인공으로, 결투 상대를 적대자로 만들었다.

아피아에 따르면 신사는 이로써 '명예 세계', 즉 외집단보다 우월하다고 스스로 규정하는 내집단 사이에서 배타적인 기본 체계를 만들었다. 무엇보다 결투는 사회적 지위를 과시하는 것이기도 했다. 왜냐하면 대부분 귀족 출신의 결투 당사자들은 대개 처벌을 모면할 수 있었고 최악의 경우 몇 년 동안 자진 추방을 선택했다. 이처럼 잔인한 관행이었던 결투는 많은 반대 여론과 주장이 있었는데도 오래 지속될 수 있었다. 영국의 철학자 윌리엄 고드윈William Godwin에 따르면 신사는 사회적 제재의 위험을 감수하기 위해 큰 용기가 필요했다. 적어도 종종 고의로 빗맞히는 상대의 부정확한 결투용 권총에 맞서는 것보다 더 큰 용기가 필요했다.

오늘날에는 무엇이 결투나 중국의 전족, 노예제에 해당할 수 있을까? 우리는 무엇을 온 힘을 다해 밀어내고 있는가? 우리는 어떤 부끄러운 관행을 문화적 맹장처럼 너무 오랫동안 근절하지 못하고 있을까? 적어도 '도덕 혁명'을 이룰 수 있을 정도로 충분한 자원과 정보를 가지고 있는 부유한 서구 사회는 무엇에서 벗어날 수 있을까?

육류 대량소비가 하나의 예가 될 수 있다. 육류 대량소비는 종종 개인의 자유를 이유로 옹호되는 경우가 많다. 말하자면 슈퍼마켓에서 포장된 고기를 사서 집에서 먹는 것보다 더 고상하고 자유로운 것은 없다는 것처럼 말이다. 우리는 육류 산업이 기후를 가장 해치고 사회적으로 가장 불공평하며 가장 많은 경제적 지원을 받는(그래서 사회적으로 가장 비용이 많이 드는) 부문 중 하나라는 것을 알고 있다. 이는 우리의 이익을 위해 ― 혹시라도 그래야 한다면 ― 어떤 상황에서 동물을 죽이는 것이 좋으냐는 윤리적 질문과는 완전히 별개의 문제다. 그렇다면 어째서 매일 수만 마리의 동물이 고통과 죽임을 당하고 값싼 식재료로 가공되는 돼지 축사와 닭 농장이 독일에 여전히 존재하는 것일까? 어째서 이러한 동물성 제품이 계산대 밑에서 부끄럽게 거래되는 것이 아니라 할인점의 전단 상단에 특가로 버젓이 광고되는 것일까? 우리 후손은 '어떻게 그게 정상이라고 생각할 수 있었지?'라고 역겨워하는 것 말고 달리 어떻게 반응할까? 아피아 역시 혁명 직전의 위태로운 도덕성을 지적하기 위해 계속해 비슷한 아이디어를 제시했다.

재생가능 에너지로의 최종 전환은 또 다른 예가 될 수 있다. 재생에너지를 저지하는 행위, 풍력 발전기와 태양열 집열판과의 싸움은 부끄러운 일이다. 비인간적인 환경에서 제조된 의류도 마찬가지다. 우리는 소위 진보라는 것이 규제되지 않은 생산과 글로벌 공급망을 통해 우리에게 가져온 것을 몸에 걸치고 입에 넣으며 즐거워한다. 그리고 이로써 우리는 착취와 쓰레기 투기, 지구 온난화에 직접적인 책임이 있다. 그 과정에서 사람과 환경이 겪는 피해를 이야기하는 것, 그리고 집단으로 도외시하는 이러한 관행이 다음 세대에게 얼마나 어리석게 보일 것인지에 관해 이야기하는 것은 가장 우선적이고 근본적인 도덕적, 서사적 혁명이어야 할 것이다.

모든 영역에서 이러한 길을 일관되게 따르기 위해서는 오늘날 우리가 끌어모을 수 있는 것보다 훨씬 더 많은 상상력이 필요하다. 작가 닐 게이먼Niel Gaiman은 "상상력은 근육과 같다. 근육은 단련하지 않으면 쇠약해진다."[11]고 말한 바 있다. 이 근육은 자기효능감이 불가능하거나 필요하지 않아 보이는 문제에서 발휘되는 자연적인 억제 근육보다 더 강해야 한다.•

모닥불을 피워놓고 입에서 입으로 전해지는 유목민의 구전 신화에서 오늘날 영화관의 3D 안경에 이르기까지, 다시 말해 인류 역사 전반에 걸쳐 내러티브 개선 작업은 시대에 맞춰지고 확장되었으며, 그에 따라 우리의 내러티브 근육도 단련되어 새로운 수준의 능력에 도달했다. 고대 장르로서 서사시는 괴테와 실러가 말한 '절대적 시간', 즉 현재와 현재의 사람들이 접촉하지 않은 시간을 다루었다. 소설은 러시아의 문예학자 미하일 미하일로비치 바흐친이 강조했듯이 현재를 다룬 최초의 장르였다. 다른 한편으로 SF는 미래를 조형 가능한 것으로 이해한다. 카산드라의 경고를 더 효과적으로 전달할 수 있으려면 우리의 이야기는 다음 진화 단계를 거쳐야 한다.

코로나 위기는 상상의 공간을 열어주었다. 이전의 팬데믹에서와 마찬가지로 상상의 공간에는 실제로 큰 변혁의 힘이 잠재되어 있다. 예를 들어 14세기까지 유럽 인구의 약 3분의 1을 몰살시킨 림프절 페스트Bubonic Plague는 공중보건의 탄생, 문화와 경제의 개선으로 이어

• 덧붙여 말하면 해부학상의 근육군은 작용근과 대항근이라는 이름을 가진다.

졌고 중앙집권 국가가 탄생하는 데 기여했다. 코로나는 우리가 우리 집단과 미래에 대해 다르게 이야기해야 한다는 교훈을 줄 수 있을 것이다. 이것이 어떻게 가능할 수 있는지는 뉴질랜드 정부의 선견지명인 '제로 코비드Zero-Covid' 정책에서 추측해볼 수 있다. 뉴질랜드 정부는 이 정책을 연결체Konnektiv 내러티브와 성공적으로 결합했다. 뉴질랜드에서는 앞에서 언급한 코로나 내러티브에 따라 국민을 '5백만 적대자'가 아니라 '5백만의 팀Team of 5 Million'이라고 불렀다. 단 한 명의 감염자가 발생하더라도 전국적인 조치를 강구하려는 집단적인 각오에는 전 인구를 주인공으로 만들고 바이러스를 적대자로 삼는다는 (말하자면 바이러스 확산을 억제하는 조치나 이를 준수하지 않는 '다른 사람들'이 적대자가 아니다) 공통된 이해가 결정적이었다. 기후 위기와 관련해서는 삶의 공통 기반에 대한 우려라는 메타 내러티브가 유사하게 생겨날 수 있다. 이러한 우려에 도움이 되지 않는 것은 무엇이든 불명예스러운 것으로 간주하는 사회적 티핑 포인트가 오늘날 가능한 한 빨리 마련되어야 한다.

그렇다면 비전 있고 합리적인 수단이 대다수의 인구에게 당연하게 여겨지고 받아들여지며 지지받을 수 있도록 어떻게 그것을 강화할 수 있을까? 그 대답은 간단하다. 바람직한 미래, 일명 유토피아에 관한 이야기와 서사적 묘사를 통해 가능하다.

불안정한 시대를 위한 유토피아

포도주 선술집이나 맥주 가게가 없으며, 사창가나 타락의 기회가 존재하지 않으며, 은밀한 공간이나 밀회의 장소 또한 존재하지 않습니다. 모든 사람이 당신을 지켜보기 때문에 당신은 사실상 당신의 일을 계속해야 하고 당신의 여가 시간을 적절히 사용해야 합니다.**12**

오로지 일을 통해서만 개인을 가치 있는 존재로 간주하는 쾌락 적대적인 감시 사회는 끔찍한 디스토피아일까? 그러한 사회는 정치가이자 철학자인 토마스 모어Thomas More에게 이상적인 사회의 한 부분이었다. 그는 자신의 저서 『유토피아Utopia』에서 그러한 이상적인 사회에 대해 위와 같이 묘사했다.● 그가 상상한 '유토피아Utopia'(그리스어로 ū = 없는, tópos = 장소) ─ 즉 어디에도 없는 이상적인 곳, 사실이라기에는 너무 좋은 곳 ─ 는 오늘날까지도 멀리 떨어져 있는 더 나은 사회라는 우리의 생각을 지배한다. 유토피아는 모든 좋은 소망이 투영된 장소이지만 종종 환상적이라는 이유에서 평가절하되기도 한다. 이를테면 '그건 유토피아적이야'라는 말은 무언가가 달성할 수 없는

● 토마스 모어는 이 책에서 몇 가지 흥미로운 아이디어를 발전시켰다. 예를 들면 베일로 서로의 몸을 감싸는 당신의 관습 대신 유토피아에서는 배우자끼리 서로 나체를 보여주는 의식이 있다.

것처럼 보이거나 지나치게 낙관적인 이상을 꿈꿀 때 하는 말이다.

오늘날 우리의 자기 파괴적 시스템과 건강하지 않은 과잉 상태를 유지하기 위해 생활공간을 일관적으로 파괴하는 상황에 직면하여 생각해볼 때 다수 사회의 진정한 유토피아는 먼 미래에 존재하는 것이 아니며 여러 가지 적극적인 변화가 필요하다는 사실은 분명하다. 미화되고 비뚤어지고 자살 행위와 같은 우리의 현 상태는 에고토피아 Egotopia, 즉 오로지 자신만을 생각하는 나의 장소라는 의미에서 유토피아다. 이 유토피아를 각별하게 지키는 사람은 소위 보수주의자, 더 정확하게 말하자면 '파괴주의자'라고 말할 수 있다. 이와 대조적으로 삶의 모든 영역에서 근본적인 변화를 꾀하는 것은 지속해 해체되고 있는 우리의 생활 방식에서 벗어나는 유일한 합리적 해결책이라는 점에서 '유토피아적' 생각이라 볼 수 있다.

철학자 에바 폰 레데커Eva von Redecker는 자신의 저서 『삶을 위한 혁명 : 새로운 형태의 항의에 대한 철학Revolution für das Leben. Philosophie der neuen Protestformen』(2020)에서 시대에 따라 유토피아 개념이 어떻게 변해왔는지 추적한다. 예를 들어 칼 마르크스에게 유토피아는 자본주의 이후의 시간인 '유크로노스(Uchronos, 어디에도 없는 시간)'이다. 여기에서는 자본주의에서 그렇듯이 자신의 시간과 나날들을 더 이상 팔지 않아도 된다. 마르크스주의는 우리를 그곳에 데려다줄 수 있는 특정 수단(혁명을 통해 잠재력을 최대한 발휘하는 노동계급)에 초점을 맞추었다. 이를 위한 전제조건은 사회의 한가운데에 존재하며 자본주의적 지배(또는 시장의 상품으로서 만물이 인간을 지배하는 물질적 지배)

의 베일에서 벗어나기만 하면 된다. 익숙한 이야기처럼 들리는가? 이로써 마르크스주의는 본질적으로 노동계급의 영웅 여정 같은 것을 묘사하고 있지 않은가?

생태 위기는 마르크스주의를 반박하지는 않았지만 적어도 새로운 과제를 안겨주었다. 즉 우리의 생활 토대를 계속해서 파괴한다면 생산수단을 사회화하는 것만으로는 해결책이 될 수 없다. 이와 동시에 레데커의 관점에서 볼 때 우리의 경제 방식은 생태학적 방식뿐만 아니라 온갖 착취 메커니즘과 밀접하게 맞물려 있기에 어쩌면 잘못된 기후 목표보다 훨씬 더 많은 문제를 안고 있다. 레데커에 따르면 무엇보다 현대 서구 사회에서 절대적인 사유재산 원칙이 약속하듯이 '공간에 대한 지배권'과 이와 결합한 '완전한 개인적 권한, 대상에 대한 주권'이 존재하고 있다.

대안은 무엇일까? '또 다른 세계는 가능하다Another World is Possible'라는 기후 보호 슬로건은 무엇을 의미하는가? 다시 한번 핵심을 말하자면 사실상 유토피아는 우리가 막대한 노력을 기울여야만 유지할 수 있는 현 상태이다. 현 상태는 강력한 억압을 통해서만 존립할 수 있기에 어디에도 존재하지 않는 유토피아라고 이해할 수 있다. 정체 상태를 추구하는 '보수주의자'들처럼 온화한 변화를 이루는 것으로 충분하다고 믿는 것, 다시 말해 불가피한 정도의 움직임만 허용하는 것은 삶에 대한 아주 큰 환상이다.

그러므로 유토피아가 정확히 어떻게 마련되어야 하느냐는 질문은 막다른 골목이다. '또 다른 세계'는 스스로 파괴하지 않고 계속해서 존재할 수 있다는 사실을 통해 이미 유토피아적 힘을 얻는다. 따라서 현재 세계가 지속되기 위한 첫 번째 조건은 오늘날 우리 눈에 여전히 '유토피아처럼' 보이는 우리 삶의 방식과 경제 방식을 근본적으로 변화시키는 것이라고 볼 수 있다. 우리가 온갖 파괴 행위를 일삼은 탓에 모든 것이 변한다면 다음과 같은 질문이 불가피하게 생겨난다. 즉 우리는 실제로 유토피아에 살고 있는가 아니면 디스토피아에 살고 있는가? 둘 다이다. 당신이 어디에서 태어났는지에 따라서 말이다.

당신이 태어난 장소와 시간이 당신의 삶이 어떻게 진행될 것인지를 결정한다고 상상해보라. 특수한 생활환경에 일단 태어나면 이를 근본적으로 개선하거나 변화시키는 것은 거의 불가능하다. 이것은 바로 비정치적인 액션 영화의 전형적인 미래 시나리오인 〈엘리시움〉(2013)의 줄거리에 담겨 있는 전제이다. 이 영화에서 부자들은 생태학적으로 온전한 보호구역에 살고 있으며, 다수의 다른 사람들은 지옥처럼 뜨거운 혼돈 속에서 살고 있다. 그리고 우리는 2021년 7월 초 멕시코만의 석유 플랫폼에서 파이프라인이 폭발하고 가스가 누출되어 화염에 휩싸이는 모습—인간이 만들었지만 인간이 더 이상 통제할 수 없는 아비규환—을 뉴스로 보면서 이러한 질문을 스스로 던진다. 〈엘리시움〉에서 보이는 허구적 디스토피아와 우리의 실제 현재를 구분 짓는 것은 무엇인가? 그리고 왜 우리는 유토피아보다 디스토피아에 관해 이야기하는 것을 더 좋아할까?

디스토피아가 더 흥미진진하기 때문이다. 유감스럽게도 모두가 모든 것을 가진 유토피아는 지루하다. 그리고 유토피아는 흥할 수도,

세상은 이야기로 만들어졌다

망할 수도 없으며 그저 존재할 수만 있다. 하지만 우리는 이야기를 계속해서 듣고 싶다. 그 이유는 바로 이야기가 어떻게 끝날지 알 수 없기 때문이다. 그래서 영웅 여정의 도식은 비생산적으로 보이기는 하지만 대안이 없다. 우리는 더 이상 진화 단계 이전으로 돌아갈 수 없다. 동시에 우리는 모두가 거주할 수 있는 행성과 모두를 위한 정의를 원한다. 심리학자 볼프강 프린츠Wolfgang Prinz는 "인간은 자신의 생활 세계를 집단으로 발명하는 기계이다."[13]라고 말한다. 따라서 우리가 발명한 생활 세계를 다시 지우고 새로 구축하는 것도 가능할 것이다. 하지만 어떻게 해야 할까?

아마도 이 책에서 말했던 우리 이야기의 가장 오랜 패턴을 다시 소급함으로써 가능할 것이다. 우리가 자신을 서사 이야기, 즉 우리 이야기의 주인공으로 만든다면 어떨까? 우리가 인류로서 영웅 여정을 하고 있다면 어떨까? 무엇이 우리에게 경고를 보내고 우리를 움직이게 할까? 우리는 어디에서 우리의 부름을 거부할까? 기후 위기에서 혹은 코로나 팬데믹에서 나타나는 변화의 문턱은 어떤 것일까? 그리고 가장 중요한 것, 즉 원대한 목표는 무엇인가? 우리는 어떤 근본적인 변화를 꾀하여 세상을 변화시킬 수 있을까?

아마도 이러한 질문은 낙관적인 결말을 생각할 때 가장 쉽게 대답할 수 있다. 인간이라는 우리 종의 불행한 결말이 무엇인지는 분명하다. 즉 우리가 스스로를 절멸시키는 것이다. 그렇다면 가능성 있는 해피엔딩은 어떤 모습일까? 단일 신화의 원리에 따르면 우리는 우리 자신 안에서 무언가를 발견하고 이를 행동으로 옮기며, 우리 안에 이미 존재하고 있던 새로운 원칙을 이 세상에 펼쳐야 할 것이다.

이는 우리를 다른 모든 생명체와 구별하고 새로운 세상을 열어주는 특성이다. 이러한 특성이 더 낫고 더 공정하고 더 평화로운 세상을 그리는 우리의 능력, 그리고 그 세상을 위해 단결하는 능력, 즉 나쁜 과거에 대한 인식, 더 나은 미래에 대한 상상, 그리고 그것에 대해 이야기하려는 우리의 열정이라고 가정해보자. 그 어떤 동물도 이와 비슷한 능력을 갖추고 있지 않으며, 오늘날 이러한 능력은 그 어느 때보다 더 필요해 보인다. 말하자면 우리가 이러한 능력을 재발견하고 유용하게 사용한다면 이는 진정한 변화가 될 것이다. 이를 위해서 우리는 다음과 같은 질문을 스스로 던져봐야 한다. 즉 보상은 어떤 모습일까? 궁극적으로 우리는 진정한 유토피아의 상태를 갖게 될까? 그리고 그 유토피아는 어떤 모습일까? 우리의 영웅 여정이 안내하는 '또 다른 세계'는 무엇일까? 그리고 그 세계는 자연과 어떤 관계일까? 자연이라는 시스템은 (우리의 개입 없이) 영웅 여정을 모르거나 필요로 하지 않는 안정적인 시스템이다. 온전한 생태계에서 그곳에 존재하는 공생 관계의 종들과 개체들은 서로 관련되어 있으며, 예를 들어 상호 의존적인 먹이 사슬을 통해 서로 조절하여 복잡한 그물과 관계가 발생한다. 생태계가 복잡할수록, 즉 다양한 종들이 생겨날수록 생태적 균형은 더욱 안정된다. 개체의 차원에서 보면 자연은 대를 거듭하는 유전을 통해서만 변화와 발생이 예정되는 안정적인 순환이다. 자연은 내러티브를 알지 못하며 그것을 사용하지도 않는다. 그렇다면 우리는 생태계와 우리를 화해시키는 전 인류의 영웅 여정의 끝에서 영웅 여정 자체를 내려놓아야 하지 않을까? 아니면 적어도 영웅 여정에서의 우리의 역할이 무엇인지 완전히 다시 생각해야 하지 않을까?

진정한 적대자

이 책의 저자인 우리는 영웅 여정의 구상과 인류 역사를 어떻게 결합할 수 있는지에 대해 오랫동안 고민했다. 그리고 마침내 우리가 어떤 실수를 했는지 깨달았다. 즉 우리가 인간을 언제나 이야기의 주인공으로 인식했다는 것이다. 하지만 인간이 지금까지 완전히 다른 역할을 했다면 어떨까?

서구 세계에서 가장 위대한 이야기라고 할 수 있는 『일리아스』를 다시 한번 살펴보자. 『일리아스』의 주제는 무엇일까? 이에 대해 프랑스의 철학자 시몬 베유Simone Weil는 자신의 에세이 「일리아스 또는 힘의 시The Iliad, or Poem of Force」에서 힘이라고 말했다. "힘은 힘으로 고통받는 모든 사람을 사물로 만든다. 힘은 가차 없이 파괴하듯이 힘을 갖고 있거나 갖고 있다고 믿는 사람도 가차 없이 도취시킨다."[14] 오늘날 사람들은 힘에 도취하여 무서운 속도로 자신의 생활 토대를 파괴하고 있다. 그 결과 풍경이 파괴되고, 더 심각한 문제는 복잡한 생태계에 끝없이 개입하고 있다는 것이다. 우리는 그 결말을 오랫동안 감수하게 될 것이다. 그것은 바로 철학자 볼프람 아일렌베르거Wolfram Eilenberger가 말한 '영원의 비용Ewigkeitskosten'[15]이다.

인간이 영웅으로서 삶의 지반을 빼앗겼다면, 더 쉽게 말하자면 지구의 자원을 무절제하게 먹어 치우기 위해 '착취'라는 잘못된 길에서 스스로 자기 삶의 지반을 잃게 했다면 아마도 논리적인 다음 단계는 되돌아가서 다른 길에 도전하는 것이다. 인간 자신 안에 이미 놓여 있는 길 말이다. 인간이 자신의 역할을 올바르게 파악하기만 한다면 실현할 수 있는 해결책은 인류 역사에서 이미 분명하게 드러난다. 그러나 인간은 폭력적으로 행동하는 한 눈이 멀게 된다. 시몬 베유는 이렇게 쓰고 있다. "전쟁이 목표에 대한 모든 생각을 말살하듯이 전쟁 목표에 관한 생각도 말살한다. 심지어 전쟁은 전쟁을 끝내야겠다는 생각도 말살한다. [⋯] 머리는 생각하고 탈출구를 찾아야 하지만, 이 방향으로 나아가는 그 어떤 생각도 하지 못하게끔 모든 능력을 상실했다."**16**

우리가 스스로 눈을 멀게 하고 있는 가장 단순한 예는 우리가 충분히 사용하지 않는 재생가능 에너지원의 거의 무한한 가용성이다. 아니면 어떤 상대화도, 어떤 위장된 군국주의도 없이 제2차 세계대전 때의 전시 경제, 예를 들면 미국의 전시 경제를 본보기로 삼아 경제를 위대한 목표를 향해 조율하여 전환하는 것이다. 또는 우리의 일상 소비를 순환 경제로 전환하는 것이다. 우리가 이 원대한 과업 중 하나를 완수했다고 상상해보자. 그러면 미래 세대가 이러한 근본적인 변화에 대해 우리를 칭찬할까 아니면 고개를 저으면서 왜 우리가 진즉에 그것을 하지 못했는지 물을까?

우리의 생활 토대를 허무는 힘은 멈춰질 수 있다. 그러한 힘은 '대안이 없지도' 않고 우리의 가능성의 조건도 아니다. 우리가 이 사실을 아직 이해하지 못하는 이유는 우리의 영웅 여정의 본성 때문이다. 주인공이 잘못된 길을 잘못된 길로 인식하기 위해서는 일단 최저점에 도달해야 한다. 시몬 베유에 따르면 힘의 남용은 상대를 박해하고 죽이는 데 있는 것이 아니라 힘을 행사하는 사람의 무절제함에 있다. 시몬 베유는 아가멤논이 이끄는 호전적인 그리스군에 대해 다음과 같이 말했다. "그들이 원하는 것은 전부 아니면 전무이다. 트로이의 모든 보물은 전리품이 되고 모든 궁전과 사원, 집은 잿더미가 되며 모든 여자와 아이들은 노예가 되고 모든 남자는 사체가 되어야 한다." 이와 같은 무절제함은 오늘날 우리를 『일리아스』에 등장하는 그리스인처럼 자기 삶의 근거를 뿌리 뽑게 만든다. 우리 생활 방식의 이러한 과도한 남용과 무의미함을 진정으로 행복해하는 사람은 거의 없다. 오히려 지치고 기진맥진한 우리 원숭이는 우리가 스스로 이끈 막다른 골목에 서서 되돌아가는 대신 우리 앞에 놓인 벽을 기어오르려는 온갖 노력에 지쳐 있다.

우리가 우리 이야기를 잘못 전하고 있다는 단순한 깨달음을 얻으면 막다른 골목에서 되돌아갈 수 있다. 세상과 우리의 폭력적 관계는 인류세라고도 불리는 우리 시대를 특징지으며, 이를 보여주는 사례는 무수히 많다. 지구상의 거의 모든 비인간 생명체의 관점에서 보면 우리는 이 행성의 주인공이 아니라 사악하고 잔인하며 독선에 눈이 멀고 어떤 공포 영화나 좀비 영화에서 상상할 수 있는 것보다 더 위험한 수십억 생명의 적대자이다. 2장에서 세상을 파괴해야 세상을 구할 수 있다고 생각하고 자신을 주인공이라고 간주한 반(反)영웅 타노스를 다시 떠올려보자. 그는 자신의 적대적인 영웅 여정 끝에 자신이 적대자임을 깨달았다. 이러한 반성은 진정한 주인공이 되기 위한 첫걸음이다. 마치 영웅처럼 그는 '두 세계의 지배자'가 된다. 그리고 그의 이야기는 처음부터 다시 시작된다.

최후의 그림

영국의 판타지 작가 테리 프래쳇 경Sir Terry Pratchett은 자기의 연작 소설 『디스크월드Discworld』의 무대인 원반 세계에서 이야기의 힘을 자신만의 화학 원소인 '내러티비움Narrativium'으로 구체화했다. 그에게 이 원소와 그것이 지닌 초인적인 힘은 소설 속에 등장하는 태양이나 사서(司書) 오랑우탄의 위험한 힘만큼이나 사실적이다. 반면 프래쳇에 따르면 우리의 둥근 세계에서 사람들은 마치 내러티비움이 주변에 존재하는 것처럼 행동한다. 그는 "우리는 내일 비가 오지 않기를 기대한다. **왜냐하면** 마을 축제가 있고 비가 축제를 망치는 것은 부당하기 때문이다. 아니면 우리는 마을 사람들의 비관적인 기질에 따라 더 빈번하게 이렇게 생각한다. 마을 축제가 **있으니까** 비가 올 것이라고 말이다."**17** 그러나 내러티비움은 우리에게 세상의 일반적인 선악을 설명할 뿐만 아니라 우리의 행동과 심지어 인류의 전 시대에 직접적인 영향을 미친다. 프래쳇에 따르면 이야기에 따라 구성된 우리 마

세상은 이야기로 만들어졌다

음 속에는 "뫼비우스의 띠처럼 존재의 물질적, 정신적 차원을 뒤바꾸는 이상한 고리"[18]가 존재한다. 좋은 이야기는 마치 물건처럼 우리에게 물질적으로 느껴진다. 그리고 바로 이것이 이야기의 힘이 그토록 강력할 수 있는 이유다. 즉 우리는 이 세상이 실제로 내러티비움에 의해 움직이고 우리가 이야기하는 모든 이야기가 실현되기를 바란다. 우리 세상에 내러티비움이 존재하는지 아니면 오로지 디스크월드에만 존재하는지는 궁극적으로 전혀 중요하지 않다. 과거 미국인들은 정확히 어떤 이유에서 달에 갔을까? 러시아인이 스푸트니크를 쏘아 올려 최초로 우주 비행에 성공하자 미국은 자본주의 및 민주주의 내러티브의 우월성을 입증하기 위해 그때까지 푸대접받던 나사NASA의 우주 비행을 세계 정상으로 올려놓고자 총력을 기울였다. 윌 스토가 말했듯이 '함께 어울리면서 남보다 앞서 나가는 것to get along and get ahead'이 1960년대에는 엄격하게 내러티비움에 따라 행동하는 것을 의미했다면, 오늘날에는 엄격하게 명예에 따라 행동하며 더 이상 적대자가 되려고 하지 않는 것, 그리고 이러한 전환에 대해 서로 이야기하는 것을 의미할 것이다.

여러분은 이 책의 각 장이 영웅 여정의 단계에 따라 제목이 붙여졌음을 이미 분명히 알고 있을 것이다. 이제 우리는 열두 번째 장이자 마지막 단계에 도달했다. 이 마지막 장의 제목은 '묘약을 들고 귀환하다'이다. 이를 위해 꼭 필요한 변화를 통해 우리는 이제 '두 세계의 지배자'가 되어 우리의 여행이 시작된 곳으로 돌아왔다. 여러분의 손에 쥐어 있는 이 책은 여전히 같은 책이다. 그러나 우리는 변했다.

우리의 논지는 내러티브가 강력한 문화 상품이나 정치 프로그램 또는 무미건조한 팝송에 포장되어 오늘날 가장 강력한 변화의 힘을 가지고 있다는 것이다. 게다가 우리는 내러티브를 그 자체로는 거의 인식하지 못하기 때문에 그만큼 더 감각적으로 전달하고 있다. 또한 우리는 우리 시대의 가장 강력한(그리고 가장 기만적인) 내러티브 중 일부는 반(反)영웅의 여정이라는 사실도 인식했다. 이러한 내러티브는 사람들에게 모험도 여정도 변화도 약속하지 않는다. 그러한 내러티브에 담긴 치명적이면서도 매혹적인 메시지는 '모든 것이 있는 그대로 남아 있을 수 있다'는 것이다. 그에 따르면 우리는 전혀 변화할 필요가 없다.

만약 여러분이 직접 내러티브를 엮을 수 있다면 그것은 어떤 모습일까? 여러분은 영웅이나 멘토가 되고 싶은가? 여러분은 모든 것을 모험에 걸 준비가 되어 있는가? 여러분은 어느 지점에서 적대자가 되는가, 아니면 전혀 적대자가 되기를 원하지 않는가? 우리는 우리 자신과 인류에 대해 어떤 이야기를 하고 싶은가? 어쩌면 영화 〈매트릭스〉에서처럼 우리가 파란색 알약과 빨간색 알약 중 하나를 선택해야 하는 순간이 왔는지도 모른다(종종 잘못된 동기에서 사용하지 않도록 조심해야 하지만). 우리는 깨어나기를 원하는가 아니면 계속 잠들기를 원하는가?

우리가 이 책의 마지막 부분에서 한 가지 조언을 한다면 그것은 위기 상황에 대응하는 안보 훈련에서 가장 자주 듣는 조언일 것이다. 위험이 임박했을 때 위험해지기 **전에** 행동하는 것이 현명하다. 말하자면 주인공이 되지 말고 이야기하는 원숭이로 남아 있는 것이 좋다. 여러분 자신과 여러분이 사랑하는 사람들에게 좋은 미래에 대한 이야기를 들려주라. 그리고 이야기를 확실한 해피엔딩으로 시작해보라. 여러분이 어느 지점에서 주인공이고 어느 지점에서 적대자인지 솔직하게 자문해보라. 유토피아를 만들고 낙원 상태를 상상해보라. 그리고 용기를 가져라. 지금까지 감히 꿈만 꾸었던 다른 사람들과 힘을 합쳐라.

하지만 무엇보다 중요한 것은 행동하기 전에 방아쇠를 기다리지 않는 것이다. 여러분의 여정을 오늘 바로 시작하길 바란다.

감사의 말

현실에 관해 이야기하는 법을 나에게 설명해준 멘토 슈테판 니게마이어Stefan Niggemeier, 보 로젠크란츠 Bo Rosenkranz, 위른 크루제Jürn Kruse, 슈테판 쿠츠마니Stefan Kuzmany 그리고 〈슈피겔〉 지 문화 담당 편집부에게 감사한다.

이야기를 통해 현실을 만들어내는 법을 나에게 보여준 멘토 루 바인더Lou Binder에게 감사한다.

나의 동맹자들인 사랑하는 부모님, 티몬 카를 칼라이타Timon Karl Kaleyta, 틸만 뮐렌베르크Tilman Mühlenberg, 볼프강 슈미트Wolfgang M. Schmitt, 엘리자베트 루게Elisabeth Ruge, 안네 빌Anne Will, 톨가이 아즈만Tolgay Azman과 친애하는 모든 '해적방송국 파워플레이Piratensender Powerplay' 청취자들에게 감사한다.

이 여행을 위한 최고의 동반자이자 대담하고 관대한 프리데만Friedemann에게 감사한다.
그리고 나의 영웅, 모든 사람 중 가장 용감한 자인 마틴Martin에게 감사한다.

— 자미라 엘 우아실Samira El Ouassil —

세상은 이야기로 만들어졌다

원숭이를 길들이는 데 직간접적으로 도움을 준 엘리자베트 루게 Elisabeth Ruge, 맥스 몽고메리Max Mntgomery와 마를렌 몽고메리Marleen Montgomery, 볼프람 아일렌베르거Wolfram Eilenberger, 프리츠 브라이트하우프트Fritz Breithaupt, 마누엘 킬리안Manuel Kilian, 릴로Lilo, 모모 Momo, 엘레나Elena, 군나르 시니불크Gunnar Cynybulk, 에바 폰 레데커 Eva von Redecker, 크리스티안 스퇴커Christian Stöcker, 게오르크 디에츠 Georg Diez, 최고의 편집부, 안네 빌Anne Will, 마야 괴펠Maja Göpel, 톨가이 아즈만Tolgay Azman, 보리스 마이만Boris Beimann에게 감사한다. 우리의 난해한 순간들에 대해 호의적인 관심과 관용을 베풀어준 독자와 청자에게 감사한다.

이제 비로소 시작된 아마도 가장 위대한 공동 모험에 대해 자미라에게 감사한다.

많은 이야기를 들려준 조부모님과 부모님에게 감사한다.

– 프리데만 카릭Friedemann Karig –

주석

—

단행본은 겹낫표(『』)를, 단행본 안의 장이나 논문, 잡지, 기사는 홑낫표(「」)를, 영화는 홑화살괄호(〈 〉)를 강의와 인터뷰 및 인용은 작은따옴표(' ')를 사용하였습니다.

—

국내에 소개된 도서와 영화는 국내 출간과 개봉 당시 사용한 제목으로 적었으며 필요한 경우 원문을 병기하였습니다.

—

국내에 소개되지 않은 도서와 강의의 경우 번역하지 않고 원래 명칭을 사용했습니다.

—

다른 언어에서 독일어로 번역된 책을 저자가 인용한 경우의 원문 병기는 독일어로 하였습니다.

1장 익숙한 세계

1 「창세기Genesis」1,28, www.die-bibel.de/bibeln/online-bibeln/lesen/LU17/
GEN.1/1.-Mose-1

2장 모험으로의 부름

1 〈반지의 제왕 : 두 개의 탑〉(미국, 2002, 피터 잭슨)

2 위의 영화 속 대사.

3 에바 투리(Eva M. Thury), 마가렛 드비니(Margaret K. Devinney) 『Introduction to
Mythology : Contemporary Approaches to Classical and World Myths』New
York, Oxford University Press, 2017, S. 217.

4 프리츠 브라이트하우프트(Fritz Breithaupt) 『나도 그렇게 생각한다Die dunklen
Seiten der Empathie』Berlin, Suhrkamp, 2017, S. 155.

5 조지프 캠벨(Joseph Campbell) 『천의 얼굴을 가진 영웅Der Heros in tausend
Gestalten』Berlin, Insel Verlag, 2011, S. 248.

6 조지프 캠벨(Joseph Campbell) 『천의 얼굴을 가진 영웅Der Heros in tausend
Gestalten』, 크리스토퍼 보글러(Christopher Voglers) 『신화, 영웅 그리고 시나리
오 쓰기Die Odyssee der Drehbuchschreiber, Romanautoren und Dramatiker
: Mythologische Grundmuster fur Schriftsteller』, 블레이크 스나이더(Blake
Snyders) 『Save the cat! 흥행하는 영화 시나리오의 8가지 법칙Save the Cat! The
Last Book on Screenwriting You'll Ever Need』

7 〈반지의 제왕 : 반지 원정대〉(미국, 2001, 피터 잭슨)

8 프랑수아 트뤼포(Francois Truffaut), 『히치콕과의 대화Mr. Hitchcock, wie haben
Sie das gemacht?』München, Hanser, 1973, S. 187.

9 〈다크 나이트〉(미국/영국, 2008, 크리스토퍼 놀란)

10 커트 보니것(Kurt Vonneguts) 'Shapes of stories' 요약 인용. 1995, www.youtube.
com/watch?v=oP3c1h8v2ZQ

11 커트 보니것 『Palm Sunday』London, Vintage, 2020, S. 627.

12 앤디 레이건(Andy Reagan), 루이스 미첼(Lewis Mitchell), 딜런 킬리(Dilan Kiley), 크
리스토퍼 댄포스(Christopher M. Danforth), 피더 세리단 도즈(Peter Sheridan Dodds)
「The emotional arcs of stories are dominated by six basic shapes」EPJ Data
Science 5, 31, 2016.

13 마르코 델 베키오(Marco Del Vecchio), 알렉산터 카를라모프(Alexander
Kharlamov), 글렌 페리(Glenn Parry), 가나 포그레브나(Ganna Pogrebna) 「The
Data Science of Hollywood : Using Emotional Arcs of Movies to Drive
Business Model Innovation in Entertainment Industries」in: Journal of the

Operational Research Society, 2020, S. 1110 – 1137. www.researchgate.net/
figure/Compound-Effect-of-Movie-Genre-and-Emotional-Arc-on_
tbl7_325805052

14 로널드 토비아스(Ronald Tobias) 『인간의 마음을 사로잡는 스무 가지 플롯20
    Master Plots : And How to Build Them』 Cincinnati, Penguin Random House,
    1993, S. 10.

15 「OK! Magazin」 31, August, 2016.

16 「OK! Magazin」 9, Januar, 2019.

17 「OK! Magazin」 27, Juni, 2018.

18 「OK! Magazin」 18, Dezember, 2018.

19 틸로 코슬러(Thilo Kößler)의 헤어프리트 뮝클러(Herfried Munkler) 인터뷰 'Was
    bedeutet Krieg in unserer Zeit?' Deutschlandfunk, 19, Oktober, 2015. www.
    deutschlandfunk.de/kriegssplitter-von-herfried-muenkler-was-bedeutet-
    krieg-in.1310.de.html?dram:article_id=334482

20 울리히 브뢰클링(Ulrich Brockling) 『Postheroische Helden. Ein Zeitbild』 Berlin,
    Suhrkamp, 2020, S. 9.

21 위의 책. S. 13.

22 위의 책. S. 27.

23 위의 책. S. 13.

24 위의 책. S. 11.

3장 거부

1 한스 블루멘베르크(Hans Blumenberg) 『Arbeit am Mythos』 Frankfurt a. M.,
   Suhrkamp, 1979, S. 194.

2 발터 벤야민(Walter Benjamin) 「이야기꾼 : 니콜라이 레스코프의 작품에 대한 고
   찰Der Erzahler. Betrachtungen zum Werk Nikolai Lesskows」 (1936/37) in : 『서
   사 · 기억 · 비평의 자리Erzahlen』 Schriften zur Theorie der Narration und zur
   literarischen Prosa. Frankfurt a. M., Suhrkamp 2007, S. 444.

3 〈매트릭스〉 (미국, 1999, 워쇼스키 형제)

4 콜린 바라스(Colin Barras) 「Is an Aboriginal tale of an ancient volcano the
   oldest story ever told?」 Sciencemag, 11, Februar, 2020. www.sciencemag.org/
   news/2020/02/aboriginal-tale-ancient-volcano-oldest-story-evertold

5 『천일야화Tausendundeine Nacht』(클라우디아 오트(Claudia Ott)가 무신 마흐디
   (Muhsin Mahdi)판의 가장 오래된 아랍어 사본을 기반으로 독일어로 번역함(이하
   인용되는『천일야화』는 동일 판본). München, C. H. Beck, 2018, S. 29.

6 조너선 갓셜(Jonathan Gottschall) 『스토리텔링 애니멀The Storytelling Animal :

How Stories Make Us Human』 Boston u. a., Mariner Books, 2013. 참조.

7   리사 크론(Lisa Cron)『끌리는 이야기는 어떻게 쓰는가Wired for Story : The Writer's Guide to Using Brain Science to Hook Readers from the Very First Sentence』 Berkeley, Ten Speed Press, 2012.

8   켄들 헤븐(Kendall Haven)『Story Smart : Using the Science of Story to Persuade, Influence, Inspire, and Teach』 Santa Barbara, Libraries Unlimited, 2014. 참조.

9   월터 피셔(Walter Fisher)『Narration as a human communication paradigm : The case of public moral argument』 in: Communication Monographs, 51, 1 (1984), S. 1-22.

10   윌 스토(Will Storr)『이야기의 탄생The Science of Storytelling : Why Stories Make Us Human, and How to Tell Them Better』 London, William Collins, 2019, S. 28.

11   벤야민 베르겐(Benjamin K. Bergen)『Louder Than Words : The New Science of How the Mind Makes Meaning』 New York, Basic Books, 2012, S. 118.

12   다니엘 에버렛(Daniel L. Everett)『Die größte Erfindung der Menschheit. Was mich meine Jahre am Amazonas über das Wesen der Sprache gelehrt haben』 Aus dem Englischen übers. v. Harald Stadler. München, Deutsche Verlags-Anstalt, 2013. 참조.

13   리 차일드(Lee Child)『Der Held. Wie Helden die Welt verandern, und warum wir sie heute mehr als je zuvor brauchen』 Ein Essay. München, Blanvalet, 2019, S. 22.

14   윌 스토(Will Storr)『셀피Selfie : How We Became so Self-Obsessed and What it's Doing to Us』 London, Picador, 2017, S. 45.

15   조너선 갓셜(Jonathan Gottschall)『스토리텔링 애니멀The Storytelling Animal : How Stories Make Us Human』 Boston u. a., Mariner Books, 2013, S. 82.

16   켄들 헤븐(Kendall Haven)『Story Smart : Using the Science of Story to Persuade, Influence, Inspire, and Teach』 S. 26.

17   『천일야화Tausendundeine Nacht』 S. 46.

18   리사 크론(Lisa Cron)『스토리만이 살길Story or Die』 S. 24, 172, 181. 참조.

19   리드 몬터규(Read Montague)『Your Brain Is (Almost) Perfect : How we make decisions』 New York, Penguin Group, 2006, S. 103-107.

20   〈Dopamine Jackpot! Sapolsky on the Science of Pleasure〉 3. März 11, Mitschnitt von Robert Sapolskys Vortrag an der California Academy of Sciences. San Francisco, Fora TV, 15. Februar 2011, Minute 1:04-1:10, www.youtube.com/watch?v=axrywDP9Ii0&t=66s

21   폴 잭(Paul J. Zak)『Why inspiring stories make us react : the neuroscience of narrative』 in: Cerebrum: the Dana forum on brain science, 2, 2015. www.ncbi. nlm.nih.gov/pmc/articles/PMC4445577/

22 조지 바라자(Jorge A. Barraza), 폴 잭(Paul J. Zak) 「Empathy toward strangers triggers oxytocin release and subsequent generosity」in: Annals of the New York Academy of Sciences, 1167, 2009, S. 182–189. pubmed.ncbi.nlm.nih.gov/19580564/

23 조지 바라자(Jorge A. Barraza), 베로니카 알렉산더(Veronika Alexander), 로라 베빈(Laura Beavin), 엘리자베스 테리스(Elizabeth Terris), 폴 잭(Paul J. Zak) 「The heart of the story : peripheral physiology during narrative exposure predicts charitable giving」in: Biological psychology, 105 (2015), S. 138–143. pubmed.ncbi.nlm.nih.gov/25617658/

24 리사 크론(Lisa Cron) 『스토리만이 살길Story or Die』 S. 103. 참조.

25 윌 스토(Will Storr) 『이야기의 탄생The Science of Storytelling』 S. 20 f.

26 마이클 스파이비(Michael J. Spivey), 조이 젱(Joy J. Geng) 「Oculomotor mechanisms activated by imagery and memory : eye movements to absent objects」in: Psychological research, 65, 2002, S. 235–241. pubmed.ncbi.nlm.nih.gov/11789427/

27 마이클 스파이비(Michael J. Spivey), 조이 젱(Joy J. Geng) 『Oculomotor mechanisms』 S. 237.

28 캐롤 클라크(Carol Clark) 「A novel look at how stories may change the brain」 17. Oktober 2013. esciencecommons.blogspot.com/2013/12/a-novellook-at-how-stories-may-change.html

29 크리스토퍼 버그란드(Christopher Bergland) 「Reading Fiction Improves Brain Connectivity and Function」in: Psychology today, 4. Januar 2014. www.psychologytoday.com/us/blog/the-athletes-way/201401/reading-fictionimproves-brain-connectivity-and-function

30 발터 벤야민(Walter Benjamin) 「이야기꾼 : 니콜라이 레스코프의 작품에 대한 고찰Der Erzähler. Betrachtungen zum Werk Nikolai Lesskows」 (1936/37) in : 『서사·기억·비평의 자리Erzählen』 S. 457.

31 「The science of the story」 news.berkeley.edu/berkeley_blog/the-science-ofthe-story/ 이 논문은 2016년 6월 1일 Berkeley Communications Conference에서 발표된 프리젠테이션을 기반으로 하며, 원래는 〈Greater Good Magazine〉에 기고되었다.

32 발터 벤야민(Walter Benjamin) 「이야기꾼 : 니콜라이 레스코프의 작품에 대한 고찰Der Erzähler. Betrachtungen zum Werk Nikolai Lesskows」 (1936/37) in : 『서사·기억·비평의 자리Erzählen』 S. 111.

33 윌 스토(Will Storr) 『이야기의 탄생The Science of Storytelling』 S. 84 f. 참조.

34 켄들 헤븐(Kendall Haven) 『Story Smart : Using the Science of Story to Persuade, Influence, Inspire, and Teach』 S. 17.

35 톰 반 라에르(Tom Van Laer), 코 드 루이터(Ko de Ruyter), 루카 비스콘티(Luca

세상은 이야기로 만들어졌다

M. Visconti), 마틴 윗즐(Martin Wetzels) 「The Extended Transportation-Imagery Model: A Meta-Analysis of the Antecedents and Consequences of Consumers' Narrative Transportation」 in: Journal of Consumer Research, 40, 5 (2014), S. 797-817. www.jstor.org/stable/10.1086/673383

36 월 스토(Will Storr) 『이야기의 탄생The Science of Storytelling』 S. 207.

37 린 헌트(Lynn Hunt) 『인권의 발명Inventing Human Rights : A History』 New York, U. U. Norton & Company, 2007, S. 57. 그리고 56.

38 프리츠 브라이트하우프트(Fritz Breithaupt) 『Kultur der Ausrede』 Berlin, Suhrkamp, 2012, S. 58.

39 프리드리히 실러(Friedrich Schiller) 『Der Verbrecher aus verlorener Ehre』 Studienausgabe, hrsg. v. Alexander Košenina, Stuttgart, Reclam 2014, S. 6.

40 켄들 헤븐(Kendall Haven) 『Story Smart : Using the Science of Story to Persuade, Influence, Inspire, and Teach』 S. 42-46.

41 한나 아렌트(Hannah Arendt) 『정신의 삶The Life of Mind』 New York, Harcourt and Brace, 1971, S. 132.

42 아드리아나 카바레로(Adriana Cavarero) 『Relating Narratives. Storytelling and Selfhood』 London, Routledge, 2000, S. 17.

43 한나 아렌트(Hannah Arendt) 『정신의 삶The Life of Mind』 S. 87.

44 볼프강 프린츠(Wolfgang Prinz) 『Selbst im Spiegel. Die soziale Konstruktion von Subjektivitat』 Berlin, Suhrkamp, 2013, S. 296.

45 어빙 고프먼(Erving Goffman) 『자아 연출의 사회학Wir alle spielen Theater. Die Selbstdarstellung im Alltag』 München, Piper, 1956, S. 147,

46 지아 톨렌티노(Jia Tolentino) 『트릭 미러Trick Mirror. Über das inszenierte Ich』 Frankfurt a. M., S. Fischer 2020, S. 28.

47 볼프강 프린츠(Wolfgang Prinz) 『Selbst im Spiegel』 S. 211.

48 위의 책. S. 296

49 위의 책. S. 297

50 플루타르코스(Plutarch) 『Vita Thesei』 23(『플루타르코스 영웅전』 중 「테세우스」). Übers. v. Wilhelm K. Essler, in: 『Was ist und zu welchem Ende betreibt man Metaphysik?』 Dialectica 49, 1995, S. 281-315.

51 폴 리쾨르(Paul Ricoeur) 『타자로서 자기 자신(Soi-meme comme un autre)』 Paris, Editions du Seuil, 1990, S. 196.

52 폴 리쾨르(Paul Ricoeur) 『L'identité narrative』, in: Esprit, 5-8, 1988, S. 295. 참조.

53 조나스 카플란(Jonas Kaplan), 새러 김블(Sarah Gimbel), 샘 해리스(Sam Harris) 「Neural correlates of maintaining one's political beliefs in the face of counterevidence」 in: Scientific Reports, 6, 39589, 2016. www.nature.com/articles/srep39589

54 줄리아나 마초니(Giuliana Mazzoni) 「The real you is a myth – we constantly create false memories to achieve the identity we want」 in: The Conversation

UK, 19, September 2018. theconversation.com/the-real-you-is-amyth-we-constantly-create-false-memories-to-achieve-the-identity-we-want-103253

55 아이리스 머독(Iris Murdoch), 로날드 햅번(Ronald Hepburn) 「Symposium : Vision and Choice in Morality」 in: Proceedings of the Aristotelian Society, Supplementary Volumes, 30 (1956), S. 14 – 58. www.jstor.org/stable/4106662

56 윌 스토(Will Storr) 『셀피Selfie』 S. 64.

57 위의 책. S. 65.

58 아리스토텔레스(Aristoteles) 『정치학Politik』 Übers. v. Eckart Schutrumpf Hamburg, Felix Meiner Verlag, 2012, S. 7.

59 윌 스토(Will Storr) 『셀피Selfie』 S. 71 f.

60 『논어Analekten des Konfuzius』 S. 71.

61 안드레아스 레크비츠(Andreas Reckwitz) 『Das Ende der Illusionen. Politik, Ökonomie und Kultur in der Spatmoderne』 Berlin, Suhrkamp, 2019, S. 237.

62 위의 책, S. 233.

63 위의 책, 208.

64 위의 채, 217.

65 위의 책, S. 215.

66 장 자크 루소(Jean-Jacques Rousseau) 『Über die Tugend des Helden』 (1751) in: Zeitschrift fur Kulturphilosophie 3, 1 (2009), S. 119.

67 울리히 브뢰클링(Ulrich Brockling) 『Postheroische Helden. Ein Zeitbild』 Berlin, Suhrkamp, 2020, S. 25.

68 JRE Clips, 가이 리치(Guy Ritchie) 「You Must Be The Master of Your Own Kingdom」 – The Joe Rogan Experience, 5, Mai, 2017. www.youtube.com/watch?v=rd3yeX1-SaM

4장 멘토와의 만남

1 알브레히트 코쇼르케(Albrecht Koschorke) 『Wahrheit und Erfindung. Grundzuge einer Allgemeinen Erzahltheorie』 Frankfurt a. M., S. Fischer, 2012, S. 10.

2 빅토르 클렘페러(Victor Klemperer) 『LTI – Notizbuch eines Philologen』 Berlin, Aufbau-Verlag, 1947, S. 21.

3 리라 보로딧츠키(Lera Boroditsky), 로런 슈미트(Lauren Schmidt), 웹 필립스(Webb Phillips) 「Sex, Syntax, and Semantics」 in: Gentner & Goldin-Meadow (Hrsg.): Language in Mind: Advances in the study of Language and Cognition, Cambridge, MIT Press 2003, S. 65 – 71.

4 조나단 위나워(Jonathan Winawer), 네이선 위트호프트(Nathan Witthoft), 마이클

프랭크(Michael C. Frank), 리자 우(Lisa Wu), 알렉스 웨이드(Alex R. Wade), 리라 보로딧츠키(Lera Boroditsky) 「Russian blues reveal effects of language on color discrimination」in: Proceedings of the National Academy of Sciences, 104 (19), 2007, S. 7780 – 7785.

5   리라 보로딧츠키(Lera Boroditsky) 「Wie Sprache unser Denken formt」TED Woman 2017, New Orleans. www.ted.com/talks/lera_boroditsky_how_language_shapes_the_way_we_think

6   케이틀린 포시(Caitlin Fausey), 리라 보로딧츠키(Lera Boroditsky) 「Who dunnit? Cross-linguistic differences in eye-witness memory」in: Psychonomic Bulletin & Review, 18, 1 (2011), S. 150 – 157.

7   리라 보로딧츠키(Lera Boroditsky) 「Wie Sprache unser Denken formt」

8   폴 티보드(Paul Thibodeau), 리라 보로딧츠키(Lera Boroditsky) 「Metaphors We Think With: The Role of Metaphor in Reasoning」in: PLoS one, 6 (2), 2011.

9   조지 레이코프(George Lakoff), 엘리자베스 웰링(Elisabeth Wehling) 「Metaphor and Health Care : On The Power to Make Metaphor Into Law」6, September, 2012. georgelakoff.com/2012/09/16/metaphor-and-health-care-on-the-power-to-makemetaphor-into-law/

10   조지 레이코프(George Lakoff) 『폴리티컬 마인드The Political Mind : A Cognitive Scientist's Guide to Your Brain and Its Politics』New York u. a., Penguin Books, 2008.

11   조지 레이코프(George Lakoff), 마크 존슨(Mark Johnson) 『삶으로서의 은유 Metaphors We Live by』Chicago, University of Chicago, 1980.

12   존 설(John R. Searle) 「How Performatives Work」in: Linguistics and Philosophy, 12, 5, 1989, S. 535 f.

13   존 설(John R. Searle) 「The logical status of fictional discourse」in: New Literary History, 6, 2, On Narrative and Narratives (1975), S. 319 – 332.

14   켄델 왈튼(Kendall L. Walton) 『Mimesis as Make-Believe. On the Foundations of the Representational Arts』Cambridge/London, Harvard University Press, 1990. 참조.

15   베니타 헤르더(Benita Herder) 『Bild und Fiktion. Eine Untersuchung über die Funktion von Bildern in der Erkenntnistheorie』Köln, Herbert von Halem Verlag, 2017, S. 92.

16   빌리 브란트(Willy Brandt) 『Erinnerungen』Berlin, Ullstein, 2013, S. 214.

17   스콧 맥클라우드(Scott McCloud) 『만화의 이해Comics richtig lesen – Die unsichtbare Kunst』Hamburg, Carlsen, 1994.

18   테주 콜(Teju Cole) 「The Superhero Photographs of the Black Lives Matter Movement」New York Times, 26. Juli 2016. www.nytimes.com/2016/07/31/magazine/the-superhero-photographs-of-the-black-lives-matter-

19 테오 반 리우웬(Theo van Leeuwen) 귄터 크레스(Gunther Kress) 『Reading Images : The Grammar of Visual Design』 New York, Routledge, 2021, S. 54.

20 위의 책. S. 60.

21 원래 다음의 사이트에 게재되어 있었으나 이제는 더 이상 찾아볼 수 없다. mediendienst-integration.de/artikel/bildredaktionverwendung-von-symbolbildern-mit-kopftuch-fuer-integration.html

22 자비네 쉬퍼(Sabine Schiffer) 「Schluss mit der Fokussierung」 in: Televizion, 21. Januar 2008, S. 56. www.br-online.de/jugend/izi/deutsch/publikation/televizion/21_2008_1/schiffer.pdf

23 카드린 퓐델(Katrin Pfundel), 안자 스티치스(Anja Stichs), 게르스틴 태니스 (Kerstin Tanis) 『Muslimisches Leben in Deutschland 2020. Studie im Auftrag der Deutschen Islam Konferenz. Forschungsbericht 38』 Bundesamt fur Migration und Fluchtlinge, 28, April 2021, S. 37. www.bamf.de/SharedDocs/Anlagen/DE/Forschung/Forschungsberichte/fb38-muslimisches-leben.pdf;jsessionid=8832C3D7426D143E8BF58A547A683730.internet542?__blob=publicationFilc&v=15

24 Ipsos MORI 「Perils of Perception 2018」 16, Januar, 2019. www.ipsos.com/sites/default/files/ct/news/documents/2019-01/perils_of_perception_2018_charts_v1_final_041218_004.pdf

25 베텔스만 재단(Bertelsmann Stiftung) 편집, 게르트 피켈(Gert Pickel) 「Weltanschauliche Vielfalt und Demokratie. Wie sich religiose Vielfalt auf die politische Kultur auswirkt」 11, Juli, 2019, S. 13. www.bertelsmann-stiftung.de/de/publikationen/publikation/did/weltanschauliche-vielfalt-und-demokratie

26 볼프강 울리히(Wolfgang Ullrich) 『Selfies. Digitale Bildkulturen』 Berlin, Wagenbach, 2019, S. 44.

5장 첫 번째 문턱을 넘다

1 〈소셜 네트워크〉 (미국, 2010, 데이비드 핀처)

2 위의 영화.

3 'Jede hinreichend fortgeschrittene Technologie ist von Magie nicht mehr zu unterscheiden' 아서 클라크(Arthur C. Clarke)의 말에서 인용 in: Biokapital. Die Versohnung von Okonomie, Natur und Menschlichkeit. Berlin, Berlin Verlag, 2008.

4 제인 맥고니걸(Jane McGonigal) 「Videospiele fur eine bessere Welt」 TED-Talk, Februar, 2010. www.ted.com/talks/jane_mcgonigal_gaming_can_make_a_

better_world?language=de

5   제인 맥고니걸(Jane McGonigal) 『누구나 게임을 한다Reality is broken: Why
    Games Make Us Better and How They Can Change the World』 O. O.,
    Vintage Digital, 2011. 참고.

6   찰리 브루커(Charlie Brooker) 〈How Videogames Changed the World〉 Channel 4,
    2013.

7   위의 다큐멘터리.

8   볼프강 울리히(Wolfgang Ullrich) 『Selfies : Digitale Bildkulturen』 Berlin,
    Wagenbach, 2019, S. 5.

9   위의 책. S. 8.

10 〈페이스 오프〉 (미국, 1997, 존 우)

11 볼프강 울리히(Wolfgang Ullrich) 『Selfies : Digitale Bildkulturen』 S. 44.

12 지아 톨렌티노(Jia Tolentino) 『트릭 미러Trick Mirror. Über das inszenierte Ich』
    Frankfurt a. M., S. Fischer, 2020, S. 28.

13 앙드레 루이에(André Rouillé) 『La Photo numerique, une force neo-liberale』
    Paris, L'Echappee, 2020, S. 176.

14 The Hollywood Reporter 「Writers Roundtable : John Krasinski, Bo Burnham,
    Tamara Jenkins, Peter Farrelly, Eric Roth | Close Up」 11, Februar, 2019.
    youtu.be/qbPxMsOKQ5o

15 위의 리포트.

16 마이클 토마셀로(Michael Tomasello) 『도덕의 기원Eine Naturgeschichte der
    menschlichen Moral』 Berlin, Suhrkamp, 2016, S. 17.

17 폴 메이슨(Paul Mason) 『포스트자본주의 : 새로운 시작Postkapitalismus.
    Grundrisse einer kommenden Okonomie』 Berlin, Suhrkamp, 2016, S. 18.

18 조너선 갓셸(Jonathan Gottschall) 『이야기를 횡단하는 호모 픽투스의 모험The
    Story Paradox : How Our Love of Storytelling Builds Societies and Tears them
    Down』 New York, Basic Books, November, 2021.

6장 시험 · 동맹자 · 적

1   지니 바나스코(Jeannie Vanasco) 「Why Is the U. S. Government Interested in
    Storytelling?」 in: The New Yorker, 14, März, 2011. www.newyorker.com/
    books/page-turner/why-is-the-u-s-government-interested-in-storytelling

2   래리 타이(Larry Tye) 『The Father of Spin : Edward L. Bernays and the Birth of
    Public Relations』 London, Picador, 2002, S. 111.

3   다음에서 인용. 위처드 워키(Wichard Woyke) 『Weltpolitik im Wandel :
    Revolutionen, Kriege, Ereignisse … und was man daraus lernen kann』

Wiesbaden, Springer VS, 2016, S. 135.

4   한나 아렌트(Hannah Arendt) 「Die Lüge in der Politik. Überlegungen zu den Pentagon-Papieren」 in: Dies. : Wahrheit und Lüge in der Politik. Zwei Essays, München, Piper, 1972, S. 18.

5   위의 책. S. 21.

6   에드워드 버네이즈(Edward Bernays) 『프로파간다Propaganda. Die Kunst der Public Relations』 Freiburg, Orange Press, 2009, S. 52.

7   위의 책. S. 13.

8   니콜라 게스(Nicola Gess) 『Halbwahrheiten. Zur Manipulation von Wirklichkeit』 Berlin, Matthes & Seitz, 2021, S. 30.

9   다음에서 재인용. 말콤 글래드웰(Malcolm Gladwell) 『타인의 해석Die Kunst, nicht aneinander vorbei zureden』 Hamburg, Rowohlt, 2019, S. 57.

10 프리츠 브라이트하우프트(Fritz Breithaupt) 『Kultur der Ausrede』 Berlin, Suhrkamp, 2001, S. 8.

11 알브레히트 코쇼르케(Albrecht Koschorke) 『Wahrheit und Erfindung. Grundzuge einer Allgemeinen Erzahltheorie』 Frankfurt a. M., S. Fischer, 2012, S. 12.

12 프리츠 브라이트하우프트(Fritz Breithaupt) 『Kultur der Ausrede』 S. 58.

13 후안 모레노(Juan Moreno) 『Tausend Zeilen Lüge. Das System Relotius und der deutsche Journalismus』 Berlin, Rowohlt, 2019, S. 275.

14 니콜라 게스(Nicola Gess) 『Halbwahrheiten. Zur Manipulation von Wirklichkeit』 S. 56.

15 위의 책. S. 53.

16 위의 책.

17 마그리트 스프레처(Margrit Sprecher), 다니엘 푼타스 버넷(Daniel Puntas Bernet) 「Ich hatte nicht mehr das Gefuhl, eine Grenze zu überschreiten」, in: Reportagen, 59 (Juli 2021). reportagen.com/content/erfundene-wirklichkeit

18 한나 아렌트(Hanna Arendt) 『Die Lüge in der Politik』 S. 33.

19 던컨 와츠(Duncan J. Watts) 『상식의 배반Everything is obvious : Why Common Sense is Nonsense』 London, Atlantic Books, 2011, S. 72.

20 마크 그래노베터(Mark Granovetter) 「Threshold Models of Collective Behavior」 in: The American Journal of Sociology, 83, 6 (1978), S. 1420-1443.

21 던컨 와츠(Duncan J. Watts) 『상식의 배반Everything is obvious』 S. 76.

22 린든 존슨(Lyndon B. Johnson) 「36th President of the United States: 1963-1969. Special Message to the Congress on Conservation and Restoration of Natural Beauty」 8, Februar, 1965, The American Presidency Project, University of California, Santa Barbara. www.presidency.ucsb.edu/documents/special-message-the-congress-conservation-and-restoration-natural-beauty

23 칼 마르크스(Karl Marx) 『정치경제학 비판 요강Zur Kritik der politischen

Okonomie』 Berlin, Dietz, 1951, S. 236.

24 크리스티안 슈퇴커(Christian Stöcker) 『Das Experiment sind wir. Unsere Welt verandert sich so atemberaubend schnell, dass wir von Krise zu Krise taumeln. Wir mussen lernen, diese enorme Beschleunigung zu lenken』 München, Blessing, 2020, S. 117.

25 요제프 보글(Joseph Vogl) 『Kalkul und Leidenschaft. Poetik des okonomischen Menschen』 Zurich, Diaphanes, 2011, S. 180.

26 위의 책. S. 181.

27 한스 디터 겔페르트(Hans-Dieter Gelfert) 『Shakespeare』 München, C. H. Beck, 2014, S. 49.

28 위의 책. S. 50.

29 독일 복음주의 선교회(Evangelische Kirche in Deutschland) 『루터 성경』 Stuttgart, Deutsche Bibelgesellschaft, 2017, S. 524.

30 위의 책.

31 도널드 핸슨(Donald W. Hanson) 『From Kingdom to Commonwealth : The Development of Civic Consciousness in English Political Thought』 Cambridge, Harvard University Press, 1970, S. 71.

32 에른스트 칸토로비치(Ernst Kantorowicz) 『Die zwei Korper des Konigs. Eine Studie zur politischen Theologie des Mittelalters』 Stuttgart, Klett-Cotta, 1992.

33 막스 호르크하이머(Max Horkheimer), 테오도르 아도르노(Theodor W. Adorno) 『계몽의 변증법Dialektik der Aufklarung』 Frankfurt a. M., S. Fischer, 1969, S. 9.

34 마이클 루이스(Michael Lewis) 『Don't Eat Fortune's Cookie』 Princeton University's 2012 Baccalaureate Remarks, Princeton University, 3, Juni, 2012. www.princeton.edu/news/2012/06/03/princeton-universitys-2012-baccalaureate-remarks

35 로버트 프랭크(Robert H. Frank) 『실력과 노력으로 성공했다는 당신에게Ohne Gluck kein Erfolg. Der Zufall und der Mythos der Leistungsgesellschaft』 München, dtv, 2018. 참조.

36 마이클 던롭 영(Michael Dunlop Young) 「Down with meritocracy」 The Guardian, 29, Juni, 2001. www.theguardian.com/politics/2001/jun/29/comment

37 마이클 샌델 「The Tyranny of Merit」, TED-Talk, 15, September, 2020. www.youtube.com/watch?v=Qewckuxa9hw

38 막스 베버(Max Weber) 『Grundriss der Sozialokonomik. III. Abteilung : Wirtschaft
und Gesellschaft』 Tübingen, Mohr (Paul Siebeck), 1922, S. 281. 넬 어빈 페인터(Nell Irvin Painter) 『백인의 역사The History of White People』 New York, W. W. Norton & Company, S. 222에서 재인용.

39 이븐 바투타(Ibn Battūta) 『이븐 바투타 여행기Reisen ans Ende der Welt. Durch

Afrika und Asien』 Wiesbaden, Edition Erdmann, 2016, S. 264.

40 많은 간행물이나 인터넷에서 이 말을 이븐 바투타가 한 것으로 기록하고 있다. 하지만 이븐 바투타의 기록에서 해당 구절을 찾지는 못했다. 다만 다음의 책 등을 참조할 수 있다. 댄 마요르(Dan Mayur) 『Global Nomad : Travels and Travails』 Bloomington, Xlibris, 2020, S. 14.

41 이브람 켄디(Ibram X. Kendi) 『Gebrandmarkt. Die wahre Geschichte des Rassismus in Amerika』 München, C. H. Beck, 2017, S. 19. 참조.

42 고메스 에네스 드 주라라(Gomes Eanes De Azurara) 『The Chronicle of the Discovery and Conquest of Guinea 1441－1448』 Übers. v. C. Raymond Beazley und Edgar Prestage, London, Hakluyt Society, 1896, S. 85.

43 엘 마팔라니(Aladin El-Mafaalani) 『Wozu Rassismus?』 Köln, Kiepenheuer & Witsch, 2021, S. 31.

44 게오르그 코르스(Georg Korth) 「Zur Etymologie des Wortes 'Slavus'(Sklave)」 in: Glotta, 48, 1970, S. 145－153. 참조.

45 존 비웬(John Biewen) 「How Race Was Made」 in: Seeing White, 2. www.sceneonradio.org/episode-32-how-race-was-made-seeing-white-part-2/

46 엘 마팔라니(Aladin El-Mafaalani) 『Wozu Rassismus?』 S. 31.

47 PBS 『Racetimeline』 www.pbs.org/race/000_About/002_03_c-godeeper.htm

48 UNESCO 『The Race Question (= UNESCO and its Programme III)』 Paris, UNESCO, 1950, S. 8.

49 도리스 리브셔(Doris Liebscher) 『Rasse im Recht － Recht gegen Rassismus: Genealogie einer ambivalenten Kategorie』 Berlin, Suhrkamp, 2021, S. 96. 참조.

50 아나톨 슈테파노비치Anatol Stefanowitsch(RBB Kultur), 15, juni, 2020. www.rbb-online.de/rbbkultur/radio/programm/schema/sendungen/rbbkultur_am_vormittag/archiv/20200615_0905/wissen_0910.html(하지만 아쉽게도 이 사이트에서는 이제 더 이상 이 해당 영상을 제공하지 않는다.)

51 지그문트 프로이트(Sigmund Freud) 『문명 속의 불만Das Unbehagen in der Kultur』 Gesammelte Werke 14, London, Imago, 1939, S. 474.

52 지그문트 프로이트(Sigmund Freud) 『인간 모세와 유일신교Der Mann Moses und die monotheistische Religion』 Gesammelte Werke 16, London, Imago, 1939, S. 197.

53 독일 복음주의 선교회(Evangelische Kirche in Deutschland) 『루터 성경』 S. 2272.

54 미리 루빈(Miri Rubin) 『Gentile Tales : The Narrative Assault on Late Medieval Jews』 New Haven u. a., Yale University Press, 1999.

55 개빈 랭뮤어(Gavin I. Langmuir) 『History, Religion, and Antisemitism』 Los Angeles u. a., University of California Press, 1990, S. 303.

7장 가장 깊은 동굴로 들어가기

1   케네스 버크(Kenneth Burke) 『Die Rhetorik in Hitlers 'Mein Kampf' und andere Essays zur Strategie der Überredung』 Aus dem Amerikanischen übers. v. Gunter Rebing, Frankfurt a. M., Suhrkamp, 2015, S. 7 –34.

2   빅토르 클렘페러(Victor Klemperer) 『LTI – Notizbuch eines Philologen』 Berlin, AufbauVerlag, 1947, S. 135.

3   위의 책. S. 135 ff.

4   위의 책. S. 155.

5   위의 책. S. 153.

6   위의 책.

7   위의 책. S. 155.

8   위의 책. S. 187.

9   위의 책. S. 150.

10   위의 책. S. 236.

11   위의 책. S. 230.

12   콜 호튼(Cole Horton) 「From World War to Star Wars: Imperial Officers」 20, August, 2014. www.starwars.com/news/from-world-war-to-starwars-imperial-officers

13   프랑수아 드 스메(François de Smet) 『Reductio ad hitlerum. Une theorie du point Godwin』 Paris, Puf, 2014, E-Book, Position, 1819.

14   마이크 고드윈(Mike Godwin) 「Meme, Counter-meme」 Wired Magazine, 1, Oktober, 1994. www.wired.com/1994/10/godwin-if-2/

15   프랑수아 드 스메(François de Smet) 『Reductio ad hitlerum』 Position 1804.

16   가브리엘 데이비드 로젠펠드(Gavriel David Rosenfeld) 『Who was 'Hitler' before Hitler? Historical Analogies and the Struggle to Understand Nazism, 1930 – 1945』 Cambridge, Cambridge University Press, 2018, S. 249.

17   디즈니 월드 홈페이지에 해당 인용구가 있었다. 하지만 2018년 이후에는 퍼레이드가 진행되지 않아 현재는 찾아볼 수 없다. 그러나 여전히 디즈니의 블로그, 여행페이지 등의 공식 카피에서는 여전히 해당 문구가 게재되어 있다. The Disney Blog – A Galaxy of Star Wars Experiences at Disney's Hollywood Studios, thedisneyblog.com/2017/04/20/galaxy-star-wars-experiences-disneys-hollywood-studios/. Savvy Travel Group – Disney's Hollywood Studios Additional Attractions, thesavvytravelgroup.com/client-login/researchcenter/disneys-hollywood-studios-additional-attractions/

18   린제이 엘리스(Lindsay Ellis) 'The Ideology of the First Order' 3, Juni, 2018. 00:33 min, youtu.be/XAVeyXwy3BE. 참조.

19   홀거 마크스(Holger Marcks), 마이크 피엘리츠(Maik Fielitz) 『Digitaler Faschismus.

Die sozialen Medien als Motor des Rechtsextremismus』 Berlin, Dudenverlag, 2020, S. 232.

20 위의 책. S. 195.

21 글렌 케슬러(Glenn Kessler), 살바도르 리조(Salvador Rizzo), 메그 켈리(Meg Kelly) 'Trump's false or misleading claims total 30,573 over 4 years' The Washington Post, 24, Januar, 2021. www.washingtonpost.com/politics/2021/01/24/trumpsfalse-or-misleading-claims-total-30573-over-four-years/

22 티머시 스나이더(Timothy Snyder) 『폭정Über Tyrannei. Zwanzig Lektionen fur den Widerstand』München, C. H. Beck, 2017, S. 43.

23 제이슨 스탠리(Jason Stanley) 『우리와 그들의 정치How Fascism Works : The Politics of Us and Them』New York, Random House, 2018, S. 57.

24 티머시 스나이더(Timothy Snyder) 『폭정Über Tyrannei. Zwanzig Lektionen fur den Widerstand』 S. 51.

25 레오 뢰벤탈(Leo Lowenthal) 「Falsche Propheten. Studien zum Autoritarismus」 in: Schriften 3. Zur politischen Psychologie des Autoritarismus. Frankfurt a. M., Suhrkamp, 1982, S. 22.

26 비외른 회케(Björn Höcke), ziticrt in: 「Die Hocke-Rede von Dresden in Wortlaut-Auszugen」 in: Zeit Online, 18. Januar 2017, www.zeit.de/news/2017-01/18/parteien-die-hoecke-rede-von-dresden-in-wortlautauszuegen-18171207

27 제이슨 스탠리(Jason Stanley) 『우리와 그들의 정치How Fascism Works : The Politics of Us and Them』 S. 33.

28 하인리히 힘러(Heinrich Himmler) 「Document 1992 (A)-PS」 National Political Studies for the Armed Forces, Januar, 1937, in: International Military Tribunal, Trial of the Major War Criminals XXIX. Nurnberg, The Tribunal, 1948, S. 225 f.

29 마노엘 오르타 리베이로(Manoel Horta Ribeiro), 라파엘 오토니(Raphael Ottoni), 로버트 웨스트(Robert West), 비르질리오 알메이다(Virgílio A. F. Almeida), 와그너 메이라(Wagner Meira) 「Auditing Radicalization Pathways on YouTube」 4, Dezember, 2019. www.researchgate.net/publication/335337464_Auditing_Radicalization_Pathways_on_YouTube

30 제이넵 투펙치(Zeynep Tufekci) 「YouTube, the Great Radicalizer」, in: The New York Times, 10, März, 2018. www.nytimes.com/2018/03/10/opinion/sunday/youtube-politics-radical.html

31 로버트 에반스(Robert Evans) 「From Memes to Infowars : How 75 Fascist Activists Were 'Red-Pilled'」, Bellingcat, 11, Oktober, 2018. www.bellingcat.com/news/americas/2018/10/11/memes-infowars-75-fascist-activistsred-pilled/

32 J. M. 버거(J. M. Berger) 『The Alt-Right Twitter Census: Defining and Describing the Audience for Alt-Rigth Content on Twitter』 Dublin, VOX-Pol Network of Excellence 2018, S. 36. www.voxpol.eu/download/vox-pol_publication/

AltRightTwitterCensus.pdf

33 엘데르 페헤이라 두 발르(Helder Ferreira do Vale) 「Why is Brazil becoming politically radicalized 」 in: Political Studies Association, 4, Oktober, 2018. www.psa.ac.uk/psa/news/why-brazil-becoming-politically-radicalized

34 맥스 피셔(Max Fisher), 아만다 타웁(Amanda Taub) 「How YouTube Radicalized Brazil」 The New York Times, 11, August, 2019. www.nytimes.com/2019/08/11/world/americas/youtube-brazil.html

8장 마지막 시련

1 상황 묘사는 프랑스계 미국인 작가 조나단 리텔(Jonathan Littell)의 소설 『The kindly ones』에서 인용했다. 소설은 가상 인물인 나치 친위대 장교의 1인칭 시점으로 전개된다. 작가는 당시 상황에 관한 철저한 조사를 했다. 소설 속 주인공 이름은 다르지만 연사가 하인리히 힘러임도 짐작할 수 있다. 물론 아무리 묘사이지만 픽션을 제시한 것에 대해 의문을 가질 독자들이 있으리라 믿는다. 그런 분들에게는 사과드린다.

2 위키피디아 「Bestand: Himmler am 4. 10. 1943 in Posen」 8, August, 2009. nl.wikipedia.org/wiki/Bestand:Himmler_am_4.10.1943_in_Posen.ogg

3 위의 사이트.

4 위의 사이트.

5 피터슨 스미스(Peterson Smith) 『Heinrich Himmler』 S. 267. (Bemerkungen zur Edition), S. 273. (Nr. 85) und S. 300.

6 앨리 러셀 혹실드(Arlie Russell Hochschild) 『자기 땅의 이방인들Fremd in ihrem Land. Eine Reise ins Herz der amerikanischen Rechten』 Frankfurt a. M., Campus, 2017, S. 187.

7 위의 책. S. 187 f.

8 레오 뢰벤탈(Leo Lowenthal) 「Falsche Propheten. Studien zum Autoritarismus」 S. 37.

9 프랭크 리치(Frank Rich)의 프란 레보비츠(Fran Lebowitz) 인터뷰에서 인용된 내용이다. 「Let Fran Lebowitz soothe all your election-realted worries」 Vanity Fair, 20, Oktober, 2016. www.vanityfair.com/news/2016/10/fran-lebowitztrump-clinton-election

10 로널드 힐(Ronald Hill) 「Trump's Twitter feed shows 'arc of the hero' from savior to showdown」 The Conversation, 14, Januar, 2021. theconversation.com/trumps-twitter-feed-shows-arc-of-the-hero-from-savior-toshowdown-152888. Der wissenschaftliche Aufsatz befindet sich im Erscheinen.

11 Im Original fantasy-industrial complex 「Illusorisch-industriell」 um die okonomische Systematik des Verkaufs dieser Fiktionen und Trugbilder herauszuarbeiten.

12 커트 앤더슨(Kurt Andersen) 『판타지랜드Fantasyland』 S. 178.

13 위의 책.

14 위의 책. S. 49.

15 콜슨 화이트헤드(Colson Whitehead) 『언더그라운드 레일로드The Underground Railroad』 New York, Doubleday, 2016, S. 79.

16 움베르토 에코(Umberto Eco) 「초현실세계로의 여행Reise ins Reich der Hyperrealität」 in: Ders.: Über Gott und die Welt. Essays und Glossen. München, Hanser, 2020, S. 35-99, hier S. 53.

17 위의 책. S. 41.

18 장 보드리야르(Jean Baudrillard) 『시뮬라시옹Simulacra and Simulations』 in: Ders.: Selected Writings, hrsg. v. Mark Poster. Stanford, Stanford University Press, 2001, S. 169-187, hier S. 169.

19 움베르토 에코(Umberto Eco) 「초현실세계로의 여행Reise ins Reich der Hyperrealität」 S. 81. 장 보드리야르(Jean Baudrillard) 『시뮬라시옹Simulacra and Simulations』 S. 174. 두 책 참조.

20 움베르토 에코(Umberto Eco) 「초현실세계로의 여행Reise ins Reich der Hyperrealität」 S. 81.

21 위의 책. S. 82.

22 위의 책. S. 83.

23 장 보드리야르(Jean Baudrillard) 『시뮬라시옹Simulacra and Simulations』 S. 175.

24 한나 아렌트(Hannah Arendt) 「The Aftermath of Nazi Rule. Report from Germany」 Commentary, Oktober, 1950. www.commentary.org/articles/hannah-arendt/the-aftermath-of-nazi-rulereport-from-germany/

25 존 메이너드 케인즈(John Maynard Keynes) 『평화의 경제적 결과Krieg und Frieden. Die wirtschaftlichen Folgen des Vertrags von Versailles』 Berlin, Berenberg Verlag, 2014, S. 95.

26 제바스티안 하프너(Sebastian Haffner) 『Geschichte eines Deutschen. Die Erinnerungen 1914-1933』 Stuttgart, Deutsche Verlags-Anstalt, 2000, S. 131.

27 위의 책. S. 71.

28 위의 책. S. 193.

29 위의 책. S. 213.

30 크리스티안 베른트(Christian Berndt) 「Dieses Mitleid mit den Opfern war neu」 deutschlandfunkkultur.de, 2019. www.deutschlandfunkkultur.de/auswirkungen-der-tv-serie-holocaust-dieses-mitleid-mit-den.976.de.html?dram:article_id=439092

세상은 이야기로 만들어졌다

31 루카스 비젤베르크(Lukas Wieselberg) 「Holocaust. Meilenstein der Erinnerung.」 science, ORF.at, 2014. sciencev2.orf.at/stories/1750273/index.html

32 옌스 뮐러-바우제네이크(Jens Muller-Bauseneik) 「Die US-Fernsehserie 'Holocaust' im Spiegel der deutschen Presse (Januar - März 1979). Eine Dokumentation」 Zeitgeschichte-online, Die Fernsehserie 「Holocaust」 - Ruckblicke auf eine 「betroffene Nation」 März, 2004. zeitgeschichte-online. de/sites/default/files/documents/mbauseneik.pdf

33 위의 글.

34 위의 글.

35 엘마어 휘글러(Elmar Hugler) 「Soll Trivialitat geadelt werden?」 Die Zeit, 23, Februar, 1979, S. 16.

36 「Epochale US-Serie 'Holocaust' im BR Fernsehen」 BR, 8, Juli, 2019. www. br.de/presse/inhalt/pressemitteilungen/serie-holocaust-im-brfernsehen-100. html

37 클라우스 움바흐(Klaus Umbach) 「Endlosung im Abseits」 Der Spiegel, 14, Januar, 1979.

38 토마스 호르헤어(Thomas Chorherr) 「Der Holocaust-Masochismus」 Die Presse, 3, Februar, 1979.

39 폴커 타크만(Volker Tackmann) 「Warum die Holocaust-Serie ein neues Ende hat」 bild.de, 19, Januar, 2019. www.bild.de/unterhaltung/tv/tv/holocaust-serie-erschuetterte-die-nation-warum-sie-ein-neues-endehat-59644436.bild. html?wtmc=twttr.shr

40 루카스 비젤베르크(Lukas Wieselberg) 「Holocaust」

41 하이데마리 울(Heidemarie Uhl) 『Transformationen des osterreichischen Gedächtnisses. Nationalsozialismus, Krieg und Holocaust in der Erinnerungskultur der Zweiten Republik』 Wien, StudienVerlag, 2014.

42 엘마어 휘글러(Elmar Hugler) 「Soll Trivialitat geadelt werden?」

43 폴커 슈타인호프(Volker Steinhoff) 「Holocaust. Die Lüge von den ahnungslosen Deutschen」 ndr.de, 2001. daserste.ndr.de/panorama/archiv/2001/Holocaust-Die-Luege-von-ahnungslosen-Deutschen.erste7664.html

44 바삼 티비(Bassam Tibi) 『Europa ohne Identitat? Europaisierung oder Islamisierung』 Stuttgart, ibidem-Verlag, 2016. 참조.

45 위의 책. S. 21.

46 위의 책. S. 100.

47 율리안 니다 뤼멜린(Julian Nida-Rümelin) 「Streitgesprach Integrationspolitik und kulturelle Anerkennung - Alternative zu 'Leitkultur' und Parallelgesellschaft?」 in: Neue Gesellschaft / Frank furter Hefte, 10, 2007, S. 43.

48 「Sommerpressekonferenz von Bundeskanzlerin Merkel」 im Wortlaut, 31,

August, 2015. www.bundesregierung.de/breg-de/aktuelles/pressekonferenzen/
sommerpressekonferenz-von-bundeskanzlerinmerkel-848300

9장 칼을 움켜쥐다

1 디터 둠(Dieter Duhm) 『Der unerloste Eros』 Radolfzell, Verlag Meiga, 1991, S. 78.
2 잭 홀랜드(Jack Holland) 『판도라의 딸들, 여성 혐오의 역사Misogynie. Die Geschichte des Frauenhasses』 Feldafing, Zweitausendeins 2020, S. 48 f.
3 리처드 린지먼(Richard Lingeman) 『The Noir Forties: The American People From Victory to Cold War』 New York, Nation Books, 2012.
4 오스카 와일드의 발언이 명확하지만 정확한 출처는 확인할 수 없다. 시나리오 작가 마이클 커닝햄(Michael Cunningham) 역시 사라앤 존슨(Sarah Anne Johnson)과의 인터뷰에서 와일드의 말임을 확인하며 인용한 적이 있다. 『The Very Telling : Conversations With American Writers』 Lebanon(USA), University Press New England, 2006, S. 14.
5 레나 리히터(Lena Richter) 「Queer denken. Erzahlstrukturen und Weltenbau aus queerfeministischer Perspektive」 in: Das Science-Fiction Jahr 2020, hrsg. v. Hardy Kettlitz, Melanie Wylutzki, Berlin, Hirnkost Verlag, 2020.
6 브릿 말링(Brit Marling) 「I don't want to be the strong female lead」 New York Times. www.nytimes.com/2020/02/07/opinion/sunday/brit-marlingwomen-movies.html
7 레나 리히터(Lena Richter) 「Queer denken」
8 어슐러 르귄(Ursula leGuin) 「허구의 운반가방 이론The Carrier Bag Theory of Fiction」 in: Women of Vision: Essays by Women Writing Science Fiction, hrsg. v. Denise Dupont. London, St. Martin's Press, 1988, S. 153.
9 위의 책. S. 152.
10 게일 캐리거(Gail Carriger) 『The Heroine's Journey : For Writers, Readers, and Fans of Pop Culture』 O. O., Gail Carriger LLC 2020, Position 101.
11 위의 책. Position 111.
12 위의 책. Position 115.
13 알렉스 디브랭코(Alex DiBranco) 「Male Supremacist Terrorism as a Rising Threat」 International Centre for Counter-Terrorism – The Hague (ICCT), 10, Februar, 2020. icct.nl/publication/male-supremacist-terrorism-as-a-rising-threat/
14 로버트 본겐(Robert Bongen), 카타리나 쉴레(Katharina Schiele) 「Rechtsextremismus: Feminismus als Feindbild」 Tagesschau, 31, Oktober, 2019. www.tagesschau.de/investigativ/panorama/frauenhass-rechtsextremismus-101.html
15 오리온 도노반 스미스(Orion Donovan-Smith) 「He pledged to kill 'as many girls as I

see」in mass shooting. After second chances he's going to prison」The Washington Post, 24, Mai, 2019. www.washingtonpost.com/crimelaw/2019/05/24/he-pledged-kill-many-girls-i-see-mass-shooting-after-second-chances-hes-going-prison/

16 베로니카 크라허(Veronika Kracher) 『Incels. Geschichte, Sprache und Ideologie eines Online-Kults』 Mainz, Ventil Verlag, 2020, S. 62 f.

17 로라 베이츠(Laura Bates) 『Men Who Hate Women. From incels to pickup artists, the truth about extreme misogyny and how it affects us all』 London, Simon & Schuster UK, 2020, S. 18. 참조.

18 위의 책. S. 19. 참조.

19 포츠머스대학교의 범죄학 및 사이버 범죄 강사인 리사 스기우라(Lisa Sugiura)의 발언 참조. 로라 베이츠(Laura Bates) 『Men Who Hate Women. From incels to pickup artists, the truth about extreme misogyny and how it affects us all』 S. 20.

20 마이클 키멜(Michael Kimmel) 『Angry White Men : American Masculinity at the End of an Era』 New York, PublicAffairs, 2017, S. 17.

21 위의 책. S. 18.

22 하인츠 부데(Heinz Bude) 『불안의 사회학Gesellschaft der Angst』 Hamburg, Hamburger Edition HIS, 2014, S. 58.

23 마크 햄(Mark S. Hamm), 라몬 스파이(Ramon Spaaij) 『The Age of Lone Wolf Terrorism』 Studies in Transgression. Columbia, Columbia University, 2017, S. 84.

24 위의 책.

25 베로니카 크라허(Veronika Kracher) 『Incels. Geschichte, Sprache und Ideologie eines Online-Kults』 S. 178.

26 위의 책. S. 180.

27 위의 책. S. 178.

10장 귀로 : 인류 종말은 텔레비전에서 방송되지 않는다

1 〈워터월드Waterworld〉 (USA, 1995, 케빈 레이놀즈, 케빈 코스트너)

2 스왑닐 드루브 보스(Swapnil Dhruv Bose) 「〈Waterworld〉 : Exploring the failure of the most expensive film of its time」 Far Out Magazine, 18, 2021. faroutmagazine.co.uk/waterworld-exploring-the-failure-of-themost-expensive-film-of-its-time/

3 앤서니 라이세로위츠(Anthony Leiserowitz) 「Day After Tomorrow : Study of Climate Change Risk Perception」 Environment, 46, 2004, S. 22 – 39.

4 에바 호른(Eva Horn) 『Zukunft als Katastrophe』 Frankfurt a. M., Fischer, 2014, S. 104.

5   댄 카한(Dan Kahan) 「Fixing the communications failure」 Nature, 463, 2010, S. 296 – 297, hier S. 296. ssrn.com/abstract=1630002

6   댄 카한(Dan M. Kahan), 행크 젠킨스 스미스(Hank Jenkins-Smith), 도날드 브라만 (Donald Braman) 「Cultural Cognition of Scientific Consensus」 Journal of Risk Research, 14, 2011, S. 147 – 174. ssrn.com/abstract=1549444, bezugnehmend auf: Michael; D. 존스(D. Jones), 마크 맥베스(Mark K. McBeth) 「A Narrative Policy Framework : Clear Enough to Be Wrong?」 The Policy Studies Journal, 38, 2, 2010, S. 329 – 353. liberalarts.oregonstate.edu/sites/liberalarts.oregonstate.edu/files/economics/jones31oct2013a.pdf.

7   댄 카한(Dan M. Kahan), 행크 젠킨스 스미스(Hank Jenkins-Smith), 도날드 브라만 (Donald Braman) 「Cultural Cognition of Scientific Consensus」 참조.

8   피터 칸(Peter H. Kahn), 테아 와이스(Thea Weiss) 「The Importance of Children Interacting with Big Nature」 in: Children, Youth and Environments, 27, 2, 2017, S. 7. 참조.

9   킴 에카르트(Kim Eckart) 「What counts as nature? It all depends」 University of Washington, 15, November, 2017. www.washington.edu/news/2017/11/15/what-counts-as-nature-it-all-depends

10   2008년 내쉬빌에서 존 매케인 후보와 버락 오바마 사이에 있었던 대통령 선거 녹취록. New York Times, 7, Oktober, 2008. www.nytimes.com/elections/2008/president/debates/transcripts/second-presidential-debate.html

11   조지 마셜(George Marshall) 『기후 변화의 심리학Don't Even Think About It : Why Our Brains Are Wired to Ignore Climate Change』 New York u. a., Bloomsbury, 2014, S. 145.

12   빌 블레이크모어(Bill Blakemore) 「The Elephant We're All Inside」 ABC News, 9, November, 2012. abcnews.go.com/blogs/technology/2012/09/theelephant-were-all-inside

13   재레드 다이아몬드(Jared Diamond) 「The Worst Mistake in the History of the Human Race」 Discovery Magazine, 1987. www3.gettysburg.edu/~dperry/Class%20Readings%20Scanned%20Documents/Intro/Diamond.pdf

11장 부활

1   요제프 보글(Joseph Vogl) 『Kalkul und Leidenschaft. Poetik des okonomischen Menschen』 Zurich, Diaphanes, 2011, S. 148.

2   위의 책. S. 148

3   한스 크리스토프 빈스방거 Hans-Christoph Binswanger 『Geld und Magie : Eine okonomische Deutung von Goethes Faust』 Stuttgart, Edition Weitbrecht,

1985, S. 9 f.

4 안나 로웬하우프트 칭(Anna Lowenhaupt-Tsing) 『Der Pilz am Ende der Welt. Über das Leben in den Ruinen des Kapitalismus』 Berlin, Matthes & Seitz, 2018, S. 19.

5 마이케 슈토베로크(Meike Stoverock) 『여성 선택Female Choice. Vom Anfang und Ende der mannlichen Zivilisation』 Berlin, Tropen, 2021, S. 58에서 재인용.

6 케이트 레이위스(Kate Raworth) 『도넛 경제학Die Donut-Okonomie. Endlich ein Wirtschaftsmodell, das den Planeten nicht zerstort』 München, Hanser 2018, S. 41.

7 안드레아스 레크비츠(Andreas Reckwitz) 『Das Ende der Illusionen』 Berlin, Suhrkamp, 2019, S. 193 f.

8 칼 포퍼(Karl R. Popper) 『열린사회와 그 적들Die offene Gesellschaft und ihre Feinde. Bd. 1: Der Zauber Platons』 München, UTB-Francke, 1975, S. 609 f.

9 콤바히 리버 컬렉티브 선언문(1977)은 다음 사이트에서 확인할 수 있다. combaheerivercollective.weebly.com/the-combaheeriver-collective-statement.html

10 키앙가 야마타 테일러(Keeanga-Yamahtta Taylor) 『How We Get Free : Black Feminism and the Combahee River Collective』 Chicago, Haymarket Books, 2017, S. 17.

11 안드레아스 레크비츠(Andreas Reckwitz) 『Das Ende der Illusionen』 Berlin, Suhrkamp, 2019, S. 197

12 토마스 바우어(Thomas Bauer) 『Die Vereindeutigung der Welt. Über den Verlust an Mehrdeutigkeit und Vielfalt』 Ditzingen, Reclam, 2018, S. 15-21.

12장 묘약을 듣고 귀환하다

1 masinope.be/nieuws/coronavirus-climate-change-and-the-environment/

2 판야 부데(Vanja Budde) 「Botschaften aus Bergamo」 Deutschlandfunk, 7, Oktober 2020. www.deutschlandfunk.de/corona-in-norditalienbotschaften-aus-bergamo.795.de.html?dram:article_id=485364
다음의 글도 참조. 미르코 나코티(Mirco Nacoti), 안드레아 초카(Andrea Ciocca), 안젤로 주포니(Angelo Giupponi) 등 「At the Epicenter of the Covid-19 Pandemic and Humanitarian Crises in Italy: Changing Perspectives on Preparation and Mitigation」
NEJM Catalyst Innovations in Care Delivery, 3, März, 2020. catalyst.nejm.org/doi/full/10.1056/CAT.20.0080

3 안드레아스 말름(Andreas Malm) 『Klima：x』 Berlin, Matthes & Seitz, 2020, S. 17.

4 다음에서 재인용. 팀 하포트(Tim Harford) 『세상을 바꾼 51가지 물건The Next Fifty Things that Made the Modern Economy』 London, Hachette, 2020, S. 80.

5 코리나 헤닝(Korinna Henning), 크리스티안 드로스텐(Christian Drosten) 「Coronavirus-Update : There is glory in prevention」 NDR, 11, Juni, 2020. www.ndr.de/nachrichten/info/48-Coronavirus-Update-There-is-glory-in-prevention, podcastcoronavirus224.html

6 어슐러 르 귄(Ursula K. Le Guin) 『Am Anfang war der Beutel』 Klein Jasedow, ThinkOya, 2020, S. 68.

7 로버트 J. 실러(Robert Shiller) 『내러티브 경제학Narrative Wirtschaft. Wie Geschichten die Wirtschaft beeinflussen – ein revolutionarer Ansatz』 Kulmbach, Plassen, 2020, S. 29.

8 위의 책. S. 29.

9 위의 책. S. 47.

10 콰메 앤서니 아피아(Kwame Anthony Appiah) 『Eine Frage der Ehre oder: wie es zu moralischen Revolutionen kommt』 München, C. H. Beck, 2011, S. 55.

11 이 문장의 영문은 "The imagination is a muscle. If it is not exercised, it atrophies."이다. 하지만 정확한 출처를 찾지는 못했다.

12 토마스 모어(Thomas Morus) 『유토피아Utopia』 O.O. eClassica, 2013, S. 58.

13 울리히 슈나벨(Ulrich Schnabel), 토마스 아스호이어(Thomas Assheuer) 「Die soziale Ich-Maschine」 www.zeit.de/2010/24/Prinz-Interview

14 시몬 베유(Simone Weil) 「Die Ilias oder das Poem der Gewalt」 in: Krieg und Gewalt. Essays und Aufzeichnungen. Zurich, Diaphanes, 2011, S. 161.

15 엘리자베스 폰 타덴(Elisabeth von Thadden) 「Wir begreifen heute, dass unsere Lebensform nicht fortsetzbar ist」 www.zeit.de/kultur/2021-04/wolfram-eilenberger-corona-krise-philosophie-kapitalismus-hoffnungentwurzelung

16 시몬 베유(Simone Weil) 「Die Ilias oder das Poem der Gewalt」 in: Krieg und Gewalt. Essays und Aufzeichnungen. Zurich, Diaphanes, 2011, S. 163.

17 테리 프래쳇(Terry Pratchett), 이안 스튜어트(Ian Stewart), 잭 코헨(Jack Cohen) 『Die Philosophen der Rundwelt. Die Wissenschaft der Scheibenwelt』 München, Piper, 2012, S. 42.

18 위의 책. S. 44.

세상은 이야기로 만들어졌다

참고 문헌

–

원서명을 우선 기재하였으며 국내에 출간된 책인 경우 원서 서지 사항 뒤에 국내 출간 서지사항을 병기하였습니다.

–

일부 도서의 경우 원래 출간되었던 국가에서의 제목이 있으나 '저자가 참고한 책'임을 감안하여 독일 출간 제목 그대로 실었습니다.

- Anderson, Kurt: *Fantasyland. 500 Jahre Realitatsverlust.* Munchen, Goldmann 2018(『판타지랜드』 커드 앤더슨, 정혜윤 옮김, 세종서적, 2018)
- Appiah, Kwame Anthony: *Eine Frage der Ehre oder: Wie es zu moralischen Revolutionen kommt.* Munchen, C. H. Beck 2011
- Bauer, Thomas: *Die Vereindeutigung der Welt. Uber den Verlust an Mehrdeutigkeit und Vielfalt.* Ditzingen, Reclam 2018
- Bergen, Benjamin K.: *Louder Than Words: The New Science of How the Mind Makes Meaning.* New York, Basic Books 2012
- Bernays, Edward: Propaganda. Die Kunst der Public Relations. Freiburg, Orange Press 2009(『프로파간다』 에드워드 버네이즈, 강미경 옮김, 공존, 2009)
- Binswanger, Hans-Christoph: Geld und Magie. Eine okonomische Deutung von Goethes Faust. Stuttgart, Edition Weitbrecht 1985(『부의 연금술』 한스 크리스토프 빈스방어, 제여매 옮김, 플래닛미디어, 2006)
- Blumenberg, Hans: *Arbeit am Mythos.* Frankfurt a. M., Suhrkamp 1979
- Breithaupt, Fritz: *Die dunklen Seiten der Empathie.* Berlin, Suhrkamp 2017(『나도 그렇게 생각한다』 프리츠 브라이트하우프트, 두행숙 옮김, 소소의책, 2019)
- Breithaupt, Fritz: *Kultur der Ausrede.* Berlin, Suhrkamp 2012
- Brockling, Ulrich: *Postheroische Helden. Ein Zeitbild.* Berlin, Suhrkamp 2020
- Bude, Heinz: *Gesellschaft der Angst.* Hamburg, Hamburger Edition HIS 2014(『불안의 사회학』 하인츠 부데, 이미옥 옮김, 동녘, 2015)
- Burke, Kenneth: *Die Rhetorik in Hitlers ≫Mein Kampf≪ und andere Essays zur Strategie der Uberredung.* Frankfurt a. M., Suhrkamp 2015
- Child, Lee: *Der Held. Wie Helden die Welt verandern, und warum wir sie heute mehr als je zuvor brauchen. Ein Essay.* Munchen, Blanvalet 2019
- Carriger, Gail: *The Heroine's Journey: For Writers, Readers, and Fans of Pop Culture.* o. O., Gail Carriger LLC 2020
- Cavarero, Adriana: *Relating Narratives: Storytelling and Selfhood.* London, Routledge 2000
- Cron, Lisa: *Story or Die. How to Use Brain Science to Engage, Persuade, and Change Minds in Business and in Life.* Berkeley, Ten Speed Press 2021
- Dorre, Klaus: *In der Warteschlange. Arbeiter*innen und die radikale Rechte.* Munster, Westfalisches Dampfboot 2020
- Duhm, Dieter: *Der unerlöste Eros.* Radolfzell, Verlag Meiga 1991
- El-Mafaalani, Aladin: *Wozu Rassismus? Von der Erfindung der Menschenrassen bis zum rassismuskritischen Widerstand.* Koln, Kiepenheuer &Witsch 2021
- Frank, Robert H.: *Ohne Gluck kein Erfolg. Der Zufall und der Mythos der Leistungsgesellschaft.* Munchen, dtv 2018(『실력과 노력으로 성공했다는 당신에게』 로버트 H. 프랭크, 정태영 옮김, 글항아리, 2018)
- Gess, Nicola: *Halbwahrheiten. Zur Manipulation von Wirklichkeit.* Berlin,

Matthes & Seitz 2021

- Gladwell, Malcolm: *Die Kunst, nicht aneinander vorbei zu reden*. Reinbek b. Hamburg, Rowohlt 2019(『타인의 해석』 말콤 글래드웰, 유강은 옮김, 김영사, 2020)
- Gottschall, Jonathan: *The Story Paradox: How Our Love of Storytelling Builds Societies and Tears them Down*. New York, Basic Books 2021
- Gottschall, Jonathan: *The Storytelling Animal: How Stories Make Us Human*. Boston u. a., Mariner Books 2013(『스토리텔링 애니멀』 조너선 갓셜, 노승영 옮김, 민음사, 2014)
- Haffner, Sebastian: *Geschichte eines Deutschen. Die Erinnerungen 1914－1933*. Stuttgart, Deutsche Verlags-Anstalt 2000(『어느 독일인 이야기, 회상 1914~1933』 제바스티안 하프너, 이유림 옮김, 돌베개, 2014)
- Haven, Kendall: *Story Smart: Using the Science of Story to Persuade, Influence, Inspire, and Teach*. Santa Barbara, Libraries Unlimited 2014
- Herder, Benita: *Bild und Fiktion. Eine Untersuchung uber die Funktion von Bildern in der Erkenntnistheorie*. Koln, Herbert von Halem 2017
- Hochschild, Arlie Russell: *Fremd in ihrem Land. Eine Reise ins Herz der amerikanischen Rechten*. Frankfurt a. M., Campus 2017(『자기 땅의 이방인들』 앨리 러셀 혹실드, 유강은 옮김, 이매진, 2017)
- Horn, Eva: *Zukunft als Katastrophe*. Frankfurt a. M., Fischer 2014
- Kendi, Ibram X.: *Gebrandmarkt. Die wahre Geschichte des Rassismus in Amerika*. Munchen, C. H. Beck 2017(『안티레이시즘』 이브람 X. 켄디, 이종인 옮김, 비잉, 2022)
- Klemperer, Victor: *LTI － Notizbuch eines Philologen*. Berlin, Aufbau-Verlag 1947
- Koschorke, Albrecht: *Wahrheit und Erfindung. Grundzuge einer Allgemeinen Erzahltheorie*. Frankfurt a. M., Fischer 2012
- Kracher, Veronika: *Incels. Geschichte, Sprache und Ideologie eines Online-Kults*. Mainz, Ventil Verlag 2020.
- Lakoff, George / Johnson, Mark: *Leben in Metaphern. Konstruktion und Gebrauch von Sprachbildern*. Heidelberg, Carl-Auer 2021(『삶으로서의 은유』 조지 레이코프/M. 존슨, 노양진/나익주 옮김, 박이정, 2006)
- Langmuir, Gavin I.: *History, Religion, and Antisemitism*. Los Angeles u. a., University of California Press 1990
- Le Guin, Ursula K.: *Am Anfang war der Beutel. Warum uns Fortschritts-Utopien an den Rand des Abgrunds fuhrten und wie Denken in Rundungen die Grundlage fur gutes Leben schafft*. Klein Jasedow, ThinkOya 2020
- Lowenhaupt Tsing, Anna: *Der Pilz am Ende der Welt. Uber das Leben in den Ruinen des Kapitalismus*. Berlin, Matthes & Seitz 2021
- Lowenthal, Leo: ≫Falsche Propheten. Studien zum Autoritarismus≪, in:

Ders.: *Schriften 3. Zur politischen Psychologie des Autoritarismus.* Frankfurt a. M.,
Suhrkamp 1982

- Malm, Andreas: *Klima|x.* Berlin, Matthes & Seitz 2020
- Marcks, Holger / Fielitz, Maik: *Digitaler Faschismus. Die sozialen Medien als Motor des Rechtsextremismus.* Berlin, Dudenverlag 2020
- Marshall, George: *Don't Even Think About It. Why Our Brains Are Wired to Ignore Climate Change.* New York u. a., Bloomsbury 2014(『기후변화의 심리학』 조지 마셜, 이은경 옮김, 갈마바람, 2018)
- Mason, Paul: *Postkapitalismus: Grundrisse einer kommenden Okonomie.* Berlin, Suhrkamp 2016(『포스트자본주의 새로운 시작』 폴 메이슨, 안진이, 더퀘스트, 2017)
- Montague, Read: *Your Brain Is (Almost) Perfect: How We Make Decisions.* New York, Penguin 2006
- Moreno, Juan: *Tausend Zeilen Luge. Das System Relotius und der deutsche Journalismus.* Berlin, Rowohlt 2019
- Painter, Nell Irvin: *The History of White People.* New York, W. W. Norton & Company 2010(『백인의 역사』 넬 어빈 페인터, 조행복 옮김, 해리북스, 2022)
- Pratchett, Terry / Stewart, Ian / Cohen, Jack: *Die Philosophen der Rundwelt: Die Wissenschaft der Scheibenwelt.* Munchen, Piper 2012
- Prinz, Wolfgang: *Selbst im Spiegel. Die soziale Konstruktion von Subjektivitat.* Berlin, Suhrkamp 2013
- Raworth, Kate: *Die Donut-Oökonomie. Endlich ein Wirtschaftsmodell, das den Planeten nicht zerstort.* Munchen, Hanser 2018
- Reckwitz, Andreas: *Das Ende der Illusionen. Politik, Okonomie und Kultur in der Spatmoderne.* Berlin, Suhrkamp 2019
- Ricoeur, Paul: *Das Selbst als ein Anderer (Ubergange).* Paderborn, Wilhelm Fink Verlag 2005(『타자로서의 자기 자신』 폴 리쾨르, 김웅권 옮김, 동문선, 2006)
- Rouille, Andre: *La photo numerique, une force neo-liberale.* Paris, L'Echappee 2020
- Rubin, Miri: *Gentile Tales: The Narrative Assault on Late Medieval Jews.* New Haven u. a., Yale University Press 1999
- Sanyal, Mithu M.: *Identitti.* Munchen, Hanser 2021
- Scheller, Jorg: *Identitat im Zwielicht. Perspektiven fur eine offene Gesellschaft.* Munchen, Claudius Verlag 2021
- Shiller, Robert: *Narrative Wirtschaft. Wie Geschichten die Wirtschaft beeinflussen – ein revolutionarer Erklarungsansatz.* Kulmbach, Plassen 2020(『내러티브 경제학』 로버트 J. 실러, 박슬라 옮김, 알에이치코리아, 2021)
- Snyder, Blake: *Rette die Katze! Das ultimative Buch ubers Drehbuchschreiben.* Berlin, Autorenhaus Verlag 2015(『Save the Cat! : 흥행하는 영화 시나리오의 8가지 법칙』

블레이크 스나이더, 이태선 옮김, 비즈앤비즈, 2014)

- Snyder, Timothy: *Uber Tyrannei. Zwanzig Lektionen fur den Widerstand.* Munchen, C. H. Beck 2017(『폭정』 티머시 스나이더, 조행복, 열린책들, 2017)

- Stanley, Jason: *How Fascism Works: The Politics of Us and Them.* New York, Random House 2018(『우리와 그들의 정치』 제이슨 스탠리, 김정훈 옮김, 솔출판사, 2022)

- Stocker, Christian: *Das Experiment sind wir. Unsere Welt verandert sich so atemberaubend schnell, dass wir von Krise zu Krise taumeln. Wir mussen lernen, diese enorme Beschleunigung zu lenken.* Munchen, Blessing 2020

- Storr, Will: *The Science of Storytelling: Why Stories Make Us Human, and How to Tell Them Better.* London, William Collins 2019(『이야기의 탄생』 윌 스토, 문희경 옮김, 흐름출판, 2020)

- Storr, Will: *Selfie: How the West became self-obsessed.* London, Picador 2017(『셀피』 윌 스토, 이현경 옮김, 글항아리, 2021)

- Stoverock, Meike: *Female Choice. Vom Anfang und Ende der mannlichen Zivilisation.* Stuttgart, Tropen 2021(『여성 선택』 마이케 슈토베로크, 이미옥 옮김, 에코리브르, 2022)

- Tobias, Ronald B.: *20 Masterplots − Die Basis des Story-Building in Roman und Film.* Berlin, Autorenhaus Verlag 2016(『인간의 마음을 사로잡는 스무 가지 플롯』 로널드 B. 토비아스, 김석만 옮김, 풀빛, 2007)

- Tolentino, Jia: *Trick Mirror. Uber das inszenierte Ich.* Frankfurt a. M., Fischer 2020(『트릭 미러』 지아 톨렌티노, 노지양 옮김, 생각의 힘, 2021)

- Ullrich, Wolfgang: *Selfies. Digitale Bildkulturen.* Berlin, Wagenbach 2019

- Veyne, Paul: *Glaubten die Griechen ihre Mythen?* Berlin, Suhrkamp 1987(『그리스인들은 신화를 믿었는가?』 폴 벤느, 김운비 옮김, 이학사, 2002)

- Vogl, Joseph: *Kalkul und Leidenschaft. Poetik des okonomischen Menschen.* Zurich, Diaphanes 2011

- Vogler, Christopher: *Odyssee der Drehbuchschreiber, Romanautoren und Dramatiker. Mythologische Grundmuster fur Schriftsteller.* Berlin, Autorenhaus Verlag 2018(『신화, 영웅 그리고 시나리오 쓰기』 크리스토퍼 보글러, 함춘성 옮김, 비즈앤비즈, 2013)

- Watts, Duncan J.: *Everything is Obvious: Why Common Sense is Nonsense.* London, Atlantic Books 2011(『상식의 배반』 던컨 J. 와츠, 정지인 옮김, 생각연구소, 2011)

- Weil, Simone: *Krieg und Gewalt. Essays und Aufzeichnungen.* Zurich, Diaphanes 2011(『일리아스 또는 힘의 시』 시몬 베유, 이종영 옮김, 리시올, 2021)

- Whitehead, Colson: *The Underground Railroad.* New York, Doubleday 2016

- 그리고 보 번햄(Bo Burnham)의 〈Inside〉(한국에서는 〈보 번햄 : 못 나가서 만든 쇼〉라는 제목으로 넷플릭스에 올라와 있다—편집자)도 참고 목록에서 빠질 수 없다.

세상은 이야기로 만들어졌다

2023년 10월 16일 초판 1쇄 발행
2024년 7월 20일 초판 10쇄 발행

지은이 자미라 엘 우아실, 프리데만 카릭
옮긴이 김현정
펴낸이 류지호
책임편집 이상근 · **편집** 이기선, 김희중, 곽명진
디자인 쿠담디자인

펴낸곳 원더박스 (03169) 서울시 종로구 사직로10길 17, 301호
대표전화 02-720-1202 · **팩시밀리** 0303-3448-1202
출판등록 제2022-000212호 (2012. 6. 27.)

ISBN 979-11-92953-15-1 (03300)